test
Jahrbuch 2021

Mehr als 100 Tests und Reports

Editorial

Welch ein Segen ist das Internet für Kaufentscheidungen! Preise vergleichen, Raritäten aufspüren, bei Händlern am Ende der Welt stöbern, all das funktioniert nirgends sonst auch nur annähernd so schnell und bequem. Wo die Verlockung groß ist, sind allerdings Abzocker, Trickser und Betrüger nicht weit. Das belegen auch zwei unserer jüngeren Untersuchungen.

Vor ein paar Monaten heuerten Testerinnen und Tester für uns inkognito bei Agenturen an, die im Internet Kundenbewertungen auf Bestellung liefern. Die schwarzen Schafe überwogen: Mehrheitlich drängten die Agenturen auf Topbewertungen. Oft durften diejenigen, die Produkte loben und beschreiben sollten, sie nicht einmal ausprobieren (siehe S. 250). Firmen, die für solche Fake-Bewertungen zahlen, mögen schöne Begründungen für ihr Tun finden. Für mich ist es Betrug.

Schon davor hatten wir zusammen mit weiteren europäischen Verbraucherorganisationen 250 Schnäppchen auf den Händlerplattformen AliExpress, Amazon, Ebay und Wish gekauft und untersucht. Dass viele der Billigprodukte minderwertig waren, lässt sich womöglich verschmerzen. Einige jedoch waren gefährlich unsicher (S. 256).

Auch ein Schnäppchen muss sicher sein. Und die Stiftung Warentest belegt regelmäßig, dass billige Produkte sogar die Besten sein können. Bei Geschirrspültabs waren sie es 2020 gleich in Serie (siehe S. 164). Unsere Empfehlungen basieren auf gründlichen Tests, anzeigenfreien Veröffentlichungen und unabhängigen Urteilen. Das ist nur möglich, weil Sie bereit sind, dafür zu zahlen. Dieses Buch verhilft Ihnen reihenweise zu guten, günstigen Kaufentscheidungen – so schnell wie eine Internetsuche.

Ihr

Werner Hinzpeter
Stellvertretender Chefredakteur test

FOTO: JORDIS ANTONIA SCHLÖSSER / OSTKREUZ

Inhalt
2021

Unser Rat

Gutes Apfelmus muss nicht teuer sein: Das beste, **Freshona** von **Lidl,** kostet pro 100 Gramm nur 8 Cent. Knapp dahinter, doch sehr teuer: **HAK** Apfelmus für 28 Cent. Wer auf weniger Zucker und Kalorien Wert legt, greift zu Apfelmark. Am besten ist das Bio-Mark von **Alnatura** für 28 Cent. Kein Quetschie schneidet insgesamt gut ab.

Qualität bis ins Mark

4/2020 Jedes zweite Apfelmus ist gut. Mark punktet mit vollem Genuss bei weniger Kalorien. Quetschbeutelmus empfehlen wir nicht.

Ausgewogen süß und säuerlich – so mögen viele ihren Apfel. So soll er auch eingekocht schmecken. Die Methode, Äpfel auf diese Weise haltbar zu machen, ist uralt. Doch was die Haushalte früher selbst zubereiteten, übernimmt heute zu großen Teilen die Industrie. Ihre Gläser, Kartons und Quetschbeutel stehen in jedem Lebensmittelgeschäft. Apfelmus dominiert den Markt. Im Ladenregal findet sich aber auch Apfelmark. Der Unterschied zum Mus: Mark darf nur fruchteigenen Zucker mitbringen.

Trotz wenig Zucker top im Geschmack

Wir haben insgesamt 25 Produkte getestet, darunter klassisches und preiswertes Apfelmus mit Zuckerzusatz, Apfelmark ohne zugesetzte Süße und Fruchtmus aus Äpfeln in Quetschbeuteln.

Unter den besten Produkten im Test finden sich sowohl teure Marken- und Bioware als auch Günstiges vom Discounter. Apfelmark kostet oft mehr als Mus. Im Vergleich sind die Quetschies im Test richtig teuer.

An alle Produkte setzten wir die gleichen Maßstäbe an, auch beim Geschmack. Sehr guter Apfelbrei soll aromatisch, komplex, kräftig nach Apfel und leicht süß schmecken. Die Verkoster befanden: Apfelmark schneidet sensorisch nicht schlechter ab als Apfelmus – obwohl es weniger Zucker mitbringt. Anders beim Fruchtmus im Quetschbeutel: Keins ist insgesamt gut. Das liegt vor allem daran, dass alle wenig intensiv ▶

Apfelmus – oder Apfelmark?
Nur reife, gesunde Äpfel, darunter auch Lageräpfel, dürfen zu Apfelmus und -mark verarbeitet werden. Apfelmus ist immer gesüßt, meist mit Zucker – so steht es in den Leitsätzen für Obsterzeugnisse. Apfelmark hingegen wird nicht zusätzlich gesüßt, es enthält nur Zucker aus den Äpfeln. Im Schnitt kommt es so auf ein Drittel weniger Zucker als Mus. Der Geschmack muss darunter nicht leiden.

FOTOS: STIFTUNG WARENTEST / RALPH KAISER; GETTY IMAGES

Apfelmus und Apfelmark I 4/2020

Produkt	Mittlerer Preis ca. (Euro)/Inhalt (Gramm)	Mittlerer Preis pro 100 Gramm ca. (Euro)	Sensorisches Urteil 45 %	Chemische Qualität 30 %	Verpackung 10 %	Deklaration 15 %	test-QUALITÄTSURTEIL 100 %
Apfelmus							
Lidl Freshona Apfelmus (MHD: 31.12.2021)	0,59/710	0,08	++	+	++	○	GUT (1,8)
HAK Apfelmus (MHD: Ende 2021)	0,99/355	0,28	++	+	○	○	GUT (1,9)
Kaufland K-Classic Apfelmus[1)] (MHD: 10.12.2021)	0,59/710	0,08	+	+	○	+	GUT (2,1)
Lidl Freshona Bio Organic Apfelmus, leicht gezuckert[2)] (MHD: 31.12.2021) Bio	0,99/355	0,28	+	+	+	○	GUT (2,2)
Aldi Süd Bio Apfelmus[3)] (MHD: 26.09.2021) Bio	0,99/360	0,28	+	○	+	○	GUT (2,3)
Aldi Nord Gut Bio Apfelmus[4)] (MHD: 26.11.2021) Bio	0,99/360	0,28	○	+	+	○	GUT (2,5)
Odenwald Apfelmus (MHD: 3/2023)	1,97/720	0,27	○	+	○	○	GUT (2,5)
Penny Apfelmus[5)] (MHD: 13.5.2021)	0,59/710	0,08	○	+	○	+	BEFRIEDIGEND (2,8)
Spreewaldhof Das andere Apfelmus, leicht gezuckert (MHD: 11.1.2022)	1,99[6)]/700	0,28	+	+	+	⊖*)[7)]	BEFRIEDIGEND (2,9)
Aldi Nord Golden Fruit Apfelmus[8)9)] (MHD: 30.11.2020)	0,59/710	0,08	⊖*)	○	⊖	+	BEFRIEDIGEND (3,5)
Aldi Süd Sweet Valley Apfelmus[5)9)] (MHD: 13.03.2021)	0,59/710	0,08	⊖*)	○	○	○	BEFRIEDIGEND (3,5)
Edeka Gut & Günstig Apfelmus[10)] (MHD: 06.02.2022)	0,59/710	0,08	○	⊖[11)]	○	–*)[12)]	AUSREICHEND (4,5)
Netto Marken-Discount Beste Ernte Apfelmus[10)] (MHD: 21.11.2021)	0,59/710	0,08	○	⊖[11)]	○	–*)[12)]	AUSREICHEND (4,5)
Rewe Ja Apfelmus[13)] (MHD: 15.5.2021)	0,59/710	0,08	○	⊖[11)]	○	–*)[12)]	AUSREICHEND (4,5)

Bewertungsschlüssel der Prüfergebnisse: ++ = Sehr gut (0,5–1,5). + = Gut (1,6–2,5). ○ = Befriedigend (2,6–3,5). ⊖ = Ausreichend (3,6–4,5). – = Mangelhaft (4,6–5,5). **Bei gleichem Qualitätsurteil Reihenfolge nach Alphabet.**
***) Führt zur Abwertung.**
MHD = Mindesthaltbarkeitsdatum laut Deklaration (MHD-Frist laut Anbieter).
1) Laut Anbieter inzwischen teilweise Verpackung und Kennzeichnung geändert. **2)** Ökoverband Bioland. **3)** Hergestellt von Obst- und Gemüseverarbeitung Golßen. **4)** Hergestellt von ODW Lebensmittel. **5)** Hergestellt von Dawtona. **6)** Von uns bezahlter Einkaufspreis. **7)** Keine Aufbewahrungsbedingungen nach dem Öffnen angegeben sowie weiße Schrift auf gelben Mus nur schwer lesbar. **8)** Hergestellt von Westfalia Nahrungsmittel. **9)** Laut Anbieter inzwischen Kennzeichnung geändert. **10)** Laut Anbieter inzwischen Verpackung (Deckeldichtung) geändert. **11)** Laut Analyse kaum apfeleigene Aromastoffe, aber Fremdaroma enthalten. **12)** Im Zutatenverzeichnis ist „Aroma" nicht aufgeführt, wir haben aber apfelfremde Aromastoffe nachgewiesen. **13)** Hergestellt von ZPS Jamar. **Einkauf der Prüfmuster:** September und Oktober 2019.

Apfelmus und Apfelmark II 4/2020

Produkt	Mittlerer Ladenpreis ca. (Euro)/ Inhalt (Gramm)	Mittlerer Preis pro 100 Gramm ca. (Euro)	Sensorisches Urteil 45 %	Chemische Qualität 30 %	Verpackung 10 %	Deklaration 15 %	test-QUALITÄTSURTEIL 100 %
Apfelmark							
Alnatura Apfelmark[1)2)] (MHD: 27.04.2022) Bio	0,99/360	0,28	++	+	+	○	**GUT (1,7)**
Edeka Bio Apfelmark (MHD: 17.10.2021) Bio	1,59/700	0,23	+	+	+	○	**GUT (2,1)**
Rewe Bio Apfelmark[3)4)] (MHD: 24.8.2022) Bio	1,59/700	0,23	○	+	○	+	**GUT (2,5)**
Campo Verde Apfelmark[5)] (MHD: 31.12.2022) Bio	1,49[6)]/360	0,41	+	○	○	+	**BEFRIEDIGEND (2,6)**
dmBio Apfelmark[2)7)] (MHD: 11/2021) Bio	1,45/700	0,21	○	+	+	○	**BEFRIEDIGEND (2,6)**

Bewertungsschlüssel der Prüfergebnisse: ++ = Sehr gut (0,5–1,5). + = Gut (1,6–2,5). ○ = Befriedigend (2,6–3,5). ⊖ = Ausreichend (3,6–4,5). — = Mangelhaft (4,6–5,5). **Bei gleichem Qualitätsurteil Reihenfolge nach Alphabet.**
MHD = Mindesthaltbarkeitsdatum laut Deklaration (MHD-Frist laut Anbieter).
1) Ökoverband Bioland. **2)** Laut Anbieter inzwischen Kennzeichnung geändert. **3)** Hergestellt von ODW Lebensmittel. **4)** Laut Anbieter inzwischen Verpackung (Deckeldichtung) geändert. **5)** Ökoverband Demeter. **6)** Von uns bezahlter Einkaufspreis. **7)** Ökoverband Naturland. **Einkauf der Prüfmuster:** September und Oktober 2019.

nach Apfel schmecken, teils fade, teils sogar leicht nach Kunststoff.

Wir prüften auch, ob wirklich nur einwandfreie Äpfel verarbeitet wurden. Dazu untersuchten wir alle Produkte auf Stoffe, die für Verderbnis sprechen. Ist etwa der Gehalt an Ethanol hoch, weist das auf möglicherweise vergorenes, also minderwertiges Obst hin. Milchsäure kann ein weiterer Indikator für verdorbene Äpfel sein. Erfreulich: Bei keinem der Produkte wurden wir fündig.

Vier Produkte mit Aromaschwund

Auch Keime waren kein Problem. Pestizide entdeckten wir allenfalls in sehr geringen Mengen. Was allerdings die chemische Qualität betrifft, beurteilten wir vier Produkte nur mit Ausreichend: Die Apfelmuse Edeka Gut&Günstig, Netto Marken-Discount und Rewe Ja sowie das Fruchtpüree im Odenwald-Quetschie enthalten laut unserer Analyse kaum apfeleigene Aromastoffe.

Dafür kann es verschiedene Gründe geben. So könnten beispielsweise unreife Äpfel mit wenig Aroma verwendet worden sein. Oder möglicherweise mangelte es bei der Herstellung an Sorgfalt, sodass das Apfelaroma entweichen konnte. Auch denkbar ist, dass das Mus Fehlaromen aufwies, zum Beispiel eine muffige Note, die der Hersteller dem Produkt samt dem Apfelaroma entzogen haben könnte.

Die genannten vier Produkte erzielen nur ein befriedigendes sensorisches Urteil. Bis auf das Mus von Edeka schmecken und riechen sie wenig intensiv nach Apfel.

Apfelmus und Apfelmark III 4/2020

Produkt	Mittlerer Preis ca. (Euro)/Inhalt (Gramm)	Mittlerer Preis pro 100 Gramm ca. (Euro)	Sensorisches Urteil 45 %	Chemische Qualität 30 %	Verpackung 10 %	Deklaration 15 %	test-QUALITÄTSURTEIL 100 %
Fruchtmus Apfel in Quetschies							
Aldi Süd Sweet Valley Früchtchen Fruchtmus Apfel (MHD: 7.12.2020)	1,49/400[1]	0,37	○	+	+	+	**BEFRIEDIGEND (2,7)**
Lidl Freshona Bio Organic Fruchtmus Apfel[2] (MHD: 17.12.2020) Bio	1,75/400[1]	0,44	○	+	+	+	**BEFRIEDIGEND (2,7)**
Kaufland K-Classic Fruchtmus Apfel[3] (MHD: 13.1.2021)	1,49/400[1]	0,37	○	○	+	+	**BEFRIEDIGEND (2,9)**
Bio Zentrale Bio Kids Fruchtmus Apfel (MHD: 10.7.2020) Bio	0,99/90	1,10	⊖	+	+	⊖*)4)	**AUSREICHEND (3,7)**
Odenwald Fruit me up Apfel (MHD: 27.5.2020)	0,98/90	1,09	○	⊖5)	+	⊖*)6)	**AUSREICHEND (4,1)**
Spreewaldhof Pfelino Apfel (MHD: 28.12.2020)	0,79[7]/100	0,79	○	+	+	—*)8)	**AUSREICHEND (4,5)**

Bewertungsschlüssel der Prüfergebnisse: ++ = Sehr gut (0,5–1,5). + = Gut (1,6–2,5). ○ = Befriedigend (2,6–3,5). ⊖ = Ausreichend (3,6–4,5). — = Mangelhaft (4,6–5,5). **Bei gleichem Qualitätsurteil Reihenfolge nach Alphabet.**
***) Führt zur Abwertung.**
1) Packung mit 4 Mal 100 Gramm. **2)** Hergestellt von Obst- und Gemüseverarbeitung Golßen. **3)** Laut Anbieter inzwischen Rezeptur und Kennzeichnung geändert. **4)** Bei den Angaben vegan, laktosefrei und glutenfrei handelt es sich um Werbung mit Selbstverständlichkeiten – das ist unzulässig. **5)** Laut Analyse kaum apfeleigene Aromastoffe enthalten. **6)** Wirbt mit „90 Gramm Quetschie = 1 Apfel". Tatsächlich wird mit dem Verzehr eines Apfels aber etwa die doppelte Menge an Nährstoffen aufgenommen. Zudem trainiert das Kauen von Äpfeln Mundmotorik und Sprachentwicklung von Kindern. **7)** Von uns bezahlter Einkaufspreis. **8)** Produkt wirbt prominent mit „natürlichem Vitamin C". Statt der angegebenen 15 sind aber nur 2,4 Milligramm Vitamin C enthalten. **Einkauf der Prüfmuster:** September und Oktober 2019.

Im Mus von Edeka, Netto Marken-Discount und Rewe offenbarte die Analyse des Aromaspektrums zudem apfelfremde Aromastoffe. In den Zutatenlisten der drei ist allerdings kein „Aroma" aufgeführt. Das ist unzulässig – und führt Verbraucher in die Irre, denn die Zutatenliste suggeriert Natürlichkeit. Edeka, Netto Marken-Discount und Rewe kassieren dafür ein Mangelhaft in der Deklaration (siehe Tabelle S. 7) und sind damit insgesamt gerade noch ausreichend.

Werbung mit Selbstverständlichkeiten

Auch andere sammelten Deklarations-Minuspunkte: Spreewaldhof und Odenwald nahmen bei der Werbung auf ihren Quetschies den Mund zu voll, was Vitamine und Nährstoffe angeht. Bio Zentrale bewirbt seinen Quetschbeutel mit „vegan", „glutenfrei", „laktosefrei". Man könnte glauben, das sei etwas Besonderes, es sind aber Selbstverständlichkeiten, die für jedes Produkt im Test gelten – damit zu werben, ist nicht erlaubt. ■

Unser Rat

Unter den dunklen Balsamessigen sind drei im Geschmack top. Am erschwinglichsten ist der Bio-Balsamico von **Rapunzel** (18 Euro pro Liter). Deutlich teurer, aber am intensivsten: **Giuseppe Cremonini** für 52 Euro und **Giuseppe Giusti** für 120 Euro je Liter. Für eine Vinaigrette reichen günstigere Gute, etwa von **Kaufland** und **Aldi Süd** (je 1,98 Euro pro Liter).

Balsam für den Gaumen

3/2020 Balsamico kann die Küche vielfältig bereichern. Zwischen den 27 Produkten im Test liegen preislich und geschmacklich Welten.

Unglaublich, aber wahr: Um das 60-Fache unterscheiden sich Preise für Balsamico im Test. Knapp 2 Euro pro Liter kostet er im Supermarkt, 52 bis 120 Euro bei italienischen Herstellern wie Cremonini und Giusti. Wie viel sollte man zahlen?

19 dunkle „Aceto Balsamico di Modena“ haben wir aufwendig untersucht. Für sie gelten Qualitätskriterien (siehe Kasten). Dazu 8 „Condimento Bianco“, helle Balsamessige.

Die Anwendung zählt

Das Ergebnis: Teuer muss guter Balsamico nicht sein, exzellenter Geschmack aber kostet extra. Der Anwendungszweck führt zum passenden Produkt. Wer eine Vinaigrette anrühren möchte, kann einen Günstigen nehmen. Wer Speisen das gewisse Etwas verleihen will, braucht einen stark aromatischen.

Zwischen den 27 Kandidaten liegen vor allem sensorisch Welten. Wir fanden elf Gute, darunter die teuren von Cremonini und Giusti. In der Verkostung erreichen beide die Traumnote 1,0. Sie sind besonders körperreich, aromatisch, ausgewogenen in Säure und Süße. Ihr Geheimnis: viel Traubenmost und lange Reifezeit. Aber auch die günstigen von Aldi Nord, Aldi Süd und Kaufland schneiden gut ab, ebenso die Balsamici von Rapunzel, Alnatura, Mazzetti Barrique und Kühne für 5,40 Euro bis 36 Euro pro Liter.

Der Rest ist Standardware. Alle heißen laut EU-Recht „Aceto Balsamico di Modena“. Die EU stellt keine hohen Ansprüche an die sensorischen Eigenschaften, auch nicht an

Eine geschützte Spezialität

Alle dunklen Essige im Test tragen das EU-Siegel „geschützte geografische Angabe“. Ihre Herstellung muss in den Provinzen **Modena** oder **Reggio Emilia** ablaufen. Sie bestehen zu mindestens 20 Prozent aus gekochtem oder eingedicktem **Most**, 10 Prozent Weinessig und zehn Jahre altem Essig. Diese Mischung lagert in **Holzfässern**, mindestens 60 Tage. **Verfälschungen** fanden wir keine.

FOTO: STIFTUNG WARENTEST / RALPH KAISER

Condimento Bianco 3/2020

	Inhalt (ml)/ Mittlerer Preis ca. (Euro)	Mittlerer Preis je Liter (Euro)	Berechneter Traubenmostanteil pro 100 ml Balsamessig (ml)[1]	Sensorisches Urteil	Chemische Qualität[2]	Schadstoffe	Nutzerfreundlichkeit der Verpackung	Deklaration	test-QUALITÄTSURTEIL
				45 %	20 %	15 %	5 %	15 %	100 %
Alnatura Condimento Bianco (MHD: 13.06.2022) Bio	500/2,69	5,40	141	+	○	+	+	+	GUT (2,5)
Mazzetti Bianco Condimento Delizioso (MHD: 05.2023)	500/3,60	7,20	128	+	○	+	++	○	GUT (2,5)
Aldi Nord Casa Morando Condimento Italiano Bianco[3] (MHD: 08.07.2021)	500/0,99	1,98	130	+	○	+	+	+	BEFRIEDIGEND (2,6)
Hengstenberg Condimento Balsamico Bianco (MHD: K. A.)	500/2,69	5,40	128	○	⊖[4]	+	+	+	BEFRIEDIGEND (3,0)
Kühne Condimento Balsamico Bianco (MHD: K. A.)	500/2,74	5,50	119	○	○	++	++	○	BEFRIEDIGEND (3,1)
Edeka Gut & Günstig Condimento Bianco (MHD: 19.06.2022)	500/0,99	1,98	139	+	⊖[4]	+	++	–*)[5]	AUSREICHEND (4,5)
Lidl Acentino Condimento Bianco[6] (MHD: 26.06.2022)	500/0,99	1,98	144	○	⊖[4]	+	+	–*)[5]	AUSREICHEND (4,5)
Penny Condimento Italiano Bianco[6] (MHD: 23.05.2022)	500/0,99	1,98	140	+	⊖[4]	+	+	–*)[5]	AUSREICHEND (4,5)

Bewertungsschlüssel der Prüfergebnisse: ++ = Sehr gut (0,5–1,5). + = Gut (1,6–2,5). ○ = Befriedigend (2,6–3,5). ⊖ = Ausreichend (3,6–4,5). – = Mangelhaft (4,6–5,5). **Bei gleichem Qualitätsurteil Reihenfolge nach Alphabet.**
***) Führt zur Abwertung.** MHD = Mindesthaltbarkeitsdatum. K. A. = Keine Angabe.
1) Qualitätskriterium: Gibt an, wie viel Traubenmost zur Herstellung verwendet wurde. Wir berechneten den Anteil mithilfe des typischen Zuckergehalts von Traubenmost. Da der Most konzentriert wurde, kann der Wert über 100 liegen. **2)** Für Condimento Bianco orientierten wir uns an den für Aceto Balsamico di Modena (geschützte geografische Angabe) festgelegten Kriterien, z. B. zu Extrakt, Asche, Schwefel. Der Aschegehalt des Essigs, der nach thermischer Zersetzung zurückbleibt, ist Maß für den Mineralstoffgehalt. Für Schwefel, genauer Schwefeldioxid, gilt ein zulässiger Höchstgehalt, den alle einhalten. **3)** Laut Anbieter Produkt inzwischen nicht mehr im Handel. **4)** Laut der chemischen Analyse fällt der Traubenmostanteil vergleichsweise gering aus, darauf weisen die geringen Gehalte an Asche und zuckerfreiem Extrakt hin. Die Berechnung des Traubenmostanteils über den Zuckergehalt ergab hingegen keine Auffälligkeiten. **5)** Angegebener Anteil an konzentriertem Traubenmost passt nicht zu den Analyseergebnissen, insbesondere nicht zu den geringen Gehalten an Weinsäure, Kalium und Magnesium. **6)** Hergestellt von Acetificio Carandini Emilio. **Einkauf der Prüfmuster:** August bis September 2019.

den Traubenmostanteil. Selbst die günstigen Essige von Aldi und Kaufland erfüllen Mindestanforderungen. Sie basieren auf wenig Traubenmost, sind aber sensorisch fehlerfrei. Für den Verbraucher wären verschiedene Klassifizierungen wünschenswert.

Für Bianchi gibt es deutlich weniger Anforderungen als für dunklen Balsamico. Im Test überzeugte keiner vollends in Geschmack oder Zusammensetzung. Alnatura und Mazzetti schneiden knapp gut ab. Verlierer sind die günstigen: Edeka, Lidl und Penny. ■

Aceto Balsamico di Modena I — 3/2020

	Inhalt (ml)/ Mittlerer Preis ca. (Euro)	Mittlerer Preis je Liter (Euro)	Berechneter Traubenmostanteil pro 100 ml Balsamessig (ml)[1]	Sensorisches Urteil	Authentizität	Chemische Qualität[2]	Schadstoffe	Nutzerfreundlichkeit der Verpackung	Deklaration	test-QUALITÄTSURTEIL
				45 %	0 %	20 %	15 %	5 %	15 %	100 %
Giuseppe Cremonini Aceto Balsamico di Modena Invecchiato (5 Trauben) (MHD: K. A.)	250/13,00	52,00	419	++	Gemäß unseren Analysen handelt es sich bei allen Produkten um Aceti Balsamici nach der Verordnung (EG) 583/2009. Insbesondere unsere Isotopenanalysen ergaben keine Hinweise darauf, dass Essigsäure oder Zucker nicht – wie vorgeschrieben – aus Trauben stammten.	++	○	+	+	GUT (1,6)
Rapunzel Aceto Balsamico di Modena (3 Weinblätter) (MHD: K. A.) Bio	250/4,50	18,00	192	++		+	+	+	○	GUT (1,9)
Alnatura Aceto Balsamico di Modena (MHD: 21.06.2022) Bio	500/2,69	5,40	119	+		+	+	+	○	GUT (2,3)
Oil & Vinegar Giuseppe Giusti Aceto Balsamico di Modena Silver (MHD: K. A.)	250/30,00	120,00	456	++		++	+	+	⊖ *)3)	GUT (2,3)
Aldi Nord Casa Morando Aceto Balsamico di Modena[4] (MHD: 08.07.2022)	500/0,99	1,98	106	+		+	+	+	+	GUT (2,4)
Kaufland K-Classic Aceto Balsamico di Modena (MHD: 04.05.2022)	500/0,99	1,98	103	+		+	+	+	+	GUT (2,4)
Mazzetti Aceto Balsamico di Modena Barrique Speciale (3 Weinblätter) (MHD: K. A.)	250/9,00	36,00	191	+		○	+	○	○	GUT (2,4)
Aldi Süd Cucina Aceto Balsamico di Modena (MHD: 10.07.2022)	500/0,99	1,98	105	+		+	+	+	○	GUT (2,5)
Kühne Aceto Balsamico di Modena (MHD: K. A.)	500/2,74	5,50	111	+		○	+	++	○	GUT (2,5)

Bewertungsschlüssel der Prüfergebnisse: ++ = Sehr gut (0,5–1,5). + = Gut (1,6–2,5). ○ = Befriedigend (2,6–3,5). ⊖ = Ausreichend (3,6–4,5). — = Mangelhaft (4,6–5,5). **Bei gleichem Qualitätsurteil Reihenfolge nach Alphabet.**
***) Führt zur Abwertung.** MHD = Mindesthaltbarkeitsdatum. K. A. = Keine Angabe.
1) Qualitätskriterium: Gibt an, wie viel Traubenmost zur Herstellung verwendet wurde. Wir berechneten den Anteil mithilfe des typischen Zuckergehalts von Traubenmost. Da der Most konzentriert wurde, kann der Wert über 100 liegen. **2)** Wir analysierten verschiedene Parameter, die für Aceto Balsamico di Modena (geschützte geografische Angabe) in der Verordnung (EG) 583/2009 festgelegt sind, z. B. zu Extrakt, Asche, Schwefel. Der Aschegehalt des Essigs, der nach thermischer Zersetzung zurückbleibt, ist Maß für den Mineralstoffgehalt. Für Schwefel, genauer Schwefeldioxid, gilt ein zulässiger Höchstgehalt, den alle einhalten. **3)** Kleine und schwer leserliche Schrift. Analysierter Zuckergehalt rund 18 Prozent höher als angegeben. **4)** Laut Anbieter Produkt inzwischen nicht mehr im Handel. **Einkauf der Prüfmuster:** August bis September 2019.

Aceto Balsamico di Modena II 3/2020

	Inhalt (ml)/ Mittlerer Preis ca. (Euro)	Mittlerer Preis je Liter (Euro)	Berechneter Traubenmostanteil pro 100 ml Balsamessig (ml)[1]	Sensorisches Urteil	Authentizität	Chemische Qualität[2]	Schadstoffe	Nutzerfreundlichkeit der Verpackung	Deklaration	test-QUALITÄTSURTEIL
				45 %	0 %	20 %	15 %	5 %	15 %	100 %
dmBio Aceto Balsamico di Modena (MHD: 19.07.2022) Bio	500/2,65	5,30	119	+	Gemäß unseren Analysen handelt es sich bei allen Produkten um Aceti Balsamici nach der Verordnung (EG) 583/2009. Insbesondere unsere Isotopenanalysen ergaben keine Hinweise darauf, dass Essigsäure oder Zucker nicht – wie vorgeschrieben – aus Trauben stammten.	○	+	+	○	**BEFRIED. (2,6)**
Hengstenberg Aceto Balsamico di Modena (MHD: K. A.)	500/2,69	5,40	111	+		○	+	+	○	**BEFRIED. (2,6)**
Rewe Beste Wahl Aceto Balsamico di Modena[3)4)] (MHD: 03.07.2022)	500/1,79	3,60	144	+		○	+	++	○	**BEFRIED. (2,6)**
Rewe Ja Aceto Balsamico di Modena[3)5)] (MHD: 14.06.2024)	500/0,99	1,98	113	+		○	+	+	○	**BEFRIED. (2,6)**
Mazzetti Aceto Balsamico di Modena Tino Tipico (1 Weinblatt) (MHD: K. A.)	500/3,60	7,20	78	+		○	+	+	○	**BEFRIED. (2,7)**
Edeka Gut & Günstig Aceto Balsamico di Modena (MHD: 31.05.2022)	500/0,99	1,98	114	○		○	+	+	○	**BEFRIED. (2,8)**
Campo Verde Aceto Balsamico di Modena[6)] (MHD: 1.2029) Bio	250/6,50	26,00	228	+		+	+	○	⊖*)[7)]	**BEFRIED. (2,9)**
Lidl Acentino Aceto Balsamico di Modena[5)] (MHD: 26.06.2022)	500/0,99	1,98	117	○		○	+	+	○	**BEFRIED. (2,9)**
Penny Aceto Balsamico di Modena[3)5)] (MHD: 12.06.2024)	500/0,99	1,98	113	○		⊖	+	+	○	**BEFRIED. (2,9)**
Netto Marken-Discount Mondo Italiano Aceto Balsamico di Modena (MHD: 24.06.2022)	500/0,99	1,98	110	○		○	+	+	○	**BEFRIED. (3,0)**

Bewertungsschlüssel der Prüfergebnisse: ++ = Sehr gut (0,5–1,5). + = Gut (1,6–2,5). ○ = Befriedigend (2,6–3,5). ⊖ = Ausreichend (3,6–4,5). — = Mangelhaft (4,6–5,5). **Bei gleichem Qualitätsurteil Reihenfolge nach Alphabet.**
***) Führt zur Abwertung.** MHD = Mindesthaltbarkeitsdatum. K. A. = Keine Angabe. **1)** Qualitätskriterium: Gibt an, wie viel Traubenmost verwendet wurde. Wir berechneten den Anteil mithilfe des typischen Zuckergehalts von Traubenmost. Da der Most konzentriert wurde, kann der Wert über 100 liegen. **2)** Wir analysierten verschiedene Parameter, die für Aceto Balsamico di Modena (geschützte geografische Angabe) in der Verordnung (EG) 583/2009 festgelegt sind, z. B. zu Extrakt, Asche, Schwefel. Der Aschegehalt des Essigs, der nach thermischer Zersetzung zurückbleibt, ist Maß für den Mineralstoffgehalt. Für Schwefel, genauer Schwefeldioxid, gilt ein zulässiger Höchstgehalt, den alle einhalten. **3)** Laut Anbieter inzwischen Rezeptur geändert. **4)** Hergestellt von Acetifici Italiani Modena. **5)** Hergestellt von Acetificio Carandini Emilio. **6)** Mit Demeter-Siegel. **7)** Der angegebene Zuckergehalt ist deutlich geringer als der von uns gemessene. **Einkauf der Prüfmuster:** August bis September 2019.

Unser Rat

Alle Freizeit- und die meisten Leistungssportler können sich die Shakes sparen, da ihr Körper das Extra-Eiweiß nicht braucht. Die Pulver eignen sich nur für wenige Sportler: etwa Spitzenturner, die auf niedriges Wettkampfgewicht achten und kalorienarm essen müssen, oder Sportler auf Reisen, die an manchen Tagen keine Gelegenheit haben, sich vollwertig zu ernähren.

Überflüssig

4/2020 Die Qualität der Eiweißpräparate ist nicht schlecht, doch kaum jemand braucht die Pulver. Einige Produkte enthalten Schadstoffe.

Ganz schön aufgeplustert klingen die Namen einiger Eiweißpulver: Champ, Megamax, Multipower. Etwa jeder fünfte Bundesbürger trinkt laut Umfragen Eiweiß-Shakes. Wissenschaftler halten sie für überflüssig: „Wir gut genährten Westeuropäer brauchen vorrangig Bewegung, damit Muskeln wachsen", sagt Professor Helmut Heseker vom Institut für Ernährung, Konsum und Gesundheit an der Universität Paderborn. Freizeit- und Leistungssportler seien durch die Alltagskost mehr als genug mit Eiweiß versorgt (siehe Unser Rat).

Doping-Test bestanden

Zu diesem Schluss kommt auch ein wissenschaftliches Gutachten zu 21 Eiweißpulvern, das wir in Auftrag gegeben haben. Es war Basis unserer Bewertung, zudem prüften wir die Pulver auch im Labor. Pharmakologisch wirksame Substanzen wie Anabolika fanden wir nicht. Einige Produkte kritisierten wir aber wegen inkorrekter Aroma-Deklaration. Sie weckten falsche Erwartungen bezüglich der Natürlichkeit oder Echtheit von Aromen.

Vier Pulver waren auffällig mit Schadstoffen belastet, darunter drei vegane Bio-Produkte mit Eiweiß aus Erbse, Soja, Lupine. Die Pflanzen können die nachgewiesenen, erhöhten Aluminium- und Nickelgehalte aus dem Boden gespeichert haben. Die anderen Schadstoffe stammen wohl aus der Produktion: die Mineralölbestandteile Mosh sowie 3-MCPD. Ein akutes Gesundheitsrisiko stellt kein Befund dar, aber alle wären vermeidbar. ■

Eiweiß von Tieren und Pflanzen
Die Proteine tierischer und pflanzlicher Lebensmittel unterscheiden sich in der Zusammensetzung ihrer Bausteine, den Aminosäuren. Tierisches Eiweiß bietet alle Aminosäuren, die unser Körper nicht bildet und die er etwa für seine Muskeln und Organe braucht. Pflanzeneiweiß verfügt oft nicht über alle Aminosäuren. Kombis können das ausgleichen: Was Hülsenfrüchten fehlt, liefert Getreide.

FOTO: STIFTUNG WARENTEST / HENDRIK RAUCH; ILLUSTRATION: GETTY IMAGES

Eiweißpulver für Sportler I

4/2020

Produkt	Inhalt laut Deklaration (g)/ Mittlerer Preis ca. (Euro)	Proteinquelle laut Deklaration[1]	test-FAZIT	Eiweißqualität	Schadstoffe	Mikrobiologische Qualität	Sensorisches Urteil	Nutzerfreundlichkeit der Verpackung	Deklaration
Insgesamt in Ordnung – doch für die meisten Sportler überflüssig									
Champ Muscle Protein 90 Vanille Geschmack (MHD: 2/2021)	780/ 19,50	CAS, SPI, MiPI	**Gehört zu den Pulvern, die in jedem Prüfpunkt befriedigend oder besser abschneiden.**[3]	++	○	++	+	+	+
dm Sportness Eiweiß 90 Shake Neutraler Geschmack (MHD: 06.10.2020)	300/ 6,45	MPP, SPP		++	○	++	+	+	○
ESN Premium Grade Designer Whey Protein, Geschmack Vanilla (MHD: 30.06.2021)	1000/ 22,90[4]	MPK, MPI		++	+	○	+	+	○
Layenberger Your Whey Shake Vanille Geschmack[2] [5] (MHD: 6/2021)	750/ 20,00	MPK, MPI		++	+	○	+	++	+
Mammut Whey Protein Nextlevel Vanilla (MHD: 5/2021)	1000/ 17,00	MPK		++	+	+	+	++	+
Megamax Eiweiß 100 Vanille-Geschmack (MHD: 10.05.2022)	400/ 19,00	MPK, MPP		++	+	○	+	+	+
Multipower 100% Pure Whey Protein French Vanilla Flavour (MHD: 3/2020)	450/ 15,00	MPI, MPK, MPH		++	+	++	+	+	+
ON Optimum Nutrition Gold Standard 100% Whey Vanilla Ice Cream Flavour (MHD: 4/2021)	908/ 25,00	MPI, MPK, MPH		++	+	+	+	++	○
Power System Protein 90 für mehr Muskelmasse Bourbon Vanille Geschmack (MHD: 12/2020)	660/ 15,00	CAS, MiPI, MP, SPI, LEU		++	○	++	+	++	○
Qi² Sports Nutrition Pro Whey Protein Shake Geschmack Vanille (MHD: 9/2020)	500/ 15,90	MPK		++	+	+	+	+	+
Weider Protein 80 Plus Vanilla Flavour (MHD: 6/2021)	500/ 16,00	CAS, MPK, MiPI, EKP		++	+	+	+	++	+

Bewertungsschlüssel der Prüfergebnisse: ++ = Sehr gut (0,5–1,5). + = Gut (1,6–2,5). ○ = Befriedigend (2,6–3,5). ⊖ = Ausreichend (3,6–4,5). — = Mangelhaft (4,6–5,5). **Reihenfolge nach Alphabet.** MHD = Mindesthaltbarkeitsdatum.
1) CAS Caseinat, EKP Eiklarpulver, LEU L-Leucin, MP Molkenprotein, MPH Molkenproteinhydrolysat, MPI Molkenproteinisolat, MiPI Milchproteinisolat, MPK Molkenproteinkonzentrat, MPP Milchproteinpulver, SPI Sojaproteinisolat, SPP Sojaproteinpulver. **2)** Classic Style Muskelaufbau. **3)** Doch für die meisten Sportler eignen sie sich nicht: Freizeitsportler nehmen schon mit der normalen Nahrung deutlich mehr Protein auf, als sie brauchen. Und auch Leistungssportler können ihren erhöhten Bedarf damit normalerweise problemlos decken. Nur für wenige Sportler sind Proteinpulver geeignet – etwa wenn sie sich vorübergehend über mehrere Tage nicht ausgewogen ernähren können oder auf ein geringes Wettkampfgewicht achten müssen wie Skispringer und Turner. **4)** Von uns bezahlter Einkaufspreis.
5) Laut Anbieter Produkt geändert.

Einkauf der Prüfmuster: Oktober 2019.

Eiweißpulver für Sportler II — 4/2020

Produkt	Inhalt laut Deklaration (g)/ Mittlerer Preis ca. (Euro)	Proteinquelle laut Deklaration[1]	test-FAZIT	Eiweißqualität	Schadstoffe	Mikrobiologische Qualität	Sensorisches Urteil	Nutzerfreundlichkeit der Verpackung	Deklaration
Schlecht gekennzeichnet									
AMsport High Protein 4 Components Vanille (MHD: 7/2021)	600/ 24,90	MPK, MPP, MPI, HEP	**Gehört zu den Pulvern, die ausreichend oder mangelhaft in der Deklaration sind.[3]**	++	+	+	+	++	⊖[4]
Decathlon Isolate Whey Protein Vanilla Flavour (MHD: 11/2020)	900/ 20,00	MPI, MPK		++	+	++	+	++	—[5]
Foodspring Whey Protein Vanille Geschmack (MHD: 9/2020)	750/ 30,00	MPK, MPI		++	+	++	+	+	—[5]
Inkospor Active Pro 80 Protein Shake Vanilla (MHD: 12/2021)	500/ 15,90	MPP, MP, HEP		++	○	++	○	+	⊖[4]
Isaac Proteinpulver mit 15% Insektenprotein Vanille-Geschmack (MHD: 31.10.2020)	650/ 35,00	EPI, IP, SBP		+	○	+	○	+	⊖[2]
Maxi Nutrition Whey Protein Pro Vanille-Geschmack (MHD: 1/2021)	390/ 12,00	MPI		++	+	++	+	++	—[5]

Bewertungsschlüssel der Prüfergebnisse: ++ = Sehr gut (0,5–1,5). + = Gut (1,6–2,5). ○ = Befriedigend (2,6–3,5). ⊖ = Ausreichend (3,6–4,5). — = Mangelhaft (4,6–5,5). **Reihenfolge nach Alphabet.**
MHD = Mindesthaltbarkeitsdatum.

1) EPI Erbsenproteinisolat, HEP Hühnereiweißpulver, IP Insektenprotein, MP Molkenprotein, MPI Molkenproteinisolat, MPK Molkenproteinkonzentrat, MPP Milchproteinpulver, SBP Sonnenblumenprotein.

2) Zutatenverzeichnis nennt „natürliches Aroma“. Laut Analyse sind aber unter anderem racemisches gamma-Decalacton, racemisches delta-Dodecalacton und racemisches Acetoinbutanoat enthalten, welche nach dem Stand der Wissenschaft nicht natürlich gewonnen werden.

3) Ihr Aromaspektrum entspricht nicht dem, was Abbildungen oder Schriftzüge auf der Verpackung suggerieren. Abgesehen davon eignen sich die Produkte für die meisten Sportler nicht: Freizeitsportler nehmen schon mit der normalen Nahrung deutlich mehr Protein auf, als sie brauchen. Und auch Leistungssportler können ihren erhöhten Bedarf damit normalerweise problemlos decken. Nur für wenige Sportler sind Proteinpulver geeignet – etwa wenn sie sich vorübergehend über mehrere Tage nicht ausgewogen ernähren können oder auf ein geringes Wettkampfgewicht achten müssen wie Skispringer und Turner.

4) Auf der Schauseite steht „Vanille“ und/oder „Vanilla“. Laut Analyse sind aber keine nennenswerten Mengen an Vanille enthalten.

5) Auf der Schauseite Abbildung von Vanilleschoten, -blättern, und/oder -blüten. Laut Analyse sind aber keine nennenswerten Mengen an Vanille enthalten.

Einkauf der Prüfmuster: Oktober 2019.

Eiweißpulver für Sportler III 4/2020

Produkt	Inhalt laut Deklaration (g)/ Mittlerer Preis ca. (Euro)	Proteinquelle laut Deklaration[1]	test-FAZIT	Eiweißqualität	Schadstoffe	Mikrobiologische Qualität	Sensorisches Urteil	Nutzerfreundlichkeit der Verpackung	Deklaration
Mit Schadstoffen belastet									
Bio Planète Sportlerheld Protein-Pulver[3], vegan (MHD: 08/2020) Bio	350/ 17,00	ENM, LP	**Gehört zu den Pulvern, die deutlich bis stark mit Schadstoffen belastet sind.**	+	–[4]	○	○	+	○
Pur Ya! Vegan High Protein Shake Vanilla, vegan (MHD: 01.10.2020) Bio	550/ 24,00	RPP, SBP		⊖[5]	–[6]	++	–	+	–[7]
Raab Vitalfood Sport Premium Protein 78 Pure[8], vegan (MHD: 01/2021) Bio	500/ 15,50	EPP, RPP, SBIP		+	⊖[9]	+	+	+	–[10]
Rossmann Wellmix Sport Protein 90 Neutral (MHD: 12/2020)	900/ 17,00	CAS, SPI, MP		++	⊖[2]	++	+	+	+

Bewertungsschlüssel der Prüfergebnisse: ++ = Sehr gut (0,5–1,5). + = Gut (1,6–2,5). ○ = Befriedigend (2,6–3,5). ⊖ = Ausreichend (3,6–4,5). – = Mangelhaft (4,6–5,5). **Reihenfolge nach Alphabet.**

MHD = Mindesthaltbarkeitsdatum.

1) CAS Caseinat, ENM Erdnussmehl, EPP Erbsenproteinpulver, LP Lupinenprotein, MP Molkenprotein, RPP Reisproteinpulver, SBP Sonnenblumenprotein, SBIP Spinatblattpulver, SPI Sojaproteinisolat.

2) Enthält als einziges Produkt im Test freies 3-MCPD, das etwa die Fortpflanzung beeinträchtigen kann.

3) Laut Anbieter wird das Produkt nicht mehr hergestellt; Restbestände sind gegebenenfalls noch erhältlich.

4) Eine Portion enthält 265 Mikrogramm Nickel. Nimmt ein 60 Kilo schwerer Erwachsener täglich eine Portion zu sich, überschreitet er die maximal tolerierbare Aufnahmemenge von 2,8 Mikrogramm pro Kilo Körpergewicht. Nickel hat sich im Tierversuch als fortpflanzungsschädigend erwiesen.

5) Geringe biologische Wertigkeit von nur 55 % (berechnet nach DIAAS-Methode).

6) Sehr hohe Gehalte an gesättigten Mineralölkohlenwasserstoffen Mosh, die sich in Organen anreichern können.

7) Zutatenverzeichnis nennt „natürliches Vanillearoma", auf der Schauseite steht „Vanilla". Laut Analyse sind keine nennenswerten Mengen an Vanille enthalten, jedoch der nicht natürliche Aromastoff Ethylvanillin.

8) Laut Anbieter Produkt geändert.

9) Eine Portion enthält rund 4 Milligramm Aluminium. Nimmt ein 60 Kilo schwerer Erwachsener täglich eine Portion zu sich, schöpft er die maximal tolerierbare wöchentliche Aufnahmemenge von 2 Milligramm pro Kilo Körpergewicht zu mehr als einem Viertel aus. Zu viel Aluminium kann das Nervensystem schädigen. Zudem hohe Gehalte an gesättigten Mineralölkohlenwasserstoffen Mosh.

10) Mehrere Mängel, z. B. weichen die deklarierten Gehalte von Vitamin B2, Folsäure, Calcium, Magnesium und Eisen deutlich von den von uns ermittelten Gehalten ab.

Einkauf der Prüfmuster: Oktober 2019.

Unser Rat

Die konventionelle Gesichtscreme **Nivea Natural Balance** (12 Euro pro 100 Milliliter) siegt knapp. Auf Platz zwei folgen punktgleich die zertifizierten Naturkosmetik-Cremes **Alviana Feuchtigkeitsfluid** (11,70 Euro), **dm Alverde Aqua Hyaluron** (5,70 Euro) und **Rossmann Alterra Hydro Tagescreme** (6,60 Euro) – alle drei tragen das Natrue-Siegel.

Nicht alles Natur pur

9/2020 Synthetische Inhaltsstoffe? Wer sie nicht will, findet auch gute Naturkosmetik. Konventionelle Creme wirkt oft „grüner", als sie ist.

Es grünt so grün im Kosmetikregal: „Ausgewählte Naturwirkstoffe", „hochwertige pflanzliche Öle" und andere Versprechen locken. Was so grün daherkommt, ist nicht immer Natur pur: zum Beispiel konventionelle Gesichtscreme, die viel Synthetisches enthält. Das Dilemma ist, dass manch konventionelle Kosmetik sich gern „Natural" oder „Nature" nennt. Sogar Naturkosmetik darf draufstehen, der Begriff ist nicht geschützt. „Zertifizierte Naturkosmetik" mit Siegel hingegen muss strenge Kriterien erfüllen, die von unabhängigen Instituten überprüft werden.

Wie viel Natur wirklich drinsteckt

Neun Cremes mit Naturkosmetik-Siegel traten im Test gegen fünf konventionelle Produkte an, die sich naturnah geben. Wie viel Natur enthalten sie alle tatsächlich? Das haben wir im Labor analysiert. Produkte mit Siegeln wie Natrue, Ecocert oder BDIH müssen überwiegend aus Stoffen natürlichen Ursprungs bestehen. Das hielten sie sämtlich überzeugend ein. Doch auch die konventionellen Cremes im Test hatten recht hohe Naturstoffanteile.

Auch Naturkosmetik pflegt effektiv

Pflegt Naturkosmetik auch so effektiv wie konventionelle? Immerhin muss sie auf hilfreiche Stoffe verzichten – etwa erdölbasierte Emulgatoren für ein angenehmes Hautgefühl. Erfreulich: In beiden Gruppen finden sich im Test Cremes, die Feuchtigkeit

Der kleine Unterschied
Rohstoffe für zertifizierte Naturkosmetik müssen vorwiegend natürlichen Ursprungs sein, möglichst aus Bioanbau. Synthetische Konservierungsmittel, Farb- oder Duftstoffe sind in der Regel tabu, Gentechnik ist nicht erlaubt. Herkömmliche Kosmetik mit grünem Touch kann neben Pflanzenstoffen synthetische Emulgatoren und Duftstoffe oder lösliche, erdölbasierte Kunststoffe enthalten.

FOTO: GETTY IMAGES

Gesichtscremes I 9/2020

Produkt	Zertifizierte Naturkosmetik laut Deklaration	Inhalt (ml)/Mittlerer Preis ca. (Euro)	Preis pro 100 ml ca. (Euro)	Feuchtigkeits-anreicherung	Anwendung und Hautgefühl	Kritische Duftstoffe	Mikrobiologische Qualität	Deklaration und Werbeaussagen	Nutzerfreundlichkeit der Verpackung	test-QUALITÄTSURTEIL
				45 %	20 %	0 %	10 %	15 %	10 %	100 %
Nivea Natural Balance Feuchtigkeitsspendende Tagespflege	❑	50/6	12,00	+	+	++	++	+	++	GUT (1,9)
Alviana Feuchtigkeitsfluid Bio-Aloe Vera[1]	■[2]	30/4	11,70	+	+	++	++	○	++	GUT (2,0)
dm Alverde Aqua 24h Hyaluron Hydro Cremegel Meeresalge[1]	■[2]	50/3	5,70	+	+	++	++	+	○	GUT (2,0)
Rossmann Alterra Hydro Tagescreme Bio-Traube & Bio-Weisser Tee[1]	■[2]	50/3	6,60	+	+	++	++	○	++	GUT (2,0)
Hildegard Braukmann Professional Plus Balance Creme Fluid	❑	50/12	25,00	+	+	++	++	○[3]	+	GUT (2,1)
Sante Erfrischende Feuchtigkeitspflege mit Hydro Effekt[1)4)]	■[2]	50/8	16,90	+	+	++	++	○	○	GUT (2,1)
Lavera Basis Sensitiv Feuchtigkeitscreme[1]	■[2]	50/8	16,00	+	+	++	++	○	+	GUT (2,2)
Weleda Iris Erfrischende Feuchtigkeitspflege	■[2]	30/12	40,00	○	+	++	++	+	○	GUT (2,5)

Bewertungsschlüssel der Prüfergebnisse: ++ = Sehr gut (0,5–1,5). + = Gut (1,6–2,5). ○ = Befriedigend (2,6–3,5). ⊖ = Ausreichend (3,6–4,5). — = Mangelhaft (4,6–5,5). **Bei gleichem Qualitätsurteil Reihenfolge nach Alphabet.**
■ = Ja. ❑ = Nein. **1)** Laut Deklaration vegan. **2)** Naturkosmetiksiege : Natrue. **3)** Laut Inhaltsstoffliste enthält das Produkt Butylphenyl Methylpropional (Lilial). Im Labor konnte kein Lilial nachgewiesen werden.
4) Laut Anbieter Verpackung inzwischen geändert. **Einkauf der Prüfmuster:** Januar bis März 2020.

spenden, gut einziehen, die Haut geschmeidig machen. Zertifizierte Cremes können in Pflege und Anwendung also mithalten.

Kritischer Duftstoff: Keine ist auffällig

„Natürlich" heißt nicht automatisch risikoärmer. Ätherische Öle etwa können Allergien auslösen. Wenn es jedoch darum geht, synthetische Stoffe zu meiden, spricht viel für Cremes mit Naturkosmetik-Siegel.

Auch kritische Stoffe wie beispielsweise der Duftstoff Lilial haben uns interessiert. Problematisches entdeckten wir in diesem Punkt jedoch nicht. Allerdings haben zwei Cremes im Konservierungsbelastungstest versagt: Die konventionelle Creme von Lush und die von Provida mit Naturkosmetik-Siegel wurden nicht mit Keimen fertig, die wir im Labor in die Produkte eingebracht hatten. Dafür gab es die Gesamtnote Mangelhaft. Alle anderen geprüften Cremes kamen mit Keimen gut klar.

Tipp: Mit sauberen Fingern oder Spatel in den Tiegel gehen. Das schützt vor Keimen. ■

Gesichtscremes II — 9/2020

Produkt	Zertifizierte Naturkosmetik laut Deklaration	Inhalt (ml)/Mittlerer Preis ca. (Euro)	Preis pro 100 ml ca. (Euro)	Feuchtigkeitsanreicherung	Anwendung und Hautgefühl	Kritische Duftstoffe	Mikrobiologische Qualität	Deklaration und Werbeaussagen	Nutzerfreundlichkeit der Verpackung	test-QUALITÄTSURTEIL
				45 %	20 %	0 %	10 %	15 %	10 %	100 %
Living Nature New Zealand Nährende Tagescreme	■[1]	50/36	71,00	+	+	++	++	⊖*)2)	+	**BEFRIEDIGEND (2,7)**
Garnier SkinActive Feuchtigkeitsspendende Tagespflege[3][4]	❑	50/5[5]	10,70	+	+	++	++	⊖*)	○	**BEFRIEDIGEND (2,8)**
The Body Shop Carrot Cream[4]	❑	50/16	32,00	+	+	++	++	⊖*)6)	○	**BEFRIEDIGEND (2,8)**
Douglas Kora Organics Soothing Moisturizer[7]	■[8]	50/48	96,00	+	+	++	+	–*)9)	○	**BEFRIEDIGEND (3,0)**
Lush Skin Drink Gesichtscreme	❑	45/24	52,00	○	+	++	–*)10)	⊖11)	⊖12)	**MANGELHAFT (5,0)**
Provida Organics Sensitive Care Jeunesse Day Cream	■[13]	50/18	35,00	+	+	++	–*)10)	⊖14)	+	**MANGELHAFT (5,0)**

Bewertungsschlüssel der Prüfergebnisse: ++ = Sehr gut (0,5–1,5). + = Gut (1,6–2,5). ○ = Befriedigend (2,6–3,5). ⊖ = Ausreichend (3,6–4,5). – = Mangelhaft (4,6–5,5). **Bei gleichem Qualitätsurteil Reihenfolge nach Alphabet.**

***) Führt zur Abwertung.** ■ = Ja. ❑ = Nein.

1) Naturkosmetiksiegel: BDIH Natural. **2)** Mehrere Deklarationsmängel, z. B. ist der Duftstoff Benzyl Alcohol nicht auf der Liste der Inhaltsstoffe deklariert. Wir wiesen ihn in deklarationspflichtigen Konzentrationen nach. Werbung mit „not tested on animals“. Mit Auslobungen zu Tierwohl und Tierversuchsfreiheit kann der Anschein erweckt werden, dass das Produkt besonderen Anforderungen entspricht, die vergleichbare Produkte nicht erfüllen. Zudem ist die Liste der Inhaltsstoffe schlecht leserlich. **3)** Laut Anbieter wird das Produkt inzwischen nicht mehr vertrieben. **4)** Laut Deklaration vegan. **5)** Von uns bezahlter Einkaufspreis. **6)** Liste der Inhaltsstoffe sehr schlecht leserlich. **7)** Laut Anbieter befindet sich das Produkt im Abverkauf. **8)** Naturkosmetiksiegel: Ecocert, Cosmos Organic. **9)** Mehrere Deklarationsmängel, z. B. Werbung mit „Ohne Parabene“ und mit Peta-Logo „cruelty-free“. Mit Auslobungen zu Tierwohl und Tierversuchsfreiheit kann der Anschein erweckt werden, dass das Produkt besonderen Anforderungen entspricht, die vergleichbare Produkte nicht erfüllen. Zudem ist die Liste der Inhaltsstoffe schlecht leserlich. **10)** Konservierungsbelastungstest nicht bestanden. **11)** Mehrere Deklarationsmängel, z. B. ist der Duftstoff Citronellol nicht auf der Liste der Inhaltsstoffe deklariert. Wir wiesen ihn in deklarationspflichtigen Konzentrationen nach. Werbung mit „Wir kämpfen gegen Tierversuche“. Mit Auslobungen zu Tierwohl und Tierversuchsfreiheit kann der Anschein erweckt werden, dass das Produkt besonderen Anforderungen entspricht, die vergleichbare Produkte nicht erfüllen. Zudem ist die Liste der Inhaltsstoffe schlecht leserlich. **12)** Tiegel besitzt keine Originalitätssicherung. **13)** Naturkosmetiksiegel: Icada Natural und Demeter. **14)** Mehrere Deklarationsmängel, z. B. Werbung mit „ohne Konservierungsmittel“. Das Produkt enthält laut Deklaration jedoch Alkohol, der konservierende Wirkung hat. Werbung mit „tierversuchsfrei seit 1979“. Mit Auslobungen zu Tierwohl und Tierversuchsfreiheit kann der Anschein erweckt werden, dass das Produkt besonderen Anforderungen entspricht, die vergleichbare Produkte nicht erfüllen. Zudem ist die Liste der Inhaltsstoffe schlecht leserlich.

Einkauf der Prüfmuster: Januar bis März 2020.

Unser Rat

Bestnoten in der Verkostung vergaben wir für den Biodrink **Kölln Smelk Hafer Liebe** (2,19 Euro) ohne Kalzium sowie die Oatly-Drinks Hafer Barista Edition und Hafer Calcium, die inzwischen beide mit veränderter Rezeptur verkauft werden. Günstig und gut: die Biodrinks ohne Kalzium von **Edeka**, **Lidl** (je 99 Cent) und **dm** (95 Cent) sowie **Aldi Süd** mit Kalzium (99 Cent).

Klasse aus Korn

5/2020 Die meisten Hafergetränke im Test sind gut. Sie enthalten oft Zucker und weniger Eiweiß als Milch – aber ihre Ökobilanz ist besser.

Keine Milchalternative ist aktuell beliebter in Deutschland als Haferdrink. Gut 34 Millionen Liter verkauften Lebensmittelhändler und Drogeriemärkte 2018 – fast doppelt so viel wie zwei Jahre zuvor.

Unser Test dürfte den Trend verstärken. Die Qualität ist bemerkenswert: 14 von 18 Haferdrinks verdienen gute Urteile – elf davon haben Biosiegel. Schlechter als befriedigend ist keiner. Wir testeten oft verkaufte Produkte mit und ohne Kalzium: große Player wie Alpro, kleine Biohersteller und günstige Handels- und Drogeriemarken.

In der Verkostung waren alle fehlerfrei – das gibt es selten. Wir wiesen keine Keime nach, Schadstoffe meist nur in unbedenklichen Mengen. Lediglich der Drink von Kaufland ist stark mit Nickel belastet und landet damit auf dem letzten Platz.

Vertrauter Geschmack nach Haferbrei

Hafermilch – so nennen viele den Trunk, der vor allem aus Wasser, 9 bis 16 Prozent Hafer, etwas Pflanzenöl und Salz besteht. Doch „Milch" darf – mit wenigen Ausnahmen – nur heißen, was aus dem Euter kommt. Das regelt eine EU-Verordnung. Nach Milch schmecken die Drinks auch nicht. Sie erinnern eher an Haferbrei oder Müsli – ein vertrauter Geschmack.

Es lohnt sich, verschiedene Produkte zu probieren: Die meisten schmecken süß, einige nur leicht süß. Manche sind leicht vanillig, röstig oder – für Haferprodukte nicht untypisch – bitter im Nachgeschmack. ▶

Nicht jeder lässt sich schäumen
Kaffee mit Schaum schlürfen? Auf den Packungen von drei Haferdrinks steht, dass sie sich zum Aufschäumen eignen. Mit Oatly Barista Edition und Alnatura-Produkt ohne Kalzium konnten wir tatsächlich weichen, cremigen und stabilen Schaum bereiten. Der Hafer Drink Calzium von Alnatura dagegen ließ sich – anders als versprochen – fast nicht schäumen. Das gab Punktabzug in der Deklaration.

FOTOS: STIFTUNG WARENTEST / RALPH KAISER

Haferdrinks 5/2020

Produkt	Mittlerer Preis pro Liter ca. (Euro)	Sensorisches Urteil 40 %	Ernährungsphysiologische Qualität 10 %	Schadstoffe 25 %	Mikrobiologische Qualität 0 %	Nutzerfreundlichkeit der Verpackung 10 %	Deklaration 15 %	test-QUALITÄTSURTEIL 100 %
Mit Kalziumanreicherung								
Oatly Hafer Barista Edition[1] (MHD: 23.09.2020)	2,24	++	+	+	++	+	○	GUT (1,9)
Provamel Oat Hafer Calcium (MHD: 11.05.2020) Bio	1,99[2]	+	+	+	++	+	+	GUT (2,1)
Alpro Hafer Original mild-getreidiger Geschmack[3] (MHD: 11.05.2020)	1,89[2]	+	○	+	++	+	+	GUT (2,2)
Oatly Hafer Calcium[1] (MHD: 13.09.2020)	1,99	++	+	○	++	+	○	GUT (2,2)
Aldi Süd Bio Hafer Drink Natur[4] (MHD: 28.07.2020) Bio	0,99	+	+	○	++	++	+	GUT (2,3)
Alnatura Hafer Drink Calcium (MHD: 24.08.2020) Bio	1,45	+	+	+	++	+	○	GUT (2,3)
Alpro Hafer Ungesüßt milder Geschmack, ohne Zucker[3] (MHD: 01.06.2020)	1,29[2]	+	+	+	++	+	⊖*)5)	BEFRIEDIGEND (2,9)

Bewertungsschlüssel der Prüfergebnisse: ++ = Sehr gut (0,5–1,5). + = Gut (1,6–2,5). ○ = Befriedigend (2,6–3,5). ⊖ = Ausreichend (3,6–4,5). — = Mangelhaft (4,6–5,5). **Bei gleichem Qualitätsurteil Reihenfolge nach Alphabet.**
***) Führt zur Abwertung.** MHD = Mindesthaltbarkeitsdatum.
1) Laut Anbieter Produkt inzwischen geändert. **2)** Von uns bezahlter Einkaufspreis.
3) Laut Anbieter Deklaration inzwischen geändert. **4)** Hergestellt von Mona Naturprodukte.
5) Das Produkt wirbt mit zugesetztem Vitamin B12. Der angegebene Vitamin-B12-Gehalt wird aber um fast 60 Prozent unterschritten.
Einkauf der Prüfmuster: September und Oktober 2019.

Mit Zucker aus Hafer

Haferdrinks lassen sich wie Milch verwenden. Nur zu Herzhaftem passt ihre Süße nicht. Sie entsteht beim Herstellen: Enzyme bauen Stärke im Hafer zu Zucker ab. Einer der Alpro-Drinks ist zuckerfrei hergestellt. Die anderen bringen im Schnitt etwa 4,5 Gramm Zucker je 100 Milliliter mit. Bei einem 250-Milliliter-Glas entspricht das fast vier Zuckerwürfeln.

Hafer enthält von Natur aus kaum Kalzium. Von allen Drinks im Test mit angereichertem Kalzium deckt ein Glas etwa ein Drittel des Tagesbedarfs eines Erwachsenen – wie Milch. Eiweiß bringen sie dagegen alle höchstens ein Drittel so viel mit.

Klimafreundlichkeit ist vielen Haferdrink-Käufern wichtig. Studien bestätigen: Haferdrinks verursachen rund 70 Prozent weniger schädliche Klimagase als Milch. ■

Haferdrinks

5/2020

Produkt	Mittlerer Preis pro Liter ca. (Euro)	Sensorisches Urteil 40 %	Ernährungsphysiologische Qualität 10 %	Schadstoffe 25 %	Mikrobiologische Qualität 0 %	Nutzerfreundlichkeit der Verpackung 10 %	Deklaration 15 %	test-QUALITÄTSURTEIL 100 %
Ohne Kalziumanreicherung								
Kölln Smelk Hafer Liebe Klassik (MHD: 23.06.2020) Bio	2,19	++	○	++	++	+	+	GUT (1,8)
Edeka Bio+ Vegan Haferdrink classic (MHD: 07.06.2020) Bio	0,99	+	○	++	++	+	+	GUT (1,9)
Alnatura Hafer Drink ungesüßt (MHD: 28.09.2020) Bio	1,19	+	○	++	++	+	+	GUT (2,1)
Lidl Milbona Hafer Drink[1] (MHD: 16.11.2020) Bio	0,99	+	○	+	++	+	+	GUT (2,1)
Rewe Bio Haferdrink[2)3)] (MHD: 08.09.2020) Bio	1,29	+	○	+	++	+	+	GUT (2,1)
Berief Bio Hafer Drink Natur Ohne Zuckerzusatz[4] (MHD: 25.09.2020) Bio	1,59	+	○	+	++	+	+	GUT (2,3)
dmBio Hafer Drink Natur[4] (MHD: 11.09.2020) Bio	0,95	+	○	+	++	+	○	GUT (2,3)
Rossmann EnerBio Hafer Drink Natur Ohne Zuckerzusatz (MHD: 04.09.2020) Bio	1,09	+	○	++	++	+	○	GUT (2,3)
Allos Hafer Drink naturell Ohne Zuckerzusatz[5)6)] (MHD: 19.09.2020) Bio	1,99	+	○	○	++	+	+	BEFRIEDIGEND (2,7)
Netto Marken-Discount BioBio Hafer Drink pur (MHD: 11.08.2020) Bio	0,99	+	○	○	++	+	+	BEFRIEDIGEND (2,7)
Kaufland Take it veggie Bio Hafer Drink (MHD: 06.09.2020) Bio	0,95	+	○	⊖*)7)	++	+	+	BEFRIEDIGEND (3,3)

Bewertungsschlüssel der Prüfergebnisse: ++ = Sehr gut (0,5–1,5). + = Gut (1,6–2,5). ○ = Befriedigend (2,6–3,5). ⊖ = Ausreichend (3,6–4,5). — = Mangelhaft (4,6–5,5). **Bei gleichem Qualitätsurteil Reihenfolge nach Alphabet.**
***) Führt zur Abwertung.** MHD = Mindesthaltbarkeitsdatum.
1) Hergestellt von Quargentan. **2)** Hergestellt von Mona Naturprodukte. **3)** Laut Anbieter Produkt inzwischen geändert.
4) Biosiegel: Naturland. **5)** Laut Anbieter Verpackung inzwischen geändert. **6)** Laut Anbieter Deklaration inzwischen geändert.
7) Eine Portion mit 250 Milliliter enthält 106 Mikrogramm Nickel. Nimmt ein 60 Kilogramm schwerer Erwachsener täglich eine Portion zu sich, schöpft er mehr als die Hälfte der maximal tolerierbaren Aufnahmemenge (TDI) aus.
Einkauf der Prüfmuster: September und Oktober 2019.

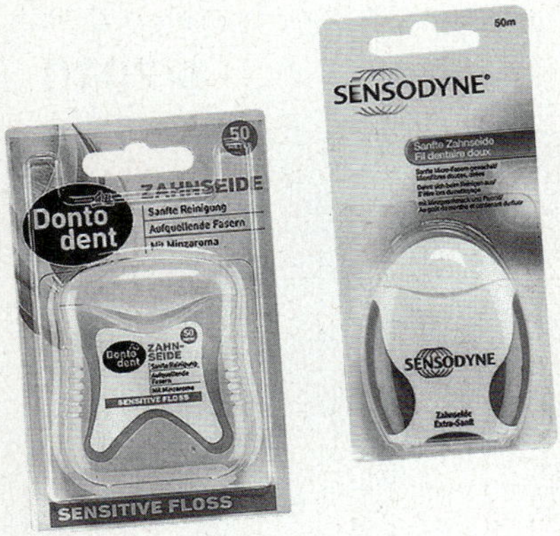

Unser Rat

Alle aufgerollten Zahnseiden sind gut: Vorn liegen **Dontodent** von **dm** (1 Cent pro Anwendung) und **Sensodyne** (3 Cent). Wer mit Zahnseide auf Kriegsfuß steht, kann Interdentalbürsten nehmen: **Dentek Easy Brush** (39 Cent pro Stück) ist genau so gut wie **Curaprox Prime Plus** (1,49 Euro). Lassen Sie sich beim Zahnarzt beraten, welcher Typ sich für Sie eignet.

Für jeden Winkel

3/2020 In Zahnzwischenräumen müssen Zahnseide, Bürstchen und Co ihren Job erledigen. Die meisten im Test machen das gut.

Dort, wo die Zahnbürste nicht hinkommt, sollen sie den Rest beseitigen: Zahnseide, Bürstchen und Miniwerkzeuge wie Sticks und Picks.

Wir haben Produkte für enge bis normal weite Zwischenräume getestet, die häufig verkauft werden. Am Zahnmodell untersuchten wir, wie die Produkte bei richtiger Anwendung Beläge entfernen. Außerdem prüften je 20 Probanden zwei Wochen im Alltag, wie reißfest sie zum Beispiel sind oder wie einfach sich schwer erreichbare Stellen reinigen lassen.

Richtig reine machen

Das Ergebnis motiviert, die Helfer öfter zu benutzen: Zehn von zwölf sind gut, zwei befriedigend. Unter den Guten sind Marken wie Oral-B, Elmex oder Curaprox, aber auch Eigenmarken der Drogerieketten dm und Rossmann. Mit den günstigsten Zahnseiden kostet das Reinemachen zwischen den Beißerchen nur 1 Cent pro Tag. Bürstchen und Gummi-Picks sind teurer, aber wiederverwendbar. Unabhängig vom Preis ist es aber vor allem eine Frage des Zahnzustands und der Geschicklichkeit, welches Helferlein sich für wen am besten eignet.

Seide säubert am besten

Alle sieben Zahnseiden auf der Rolle zum Abreißen schneiden gut ab: Sie reinigten die Zwischenräume im Test etwas besser als die anderen Hilfsmittel, am besten übrigens die günstigere der beiden Oral-B-Zahnseiden. ■

Das Problem mit der Zahnseide
Studien zeigen, dass nur wenige Menschen Zahnseide richtig anwenden. Viele kommen besser mit Interdentalbürsten zurecht und können damit effektiver Plaque entfernen. Aus wissenschaftlicher Sicht sind Bürstchen daher zu bevorzugen.
Im Test reinigten sie noch gut. Auch biegsame Picks aus Gummi kommen infrage. Die einzigen im Test – von Sunstar – säubern nur befriedigend.

FOTOS: STIFTUNG WARENTEST / RALPH KAISER

Interdentalpflege 3/2020

Produkt	Inhalt	Mittlerer Preis ca. (Euro)	Preis pro Anwendung[1] bzw. pro Stück ca. (Euro)	Reinigungswirkung 55 %	Handhabung 35 %	Nutzerfreundlichkeit der Verpackung 5 %	Deklaration 5 %	test - QUALITÄTSURTEIL 100 %
Zahnseide und Zahnseide-Sticks								
dm Dontodent Zahnseide Sensitive Floss	50 Meter	0,95	0,01	+	+	++	+	GUT (1,9)
Sensodyne Sanfte Zahnseide[2]	50 Meter	2,99	0,03	+	+	+	+	GUT (1,9)
Oral-B Essential Floss Zahnseide ungewachst	50 Meter	1,50	0,02	+	+	+	+	GUT (2,0)
Elmex Zahnseide gewachst	50 Meter	3,90	0,04	+	+	+	+	GUT (2,1)
Oral-B Pro-Expert Premium Zahnseide	40 Meter	3,50	0,04	+	+	++	+	GUT (2,1)
Rossmann Prokudent Zahnseide sensitiv	40 Meter	0,89	0,01	+	+	++	++	GUT (2,1)
Yaweco Zahnseide Seide + Bienenwachs[3]	40 Meter	4,00	0,05	+	○*)	++	+	GUT (2,4)
dm Dontodent Zahnseide-Sticks[4]	32 Stück[5]	0,85[6]	0,03	○*)	+	++	+	BEFRIEDIGEND (2,6)
Interdentalbürsten und Interdental-Picks								
Curaprox Prime Plus 06 Interdentalbürsten mit Halter[7][8]	1 Set mit Halter und 5 Bürsten[9]	7,45	1,49	+	+	○	+	GUT (2,4)
Dentek Easy Brush Interdental-Bürsten Größe 0[7][8]	12 Stück	4,65	0,39	+	+	++	+	GUT (2,4)
TePe Interdentalbürste Original Größe 0[7][8][10]	8 Stück	4,30	0,54	+	○	+	++	GUT (2,5)
Sunstar GUM Soft-Picks Advanced Small[4][7]	30 Stück	4,95	0,17	○*)	+	++	+	BEFRIEDIGEND (3,0)

Bewertungsschlüssel der Prüfergebnisse: ++ = Sehr gut (0,5–1,5). + = Gut (1,6–2,5). ○ = Befriedigend (2,6–3,5). ⊖ = Ausreichend (3,6–4,5). — = Mangelhaft (4,6–5,5). **Bei gleichem Qualitätsurteil Reihenfolge nach Alphabet.**

***) Führt zur Abwertung.**

1) Preis für eine Anwendung mit 50 Zentimeter Zahnseide.
2) Laut Anbieter Angaben auf der Verpackung geändert.
3) Laut Anbieter Verpackung verändert.
4) Mit Reiseetui.
5) Laut Anbieter enthält die Packung inzwischen 40 Stück zum selben Preis.
6) Von uns bezahlter Einkaufspreis.
7) Auch andere Größen verfügbar.
8) Mit Schutzkappe.
9) Nachfüllpackung verfügbar: 12 Bürsten für 14,80 Euro.
10) Griffverlängerung mithilfe der mitgelieferten Schutzkappe möglich.

Einkauf der Prüfmuster: Mai und Juni 2019.

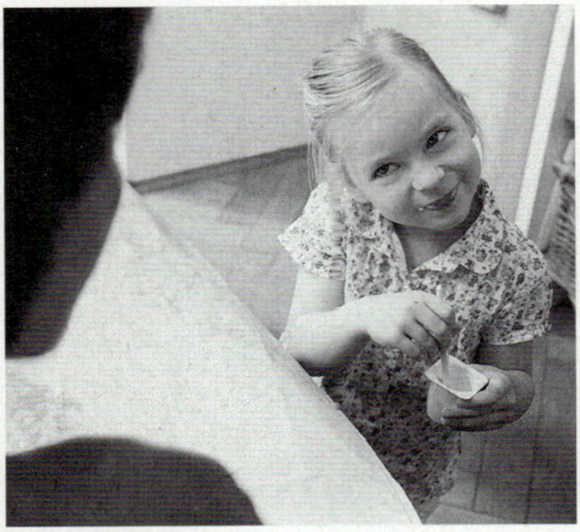

Unser Rat

Fast alle Frischkäsezubereitungen schneiden gut ab. Ernährungsphysiologisch am besten: **Fruchtzwerge weniger süß** (53 Cent pro 100 Gramm), gefolgt von den **Fruchtzwerge-Varianten bio** (80 Cent) und **klassisch** (53 Cent) sowie **Ehrmanns Monsterbacke** (26 Cent). Preiswerter und gut sind etwa **Fruchtjuniors** von **Aldi Süd** und **Aldi Nord** (17 Cent).

Zuckersüße Verführung

10/2020 Viel Zucker, Fett und Kalorien – einige Joghurts und Puddings sind eher Süßigkeiten. Frischkäsezubereitungen schneiden besser ab.

Biene Maja, Eisprinzessin, Dinos: Bilder von Trickfilm-Idolen und Maskottchen schmücken die Becher. Das trifft den Nerv von Kindern. Kinderdesserts präsentieren sich vielfältig im Kühlregal. In unserem Einkaufswagen landeten Frischkäsezubereitungen, Joghurts und Puddings. Für Kinder schmecken sie wie ein Traum: süß, cremig, oft kräftig nach Erdbeere oder Schoko. Einige können aber zum Albtraum für die Gesundheit der Kleinen werden. Speziell Puddings und Joghurts mit „Topping" – also einer Extraportion Schokolinsen oder Butterkekschen zum Draufstreuen – haben oft viel Zucker, Fett, Kalorien.

Im Test von 25 Kinderdesserts schneiden vier ausreichend und eins mangelhaft ab. Schlusslicht ist ein Schoko-Milchdessert von Zott. Doch es geht auch anders: Empfehlen können wir acht Frischkäsezubereitungen sowie einen Joghurt und drei Puddings.

Wie das Drittel einer Tafel Schokolade

Die fünf Produkte am Tabellenende sind eigentlich Süßigkeiten – in einer Portion ballen sich etwa so viele Kalorien wie in einem Drittel einer Tafel Milchschokolade. Diese Produkte können leicht verführen. Sensorisch sind sie gut oder sogar sehr gut.

Eltern sollten die Desserts vom Tabellenende nur selten als Nachtisch oder zwischendurch anbieten. Sie könnten sonst ein Problem befeuern: Laut Robert-Koch-Institut haben in Deutschland 15 Prozent der Kinder und Jugendlichen Übergewicht. ■

Rezepturen verschlankt
Kinderdesserts finden sich seit Jahrzehnten im Handel und stehen genauso lange als Dickmacher in der Kritik. Inzwischen habe einige Anbieter die Rezepturen stark verschlankt. Das belegt der Rückblick auf den Test von Kindermolkereiprodukten von vor 20 Jahren: Fruchtzwerge und Monsterbacke etwa enthielten damals rund doppelt so viel Fett sowie je ein Drittel mehr Zucker und Kalorien.

FOTO: WESTEND61

Kinderdesserts I 10/2020

Produkt	Inhalt in Gramm/ Mittlerer Preis ca. (Euro)	Ernährungsphysiologische Qualität[1]	Schadstoffe	Sensorisches Urteil[2]	Mikrobiologische Qualität	Nutzerfreundlichkeit der Verpackung	Deklaration	test-QUALITÄTSURTEIL
		30 %	25 %	15 %	5 %	10 %	15 %	100 %
Aldi Süd Desira Fruchtjuniors Erdbeere, Himbeere[3] (MHD: 19.03.20)	4 x 100/ 0,67	+	+	+	++	++	+	GUT (1,9)
Fruchtzwerge Bio Die Eiskönigin Erdbeere[4] (MHD: 12.03.20) Bio	4 x 50/1,59	+	+	++	+	○	○	GUT (1,9)
Aldi Nord Sontner Fruchtjunior Erdbeere, Aprikose[3] (MHD: 05.03.20)	4 x 100/0,66	+	+	+	++	+	+	GUT (2,0)
Fruchtzwerge Erdbeere, Aprikose, Banane (MHD: 03.03.20)	6 x 50/1,59	+	+	++	++	○	○	GUT (2,0)
Ehrmann Monsterbacke Früchtequark Erdbeere, Banane, Himbeere (MHD: 04.03.20)	6 x 50/0,79	+	+	+	++	○	○	GUT (2,1)
Fruchtzwerge Erdbeere, Aprikose, Banane weniger süß (MHD: 07.03.20)	6 x 50/1,59	+	+	++	++	○	○	GUT (2,1)
Netto Marken-Discount Karli Kugelblitz Früchtespaß[5] (MHD: 18.03.20)	12 x 60/1,25	+	+	+	++	○	○	GUT (2,1)
Dairy 4 Fun Die Schlümpfe Puddingdessert mit Überraschung (MHD: 23.04.2020)	70/0,89	+	+	+	++	+	+	GUT (2,2)
Danone Mickey Vanille-Joghurt mit Schoko-Knusper Ohren[6] (MHD: 03.03.20)	120/0,59[7]	+	+	+	++	+	○	GUT (2,2)
Dr. Oetker Paula minis Schoko-Pudding mit Vanillegeschmack-Flecken (MHD: 16.03.20)	6 x 50/1,42	+	+	++	++	+	+	GUT (2,2)
Lidl Milbona Fruit King Safari[8][9] (MHD: 04.03.20)	12 x 60/1,25	+	+	+	++	○	+	GUT (2,2)
Lidl Milbona Safari Vanille-Pudding mit Schoko-Giraffen-Flecken[10] [11] (MHD: 29.02.20)	4 x 100/0,76	+	+	+	++	+	+	GUT (2,4)

Bewertungsschlüssel der Prüfergebnisse: ++ = Sehr gut (0,5–1,5). + = Gut (1,6–2,5). ○ = Befriedigend (2,6–3,5). ⊖ = Ausreichend (3,6–4,5). — = Mangelhaft (4,6–5,5). **Bei gleichem Qualitätsurteil Reihenfolge nach Alphabet.**
MHD = Mindesthaltbarkeitsdatum.

1) Wir bewerteten eine Portion für vier Altersgruppen. **2)** Bei Gebinden mit mehreren Sorten verkosteten wir die Sorte Erdbeere. **3)** Hergestellt von Senagral Northern Europe. **4)** Laut Anbieter inzwischen mit anderem Motiv im Handel. **5)** Erdbeere, Banane, Himbeere. **6)** Laut Anbieter nicht mehr erhältlich. **7)** Von uns bezahlter Einkaufspreis. **8)** Erdbeere, Himbeere, Banane, Aprikose. **9)** Hergestellt von Milchfrisch. **10)** Hergestellt von ODW Frischprodukte. **11)** Rezeptur laut Anbieter geändert.

Einkauf der Prüfmuster: Februar 2020.

Kinderdesserts II 10/2020

Produkt	Inhalt in Gramm/ Mittlerer Preis ca. (Euro)	Ernährungsphysiologische Qualität[1] 30 %	Schadstoffe 25 %	Sensorisches Urteil[2] 15 %	Mikrobiologische Qualität 5 %	Nutzerfreundlichkeit der Verpackung 10 %	Deklaration 15 %	test-QUALITÄTSURTEIL 100 %
Berchtesgadener Land Alpenzwerg Bio-Joghurt Vanille[4] (MHD: 08.03.20) Bio	2 x 100/ 0,99	○*)	+	++	++	+	+	BEFRIED. (2,6)
Edeka Tabaluga fettarmer Fruchtjoghurt mild Erdbeere[5] (MHD: 27.03.20)	4 x 100/ 0,97	○*)	+	+	++	+	○	BEFRIED. (2,6)
Bauer Die Biene Maja fettarmer Joghurt mild Erdbeere (MHD: 21.03.20)	4 x 100/ 1,29	○*)	+	++	++	+	○	BEFRIED. (2,7)
Leckermäulchen Milch Quark Erdbeer (MHD: 03.03.20)	6 x 50/ 1,19	+	+	○*)	++	+	○	BEFRIED. (2,8)
Müller Joghurt mit der Ecke Minis Tom & Jerry[6] (MHD: 24.02.20)	4 x 85/ 1,79	+	+	+	++	+	⊖*)7)	BEFRIED. (2,8)
Dr. Oetker Götterspeise minis Himbeergeschmack (MHD: 12.03.20)	6 x 50/ 0,99	○*)	+	+	+	+	○	BEFRIED. (3,0)
Nestlé Mix-in Smarties & Joghurt[8] (MHD: 14.03.20)	120/ 0,79	○*)	+	+	+	+	⊖9)	BEFRIED. (3,4)
Berchtesgadener Land Alpenzwerg Bio Vanille & Knusper[4] (MHD: 15.03.20) Bio	137/ 0,79	○*)	+	++	++	+	○	BEFRIED. (3,5)
Lidl Milbona Safari Bunter Vogel Joghurt mit Schokolinsen[10] (MHD: 10.03.20)	175/ 0,33	⊖*)	+	+	+	+	○	AUSREICH. (3,9)
Netto Marken-Discount Karli Kugelblitz Milch & Haselnuss Dessert (MHD: 20.03.20)	4 x 100/ 0,76	⊖*)	+	+	++	+	nicht bewertet[11]	AUSREICH. (4,0)
Netto Marken-Discount Karli Kugelblitz Unterwasser Welt gesüßter, aromatisierter Joghurt[12] (MHD: 14.03.20)	175/ 0,38	⊖*)	+	+	++	+	○	AUSREICH. (4,0)
Zott Monte Milchdessert mit Schoko, Haselnüssen, Schokolinsen (MHD: 25.03.20)	70/ 0,69	⊖*)	+	++	+	+	⊖3)	AUSREICH. (4,0)
Zott Monte Angry Birds Milchdessert mit Schoko, Haselnüssen, Butterkeksen (MHD: 26.03.20)	125/ 0,79	–*)	+	++	+	+	⊖3)	MANGELH. (4,7)

***) Führt zur Abwertung. Abkürzungen und Bewertungsschlüssel, siehe Tabelle I. 1)** Wir bewerteten eine Portion für vier Altersgruppen. **2)** Bei Gebinden mit mehreren Sorten verkosteten wir Erdbeere. **3)** Unter anderem Packungsangaben schlecht lesbar. **4)** Rezeptur laut Anbieter geändert. **5)** Hergestellt von Euco. **6)** Butterkeks & Himbeerjoghurt **7)** Wirbt mit „nur natürlichen Aromen". Wir fanden aber den Aromastoff Piperonal, der nach unseren Recherchen nicht natürlich hergestellt wird. Der Anbieter hat nach eigener Aussage kein Piperonal in seinen Produkten gefunden. **8)** Laut Anbieter geändert. **9)** Laut Zutatenliste nur natürliches Aroma enthalten. Wir fanden aber den Aromastoff Piperonal, der nach unseren Recherchen nicht natürlich hergestellt wird. Die Erklärung des Anbieters überzeugte uns nicht. **10)** Hergestellt von Privatmolkerei Bechtel. **11)** Laut Zutatenverzeichnis ist nur natürliches Aroma enthalten. Wir fanden aber den Aromastoff Piperonal, der nach unseren Recherchen nicht natürlich hergestellt wird. Wie das Aroma im Produkt genau hergestellt wird, beantwortet der Anbieter nicht, er beruft sich auf das Geschäftsgeheimnis. Wir bewerten die Deklaration nicht. Die 15 % Gewichtung verteilen sich gleichmäßig auf die anderen Urteile. **12)** Mit bunten Meerestieren. **Einkauf der Prüfmuster:** Februar 2020.

Unser Rat

Mit **fettreduzierten Frikadellen**, **Salami**, **Käse** und **Halbfettmargarine** können Sie ohne Kompromisse Kalorien sparen. Zuckerreduzierte Produkte lohnen sich vereinzelt, etwa **Müsli**. Manche Light-Lebensmitte enthalten aber ungünstige Fette oder viel Zucker. Vergleichen Sie ihre Nährwerte und Zutatenlisten stets mit denen herkömmlicher Produkte.

Die Light-Masche

1/2020 Im Vergleich zum Original sparen Light-Produkte meist Kalorien. Das ist oft durch schlechtes Fett, viel Zucker oder Süßstoffe erkauft.

Rund 40 Prozent der Deutschen kaufen laut Umfragen zucker- und fettreduzierte Lebensmittel. Wir wollten wissen, was die tatsächlich taugen: Aus mehreren Hundert Light-Produkten, die wir in Supermärkten und Discountern fanden, haben wir 77 exemplarisch eingekauft: Müsli, Margarine, Milchprodukte und vieles mehr, was täglich satt macht. Wir analysierten die Nährwerttabellen und Zutatenlisten, verglichen sie mit denen herkömmlicher Produkte und prüften, ob sie halten, was sie versprechen (siehe Kasten rechts).

Fast alle sparen Kalorien

Ja, ihre Versprechen lösen die Produkte meist ein: Mit ihnen lassen sich jede Menge Fett oder Zucker einsparen. Fast immer haben sie dadurch auch weniger Kalorien.

Und doch ist die Bilanz gemischt. Denn mit etwa jedem zweiten Light-Produkt im Test müssen Kunden Kompromisse eingehen. Sie erkaufen sich die versprochene Ersparnis mit ungesunden Fetten, umstrittenen Süßstoffen oder Zusatzstoffen, die viele meiden wollen. Zucker und Fett lassen sich selten ersatzlos verringern. Die Hersteller drehen an den Rezepturen, um Geschmack und Konsistenz auf die Sprünge zu helfen. **Tipp:** Kunden sollten kritisch die Nährwerttabellen und Zutatenlisten lesen. Wenigstens kosten Light-Produkte in der Regel nicht mehr als herkömmliche. Und in einigen Produktgruppen fanden wir lohnende Light-Lebensmittel (siehe Tabelle S. 30). ■

Was „Light" erfüllen muss
Als light gekennzeichnete Lebensmittel müssen mindestens 30 Prozent weniger Zucker, Fett, Kohlenhydrate oder Kalorien enthalten als herkömmliche. Was genau das Produkt „leicht" macht, muss auf der Packung stehen. Für „fettarm" oder „wenig Fett" dürfen feste Lebensmittel maximal 3 Gramm Fett je 100 Gramm enthalten, flüssige höchstens 1,5 Gramm Fett je 100 Milliliter.

FOTOS: STIFTUNG WARENTEST / RALPH KAISER

Wurst, Käse, Margarine: Fett und Kalorien gespart

Es geht auch einfach nur mit weniger Fett: Diese 17 Produkte zum Beispiel sparen ein Fünftel bis die Hälfte an Fett und außerdem Kalorien. Wir verglichen sie mit dem jeweiligen Originalprodukt desselben Anbieters ohne reduzierten Fettgehalt. Gab es keines, zogen wir Durchschnittswerte heran.

Produkt	Fett in g/100 g	Fett-ersparnis	Brennwert in kcal/100 g	Kalorien-ersparnis
Frikadellen				
Aldi Nord Sölde Mini Frikadellen Spitzenqualität, fettreduziert (hergestellt von Tillman's Convenience)	15,0	**-32 %**	226	**-19 %**
Aldi Süd Houdek Mini-Frikadellen Spitzenqualität 30 % weniger Fett (hergestellt von Houdek Arzberg)	15,0	**-31 %**	226	**-22 %**
Lidl Chef Select Mini Frikadellen Light (hergestellt von Abbelen)	14,0	**-36 %**	230	**-23 %**
Salami				
Edeka Gut & Günstig Delikatess Salami Leicht	20,0	**-20 %**[1]	272	**-11 %**
Lidl Dulano Light Salami 1A geräuchert, Spitzenqualität (hergestellt von Franz Wiltmann)	19,5	**-35 %**	262	**-26 %**
Wiltmann Classic Salami Light	19,5	**-31 %**	266	**-25 %**
Schnittkäse				
Fol Epi Légère Nussig & mild 16 % Fett absolut	16,0	**-43 %**	252	**-28 %**
Grünländer Leicht mit Joghurtkulturen, 17 % Fett	17,0	**-41 %**	277	**-22 %**
Leerdammer Léger, mild-nussig 16 % Fett absolut	16,0	**-42 %**	262	**-26 %**
Weichkäse/Camembert				
Norma Cremisée Der Leichte, 39 % Fett i.Tr. (hergestellt von Milchwerke Oberfranken West)	16,0	**-52 %**	230	**-38 %**
Saint Albray Légère nur 20 % Fett abs.	20,0	**-39 %**	264	**-28 %**
Denn's Biomarkt Dennree Camembert Light 13 % Fett absolut **Bio**	13,0	**-48 %**	213	**-30 %**
Netto Marken-Discount Leichter Genuss Camembert 30 % Fett i.Tr., 41% weniger Fett	13,0	**-41 %**	211	**-24 %**
Striegistaler Zwerge 6 Ecken Camembert Leicht 13 % Fett absolut	13,0	**-41 %**	211	**-25 %**
Halbfettmargarine				
Edeka Gut & Günstig Die Leichte Halbfettmargarine 39 % Fett	39,0	**-51 %**	371	**-49 %**
Penny Bonita Die Leichte Halbfett-Margarine (hergestellt von Vandemoortele)	39,0	**-51 %**	372	**-48 %**
Rama Balance 50 % weniger Fett	39,0	**-51 %**	355	**-50 %**

Reihenfolge nach Alphabet. 1) Im Vergleich zum Originalprodukt: Edeka Gut & Günstig Delikatess Salami. Verglichen mit dem durchschnittlichen Fettgehalt von Salami laut den „Beurteilungskriterien für Fleischerzeugnisse" der Gesellschaft Deutscher Chemiker ist die auf dem Etikett versprochene Fettreduktion von mindestens 40 Prozent gegenüber herkömmlicher Delikatess-Salami aber eingehalten. **Einkauf der Prüfmuster:** Juli und August 2019.

Unser Rat

Ein gut deckendes Make-up muss nicht teuer sein: Die zertifizierte Naturkosmetik von **dm Alverde** ist im Duett mit **La Roche-Posay** Siegerin im Test und kostet nur 13 Cent pro Milliliter, das französische Make-up 66 Cent. Knapp dahinter, aber teurer: Die guten Make-ups von **Clarins** (1,33 Euro), **Clinique** (1,02 Euro) und **Estée Lauder** (1,25 Euro).

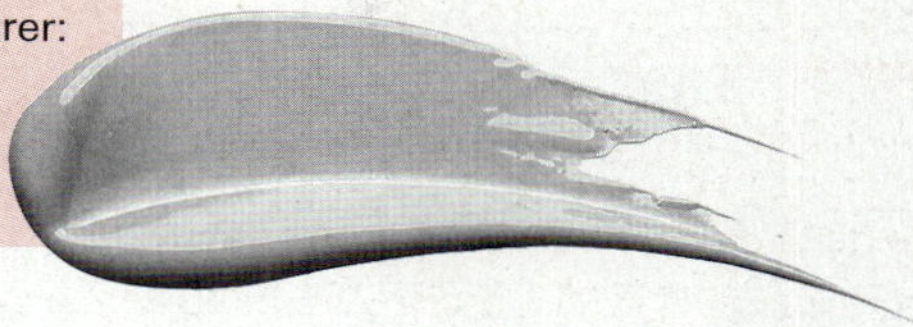

Tolle Deckkraft voraus

2/2020 Viele Make-ups im Test punkten, wenn es um das Abdecken von leichten Rötungen und Pigmentflecken geht. Auch zum kleinen Preis.

Meist steht „Make-up" auf der Packung, manchmal auch „Foundation" oder „Grundierung". Die Namen beschreiben dasselbe: Abdeckkosmetik, die den Teint im Idealfall makellos und zugleich völlig natürlich erscheinen lässt. Wir haben 13 Make-ups getestet: Sie versprechen, Rötungen oder Verfärbungen zu kaschieren. Im Labor untersuchten wir die Produkte auf Schadstoffe und Keime. 22 Probandinnen mit dauerhaften Hautveränderungen wie Pigmentflecken oder erweiterten Äderchen prüften im Praxistest, welches Make-up sich einfach verteilen lässt, gut abdeckt und ein gleichmäßiges Schminkergebnis bringt. Die Produkte hatten wir anonymisiert. Experten beurteilten anhand von Fotos das Ergebnis.

Auch preiswerte machen schön

Gute Ergebnisse lassen sich nicht nur mit teuren Make-ups erzielen, auch preiswertere können sich sehen lassen. Etwa die zertifizierte Naturkosmetik dm Alverde Mineral Make-up. Sie teilt sich mit dem knapp fünfmal so teuren La Roche-Posay Fluid den Sieg. Keime und Schwermetalle waren in keinem der Make-ups ein Problem. In Artdeco, Maybelline und Manhattan stießen wir allerdings auf das Silikon Cyclopentasiloxan, auch D5 genannt. Es lässt sich schwer abbauen und kann sich in Wasserorganismen anreichern. Im Manhattan-Make-up fanden wir zudem den Duftstoff Lilial, der in Verdacht steht, die Fortpflanzungsfähigkeit zu beeinträchtigen. ■

Auf jeden Farbton übertragbar?
Um vergleichen zu können, haben wir für den Test Make-ups in ähnlichen, etwas helleren Farbtönen ausgewählt. Sie heißen zum Beispiel Naturelle oder Alabaster. Die Ergebnisse lassen sich laut den Anbietern auf die gesamte Farbpalette der jeweiligen Produkte übertragen. Denn die Basis-Rezeptur sei stets gleich, nur die Zusammensetzung der Farbpigmente unterscheide sich.

FOTOS: GETTY IMAGES

Make-up 2/2020

Produkt	Farbangabe laut Anbieter	Mittlerer Preis ca. (Euro)/ Inhalt (ml)	Kosmetische Eigenschaften	Anwendung (Konsistenz, Verteilen, Trocknen, Abfärben, Entfernen)	Mikrobiologische Qualität	Kritische Stoffe	Nutzerfreundlichkeit der Verpackung	Deklaration und Werbeaussagen	test-QUALITÄTSURTEIL
			60 %	10 %	0 %	10 %	10 %	10 %	100 %
dm Alverde Mineral Make-up[1)2)]	01 Naturelle	3,75/30	+	+	++	++	++	+	GUT (1,8)
La Roche-Posay Korrigierendes Make-up Fluid	10 Ivory	19,70/30	+	+	++	++	+	+	GUT (1,8)
Clarins Teint Haute Tenue +	103 Ivory	40,00[3)]/ 30	+	+	++	++	+	○	GUT (2,0)
Clinique Even Better Makeup	CN 10 Alabaster (VF)	30,50/30	+	+	++	++	+	+	GUT (2,0)
Estée Lauder Double Wear Maximum Cover	1N1 Ivory Nude	37,50/30	+	+	++	++	++	+	GUT (2,0)
Avène Couvrance Korrigierendes Make-up-Fluid	2.0 Naturel	19,60/30	+	+	++	++	+	+	GUT (2,1)
Vichy Dermablend Teintkorrigierendes Make-Up	15 Opal	19,80/30	+	+	++	++	+	⊖[4)]	GUT (2,1)
L'Oréal Infaillible Total Cover	9 Light Sand	9,45/35[5)]	+	+	++	++	○	+	GUT (2,2)
Dr. Hauschka Foundation[1)]	01 Macadamia	23,00/30	○*)	+	++	++	+	+	BEFRIED. (2,7)
Artdeco Liquid Camouflage Full Cover Foundation	46 Dune Sand	18,00/25	+	+	++	⊖*)	+	+	BEFRIED. (3,0)
Maybelline Super Stay Full Coverage Foundation	10 Ivory	9,40/30	+	+	++	⊖*)	++	⊖[6)]	BEFRIED. (3,1)
Manhattan 3 in 1 Easy Match Make-up	30.4 True Ivory	7,00/30	+	+	++	⊖*)	+	⊖[6)]	BEFRIED. (3,4)
Rossmann Alterra Nude & Matt Make-up[1)2)]	01 Porcelain	4,00/30	⊖*)	+	++	++	+	+	AUSREICH. (4,0)

Bewertungsschlüssel der Prüfergebnisse: ++ = Sehr gut (0,5–1,5). + = Gut (1,6–2,5). ○ = Befriedigend (2,6–3,5). ⊖ = Ausreichend (3,6–4,5). — = Mangelhaft (4,6–5,5). **Bei gleichem Qualitätsurteil Reihenfolge nach Alphabet.**

***) Führt zur Abwertung.**

1) Naturkosmetiksiegel: Natrue. **2)** Laut Deklaration vegan. **3)** Von uns bezahlter Einkaufspreis. **4)** Überzogene Werbeaussage zur Haltbarkeit. **5)** Inhaltsangabe in Gramm. **6)** Sehr kleine Schrift. **Einkauf der Prüfmuster:** Juli und August 2019.

Unser Rat

Zwei Mineralwässer der Sorte Medium schneiden insgesamt sehr gut ab: Das Wasser von **Aldi Süd** Aqua Culinaris – es wurde inzwischen in Quellbrunn umbenannt – aus dem Kurfels Mineralbrunnen ist mit 13 Cent je Liter zudem äußerst günstig. Ebenfalls sehr gut ist das Markenwasser **Basinus** für 27 Cent je Liter. 25 weitere Medium-Wässer sind gut.

Wie es sprudelt

8/2020 Die beliebteste Mineralwasser-Sorte ist Medium. Erfrischend auch im Test: 27 von 31 Medium-Wässern sind gut oder sogar sehr gut.

Wasser ist existenziell, Trinken lebenswichtig. Die Deutsche Gesellschaft für Ernährung empfiehlt rund 1,5 Liter Wasser am Tag. Gern Trinkwasser aus der Leitung. Aber auch natürliches Mineralwasser ist beliebt: 2019 trank jede und jeder in Deutschland im Schnitt fast 140 Liter, am liebsten die Sorte Medium – also Wasser mit mittlerem Kohlensäuregehalt –, gefolgt von stark sprudelndem und stillem Wasser.

Wonach es nicht schmecken darf

31 Medium-Mineralwässer haben wir getestet. Prickelndes Ergebnis: 2 schneiden insgesamt sehr gut ab, 25 gut und 4 befriedigend. Wir prüften vor allem, was drin ist, und was nicht. Positiv: Auf die Qualität ist meist Verlass. Die Medium-Wässer sind mikrobiologisch einwandfrei. Negativ: In vier Wässern war ein Abbauprodukt eines Pflanzenschutzmittels nachweisbar – in Netto Supermarkt, Merkur, Real Quality und Förstina Sprudel. Förstina enthielt auch Süßstoffe und einen Komplexbildner, der etwa in Waschmitteln steckt. Die Gehalte der oberirdischen Verunreinigungen sind gesundheitlich nicht bedenklich. Aber ursprünglich rein? Hier bezweifeln wir die Bezeichnung „natürliches Mineralwasser".

Eine Rolle spielt im Test auch, wie Mineralwasser nicht schmecken darf: nicht nach Kunststoff, nicht deutlich fruchtig, auf keinen Fall abgestanden. Ist nichts zu beanstanden, führt das zum Sehr gut: 12 erzielten diese Bestnote im sensorischen Urteil. ■

Der Umwelt zuliebe
Wer beim Kauf von Mineralwasser auf naheliegende Quellorte aus seiner Region achtet, der tut etwas für die Umwelt. Denn: Je kürzer der Transportweg, desto besser. Generell sind Mehrwegflaschen zu bevorzugen, Einwegflaschen bewerteten wir im Test schlechter. Unser Tipp: Beim Einkauf sollte die Glas-Mehrwegflasche aus der Region noch vor der PET-Mehrwegflasche die erste Wahl sein.

FOTOS: STIFTUNG WARENTEST / RALPH KAISER; GETTY IMAGES

Natürliche Mineralwasser Medium I 8/2020

Produkt	Quelle, Quellort 1)	Inhalt pro Flasche (Liter)/Flaschentyp	Preis pro Liter/ pro Flasche ca. (Euro)	Sensorisches Urteil	Kritische Stoffe	Mikrobiologische Qualität	Oberirdische Verunreinigungen	Verpackung	Deklaration	test-QUALITÄTSURTEIL
				40 %	20 %	10 %	0 %	10 %	20 %	100 %
Aldi Süd Aqua Culinaris Medium2) (MHD: 06.07.20)	Kurfels Mineralbrunnen, Duisburg	1,50/ PET-EW	0,13/ 0,19	++	++	++	Nein	○	+	SEHR GUT (1,5)
Basinus Medium (MHD: 09.12.20)	Bonaris Quelle, Neustadt/Aisch	1,00/ PET-MW	0,27/ 0,27	++	+	++	Nein	+	+	SEHR GUT (1,5)
Reinsteiner Medium (MHD: 30.07.21)	Reinsteiner Quelle, Dinslaken	0,75/ Glas-MW	0,39/ 0,29	++	++	++	Nein	+	○	GUT (1,6)
Wittmannsthaler Quelle Medium (MHD: 08.01.22)	Wittmannsthal Quelle, Bad Dürrheim	0,70/ Glas-MW	0,46/ 0,32	++	+	++	Nein	+	+	GUT (1,6)
Lidl Saskia Medium (MHD: 15.07.20)	Quelle Wörth am Rhein, Wörth am Rhein	1,50/ PET-EW	0,13/ 0,19	++	++	++	Nein	○	○	GUT (1,7)
Lidl Saskia Medium (MHD: 08.07.20)	Quelle Jessen, Jessen	1,50/ PET-EW	0,13/ 0,19	++	++	++	Nein	○	○	GUT (1,7)
Norma Surf Medium (MHD: 23.07.20)	Quintus Quelle, Bruchsal	1,50/ PET-EW	0,13/ 0,19	++	+	++	Nein	○	○	GUT (1,7)
Gerolsteiner Medium (MHD: 21.09.20)	Gerolsteiner, Gerolstein	1,50/ PET-EW	0,59/ 0,89	++	+	++	Nein	○	○	GUT (1,8)
Vilsa Brunnen Medium (MHD: 19.12.20)	Vilsa-Brunnen, Bruchhausen-Vilsen	1,00/ PET-MW	0,50/ 0,50	+	++	++	Nein	+	○	GUT (1,8)
Aldi Nord Quellbrunn Medium (MHD: 06.07.20)	Brandenburger Urstromquelle, Baruth/Mark	1,50/ PET-EW	0,13/ 0,19	+	++	++	Nein	○	+	GUT (1,9)
Silvana Quelle Medium (MHD: 06.12.21)	Silvana-Quelle, Eilenburg/ Sachsen	0,70/ Glas-MW	0,24/ 0,17	+	++	++	Nein	+	+	GUT (1,9)

Bewertungsschlüssel der Prüfergebnisse: ++ = Sehr gut (0,5–1,5). + = Gut (1,6–2,5). ○ = Befriedigend (2,6–3,5). ⊖ = Ausreichend (3,6–4,5). — = Mangelhaft (4,6–5,5). **Bei gleichem Qualitätsurteil Reihenfolge nach Alphabet.**
***) Führt zur Abwertung.** EW = Einweg, MW = Mehrweg. MHD = Mindesthaltbarkeitsdatum laut Deklaration.
1) Laut Deklaration.
2) Laut Anbieter inzwischen Markenname in „Quellbrunn" umbenannt und Kennzeichnung geändert.
Einkauf der Prüfmuster: Dezember 2019 und Januar 2020.

Natürliche Mineralwasser Medium II 8/2020

Produkt	Quelle, Quellort[1]	Inhalt pro Flasche (Liter)/Flaschentyp	Preis pro Liter/pro Flasche ca. (Euro)	Sensorisches Urteil	Kritische Stoffe	Mikrobiologische Qualität	Oberirdische Verunreinigungen	Verpackung	Deklaration	test-QUALITÄTSURTEIL
				40 %	20 %	10 %	0 %	10 %	20 %	100 %
Burgwallbronn First Class Medium (MHD: 28.10.20)	Burgwallbronn, Dinslaken	1,00/ PET-MW	0,49/ 0,49	+	++	++	Nein	+	○	GUT (2,0)
Ileburger Sachsen Quelle Medium (MHD: 08.12.20)	Ileburger Sachsen Quelle, Eilenburg/Sachsen	1,00/ PET-MW	0,49/ 0,49	○	++	++	Nein	+	+	GUT (2,1)
Penny Elitess Medium (MHD: 22.08.20)	Fontane Brunnen, Kloster Lehnin	1,50/ PET-EW	0,13/ 0,19	+	++	++	Nein	○	○	GUT (2,1)
Rewe Ja Medium (MHD: 10.12.2020)	Bergquelle, Goslar (Okertal)	1,50/ PET-EW	0,13/ 0,19	○	++	++	Nein	○	+	GUT (2,3)
Aldi Nord Quellbrunn Medium (MHD: 01.07.20)	Vitaqua Quelle, Wolfhagen	0,19/ PET-EW	0,13/ 0,19	○	++	++	Nein	○	+	GUT (2,4)
Edeka Gut & Günstig Medium (MHD: 12.08.20)	Baruther Johannesbrunnen, Baruth/Mark	1,50/ PET-EW	0,13/ 0,19	○	++	++	Nein	○	+	GUT (2,4)
Saxonia Quelle Medium (MHD: 29.11.20)	Saxonia Quelle, Eilenburg/ Sachsen	1,00/ PET-MW	0,29/ 0,29	○	++	++	Nein	+	+	GUT (2,4)
Aldi Süd Aqua Culinaris Medium[2] (MHD: 15.07.20)	Altmühltaler Quelle, Treuchtlingen	1,50/ PET-EW	0,13/ 0,19	○	++	++	Nein	○	○	GUT (2,5)
Förstina Sprudel Premium Medium (MHD: 04.10.20)	Quelle Förstina Sprudel, Eichenzell-Lütter	1,00/ PET-MW	0,54/ 0,54	++	+	++	Ja	+	⊖*)3)	GUT (2,5)
Franken Brunnen Medium (MHD: 08.12.20)	Hochstein-Quelle, Neustadt a. d. Aisch	1,00/ PET-MW	0,54/ 0,54	○	+	++	Nein	+	+	GUT (2,5)
Kaufland K-Classic Medium (MHD: 27.06.20)	Quelle Löningen, Löningen	1,50/ PET-EW	0,13/ 0,19	○	++	++	Nein	○	○	GUT (2,5)

Bewertungsschlüssel der Prüfergebnisse: ++ = Sehr gut (0,5–1,5). + = Gut (1,6–2,5). ○ = Befriedigend (2,6–3,5). ⊖ = Ausreichend (3,6–4,5). — = Mangelhaft (4,6–5,5). **Bei gleichem Qualitätsurteil Reihenfolge nach Alphabet.**
***) Führt zur Abwertung.** EW = Einweg, MW = Mehrweg. MHD = Mindesthaltbarkeitsdatum laut Deklaration.
1) Laut Deklaration. **2)** Laut Anbieter Markenname in „Quellbrunn" umbenannt und Kennzeichnung geändert.
3) Natürliches Mineralwasser hat laut MTVO seinen Ursprung in unterirdischen, vor Verunreinigungen geschützten Wasservorkommen. Wir haben jedoch oberirdische Verunreinigungen nachgewiesen und halten die Bezeichnung „natürliches Mineralwasser" für fragwürdig. **Einkauf der Prüfmuster:** Dezember 2019 und Januar 2020.

Natürliche Mineralwasser Medium III 8/2020

Produkt	Quelle, Quellort 1)	Inhalt pro Flasche (Liter)/Flaschentyp	Preis pro Liter/ pro Flasche ca. (Euro)	Sensorisches Urteil 40 %	Kritische Stoffe 20 %	Mikrobiologische Qualität 10 %	Oberirdische Verunreinigungen 0 %	Verpackung 10 %	Deklaration 20 %	test-QUALITÄTSURTEIL 100 %
Mineau Medium (MHD: 21.12.20)	Huddaeus-Quelle, Lügde	1,00/ PET-MW	0,27/ 0,27	○	○	++	**Nein**	+	+	**GUT (2,5)**
Netto Marken-Discount Naturalis Medium (MHD: 12.07.20)	Vitalbrunnen, Baruth/Mark	1,50/ PET-EW	0,13/ 0,19	○	++	++	**Nein**	○	○	**GUT (2,5)**
Merkur Medium (MHD: 07.09.20)	Laurentius-Quelle, Hecklingen	1,00/ PET-Cycle (EW)3)	0,31/ 0,31	++	+	++	**Ja**	○	⊖*)2)	**BEFRIED. (2,7)**
Real Quality Medium (MHD: 19.08.20)	Felsenquelle, Hecklingen	1,50/ PET-EW	0,23/ 0,35	++	○	++	**Ja**	⊖4)	⊖*)2)	**BEFRIED. (2,7)**
Netto Supermarkt Mecklenburger Quelle Medium (MHD: 12.11.20)	Mecklenburger Quelle, Dargun	1,50/ PET-EW	0,13/ 0,19	○	++	++	**Ja**	⊖4)	⊖*)2)	**BEFRIED. (3,2)**
Naturpark Quelle Medium (MHD: 14.01.21)	Naturparkquelle, Mainhardt	1,00/ PET-MW	0,32/ 0,32	+	⊖*)	+	**Nein**	+	+	**BEFRIED. (3,5)**
Als Bio gekennzeichnete Medium-Mineralwässer										
Bad Dürrheimer Medium Bio (MHD: 08.01.22)	Johannisquelle, Bad Dürrheim	0,70/ Glas-MW	0,63/ 0,44	++	+	++	**Nein**	+	○	**GUT (1,7)**
Christinen Medium Bio (MHD: 16.04.2021)	Teutoburger Bergquelle, Bielefeld	0,75/ Glas-MW	0,56/ 0,42 5)	○	+	++	**Nein**	+	+	**GUT (2,3)**
Vilsa Brunnen Medium Bio (MHD: 03.07.22)	Vilsa-Brunnen, Bruchhausen-Vilsen	1,00/ Glas-MW	0,80/ 0,80	○	++	++	**Nein**	+	○	**GUT (2,3)**

Bewertungsschlüssel der Prüfergebnisse: ++ = Sehr gut (0,5–1,5). + = Gut (1,6–2,5). ○ = Befriedigend (2,6–3,5). ⊖ = Ausreichend (3,6–4,5). — = Mangelhaft (4,6–5,5). **Bei gleichem Qualitätsurteil Reihenfolge nach Alphabet.**
***) Führt zur Abwertung.** EW = Einweg, MW = Mehrweg. MHD = Mindesthaltbarkeitsdatum laut Deklaration.
1) Laut Deklaration. **2)** Natürliches Mineralwasser hat laut MTVO seinen Ursprung in unterirdischen, vor Verunreinigungen geschützten Wasservorkommen. Wir haben jedoch oberirdische Verunreinigungen nachgewiesen und halten die Bezeichnung „natürliches Mineralwasser" für fragwürdig. **3)** PET-Einwegflaschen im Mehrwegkasten. **4)** Beim Ausgießen ist die Flaschenstabilität nur noch eingeschränkt vorhanden. **5)** Von uns bezahlter Einkaufspreis.
Einkauf der Prüfmuster: Dezember 2019 und Januar 2020.

Unser Rat

Die Auswahl an guten Nassrasierern ist groß. Bester Einwegrasierer ist **Rossmann Isana** für 75 Cent pro Stück. Systemrasierer mit Wechselklingen sind auf Dauer abfallsparender. Nutzerinnen können nach persönlicher Vorliebe wählen. Die Preise liegen zwischen 2,99 und 9,45 Euro. Die Ersatzklingen schlagen je nach System mit 0,75 bis 3,65 Euro zu Buche.

Scharf, sanft, bunt

5/2020 Sie sollen Köperhaare kappen, sanft über die Haut gleiten und komfortabel zu nutzen sein. Systemrasierer können das am besten.

Damen-Nassrasierer sollen Körperhaare kappen, sanft über die Haut gleiten und komfortabel zu nutzen sein. Wie gut das 14 Systemrasierern und 6 Einwegmodellen gelingt, haben wir mit Hilfe von insgesamt 50 Frauen getestet. Im Prüflabor mussten die Beinhaare unserer Probandinnen dran glauben. Und bei sich zu Hause rasierten sie ihre Achseln, die Bikinizone und ebenfalls die Beine. Jedes Produkt kam 150 Mal zum Einsatz. Rund 1000 Nassrasierer setzten wir als Prüfmuster für diesen Test ein.

Saubere Resultate mit Wechselklingen

Am besten schneiden Systemrasierer ab. Fünf der 14 geprüften Modelle rasierten Beinhaare sehr gut und gehörten auch in der Handhabung zu den besten. Da geht es zum Beispiel um die Anpassung an Beinkonturen, ums Reinigen und Wechseln des Klingeblocks. Mit ihren sehr kleinen, eckigen Klingenblöcken passten sich die meisten Einwegrasierer hingegen nicht gut an Beinkonturen an und rasierten Achseln und Bikinizone nicht gut.

Hautschonung ist kein Problem

Obwohl sich Haut und Haarwuchs unserer 50 Prüffrauen zum Teil deutlich unterschieden, kam es nur sehr vereinzelt zu Schnitten oder Hautrötungen. Alle Rasierer im Test arbeiteten hautschonend. Bestnoten in dieser Disziplin erzielten Systemmodelle von Gillette, Wilkinson und Nivea. Doch auch für sie gilt: Stumpfe Klingen rechtzeitig auswechseln, um Verletzungen zu vermeiden. ■

Qualität statt Zahl der Klingen

Für das Rasurergebnis zählt die Qualität der Klingen, die Form des Rasierers und Rasierkopfs. So rasiert Gillette Venus Smooth mit drei Klingen etwas besser als etwa die Konkurrenz mit doppelt so vielen. Die Einwegmodelle von dm und Müller mit drei Schneiden sowie Gillette Simply Venus 2 mit zwei Schneiden entfernen Haare unter Achseln und in der Bikinizone dagegen nur mühsam.

FOTO: STIFTUNG WARENTEST / RALPH KAISER

Nassrasierer für Frauen 5/2020

Produkt	Schneiden im Klingenblock	Mittlerer Preis ca. (Euro)	Ersatzklingen bzw. Einwegrasierer pro Packung	Rasieren 40 %	Hautschonung 40 %	Handhabung 20 %	test-QUALITÄTSURTEIL 100 %
Systemrasierer mit Wechselklingen							
Aldi Nord Biocura Ciara 6 Sensitive[1)2)]	6	4,50	0	+	+	+	GUT (1,6)
Aldi Süd Ombia Razor for Women 6 Klingen Rasierer[1)2)]	6	4,50	0	+	+	+	GUT (1,6)
Gillette Venus Comfortglide Spa Breeze	3	6,45	1	+	++	+	GUT (1,6)
Gillette Venus Smooth	3	5,45	1	++	+	+	GUT (1,6)
Gillette Venus Swirl Extra Smooth	5	8,45	0	+	++	+	GUT (1,6)
Rossmann Isana Pace 6 Lady Rasierer[2)]	6	6,00	0	+	+	+	GUT (1,6)
Wilkinson Sword Hydro Silk	5	9,45	0	+	+	+	GUT (1,6)
Amazon Solimo Damenrasierer 5-fach-Klinge	5	2,99	3	+	+	+	GUT (1,7)
Nivea Sanfte Rasur	5	6,00	1	+	++	+	GUT (1,7)
Wilkinson Sword Quattro for Women	4	5,00	1	+	++	+	GUT (1,7)
Aldi Nord Biocura Ciara 4 Sensitive[2)3)]	4	4,50	1	+	+	+	GUT (1,8)
Aldi Süd Ombia Razor for Women 4 Klingen Rasierer[2)]	4	4,50	1	+	+	+	GUT (1,8)
dm Balea Fantastique 5-Klingen Rasierer[4)]	5	4,95	1	+	+	+	GUT (1,8)
Wilkinson Sword Intuition f.a.b.	5	7,95	1	+	++	+	GUT (1,8)
Einwegrasierer							
Rossmann Isana Damen Einwegrasierer 3-Klingen	3	2,99	4	+	+	+	GUT (1,8)
Gillette Venus 3	3	4,00	6	+	+	+	GUT (2,0)
Wilkinson Sword Xtreme 3 Beauty	3	4,20	6	+	+	○*)	GUT (2,3)
Gillette Simply Venus 2	2	1,65	6	○*)	+	○	BEFRIED. (2,6)
dm Balea 3-Klingen Einwegrasierer	3	1,95	8	○*)	+	○	BEFRIED. (2,7)
Müller Aveo Einwegrasierer 3 Klingen für Ladies[5)]	3	1,95	8	○*)	+	○	BEFRIED. (2,7)

Bewertungsschlüssel der Prüfergebnisse: ++ = Sehr gut (0,5–1,5). + = Gut (1,6–2,5). ○ = Befriedigend (2,6–3,5). ⊖ = Ausreichend (3,6–4,5). — = Mangelhaft (4,6–5,5). **Bei gleichem Qualitätsurteil Reihenfolge nach Alphabet.**
***) Führt zur Abwertung. 1)** Laut Hersteller gleich mit dem geprüften Produkt Rossmann Isana Pace 6 Lady Rasierer. Andere Farbe und Ausstattung. **2)** Laut Hersteller Produkt geändert. **3)** Laut Hersteller gleich mit dem geprüften Produkt Aldi Süd Ombia Razor for Women 4 Klingen Rasierer. **4)** Laut Anbieter Verpackung und Produkt geändert. **5)** Laut Hersteller gleich mit dem geprüften Produkt dm Balea 3-Klingen Einwegrasier. **Einkauf der Prüfmuster:** August bis November 2019.

Unser Rat

Die gründlichste und sanfteste Rasur gelingt mit dem **Gillette Skinguard** (11 Euro, Ersatzklinge 3,70 Euro). Am längsten scharf bleibt der **Gillette Fusion5 Proglide** (10,50 Euro, Ersatzklinge 4,13 Euro). Auch die anderen Nassrasierer mit Wechselklingen rasieren gut und sanft – und kosten teils weniger als die Hälfte der Testsieger, Ersatzklingen nur ein Drittel.

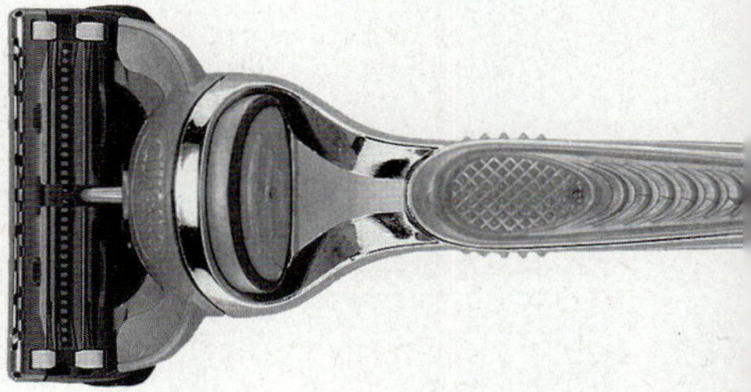

Gillette setzt Maßstäbe

8/2020 Gründlich, sanft zur Haut, langlebig: Vier Gillette-Rasierer lassen die Konkurrenz hinter sich. Einwegrasierer können nicht mithalten.

Egal ob Goatee oder glattrasiert – jeder Männerstyle braucht regelmäßig Pflege. Probates Mittel gegen wildes Gestrüpp im Gesicht: Schaum und Klinge. Einwegrasierer sind schon für kleines Geld zu haben. Nassrasierer mit Wechselklingen sind teurer. Der Test zeigt: Wer sich täglich rasiert, zahlt im Jahr bis zu 90 Euro für den Nachschub an Markenklingen – ziemlich viel Geld für ein bisschen Kunststoff und Metall. Discounter, Drogerien und Onlinehändler bieten eigene Klingen für einen Bruchteil des Preises. Doch rasieren sie genauso gründlich und hautschonend?

25 Rasierer im Vergleich

Im Test traten 17 Systemrasierer mit Wechselklingen gegen 8 Einwegrasierer an – vom einfachen 24-Cent-Modell bis zur aufwendigen Klinge für 4,13 Euro. Moderne Scherköpfe sind ausgetüftelte Systeme mit bis zu sechs hintereinander angeordneten, präzise geschliffenen Klingen. Hinzu kommt oft ein Konturenschneider an der Oberkante, der die Haare an den Koteletten oder unter der Nase entfernt. Hautstraffer und Gleitstreifen sollen die Rasur angenehmer gestalten.

Vierfacher Sieg für Gillette

Die glatteste Haut, die sanfteste Rasur, die langlebigste Klinge – in allen drei Königsdisziplinen ließ Gillette die Konkurrenz hinter sich. Gleich vier Wechselklingen der Marke liegen vorn. Auch alle anderen Systemrasierer rasieren gut und sanft – teilweise für ▶

Mit zwei Schneiden zur Top-Rasur
Der Test widerlegte die verbreitete Annahme, mehr Klingen seien gründlicher. Die insgesamt beste und auch sanfteste Rasur lieferte Gillette Skinguard mit lediglich zwei Klingen. Der Isana Men Pace 6+ mit sechs Klingen rasierte nicht besser als der Gillette Mach 3 mit drei Klingen. Sechs Klingen stehen teilweise so eng, dass die Zwischenräume schnell mit Haaren und Schaum verstopfen.

FOTO: STIFTUNG WARENTEST / RALPH KAISER

Nassrasierer mit Wechselklinge 8/2020

Produkt	Mittlerer Preis ca. (Euro)	Anzahl Ersatzklingen pro Packung	Rasieren	Hautschonung	Haltbarkeit der Klingen	Handhabung	test-QUALITÄTSURTEIL
			35 %	30 %	25 %	10 %	100 %
Gillette Fusion5 Proglide	10,50	0	+	+	++	+	GUT (1,7)
Gillette Skinguard	11,00	1	+	++	+	+	GUT (1,8)
Gillette Mach3	8,45	1	+	+	+	+	GUT (1,9)
Gillette Fusion5	9,00	0	+	+	+	+	GUT (2,0)
Aldi Nord Biocura Man Delta 3 + Trimmer[1)2)]	3,90	0	+	+	○	+	GUT (2,3)
Aldi Süd Ombia Razor for Men 6 Klingen[1)]	3,90	0	+	+	○	+	GUT (2,3)
Amazon Solimo 5-Blade Men's Razor	2,99	0	+	+	○	+	GUT (2,3)
Rossmann Isana Men Pace 6+	6,00	0	+	+	○	+	GUT (2,3)
Wilkinson Sword Hydro 3	3,15	0	+	+	○	○	GUT (2,3)
Wilkinson Sword Hydro 5	6,20	0	+	+	○	○	GUT (2,3)
Aldi Nord Biocura Man Delta 4 Sensitive[2)]	3,90	2	+	+	○	+	GUT (2,4)
Aldi Süd Ombia Razor for Men 4-Klingen[3)]	3,90	2	+	+	○	+	GUT (2,4)
dm Balea Men Precision5 Flex-Pro	5,95	0	+	+	○	○	GUT (2,4)
Lidl Cien Men Shark 5 Klingen	3,90	0	+	+	○	+	GUT (2,4)
Müller Aveo Men 5+1 Klingen[4)]	5,95	0	+	+	○	○	GUT (2,4)
Rossmann Isana Men Pace 4[3)]	4,50	0	+	+	○	+	GUT (2,4)
Wilkinson Sword Protector 3	2,66	0	+	+	○	○	GUT (2,5)

Bewertungsschlüssel der Prüfergebnisse: ++ = Sehr gut (0,5–1,5). + = Gut (1,6–2,5). ○ = Befriedigend (2,6–3,5). ⊖ = Ausreichend (3,6–4,5). — = Mangelhaft (4,6–5,5). **Bei gleichem Qualitätsurteil Reihenfolge nach Alphabet.**

1) Laut Hersteller gleich mit dem geprüften Produkt Rossmann Isana Men Pace 6+ Rasierer, aber andere Farbe.

2) Laut Anbieter Produkt verändert.

3) Laut Hersteller gleich mit dem geprüften Produkt Aldi Nord Biocura Man Delta 4 Sensitive, aber andere Farbe.

4) Laut Hersteller gleich mit dem geprüften Produkt dm Balea Men Precision 5 Flex-Pro, aber andere Farbe.

Einkauf der Prüfmuster: Oktober bis Dezember 2019.

deutlich weniger Geld. Anders die Einwegrasierer: Zwar liefern auch sie alle ein gutes Rasurergebnis, reizen aber die Haut mehr als die Wechselklingen, stumpfen schneller ab und gleiten nicht so leicht über die Haut.

Die gründlichste und hautschonendste Rasur gelang mit dem Gillette Skinguard. Er besitzt nur zwei Schneiden mit einem Schutzelement dazwischen, das den Druck der Klingen auf der Haut vermindern soll. Rasierer mit vielen Klingen entfernten Bartstoppeln im Test nicht besser.

Wenig Komfort mit Einwegrasierern

Einwegklingen rasierten zwar ebenfalls gut, reizten die Haut aber mehr als Wechselklin-

Einweg-Nassrasierer

8/2020

Produkt	Mittlerer Preis ca. (Euro)	Anzahl Einwegrasierer pro Packung	Rasieren	Hautschonung	Haltbarkeit der Klingen	Handhabung	test-QUALITÄTSURTEIL
			35 %	30 %	25 %	10 %	100 %
Budni Care Men 3 Klingen[1]	1,99	8	+	○	⊖*)	○	BEFRIEDIGEND (3,3)
Globus Natuvell 3 Klingen[2]	1,95	8	+	○	⊖*)	○	BEFRIEDIGEND (3,3)
Rewe today men 3 Fachklinge[2]	2,99	8	+	○	⊖*)	○	BEFRIEDIGEND (3,3)
Rossmann Isana Men 3-Klingen	2,49	8	+	○	⊖*)	○	BEFRIEDIGEND (3,3)
Gillette Blue 3 Smooth	4,00	6	+	○	⊖*)	+	BEFRIEDIGEND (3,5)
dm Balea Men 3-Klingen	1,95	8	+	○	⊖*)	+	AUSREICHEND (3,8)
Real Soi Men 3-Klingen[3]	1,89	6	+	○	⊖*)	+	AUSREICHEND (3,8)
Wilkinson Sword Xtreme 3 Sensitive	4,55	6	+	○	⊖*)	○	AUSREICHEND (3,9)

Bewertungsschlüssel der Prüfergebnisse: ++ = Sehr gut (0,5–1,5). + = Gut (1,6–2,5). ○ = Befriedigend (2,6–3,5). ⊖ = Ausreichend (3,6–4,5). — = Mangelhaft (4,6–5,5). **Bei gleichem Qualitätsurteil Reihenfolge nach Alphabet.**
***) Führt zur Abwertung.**
1) Laut Hersteller gleich mit dem geprüften Produkt Rossmann Isana Men 3-Klingen, aber andere Farbe.
2) Laut Hersteller gleich mit dem geprüften Produkt Rossmann Isana Men 3-Klingen.
3) Laut Hersteller gleich mit dem geprüften Produkt dm Balea Men 3-Klingen, aber andere Farbe.
Einkauf der Prüfmuster: Oktober bis Dezember 2019.

gen. Zudem war die Rasur unkomfortabler: Ihr Schwingkopf ist weniger flexibel und passt sich Konturen nicht so gut an wie ein Systemrasierer. Die leichten Plastikgriffe liegen nicht so gut in der Hand wie Metallgriffe.

Um die Langlebigkeit der Klingen zu prüfen, verwendeten Probanden mit starkem Bartwuchs die Rasierer zu Hause. Und zwar solange wie möglich. Das heißt: Spätestens wenn eine Klinge anfing, am Barthaar zu reißen, statt es abzuschneiden, Hautirritationen oder kleine Schnittwunden auftraten, wurde sie gewechselt.

Gillette hält am längsten

Die Einwegrasierer hielten zwischen fünf und neun Rasuren durch, bevor sie in den Müll wanderten – und stumpften damit deutlich schneller ab als die Wechselklingen. Dafür kosten sie weniger. Mit den Klingen der Einwegrasierer von Budni, Globus und Rossmann kamen unsere Probanden auf 3 Cent pro Rasur.

Mit durchschnittlich 18 Rasuren am längsten lebte die Wechselklinge Gillette Fusion5 Proglide. Eine Rasur kostete 23 Cent – für Männer mit starkem Bartwuchs wohlgemerkt. Ein Jüngling mit weichem Flaum kann sie deutlich öfter nutzen. Trotzdem: Gillette ist teuer. Beim Preis setzen andere Maßstäbe. Mit den guten Klingen von Aldi, Lidl, Rossmann und Wilkinson ist eine gründliche und sanfte Rasur schon für weniger als 10 Cent zu haben. ■

Unser Rat

Die besten Fleisch-Tortelloni kommen von **Rewe** (53 Cent pro 100 Gramm) und **Steinhaus** (92 Cent). Bei den Tortelloni mit Ricotta und Spinat liegen **Hilcona** (80 Cent) und **Rewe** (53 Cent) vorn. Von den Käse-Tortelloni erwiesen sich alle als gut: die günstigen von **Aldi Nord, Aldi Süd** und **Edeka** für 29 bis 30 Cent – und erneut **Rewe,** mit Bio-Käse-Tortelloni für 78 Cent.

Pasta, aber subito!

9/2020 Viele frische Tortelloni mit Ricotta und Spinat, Käse oder Fleisch sind gut. Aber wir fanden auch Keime – und einen Schadstoff.

Maestri pastai heißen in Italien jene Frauen und Männer, die Nudelteig dünn und dehnbar ausrollen, kunstvoll formen und füllen. In Bologna servieren sie die Tortelloni „in brodo", in Fleischbrühe. Können Fertigprodukte mithalten? 19 aus dem Kühlregal haben wir untersucht – in den Sorten Ricotta-Spinat, Käse und Fleisch. Pro 100 Gramm kosten sie 30 Cent bis 1,30 Euro.

Steinhaus macht Gewinner

13 der 19 sind als schnelle Mahlzeit zu empfehlen. Klarer Testsieger ist Steinhaus. Die Firma aus Remscheid hat etwa jedes zweite Tortelloni-Produkt im Test hergestellt – sieben Mal mit gutem Ergebnis: eins unter eigenem Namen, sechs für die Handelsketten Aldi Nord und Süd, Lidl und Rewe.

Den Teiglingen von Giovanni Rana attestieren die Verkoster eine 1,0 in der Sensorik. Aber sie sind stark mit Enterobakterien belastet – wenig appetitanregend. Noch mehr Enterobakterien enthielten die Tortelloni von Tressini. Enterobakterien weisen auf schlechte Hygiene in der Produktion hin. Eine akute Gesundheitsgefahr geht von ihnen nur in seltenen Fällen aus. Heißes Wasser tötet sie in der Regel ab.

Testverlierer mit Mangelhaft sind die Ricotta-Spinat-Tortelloni von Lidl/Italiamo. Sie sind sehr stark mit Chlorat belastet. Womöglich wurde in der Herstellung gechlortes Wasser eingesetzt. Chlorat kann die Jodaufnahme hemmen – problematisch für Menschen mit Schilddrüsenerkrankung. ■

Nicht zu viel Füllung erwarten
Gut zu wissen: Die Füllung besteht nur etwa zur **Hälfte** aus den Zutaten, die beworben werden: Ricotta, Spinat, Käse, Fleisch. Der Rest sind Gewürze und vor allem **Füllstoffe** wie Paniermehl und Pflanzenfasern, etwa Bambus. Lidl und Rana setzen **Aromen** ein, auch Hilcona in der konventionellen Pasta. Um standardisierte Ware herzustellen, ist das üblich. Viele kommen aber ohne Aromen aus.

FOTO: JULE FELICE FROMMELT

Frische Tortelloni (Ricotta-Spinat-Füllung) 9/2020

Produkt	Inhalt (Gramm)/ Mittlerer Preis ca. (Euro)	Preis pro 100 Gramm ca. (Euro)	Sensorisches Urteil	Ernährungsphysio-logische Qualität	Schadstoffe	Mikrobiologische Qualität	Nutzerfreundlich-keit der Verpackung	Deklaration	test-QUALITÄTS-URTEIL
			40 %	10 %	10 %	20 %	10 %	10 %	100 %
Hilcona Ricotta e Spinaci Tortelloni mit Pinienkernen (MHD: 31.03.2020)	250/1,99	0,80	+	+	+	+	+	+	GUT (2,0)
Rewe Beste Wahl Spinat-Ricotta Tortelloni[1)] (MHD: 18.03.2020)	500/2,64	0,53	+	○	+	+	+	+	GUT (2,1)
Hilcona Pasta Classica Tortelloni Ricotta & Spinat (MHD: 14.03.2020) Bio	250/1,99	0,80	○	+	+	++	+	○	GUT (2,4)
Pasta Nuova Frische Tortelloni mit Ricotta (MHD: 17.06.2020)	250/1,99	0,80	○	+	+	++	+	○	GUT (2,4)
Lidl Chef select Tortelloni Ricotta & Spinat[1)] (MHD: 31.03.2020) Bio	400/1,17	0,29	○	+	+	+	+	+	GUT (2,5)
Penny Ready Tortelloni Spinat Ricotta[1)] (MHD: 09.03.2020)	400/1,19	0,30	○	+	+	○	+	+	BEFRIEDI-GEND (2,8)
Giovanni Rana Tortelloni Ricotta & Spinaci[2)] (MHD: 03.04.2020)	250/3,25	1,30	++	○	+	–*)3)	+	○	AUSREI-CHEND (4,1)
Tressini Tortellone Ricotta-Spinat (MHD: 22.03.2020)	500/6,60[4)]	1,32	○	+	+	–*)5)	○	⊖6)	AUSREI-CHEND (4,5)
Lidl Italiamo Premium Pasta Tortelloni Ricotta Spinat[7)] (MHD: 15.04.2020)	250/1,76	0,70	+	+	–*)8)	++	+	○	MANGEL-HAFT (4,7)

Bewertungsschlüssel der Prüfergebnisse: ++ = Sehr gut (0,5–1,5). + = Gut (1,6–2,5). ○ = Befriedigend (2,6–3,5). ⊖ = Ausreichend (3,6–4,5). – = Mangelhaft (4,6–5,5). **Bei gleichem Qualitätsurteil Reihenfolge nach Alphabet.**

***) Führt zur Abwertung.** MHD = Mindesthaltbarkeitsdatum.

1) Hergestellt von Steinhaus. **2)** Laut Anbieter Deklaration inzwischen geändert.

3) Bei Eingang der eingekauften Produkte im Labor wurde der Warnwert für Enterobakterien in feuchten, verpackten Teigwaren der Deutschen Gesellschaft für Hygiene und Mikrobiologie DGHM) überschritten. Am Mindesthaltbarkeitsdatum überschritt die aerobe Gesamtkeimzahl in zwei von drei Proben den Richtwert der DGHM. Zudem höchster Gehalt an Milchsäurebakterien im Test.

4) Von uns bezahlter Einkaufspreis.

5) In allen drei am Mindesthaltbarkeitsdatum untersuchten Proben fanden wir eine hohe Anzahl an Enterobakterien. Der Richtwert für feuchte, verpackte Teigwaren der Deutschen Gesellschaft für Hygiene und Mikrobiologie wurde in einer, der Warnwert wurde in zwei der drei Proben überschritten.

6) Mehrere Kennzeichnungsmängel. Die Zubereitungszeit ist mit 3 Minuten zu kurz angegeben: Nach einer Ziehzeit von 6 Minuten im siedenden Wasser waren die Tortelloni noch sehr fest. Außerdem unklare Herkunftsangaben.

7) Hergestellt von Ospelt Food.

8) Enthält 1,45 Milligramm Chlorat pro Kilogramm. Bereits mit 33 Gramm Pasta erreicht ein etwa 16 Kilogramm schweres Kind die täglich maximal tolerierbare Aufnahmemenge an Chlorat. Ein 60 Kilogramm schwerer Erwachsener erreicht sie bereits mit 124 Gramm Pasta. Dies liegt weit unter den üblichen Verzehrmengen – wir gehen von einer 200-Gramm-Portion für Erwachsene aus.

Einkauf der Prüfmuster: Februar bis März 2020.

Frische Tortelloni (Käse- oder Fleischfüllung) 9/2020

Produkt	Inhalt (Gramm)/ Mittlerer Preis ca. (Euro)	Preis pro 100 Gramm ca. (Euro)	Sensorisches Urteil 40 %	Ernährungsphysiologische Qualität 10 %	Schadstoffe 10 %	Mikrobiologische Qualität 20 %	Nutzerfreundlichkeit der Verpackung 10 %	Deklaration 10 %	test-QUALITÄTSURTEIL 100 %
Mit Käse gefüllt									
Rewe Bio Tortelloni Käse-Kräuter[1] (MHD: 06.03.2020) Bio	250/1,95	0,78	+	+	+	+	+	○	GUT (2,2)
Aldi Süd Cucina Tortelloni Käse[2] (MHD: 30.03.2020)	400/1,19	0,30	+	+	+	++	○	○	GUT (2,3)
Edeka Gut und günstig Tortelloni mit Käse (MHD: 11.03.2020)	400/1,19	0,30	○	○	+	++	+	+	GUT (2,3)
Aldi Nord D'Antelli Frische Tortelloni gefüllt mit Käse[2] (MHD: 09.03.2020)	400/1,15	0,29	○	○	+	++	+	+	GUT (2,4)
Mit Fleisch gefüllt									
Rewe Beste Wahl Rindfleisch Tortelloni[2] (MHD: 11.03.2020)	500/2,64	0,53	++	○	+	++	+	+	GUT (1,8)
Steinhaus Fleisch-Tortelloni (MHD: 02.04.2020)	250/2,29	0,92	++	○	+	++	+	+	GUT (1,8)
Edeka Gut und günstig Tortelloni mit Rindfleisch (MHD: 09.03.2020)	400/1,19	0,30	+	○	+	++	+	+	GUT (2,2)
Aldi Süd Cucina Tortelloni Fleisch[2] (MHD: 27.03.2020)	400/1,19	0,30	○	+	+	++	+	+	GUT (2,4)
Aldi Nord D'Antelli Frische Tortelloni gefüllt mit Rindfleisch[2] (MHD: 12.03.2020)	400/1,15	0,29	○	+	+	+	+	+	BEFRIEDIGEND (2,6)
Lidl Chef select Tortelloni Fleisch[2] (MHD: 20.03.2020)	400/1,17	0,29	○	○	+	+	+	○	BEFRIEDIGEND (2,7)

Bewertungsschlüssel der Prüfergebnisse: ++ = Sehr gut (0,5–1,5). + = Gut (1,6–2,5). ○ = Befriedigend (2,6–3,5). ⊖ = Ausreichend (3,6–4,5). — = Mangelhaft (4,6–5,5). **Bei gleichem Qualitätsurteil Reihenfolge nach Alphabet.**

MHD = Mindesthaltbarkeitsdatum

1) Hergestellt von Fleischwerke E. Zimmermann.

2) Hergestellt von Steinhaus.

Einkauf der Prüfmuster: Februar bis März 2020.

Unser Rat

Fünf Olivenöle mit der Note Gut (2,3) teilen sich den ersten Platz: Im Geschmack ragt das Bio-Öl von **Castillo de Canena** für 45 Euro pro Liter heraus. Ebenfalls bio, aber preiswerter: **Aldi Süd Bio** (6,15 Euro) und **Lidl Primadonna Bio** (6,20 Euro). Zu den Top Fünf zählen auch die konventionellen **Bertolli Gentile** und **Bertolli Originale** (beide 8,60 Euro).

Das geht runter wie Öl

2/2020 Drei von den 28 Olivenölen im Test können wir Feinschmeckern empfehlen. Für den Alltag bieten sich sechs deutlich günstigere Öle an.

Es sind die intensiven Aromen jung geernteter Oliven, die ein Olivenöl für Gourmets spannend machen. Die geschmacklich besten Öle im Test fallen durch intensive Noten nach frischem Gras und Tomatenstrauch auf. Sie kosten viel: 31 und 45 Euro pro Liter. Wegen Kennzeichnungsmängeln reihen sich diese beiden aber in der Testtabelle nur unauffällig unter den insgesamt neun Guten ein. Genauso geht es dem dritten sensorisch sehr guten Öl von Farchioni für 26 Euro je Liter.

Standardöle wenig komplex

Die anderen guten Öle bekommen Kunden für weniger als 7 Euro pro Liter bei Aldi und Lidl, die zwei Bertolli für 8,60 Euro in verschiedensten Geschäften. Diese Öle bieten Standardqualität mit typischem, aber nicht so komplexem Geschmack. Ansonsten stießen wir auf viel Mittelmaß im Test, in den wir vorrangig vielverkaufte und zudem einige Öle aus dem Feinkosthandel einbezogen: 14 sind befriedigend, 3 sind ausreichend und 2 sind sogar mangelhaft.

Keine Panschereien

Was wir nicht fanden: kritische Gehalte an Pestiziden und krebserregenden polyzyklischen aromatischen Kohlenwasserstoffen (PAK). Wir stießen auch nicht auf Panschereien mit minderwertigem Olivenöl oder anderen Ölsorten. Und bei den Ölen, die laut Etikett nur aus einem Land stammen, ließ die Herkunftskontrolle keine Zweifel an der Korrektheit der Angaben. ■

Mehr gute Ergebnisse als früher

Es geht aufwärts: Neun guten Qualitätsurteilen stehen diesmal nur zwei mangelhafte gegenüber. In früheren Tests war es schlechter um das Olivenöl bestellt: 2016 schnitt nur ein einziges gut ab, die Hälfte war mangelhaft – etwa wegen Schadstoffen. Ein Jahr später kürten wir kein gutes Produkt, 10 von 24 Ölen fielen durch. 2018 erfolgte ein großer Schritt nach vorn: viermal gut, nur zweimal mangelhaft.

FOTOS: STIFTUNG WARENTEST / RALPH KAISER; PLAINPICTURE / BENOIT AUDUREAU

Native Olivenöle extra I 2/2020

Produkt	Herkunft laut Deklaration	Inhalt (Liter)/ Mittlerer Preis ca. (Euro)	Preis pro Liter ca. (Euro)	Sensorische Qualität	Chemische Qualität	Schadstoffe	Verpackung	Diskrepanz zwischen Herkunftsangabe und Laboranalyse[3]	Deklaration	test-QUALITÄTSURTEIL
				65 %	10 %	10 %	5 %	0 %	10 %	100 %
Aldi Süd Bio Natives Olivenöl extra[1] (MHD: 15.03.2020) Bio	Mischung von Olivenölen aus Spanien, Griechenland und Italien	0,75/ 4,60	6,15	+	+	○	+	Nicht geprüft[2]	+	GUT (2,3)
Bertolli Gentile Natives Olivenöl extra (MHD: 05.2020)	Aus der Europäischen Union	0,50/ 4,80	8,60	+	+	○	+	Nicht geprüft[2]	○	GUT (2,3)
Bertolli Originale Natives Olivenöl extra (MHD: 05.2020)	Aus der Europäischen Union	0,50/ 4,80	8,60	+	+	○	+	Nicht geprüft[2]	○	GUT (2,3)
Castillo de Canena Extra virgin Olive oil[3] (MHD: 05.2021) Bio	Spanien	0,50/ 22,50	45,00	++	+	+	+	Nein	⊖ *)4)5)	GUT (2,3)
Lidl Primadonna Bio Natives Olivenöl Extra[6] (MHD: 30.04.2020) Bio	Spanien	0,50/ 3,10	6,20	+	+	+	+	Nein	+	GUT (2,3)
Aldi Nord GutBio Olivenöl nativ extra[7] (MHD: 08.01.2020) Bio	Mischung von Olivenölen aus der Europäischen Union	0,75/ 4,60	6,15	+	+	+	+	Nicht geprüft[2]	+	GUT (2,4)
Aldi Nord Casa Morando Olivenöl nativ extra[8] (MHD: 05.03.2020)	Mischung von Olivenölen aus Spanien, Griechenland, Italien	0,75/ 3,60	4,80	○	+	+	+	Nicht geprüft[2]	+	GUT (2,5)

Bewertungsschlüssel der Prüfergebnisse: ++ = Sehr gut (0,5–1,5). + = Gut (1,6–2,5). ○ = Befriedigend (2,6–3,5). ⊖ = Ausreichend (3,6–4,5). — = Mangelhaft (4,6–5,5). **Bei gleichem Qualitätsurteil Reihenfolge nach Alphabet.**
***) Führt zur Abwertung.** MHD = Mindesthaltbarkeitsdatum.
1) Abgefüllt durch Olio Dante. **2)** Die Herkunft von Ölmischungen aus mehreren Ländern ist im Labor nicht überprüfbar. **3)** Ökoanbauverband Demeter. **4)** Unter anderem stehen die drei Pflichtelemente der Kennzeichnung nicht wie vorgeschrieben in deutscher Sprache und zusammenhängend im Hauptsichtfeld. **5)** Deutschsprachige Kennzeichnung nur auf angehängtem Etikett. Der deklarierte Gehalt an mehrfach ungesättigten Fettsäuren weicht stark vom tatsächlichen Gehalt ab: Deklariert sind 10 Gramm, gemessen wurden nur 4,4 Gramm pro 100 Gramm Fett. Pflichtangaben teils in zu kleiner Schrift und schlecht lesbar. **6)** Hergestellt und abgefüllt in Spanien von Mercaoleo. **7)** Abgefüllt durch Fiorentini Firenze. **8)** Abgefüllt für HMF Food Italia Alimentari.

Einkauf der Prüfmuster: Juli und August 2019.

Native Olivenöle extra II

2/2020

Produkt	Herkunft laut Deklaration	Inhalt (Liter)/ Mittlerer Preis ca. (Euro)	Preis pro Liter ca. (Euro)	Sensorische Qualität	Chemische Qualität	Schadstoffe	Verpackung	Diskrepanz zwischen Herkunftsangabe und Laboranalyse[9]	Deklaration	test-QUALITÄTSURTEIL
				65 %	10 %	10 %	5 %	0 %	10 %	100 %
Farchioni DOP Chianti Classico Olio Extra Vergine di Oliva[1)2)] (MHD: 12.06.2020)	D.O.P. Chianti Classico, Italien	0,50/ 13,00	26,00	++	+	+	+	Nein	⊖ *)3)4)	GUT (2,5)
Soler Romero Natives Bio-Olivenöl extra[5)] (MHD: 09.2021) Bio	Spanien	0,50/ 15,40	31,00	++	+	○	+	Nein	⊖ *)3)6)	GUT (2,5)
Alnatura Natives Olivenöl extra[7)] (MHD: 06.2020) Bio	Tunesien	0,50/ 3,50	7,00	○	○	+	+	Nein	+	BEFRIED. (2,6)
Lidl Primadonna Natives Olivenöl Extra[8)] (MHD: 13.02.2020)	Aus der Europäischen Union	0,75/ 3,60	4,80	○	+	○	+	Nicht geprüft[9)]	+	BEFRIED. (2,6)
Edeka Gut & Günstig Natives Olivenöl extra (MHD: 05.2020)	Mischung von Olivenölen aus der Europäischen Union	0,75/ 3,60	4,80	○	+	○	+	Nicht geprüft[9)]	+	BEFRIED. (2,7)
Noan Douro Olive Oil Extra Virgin[2)] (MHD: 05.2021)	Douro, Portugal	0,25/ 8,90	35,50	+	+	○	+	Nein	⊖ *)3) 10)11)	BEFRIED. (2,7)
Olyssos Griechisches Olivenöl Nativ extra (MHD: 09.09.2020)	Griechenland	0,50/ 7,50	15,00	○	○	○	+	Nein	○	BEFRIED. (2,7)

Bewertungsschlüssel der Prüfergebnisse: ++ = Sehr gut (0,5–1,5). + = Gut (1,6–2,5). ○ = Befriedigend (2,6–3,5). ⊖ = Ausreichend (3,6–4,5). — = Mangelhaft (4,6–5,5). **Bei gleichem Qualitätsurteil Reihenfolge nach Alphabet.**
***) Führt zur Abwertung.** MHD = Mindesthaltbarkeitsdatum.
1) Die Herkunftsangabe Denominazione di origine protetta (DOP) entspricht der geschützten Ursprungsbezeichnung im Deutschen. **2)** Laut Anbieter inzwischen Kennzeichnung geändert. **3)** Unter anderem stehen die drei Pflichtelemente der Kennzeichnung nicht wie vorgeschrieben in deutscher Sprache und zusammenhängend im Hauptsichtfeld. **4)** Die Vorgaben für die geschützte Ursprungsbezeichnung wurden nicht eingehalten: Das Etikett nennt zwei Adressen für Hersteller/ Verpacker, von denen eine nicht im Gebiet „Chianto Classico" liegt. Zudem unübersichtliche und schlecht lesbare Kennzeichnung. **5)** Eingekauft im Dezember 2019. **6)** Der deklarierte Gehalt an mehrfach ungesättigten Fettsäuren weicht stark vom tatsächlichen Gehalt ab: Deklariert sind 9 Gramm, gemessen wurden nur 3,6 Gramm pro 100 Gramm Fett. Zudem unzulässige Werbung mit sensorischen Begriffen. **7)** Laut Anbieter inzwischen Produkt geändert. **8)** Hergestellt und abgefüllt in Spanien von Mercaoleo. **9)** Die Herkunft von Ölmischungen aus mehreren Ländern ist im Labor nicht überprüfbar.
10) Die Art der Herkunftsdeklaration ist unzulässig, denn ein Hinweis auf eine Region darf nur bei geschützten Herkunftsangaben erfolgen – ein entsprechendes Siegel trägt das Öl aber nicht. **11)** Unzulässige Werbung mit sensorischen Begriffen und Füllmengenangabe in zu kleiner Schrift.

Einkauf der Prüfmuster: Juli und August 2019.

Native Olivenöle extra III

2/2020

Produkt	Herkunft laut Deklaration	Inhalt (Liter)/ Mittlerer Preis ca. (Euro)	Preis pro Liter ca. (Euro)	Sensorische Qualität	Chemische Qualität	Schadstoffe	Verpackung	Diskrepanz zwischen Herkunftsangabe und Laboranalyse[2]	Deklaration	test-QUALITÄTSURTEIL
				65 %	10 %	10 %	5 %	0 %	10 %	100 %
Aldi Süd Cantinelle Natives Olivenöl extra[1] (MHD: 29.03.2020)	Mischung von Olivenölen aus Spanien, Griechenland und Italien	0,75/ 3,60	4,80	○	○	+	+	Nicht geprüft[2]	+	**BEFRIED. (2,8)**
Bio Planete Natives Olivenöl extra[3][4] (MHD: 07.2020) Bio	Portugal (Alentejo)	0,50/ 11,00	22,00	+	+	+	+	Nein	⊖ *)[5][6][7]	**BEFRIED. (2,8)**
Edeka Griechisches natives Olivenöl extra g.g.A. Chania[8][9] (MHD: 10.03.2020)	g.g.A. Chania-Kritis, Griechenland	0,50/ 4,00	8,00	+	⊖ *)[10]	+	+	Nein	+	**BEFRIED. (2,8)**
Ranise Liguritio Olio extra vergine di oliva[11] (MHD: 30.03.2021)	Italien	0,25/ 13,00	52,00	+	○	○	+	Nein	⊖ *)[5][12]	**BEFRIED. (2,8)**
Netto Marken-Discount Vegola Natives Olivenöl extra (MHD: 04.2020)	Mischung von Olivenölen aus der Europäischen Union	0,75/ 3,60	4,80	○	+	○	+	Nicht geprüft[2]	+	**BEFRIED. (2,9)**
Rewe Ja Natives Olivenöl extra[13] (MHD: 11.05.2020)	Mischung von Olivenölen aus der Europäischen Union	0,75/ 3,60	4,80	○	○	○	+	Nicht geprüft[2]	+	**BEFRIED. (3,0)**
Penny Mitakos P.G.I. Griechisches natives Olivenöl extra[8][14] (MHD: 20.04.2020)	P.G.I. Chania Kritis, Griechenland	0,50/ 4,00	8,00	+	⊖ *)[10]	+	+	Nein	+	**BEFRIED. (3,1)**

Bewertungsschlüssel der Prüfergebnisse: ++ = Sehr gut (0,5–1,5). + = Gut (1,6–2,5). ○ = Befriedigend (2,6–3,5). ⊖ = Ausreichend (3,6–4,5). — = Mangelhaft (4,6–5,5). **Bei gleichem Qualitätsurteil Reihenfolge nach Alphabet.**
***) Führt zur Abwertung.** MHD = Mindesthaltbarkeitsdatum.
1) Abgefüllt durch Oleificio. **2)** Die Herkunft von Ölmischungen aus mehreren Ländern ist im Labor nicht überprüfbar. **3)** Ökoanbauverband Demeter. **4)** Laut Anbieter inzwischen Kennzeichnung geändert. **5)** Unter anderem stehen die drei Pflichtelemente der Kennzeichnung nicht wie vorgeschrieben in deutscher Sprache und zusammenhängend im Hauptsichtfeld. **6)** Die Art der Herkunftsdeklaration ist unzulässig, denn ein Hinweis auf eine Region darf nur bei geschützten Herkunftsangaben erfolgen – ein entsprechendes Siegel trägt das Öl aber nicht. **7)** Unzulässige Werbung mit sensorischen Begriffen. **8)** Abgefüllt von Terra Creta. **9)** Geschützte Herkunftsangabe g.g.A. bedeutet geschützte geografische Angabe. **10)** Chemische Parameter weisen auf altes Öl, unsachgemäße Lagerung oder unzulässige Wärmebehandlung hin. **11)** Online gekauft bei Oil & Vinegar. **12)** Kennzeichnung unübersichtlich und schlecht lesbar. **13)** Inverkehrbringer: Alfred Graf Hamburg. **14)** Die Herkunftsangabe Protected Geographical Indication (PGI) entspricht der geschützten geografischen Angabe im Deutschen. **Einkauf der Prüfmuster:** Juli und August 2019.

Native Olivenöle extra IV 2/2020

Produkt	Herkunft laut Deklaration	Inhalt (Liter)/ Mittlerer Preis ca. (Euro)	Preis pro Liter ca. (Euro)	Sensorische Qualität 65%	Chemische Qualität 10%	Schadstoffe 10%	Verpackung 5%	Diskrepanz zwischen Herkunftsangabe und Laboranalyse[3)] 0%	Deklaration 10%	test-QUALITÄTSURTEIL 100%
Kaufland K-Bio Natives Olivenöl extra[1)] (MHD: 24.06.2020) Bio	Mischung von Olivenölen aus Spanien, Griechenland, Italien	0,75/ 4,60	6,15	○	⊖ *)2)	○	+	Nicht geprüft[3)]	+	**BEFRIED. (3,2)**
Rewe Beste Wahl Natives Olivenöl extra P.D.O.[4)5)6)]	P.D.O. Sitia-Lasithiou-Kritis, Griechenland	0,50/ 4,00	8,00	○	⊖ *)2)	+	+	Nein	+	**BEFRIED. (3,4)**
Aldo Pasquini San Jacopo Olio Extra vergine di Oliva (MHD: 30.11.2020)	Italien	0,50/ 16,00	32,00	○	○	⊖ *)7)	+	Nein	⊖[8) 9)]	**AUSREICH. (3,7)**
La Española Natives Olivenöl extra[10)] (MHD: 28.05.2021)	Spanien	0,50/ 5,50	11,00	○	+	○	+	Nein	⊖*) 8)11)	**AUSREICH. (3,7)**
Vom Fass Don Carlos Natives Olivenöl extra (online gekauft) (MHD: 13.02.2020)	Spanien	0,50/ 14,50	28,00	⊖	○	○	– 12)	Nein	⊖*) 8)13)	**AUSREICH. (4,1)**
Filippo Berio Classico Natives Olivenöl extra (MHD: 12.2020)	Mischung von Olivenölen aus der Europäischen Union	0,50/ 4,20	8,40	–*)	○	⊖ 14)	+	Nicht geprüft[3)]	–*) 8)15)	**MANGELH. (5,0)**
Solivellas DOP Oli D'Oliva Verge Extra [10)16)] (MHD: 21.11.2020)	DOP Mallorca, Spanien	0,50/ 14,90[17)]	29,80	+	+	– *)18)	+	Nein	⊖[8)]	**MANGELH. (5,2)**

Bewertungsschlüssel siehe Seite 48. *) Führt zur Abwertung. MHD = Mindesthaltbarkeitsdatum.
1) Abgefüllt durch Gruppe Oleario Portaro. **2)** Siehe Fußnote 10 auf Seite 48. **3)** Siehe Fußnote 2 auf Seite 48. **4)** Abgefüllt von Terra Creta. **5)** Laut Anbieter Herkunft geändert. **6)** Herkunftsangabe Protected Designation of Origin (PDO) entspricht geschützten Ursprungsbezeichnung im Deutschen. **7)** Deutlich mit Mineralölkohlenwasserstoffen (Mosh und Moah) sowie Weichmachern belastet. **8)** Siehe Fußnote 5 auf Seite 48. **9)** Wirbt mit unspezifischen gesundheitsbezogenen Angaben wie „gut bekömmlich" und „leicht" – das ist in dieser Form nicht zulässig. Zudem Nährwertangaben in zu kleiner Schrift. **10)** Laut Anbieter Etikett geändert. **11)** Verpflichtende Herkunftsangabe vorn auf der Flasche kaum lesbar. **12)** Jede zweite Flasche hatte keine intakte Originalitätssicherung – die EU-Verordnung schreibt einen nicht wiederverwendbaren Verschluss vor. Die Flaschen hätten unbemerkt auf- und zugeschraubt und der Inhalt manipuliert werden können. **13)** Am Flaschenhals hängt nur ein mit Gummi befestigtes Etikett, das leicht abfallen kann. **14)** Deutlich mit Mineralölkohlenwasserstoffen (Mosh und Moah) belastet. **15)** Produkt darf nicht „nativ extra" heißen, da es sensorisch fehlerhaft ist. **16)** Herkunftsangabe Denominación de Origen Protegida (DOP) entspricht geschützten Ursprungsbezeichnung im Deutschen. **17)** Von uns bezahlter Einkaufspreis. **18)** Deutlich mit Mineralölkohlenwasserstoffen (Mosh) sowie Weichmachern belastet. Hoch mit Mineralölkohlenwasserstoffen (Moah) belastet. **Einkauf der Prüfmuster:** Juli und August 2019.

Unser Rat

Im Schadstoff-Check von **Oregano** liegen die guten **Rewe Beste Wahl** (12,50 Euro pro 100 Gramm) und **Rewe Bio** (16,60 Euro) vorn, gleichauf mit dem preiswerten Bio-Oregano von **Azafran** (3,95 Euro). Beim **Majoran** steht **Rewe Beste Wahl** (24,10 Euro) zusammen mit **Lebensbaum** Bio-Majoran (18,30 Euro) an der Spitze. Günstig und gut: **Penny** (5,90 Euro).

Wenn Gift im Gewürz landet

10/2020 Oregano fällt immer wieder wegen Schadstoffen auf. Wir haben nach Pflanzengiften und Pestiziden gesucht – und wurden fündig.

Der mediterrane Oregano würzt Pizza und Pastasoßen. Seit einigen Jahren landet er auch immer wieder in den Schlagzeilen. Im Januar 2020 etwa mussten die Gewürzhersteller Fuchs und Teuto Markenvertrieb etliche Oregano-Produkte aus dem Verkauf nehmen. Grund: zu hohe Gehalte an giftigen Pyrrolizidinalkaloiden, kurz PA. Sie können bei ständigem Verzehr zu Leberschäden führen, im Tierversuch wirken sie krebserregend und erbgutschädigend.

Es war nicht der erste PA-Fund in Oregano. Im Sommer 2019 hatte das Chemische und Veterinäruntersuchungsamt (CVUA) Stuttgart 20 von 41 geprüften Proben wegen der PA-Gehalte als „nicht sicheres Lebensmittel" eingestuft, weitere 9 als „gesundheitsschädlich". Von anderen Stellen gab es zudem Hinweise, dass Oreganoprodukte teilweise mit Olivenblättern und Myrte gestreckt werden.

Für uns waren das Anlässe genug, das Kraut unter die Lupe zu nehmen. Wir schickten 21 getrocknete und gerebelte Oreganokräuter ins Labor sowie noch 13 Produkte mit dem eng verwandten Majoran.

Fünf Oregano auffällig

Unser Schadstoffcheck offenbart ein gemischtes Ergebnis. Pestizide sind kein großes Problem bei Oregano und Majoran. Der Großteil der Proben war auch sonst unauffällig, sieben Oregano- und fünf Majorangewürze bewerten wir mit Gut. Der Majoran von Lebensbaum und von Rewe schneidet sogar sehr gut ab. Fünf der Oreganokräuter sind jedoch stark bis sehr stark belastet. ▶

Mitgeerntete Übelpflanzen

Bei der Ernte von Küchenkräutern können Arbeiter versehentlich Wildkräuter wie Sonnenwendarten miternten. Sie enthalten giftige Pyrrolizidinalkaloide (PA). Das Bundesinstitut für Risikobewertung rät: Ein 60 Kilogramm schwerer Erwachsener sollte täglich nicht mehr als 1,4 Mikrogramm PA aufnehmen. Dieser Wert wird mit 0,1 Gramm des am höchsten belasteten Oregano erreicht.

FOTO: STIFTUNG WARENTEST / RALPH KAISER

Küchenkräuter: Oregano 10/2020

Produkt		Mittlerer Preis ca. (Euro)/ Inhalt (g)	Preis je 100 Gramm ca. (Euro)	Herkunft laut Etikett	Schadstoffe
Azafran Oregano (MHD: 31.03.2023)	Bio	9,90/250,0	3,95	Türkei[1]	**gut** (1,6)
Rewe Beste Wahl Oregano gerebelt[2] (MHD 04.2023)		2,49/20,0	12,50	Griechenland, Türkei[1]	**gut** (1,6)
Rewe Bio Oregano gerebelt[3][4] (MHD 03.2023)	Bio	2,49/15,0	16,60	Baden-Württemberg, Hessen[1]	**gut** (1,6)
Gewürzmühle Brecht Oregano gerebelt[5] (MHD 02.2022)	Bio	2,89/10,0	28,90	Ungarn	**gut** (1,7)
Herbaria Oregano Aus Rheinland-Pfalz[6] (MHD 03.2024	Bio	6,00/20,0	30,00	Rheinland-Pfalz	**gut** (1,8)
Lebensbaum Oregano gerebelt und getrocknet (MHD: 02.2023)	Bio	1,79/15,0	11,90	Griechenland	**gut** (2,4)
Netto Markendiscount Carat Oregano gerebelt (MHD: 02.2023)		0,57/12,0	4,75	Griechenland, Türkei, Peru, Chile[1]	**gut** (2,5)
Sonnentor Oregano geschnitten (MHD 31.10.2022)	Bio	2,29/18,0	12,70	Österreich	**befried.** (2,8)
Penny Oregano gerebelt[7] (MHD: 02.2023)		0,59/12,0	4,90	Türkei[1]	**befried.** (2,9)
Wagner Oregano gerebelt (MHD: 2024)		3,30[8]/100,0	3,30	Peru, Chile, Griechenland, Türkei[1]	**befried.** (2,9)
Edora Oregano Thüringer Gartenware (MHD: 05.2023)		2,99/25,0	12,00	Thüringen	**befried.** (3,0)
Fuchs Oregano gerebelt (MHD: 2023)		3,50[8]/12,5	28,00	Peru, Chile, Griechenland, Türkei[1]	**befried.** (3,0)
Spicebar Gewürzküche Oregano Fein-Aromatisch (MHD: 20.02.2022)	Bio	4,90[8]/30,0	16,30	Peru	**befried.** (3,1)
Gewürzkontor Gewürze aus aller Welt Oregano gerebelt (MHD: 03.2023)		0,97/20,0	4,85	Keine Angabe	**befried.** (3,2)
Lidl Kania Oregano gerebelt[9] (MHD: 02.2023)		0,57/7,5	7,60	Peru, Chile, Griechenland, Türkei[1]	**befried.** (3,2)
Alnatura Oregano gerebelt (MHD: 11.2022)	Bio	1,69/15,0	11,30	Türkei	**befried.** (3,4)
Ostmann Oregano gerebelt (MHD: 2024)		0,99[8]/12,5	7,90	Peru, Chile, Griechenland, Türkei[1]	**ausreich.** (4,0)
BioWagner Oregano gerebelt (MHD: 2023)	Bio	3,80[8]/18,0	21,10	Türkei	**ausreich.** (4,2)
HES Oregano (MHD: 09.2022)		0,69/12,0	5,75	Türkei[1]	**mangelh.** (5,2)
Hartkorn Oregano gerebelt (MHD: 2024)		2,39/20,0	12,00	Keine Angabe	**mangelh.** (5,3)
Europa Gewürze Oregano (MHD: 31.12.2022)		1,01[8]/20,0	5,05	Keine Angabe	**mangelh.** (5,5)

Bei gleichem Schadstoffurteil Reihenfolge nach Alphabet.
1) Laut Anbieter. **2)** Hergestellt von Merschbrock-Wiese Gewürz.
3) Hergestellt von Herbapack. **4)** Mit Naturland-Siegel.
5) Mit Neuform-Siegel. **6)** Mit Bioland-Siegel. **7)** Hergestellt von TSI.
8) Von uns bezahlter Einkaufspreis. **9)** Hergestellt von Weiand.

Einkauf der Prüfmuster: März bis Mai 2020.

Küchenkräuter: Majoran 10/2020

Produkt	Mittlerer Preis ca. (Euro)/ Inhalt (g)	Preis je 100 Gramm ca. (Euro)	Herkunft laut Etikett	Schadstoffe
Lebensbaum Majoran gerebelt und getrocknet[1] (MHD: 02.2023) **Bio**	2,29/12,5	18,30	Ägypten	**sehr gut** (1,0)
Rewe Beste Wahl Majoran gerebelt[2] (MHD: 04.2023)	1,69/7,0	24,10	Ägypten[3]	**sehr gut** (1,2)
Hartkorn Majoran gerebelt (MHD: 2023)	2,19/15,0	14,60	Keine Angabe	**gut** (1,6)
Penny Majoran gerebelt[4] (MHD: 04.2023)	0,59/10,0	5,90	Ägypten[3]	**gut** (1,6)
Gewürzkontor Gewürze aus aller Welt Majoran gerebelt (MHD: 03.2023)	0,97/20,0	4,85	Keine Angabe	**gut** (1,9)
Alnatura Majoran gerebelt (MHD: 12.2022) **Bio**	1,79/12,5	14,30	Ägypten	**gut** (2,2)
BioWagner Majoran gerebelt (MHD: 2023) **Bio**	2,69[5]/15,0	17,90	Ägypten	**gut** (2,5)
HES Majoran gerebelt (MHD: 0[illegible].2022)	0,69/10,0	6,90	Ägypten[3]	**befriedigend** (2,7)
Fuchs Majoran gerebelt (MHD: 2023)	3,35[5]/12,5	26,80	Ägypten[3]	**befriedigend** (3,0)
Wagner Majoran (MHD: 2023)	5,00[5]/100,0	5,00	Ägypten[3]	**befriedigend** (3,0)
Norma Oase der Gewürze Majoran[6] (MHD: 15.01.2022) **A**	0,98[7]/20,0	4,90	Ägypten[3]	**befriedigend** (3,3)
Lidl Kania Majoran[8] (MHD: 01.2023)	0,57/10,0	5,70	Ägypten[3]	**befriedigend** (3,4)
Ostmann Majoran gerebelt (MHD: 2023)	2,75[5]/20,0	13,80	Ägypten[3]	**ausreichend** (3,8)

Bei gleichem Schadstoffurteil Reihenfolge nach Alphabet.
A = Aktionsware. **1)** Mit Demeter-Siegel. **2)** Hergestellt von Merschbrock-Wiese Gewürz.
3) Laut Anbieter. **4)** Hergestellt von TSI. **5)** Von uns bezahlter Einkaufspreis.
6) Hergestellt von Raimund Hofmann.
7) Aktionsware. **8)** Hergestellt von Weiand.
Einkauf der Prüfmuster: März bis Mai 2020.

Die von HES, Hartkorn und Europa derart, dass wir vom Verzehr abraten. Wer über längere Zeit täglich Oregano mit so hohen PA-Gehalten isst, könnte an Krebs erkranken.

Und was hat sich seit Januar bei Gewürzhersteller Fuchs getan? Vier seiner Marken sind im Test vertreten: Ostmann, Wagner, BioWagner, Fuchs. Zwei der vier Oregano schneiden im PA-Urteil gut ab, die anderen beiden ausreichend. Im Oregano von Ostmann und BioWagner fanden wir hohe Mengen PA, im Ostmann-Oregano zudem nennenswerte Mengen eines Fungizids und im Ostmann-Majoran ein Insektizid.

Vor der Ernte aussortieren

Wir haben die Anbieter gefragt, wie sie PA in ihren Produkt verhindern. Häufige Antwort: Vor der Ernte fahnden geschulte Feldarbeiter nach Wildkräutern wie der Sonnenwende. Sie bildet PA, um sich gegen Fraßfeinde wie zum Beispiel Insekten zu wehren. Hat die Erntemaschine das Kraut erst zerhäckselt, lässt es sich kaum noch aussortieren. Wer auf Nummer sicher gehen will, zieht Oregano im Garten oder auf dem Balkon.

Eine gute Nachricht zum Schluss: Gestreckte Produkte konnten wir unterm Mikroskop nicht finden. ■

Unser Rat

Am schmackhaftesten sind die tiefgekühlten Apfelrotkohle von **Iglo** (40 Cent pro 100 Gramm), **Edeka** (22 Cent) und **Eismann** (49 Cent). Insgesamt schneiden sie gut ab, wie auch die von **Bofrost** (57 Cent) und Bio-Anbieter **Alnatura** (35 Cent). Den besten Apfelrotkohl im Glas bietet **HAK** (21 Cent), guten klassischen Rotkohl **Alnatura** (19 Cent) und **Lidl** (8 Cent).

Tiefkühlkohl schlägt Glas

11/2020 Hhhmmm, erwärmter Rotkohl duftet nach Winter und Wohligkeit. 13 von 27 Fertigprodukten sind gut.

Ob die Blätter des Rotkohls mehr ins Bläuliche oder Violette gehen, hängt auch von der Zubereitung ab. Die Süddeutschen fügen traditionell Zucker oder Natron zu, so färbt er sich bläulich. In Mitteldeutschland köchelt er mit Zucker und vor allem Essig. Das färbt den Kohl rötlich.

Sensorisch sehr gut bis unappetitlich

Fertigrotkohl enthält oft reichlich Essig, zeigte die Verkostung von 27 Produkten mit und ohne Apfel. Angeboten werden sie im Glas, Beutel, tiefgekühlt oder in der Dose – sie müssen nur noch erwärmt werden.

Testfazit: Rotkohl aus dem Glas oder Beutel ist selten ein Genuss. Jeder zweite schmeckte dominant nach Essig. Am schlechtesten bewerteten wir den Apfelrotkohl von Penny. Sensorisch sehr gut schnitt dagegen der tiefgekühlte Apfelrotkohl von Iglo, Edeka und Eismann ab. Dreizehn Produkte erreichen die Gesamtnote Gut.

Tiefgekühlter Apfelrotkohl muss mindestens 10 Prozent Apfel aufweisen. Bei Rotkohl aus dem Glas oder Beutel beträgt der Anteil etwa 7 Prozent. Im Labor lässt sich die Menge nicht bestimmen. In der Verkostung aber sollte eine deutliche Apfelnote wahrnehmbar sein. Das schafften am ehesten Produkte aus dem Eis. Auch in Sachen Vitamin C kann Tiefkühlware punkten. Wir wiesen bis zu 22 Milligramm je 100 Gramm nach. Eine typische 150-Gramm-Portion eines vitaminreichen Kohls deckt gut ein Drittel des Tagesbedarfs an Vitamin C eines Erwachsenen. ■

Mit Kohl Infekte bekämpfen
Rotkohl punktet mit verschiedenen Pflanzenstoffen. Die **Glucosinolate** sollen Infekte bekämpfen und Tumorzellen hemmen. Der Körper kann sie gut verwerten. Weniger eindeutig ist der Forschungsstand zu **Anthocyanen**, den Farbstoffen des Kohls. Sie sollen Zellen vor freien Radikalen schützen. Inwieweit das im menschlichen Organismus gelingt, wird derzeit in Studien untersucht.

FOTOS: STIFTUNG WARENTEST / MANUEL KRUG, RALPH KAISER [M]

Rotkohl

11/2020

Produkt	Mittlerer Preis ca. (Euro)/Inhalt in Gramm	Sensorisches Urteil	Kritische Stoffe	Ernährungsphysiologische Qualität	Mikrobiologische Qualität	Verpackung	Deklaration	test-QUALITÄTSURTEIL
		40 %	20 %	10 %	5 %	10 %	15 %	100 %
Alnatura Rotkohl[1] (MHD: 31.12.2023) Bio	1,29/680	+	++	+	++	++	○	GUT (2,1)
Lidl Freshona Delikatess Rotkohl[2] (MHD: 30.09.2022)	0,53/680	+	+	+	++	○	+	GUT (2,2)
Campo Verde Delikatess Rotkohl[3] (MHD: 31.12.2023) Bio	1,99/680	+	++	+	++	+	○	GUT (2,3)
Kaufland K-Bio Delikatess Rotkohl (MHD: 31.12.2021) Bio	1,19/680	○	++	+	++	++	○	GUT (2,3)
Aldi Nord Klostergarten Delikatess Rotkohl[4] (MHD: 31.12.2022)	0,53/680	○	+	+	++	++	+	BEFRIEDIGEND (2,6)
HAK Rotkohl (MHD: Ende 2022)	1,59[9]/700	○	+	+	++	+	○	BEFRIEDIGEND (2,6)
Kaufland K-Classic Delikatess Rotkohl[4] (MHD: 31.12.2022)	0,55/680	○	+	+	++	○	+	BEFRIEDIGEND (2,6)
Hengstenberg Mildessa Rotkraut (MHD: 12/2022)	0,99/300	+	+	+	++	+	⊖*)[5]	BEFRIEDIGEND (2,8)
Edeka Gut & Günstig Delikatess Rotkohl (MHD: 18.10.2022)	0,53/680	○	+	+	++	+	○	BEFRIEDIGEND (2,9)
Kühne Rotkohl (MHD: 15.12.2022)	1,39/680	○	+	+	++	+	⊖*)[6]	BEFRIEDIGEND (3,4)
Netto Marken-Discount Beste Ernte Delikatess Rotkohl[7] (MHD: 01.10.2022)	0,53/680	○	++	+	++	○	⊖*)[8]	BEFRIEDIGEND (3,4)

Bewertungsschlüssel der Prüfergebnisse: ++ = Sehr gut (0,5–1,5). + = Gut (1,6–2,5). ○ = Befriedigend (2,6–3,5). ⊖ = Ausreichend (3,6–4,5). — = Mangelhaft (4,6–5,5). **Bei gleichem Qualitätsurteil Reihenfolge nach Alphabet.**

***) Führt zur Abwertung.** MHD = Mindesthaltbarkeitsdatum laut Deklaration.

1) Mit Siegel des Ökoanbauverbands Bioland. **2)** Hergestellt von J. & W. Stollenwerk. **3)** Mit Siegel des Ökoanbauverbands Demeter. **4)** Hergestellt von Süko. **5)** Die Zutat „natürliches Gewürz-Aroma" widerspricht der Angabe „Traditionelle Art" vorn auf der Dose. Zudem ist die Kennzeichnung nur schwer lesbar. **6)** Die Zutat „Glucose-Fructose-Sirup" widerspricht der Angabe „Traditionsrezept" vorn auf dem Glas. **7)** Laut Anbieter inzwischen mit veränderter Deckeldichtung. **8)** Mehrere kleine Kennzeichnungsmängel. Zudem sehr kleine Schrift. **9)** Von uns bezahlter Einkaufspreis.

Einkauf der Prüfmuster: Mai und Juni 2020.

Apfelrotkohl

11/2020

Produkt	Mittlerer Preis ca. (Euro)/Inhalt in Gramm	Sensorisches Urteil 40 %	Kritische Stoffe 20 %	Ernährungsphysiologische Qualität 10 %	Mikrobiologische Qualität 5 %	Verpackung 10 %	Deklaration 15 %	test-QUALITÄTSURTEIL 100 %
Tiefgekühlt								
Iglo Apfel-Rotkohl (MHD: 12/2021)	1,79/450	++	+	+	++	++	○	GUT (1,7)
Edeka Apfelrotkohl mit 7 % Apfelstückchen (MHD: 11/2021)	0,97/450	++	+	+	++	++	○	GUT (1,9)
Bofrost Apfel-Rotkohl (Art.-Nr. 00753)[1] (MHD: 02.04.2022)	5,65[8]/1000	+	++	+	+	+	+	GUT (2,0)
Eismann Apfelrotkohl (Art.-Nr. 5499) (MHD: 06/2021)	9,80[8]/2 x 1000	++	+	+	○	+	○	GUT (2,0)
Alnatura Apfel Rotkohl (MHD: 11/2021) Bio	1,59/450	+	++	+	++	○	+	GUT (2,2)
Ökoland Apfel-Rotkohl (MHD: 11/2021) Bio	1,99/450	+	++	+	++	○	⊖*)2)	BEFRIED. (3,1)
Ungekühlt (angeboten im Glas oder Beutel)								
HAK Rotkohl mit Apfelstückchen (MHD: 2023)	1,49[9]/700	+	++	+	++	+	○	GUT (2,1)
Leuchtenberg Apfel-Rotkohl mit Apfelstückchen (MHD: 05.08.2021)	1,29/520	+	++	+	++	+	○	GUT (2,3)
Rewe Bio Apfelrotkohl[3][4] (MHD: 31.10.2021) Bio	1,27/400	+	+	○	++	+	○	GUT (2,3)
Hengstenberg Mildessa Apfelrotkohl (MHD: 12/2022)	1,24/680	+	++	○	++	○	○	GUT (2,4)
Spreewaldhof Apfel-Rotkohl Fix & Fertig (MHD: 09.04.2022)	1,19/400	○	+	○	++	+	+	BEFRIED. (2,6)
Aldi Süd Gartenkrone Delikatess Apfel-Rotkohl[5] (MHD: 19.09.2021)	0,55/400	○	++	○	++	+	○	BEFRIED. (2,7)
Rewe Ja Delikatess Apfel-Rotkohl[6] (MHD: 31.12.2022)	0,53/680	○	+	+	++	++	○	BEFRIED. (2,7)
Kühne Apfel-Rotkohl mit Apfelstückchen (MHD: 15.12.2022)	1,49/650	○	+	+	++	+	○	BEFRIED. (2,8)
Netto Marken-Discount Beste Ernte Delikatess Apfel-Rotkohl (MHD: 21.01.2022)	0,53/400	○	++	○	++	+	○	BEFRIED. (2,8)
Penny Delikatess Apfelrotkohl[5][7] (MHD: 30.09.2021)	0,55/680	⊖*)	+	○	++	+	○	AUSREICH. (4,0)

Bewertungsschlüssel der Prüfergebnisse: siehe S. 54. **Bei gleichem Qualitätsurteil Reihenfolge nach Alphabet.**
***) Führt zur Abwertung.** MHD = Mindesthaltbarkeitsdatum laut Deklaration. **1)** Laut Anbieter inzwischen Kennzeichnung geändert. **2)** Mehrere Kennzeichnungsmängel. **3)** Hergestellt von Voss & Zobus. **4)** Mit Naturland-Siegel. **5)** Hergestellt von J. & W. Stollenwerk. **6)** Hergestellt von Carl Durach. **7)** Laut Anbieter inzwischen Rezeptur und Kennzeichnung geändert. **8)** Preis inklusive Heimlieferung. **9)** Von uns bezahlter Einkaufspreis. **Einkauf der Prüfmuster:** Mai und Juni 2020.

Unser Rat

Testsieger ist **Hachez Edle Bitter** (1,99 Euro pro 100 Gramm), gefolgt von der etwas teureren **Lindt Excellence Edelbitter mild** (2,29 Euro). Aber auch preiswerte Bitterschokoladen schneiden gut ab: etwa **Aldi Moser Roth Edel Bitter** und **Lidl J. D. Gross Ecuador** (je 0,84 Euro), die zu den günstigsten zählen – und beide ein Nachhaltigkeitssiegel tragen.

Die Genießer-Schokolade

12/2020 Mehr Kakao, weniger Zucker als Vollmilchschokolade: Die Dunkle ist geschmacklich vielfältig. 13 Produkte überzeugen im Test.

Nur zwei Prozent der Leute in unserem Land essen keine Schokolade. Alle anderen genießen sie gelegentlich bis enthusiastisch. Am häufigsten wird Milchschokolade verkauft, darauf folgen dunkle Tafeln. Wir verkosteten 24 Bitterschokoladen mit einem Kakaogehalt von 60 bis 75 Prozent. Im Labor prüften wir sie auch auf Schadstoffe, Keime und darauf, ob die Angaben auf der Verpackung stimmen.

Jede zweite ist gut

Das Ergebnis: 13 Bitterschokoladen sind gut, darunter teure Marken von Hachez und Lindt sowie günstige Handelsmarken von Aldi, Lidl und Edeka. Auch auf den Mindestkakaoanteil ist Verlass, nur die von Rotstern erreicht die deklarierten 70 Prozent nicht.

Bittere Funde

In sechs Schokoladen wiesen wir erhöhte Schadstoffgehalte nach. Heilemann, Rewe, Rotstern, Zetti und Fairafric enthielten Mineralölrückstände. Original Beans hatte den höchsten Kadmiumgehalt im Test.

Von Cassis-Note bis Zitrus

Sensorisch sehr gut sind fünf Schokoladen. Bittere ist geschmacklich vielfältiger als Milchschokolade. Sie kann leicht blumig riechen und nach Zitrus schmecken wie die von Hachez, eine leichte Espresso- und Cassis-Note haben wie die von Aldi, herb sein und ein wenig Orange erkennen lassen wie Merci oder den Sinnen mit mildem Tabak und Vanille schmeicheln wie die Lindt. ■

Wie nachhaltig ist Schokolade?
Nur jede dritte Tafel trägt ein Nachhaltigkeitssiegel. Unabhängig davon verheißen Anbieter auf der Packung etwa faire Preise oder Schutz des Regenwalds. Wir baten sie um Belege: dmBio, Fairafric, Gepa, Naturata, Original Beans, Rewe, Ritter Sport, Vivani. Alle belegten ihre Angaben transparent und plausibel. Nur begrenzt lässt sich so überprüfen, ob etwa Kinderarbeit wirklich ausgeschlossen ist.

FOTOS: STIFTUNG WARENTEST / RALPH KAISER

Bitterschokolade I 12/2020

Produkt	Nachhaltigkeitssiegel laut Deklaration	Inhalt (g)/Mittlerer Preis ca. (Euro)	Preis pro 100 Gramm ca. (Euro)	Sensorisches Urteil	Schadstoffe	Mikrobiologische Qualität	Nutzerfreundlichkeit der Verpackung	Deklaration	test-QUALITÄTSURTEIL
				50 %	25 %	5 %	5 %	15 %	100 %
Hachez Edle Bitter (MHD: 04.04.2022)	Nicht vorhanden	100/1,99	1,99	++	○	++	+	+	GUT (1,7)
Lindt Excellence Edelbitter mild (MHD: 06/2021)	Nicht vorhanden	100/2,29	2,29	++	+	++	+	+	GUT (1,8)
Aldi Moser Roth Edel Bitter[1)2)] (MHD: 01.04.2021)	Fairtrade Cocoa Program	125 (5x25)/ 1,05	0,84	++	○	++	++	○	GUT (2,0)
Merci Edelbitter (MHD: 01.04.2021)	Nicht vorhanden	100 (4x25)/ 1,49	1,49	++	○	++	++	○	GUT (2,0)
Naturata Brasilien Feinbitter (MHD: 19.11.2021) Bio	Nicht vorhanden	80/3,50	4,40	+	+	++	+	+	GUT (2,0)
Edeka Schweizer Edel Zartbitter Schokolade (MHD: 18.09.2021)	Utz Certified	100/0,96	0,96	+	+	++	+	+	GUT (2,1)
Lidl J.D. Gross Ecuador[3)4)] (MHD: 08.03.2022)	Fairtrade Cocoa Program	125/1,05	0,84	+	+	++	+	+	GUT (2,1)
Netto Marken-Discount Schweizer Edel-Zartbitter Schokolade (MHD: 27.08.2021)	Utz Certified	100/0,84	0,84	+	+	++	+	○	GUT (2,2)
Gepa Grand Noir Zarte Bitter (MHD: 12/2021) Bio	Gepa Fair+, Naturland	100/2,25	2,25	+	+	++	++	+	GUT (2,3)
Ritter Sport Kakaoklasse Die Kräftige (MHD: 18.05.2021)	Nicht vorhanden	100/1,16	1,16	+	○	++	+	○	GUT (2,3)
Vivani Edel Bitter (MHD: 01/2022) Bio	Nicht vorhanden	100/2,49	2,49	+	+	+	+	○	GUT (2,3)
Schwarze Herren Schokolade Edelbitter (MHD: 02.06.2021)	Nicht vorhanden	100/1,09	1,09	+	○	++	+	○	GUT (2,4)
Sarotti No. 1 Edelbitter (MHD: 15.08.2021)	Nicht vorhanden	100/1,19	1,19	+	○	++	+	+	GUT (2,5)

Bewertungsschlüssel der Prüfergebnisse: ++ = Sehr gut (0,5–1,5). + = Gut (1,6–2,5). ○ = Befriedigend (2,6–3,5). ⊖ = Ausreichend (3,6–4,5). — = Mangelhaft (4,6–5,5). **Bei gleichem Qualitätsurteil Reihenfolge nach Alphabet.**

1) Laut Anbieter Kennzeichnung inzwischen geändert.
2) Eingekauft bei Aldi Nord. **3)** Hergestellt von J. D. G. Fine Food.
4) Laut Anbieter Aufmachung inzwischen geändert.

Einkauf der Prüfmuster: April bis Juni 2020.

Bitterschokolade II

12/2020

Produkt	Nachhaltigkeitssiegel laut Deklaration	Inhalt (g)/Mittlerer Preis ca. (Euro)	Preis pro 100 Gramm ca. (Euro)	Sensorisches Urteil	Schadstoffe	Mikrobiologische Qualität	Nutzerfreundlichkeit der Verpackung	Deklaration	test-QUALITÄTSURTEIL
				50 %	25 %	5 %	5 %	15 %	100 %
Arko Confiserie Sao Tomé Edelbitter-Schokolade[1] (MHD: 15.10.2021)	Nicht vorhanden	100/2,49	2,49	○	+	++	+	○	**BEFRIED. (2,8)**
dmBio Feine Bitter (MHD: 04/2022) Bio	Naturland	100/1,12	1,12	○	+	+	+	○	**BEFRIED. (2,8)**
Denn's Biomarkt Dennree Zartbitterschokolade (MHD: 02/2022) Bio	Nicht vorhanden	100/1,09	1,09	○	○	○	+	+	**BEFRIED. (2,9)**
Godiva Chocolatier Dark Chocolate (MHD: 29.06.2021)	Nicht vorhanden	100/4,90[2]	4,90	+	○	++	+	⊖*)3)	**BEFRIED. (2,9)**
Feodora Grand'Or Milde Edelbitter (MHD: 15.09.2021)	Nicht vorhanden	80/1,79	2,24	+	○	+	+	⊖*)4)	**BEFRIED. (3,1)**
Original Beans Piura Ultra rare (MHD: 31.01.2022) Bio	Fair+	70/4,70	6,70	+	⊖*)5)	++	+	○	**BEFRIED. (3,3)**
Heilemann Confiserie Vietnam Edelbitter[1] (MHD: 02.02.2022)	Nicht vorhanden	80/1,99	2,49	++	⊖*)6)	++	+	○	**BEFRIED. (3,5)**
Rewe Feine Welt Madagaskar Edelbitter[7][8] (MHD: 26.12.2021)	Fairtrade Cocoa Program	80/1,36	1,70	+	⊖*)6)	++	+	+	**BEFRIED. (3,5)**
Zetti Edel Bitter (MHD: 13.01.2021)	Nicht vorhanden	100/0,89	0,89	○	⊖6)	++	+	○	**BEFRIED. (3,5)**
Fairafric Chocolate made in Africa Zartbitter[1] (MHD: 22.04.2021)	Nicht vorhanden	100/2,99	2,99	⊖	⊖9)	++	+	○	**AUSREICH. (3,6)**
Rotstern Edelbitter Schokolade (MHD: 03.05.2021)	Nicht vorhanden	100/0,89[2]	0,89	○	⊖6)	++	+	⊖ *)10)	**AUSREICH. (4,1)**

Bewertungsschlüssel der Prüfergebnisse: ++ = Sehr gut (0,5–1,5). + = Gut (1,6–2,5). ○ = Befriedigend (2,6–3,5). ⊖ = Ausreichend (3,6–4,5). — = Mangelhaft (4,6–5,5). **Bei gleichem Qualitätsurteil Reihenfolge nach Alphabet.**

***) Führt zur Abwertung.**

1) Laut Anbieter Produkt inzwischen geändert. **2)** Von uns bezahlter Einkaufspreis. **3)** Kennzeichnung sehr schlecht leserlich und wenig übersichtlich. **4)** Kennzeichnung in weißer Schrift auf hellem, reflektierenden Untergrund sehr schlecht leserlich. **5)** Starke Belastung mit Kadmium: Der zulässige Höchstgehalt für Bitterschokolade wird zu etwa 70 Prozent ausgeschöpft. **6)** Aromatische Mineralölkohlenwasserstoffe (Moah) nachgewiesen. Nach den Orientierungswerten für mineralölartige Kohlenwasserstoffe sollten Moah in Schokolade nicht nachweisbar sein. **7)** Hergestellt von Libeert. **8)** Laut Anbieter Kennzeichnung inzwischen geändert. **9)** Der Orientierungswert für gesättigte Mineralölkohlenwasserstoffe (Mosh) von 9 Milligramm je Kilogramm Schokolade wird überschritten. **10)** Der auf dem Produkt angegebene Kakaoanteil von 70 Prozent wird nicht erreicht.

Einkauf der Prüfmuster: April bis Juni 2020.

Unser Rat

Stark sind Bio-Nackensteaks: von der **Pichler Biometzgerei** (16,90 Euro je Kilo) und **Dennree Köngishofer** (15,90 Euro). Sie punkten mit guter Fleischqualität plus hohem Tierwohl. Hinter den guten Steaks von **Kaufland, Edeka Gut & Günstig, Lidl Landjunker, Penny, Real, Aldi Nord** für 5,70 bis 8,10 Euro steht dagegen nur ein Mindestmaß an Tierwohl.

Tierwohl kostet extra

7/2020 Leckere Schweinesteaks und -koteletts gibts schon für wenig Geld. Fleisch von Tieren, die artgerecht gehalten werden, ist teurer.

Am Schweinefleisch scheiden sich die Geister: Die einen lieben es, weil es im besten Fall saftig und aromatisch schmeckt. Den anderen verderben Berichte über Massentierhaltung und ausbeuterische Arbeit in Schlachthöfen den Appetit. Die Stiftung Warentest hat am Beispiel von 15 Nackensteaks und -koteletts sowohl die Qualität des Fleischs untersucht als auch das Engagement der Anbieter für Tiere, Arbeiter und Umwelt – sprich: die Unternehmensverantwortung (Corporate Social Responsibility, CSR). Fazit: Es gibt Produkte, die in beiden Tests überzeugen konnten.

Gute Fleischqualität, schlechtes Leben

Wir haben alle Nackensteaks und -koteletts auf Schadstoffe, Rückstände von Antibiotika, Krankheitserreger wie Salmonellen und antibiotikaresistente Keime geprüft. Acht schneiden hier gut ab, zwei nur ausreichend: die Steaks von Rewe Wilhelm Brandenburg wegen Verderbniskeimen und säuerlichem Geschmack sowie die von Norma wegen Defiziten in der Fleischqualität.

Für unseren CSR-Test zeigten uns zwölf Landwirte ihre Ställe und sieben Schlachthöfe ihre Produktion. Das Ergebnis: Das Leben vieler Mastschweine verläuft trostlos, die meisten Tiere verbringen ihr kurzes Leben in geschlossenen Ställen mit kleinen Fenstern. Viele Anbieter geben sich damit zufrieden. Ihre Lieferanten müssen kaum mehr als den mageren gesetzlichen Standard einhalten. ■

Trostloses Schweineleben
Schweine werden in wenigen Monaten zum schlachtreifen Tier hochgemästet. Im Stall müssen **0,75 Quadratmeter** pro Tier reichen, sagt der gesetzliche Standard. Zugang zu **Frischluft** brauchen sie nicht. Acht der zwölf Anbieter im Test geben sich mit dieser Haltungsform zufrieden. **Kupieren** der Schwänze und betäubungsloses **Kastrieren** männlicher Ferkel sind nicht gänzlich verboten.

Schweinenackensteaks 7/2020

Produkt	Inhalt (Gramm)	Mittlerer Preis je Kilogramm ca. (Euro)	Sensorisches Urteil 40 %	Mikrobiologische Qualität 20 %	Chemische Qualität 20 %	Nutzerfreundlichkeit der Verpackung 5 %	Deklaration 15 %	test-QUALITÄTSURTEIL 100 %
Pichler Biometzgerei Bio-Schweinenackensteak[1)] Bio	360[2)]	16,90	++	+	+	+	○	GUT (1,9)
Dennree Königshofer Bio-Schweine-Nackensteaks natur[3)] Bio	270[2)]	15,90	+	+	+	+	+	GUT (2,0)
Kaufland Purland Nacken-/Kammkotelett vom Schwein	390[2)]	5,70	+	+	+	+	+	GUT (2,0)
Edeka Gut & Günstig Nackenkotelett vom Schwein[4)]	700	5,70	+	+	+	+	+	GUT (2,2)
Lidl Landjunker Schweinenackenkotelett[5)]	700	5,70	+	+	+	+	++	GUT (2,2)
Penny Mühlenhof Schweine-Nackensteaks[6)]	450	8,10	+	○	+	+	+	GUT (2,2)
Real Schweine Nackensteak natur	510[2)]	7,00	++	+	○	○	○	GUT (2,2)
Aldi Nord meine Metzgerei Frisches Schweinenackenkotelett[6)]	700	5,70	+	+	+	+	○	GUT (2,3)
Netto Marken-Discount Gut Ponholz Nackensteaks[7)]	450	6,00	+	○	+	+	+	BEFRIED. (2,6)
Rewe Bio Schweine-Nackensteaks[1)8)] Bio	220[2)]	19,90	+	○	+	○	+	BEFRIED. (2,6)
Lidl Landjunker Schweinenackensteaks[6)]	500	6,70	○	○	+	+	+	BEFRIED. (2,7)
Aldi Süd meine Metzgerei Frisches Schweinenackenkotelett[9)]	700	5,70	○	○	+	+	+	BEFRIED. (2,8)
Edeka Bio Nackensteaks aus Schweinefleisch[4)] Bio	310[2)]	15,90	+	⊖*)[10)]	+	+	+	BEFRIED. (3,2)
Norma Gut Bartenhof Schweine-Nackenkotelett[11)]	700	5,70	○	○	⊖*)[12)]	+	+	AUSREICH. (3,8)
Rewe Wilhelm Brandenburg Schweine-Nackensteaks	470[2)]	11,80	⊖*)	⊖[10)]	+	○	+	AUSREICH. (4,0)

Bewertungsschlüssel der Prüfergebnisse: ++ = Sehr gut (0,5–1,5). + = Gut (1,6–2,5). ○ = Befriedigend (2,6–3,5). ⊖ = Ausreichend (3,6–4,5). — = Mangelhaft (4,6–5,5). **Bei gleichem Qualitätsurteil Reihenfolge nach Alphabet.**

***) Führt zur Abwertung. 1)** Mit Naturland-Siegel. **2)** Gerundeter Mittelwert aus drei Packungen. **3)** Hergestellt von Ludwigsluster Fleisch- und Wurstspezialitäten. **4)** Hergestellt von Bauerngut Fleisch- und Wurstwaren. **5)** Hergestellt von SB-Convenience. **6)** Hergestellt von Willms Weißwasser. **7)** Hergestellt von Eberswalder. **8)** Hergestellt von Well Done. **9)** Hergestellt von Tillmann's Qualitätsmetzgerei. **10)** Gehalt an Pseudomonaden am Mindesthaltbarkeitsdatum erreicht oder überschreitet den Richtwert für rohes Schweinefleisch der Deutschen Gesellschaft für Hygiene und Mikrobiologie. Einen Warnwert gibt es für diese Bakterien nicht, da von ihnen keine Gesundheitsgefahr ausgeht. **11)** Hergestellt von Goldschmaus Natur. **12)** Mittels Enzym-Test wurde eine Zellbeschädigung nachgewiesen, wie sie etwa beim Gefrieren auftritt und zu Wasserverlust führt. **Einkauf der Prüfmuster:** September bis November 2019.

Produktionsbedingungen von Schweinefleisch

Anbieter Überprüft am Produkt (siehe Warentest-Tabelle links)	Fragebögen beantwortet	Besuch im Schlacht- und Mastbetrieb ermöglicht	Preis je Kilogramm ca. (Euro)	CSR-Leitlinien und -Grundsätze	Tierwohl	Arbeitsbedingungen	Umweltschutz	Transparenz	test-URTEIL CSR-ENGAGEMENT
				15 %	35 %	20 %	15 %	15 %	100 %
Dennree Königshofer Bio-Schweine-Nackensteaks natur **Bio**	■	■	15,90	+	+	⊖	○	++	**GUT**
Pichler Biometzgerei Bio-Schweinenackensteak **Bio**	■	■	16,90	+	+	⊖	○	++	**GUT**
Rewe Bio Schweine-Nackensteaks **Bio**	■	■	19,90	○	○	⊖	○	+	**BEFRIEDIGEND**
Aldi Nord meine Metzgerei Frisches Schweinenackenkotelett	■	■	5,70	⊖	⊖	⊖	⊖	+	**AUSREICHEND**
Aldi Süd meine Metzgerei Frisches Schweinenackenkotelett	■	■	5,70	○	⊖	⊖	⊖	+	**AUSREICHEND**
Kaufland Purland Nacken-/Kammkotelett vom Schwein	■	■	5,70	○	⊖	⊖	⊖	+	**AUSREICHEND**
Lidl Landjunker Schweinenackenkotelett	■	■	5,70	○	⊖	⊖	⊖	+	**AUSREICHEND**
Lidl Landjunker Schweinenackensteaks	■	■	6,70	○	⊖	⊖	⊖	+	**AUSREICHEND**
Norma Gut Bartenhof Schweine-Nackenkotelett	■	■	5,70	○	⊖	⊖	⊖	+	**AUSREICHEND**
Penny Mühlenhof Schweine-Nackensteaks	■	■	8,10	○	⊖	⊖	⊖	+	**AUSREICHEND**
Real Schweine Nackensteak natur	■	■	7,00	⊖	⊖	⊖	⊖	+	**AUSREICHEND**
Rewe Wilhelm Brandenburg Schweine-Nackensteaks	■	■	11,80	○	⊖	⊖	⊖	+	**AUSREICHEND**
Edeka Bio Nackensteaks aus Schweinefleisch **Bio**	◨	□	15,90	⊖	–	–	–	–	**MANGELHAFT 1)**
Edeka Gut & Günstig Nackenkotelett vom Schwein	◨	□	5,70	⊖	–	–	–	–	**MANGELHAFT 1)**
Netto Marken-Discount Gut Ponholz Nackensteaks	◨	□	6,00	–	–	–	–	–	**MANGELHAFT 1)**

Bewertungsschlüssel der Prüfergebnisse: ++ = Sehr gut. + = Gut. ○ = Befriedigend. ⊖ = Ausreichend. – = Mangelhaft.
Das CSR-Engagement bezieht sich auf die Anbieter der geprüften Schweinenackensteaks und -koteletts.
Reihenfolge nach CSR-Engagement, bei gleichen Urteilen alphabetisch.
CSR = Corporate Social Responsibility (Verantwortung von Unternehmen für Soziales und Umwelt).
■ = Ja. □ = Nein. ◨ = Teilweise.
1) Es wurden Fragen zum Unternehmen beantwortet, aber keine Angaben zum Schlacht- und Schweinemastbetrieb gemacht.
Untersuchungszeitraum: November 2019 bis April 2020.

Unser Rat

Die flüssigen Shampoos von **Aldi Nord** (1 Cent je Haarwäsche) und **Garnier** (6 Cent) liegen gleichauf mit dem festen Shampoo **dm Alverde** (9 Cent). Die Flüssigen von **Lidl** (1 Cent) und **Nivea** (6 Cent) schneiden etwas besser ab, ist aber nur mit geänderter Rezeptur erhältlich. Feste Shampoos punkten in der Ökobilanz. Haarseifen sind aufwendiger anzuwenden.

Feste gegen Flüssige

6/2020 Haarseifen und feste Shampoos sind gefragt. Sie pflegen das Haar ähnlich gut wie flüssige Varianten. Ökologisch liegen sie knapp vorn.

Vier Haarseifen, sechs feste Shampoos und acht herkömmliche Produkte haben wir getestet. Erfreuliches Ergebnis: Die flüssigen Shampoos glänzen durchweg mit guten Gesamturteilen, doch sechs der stückigen Konkurrenten halten mit.

Was die Nachhaltigkeit betrifft, schlagen die Trendprodukte die herkömmlichen um Haaresbreite (siehe Kasten rechts).

Das Hauptaugenmerk des Testes legten wir auf Pflegeeigenschaften und Anwendung: 20 Frauen und Männer sowie zwei Friseurinnen beurteilten unter anderem, wie sich die Mittel dosieren und verteilen lassen, ob das Haar nach der Wäsche gut zu kämmen ist und ob es glänzt. Für die Flüssigen gab es nur gute Noten. Auch die festen Shampoos konnten punkten.

Mit Haarseife nicht so geschmeidig

Die Seifen schnitten ein wenig schlechter ab: Die gewaschenen Haare waren teils nicht so geschmeidig, flogen mehr und glänzten weniger. Sie haben zudem ein Problem: Beim Waschen können sich weißliche Rückstände bilden. Dagegen hilft eine Spülung aus ein bis zwei Esslöffeln Essig und einem Liter Wasser, auch „saure Rinse“ genannt.

Eine Seife kassiert mit Ausreichend das schlechteste Qualitätsurteil: Savion Haarseife Natur bewirbt ihr Produkt mit „Frei von Duftstoffen“. Wir wiesen aber mehrere nach, darunter den allergenen Duftstoff Limonen. Er hätte auf der Liste der Inhaltsstoffe aufgeführt werden müssen. ■

Nachhaltigkeit im Vergleich

Feste Shampoos punkten gegenüber flüssigen bei Produktion, Verpackungsmaterial, Transport, Entsorgung. Sie verbrauchen etwa bei der Herstellung weniger Energie. Wird jedoch die eigentliche Haarwäsche in den Vergleich mit einbezogen, schrumpft der Unterschied zusammen: Bestimmt wird der Faktor Haarwäsche vor allem von Verbrauch und Erwärmung des Wassers.

FOTO: PICTURE ALLIANCE / DPA-TMN / CHRISTIN KLOSE

Feste Shampoos und Haarseifen 6/2020

Produkt	Zertifizierte Naturkosmetik lt. Deklaration	Inhalt/Mittlerer Preis ca. (Euro)	Anzahl der Haarwäschen/Preis pro Haarwäsche ca. (Euro)[1]	Pflegeeigenschaften	Anwendung	Kritischer Duftstoff Lilial	Verpackung	Deklaration und Werbeaussagen	test-QUALITÄTSURTEIL
				50 %	30 %	0 %	5 %	15 %	100 %
Feste Shampoos									
dm Alverde Festes Shampoo mit Mandarine-Basilikum-Duft Normales Haar[2)3)4)]	■	60 g/ 4,95	58/0,09	+	+	++	++	+	GUT (2,1)
Lamazuna Festes Shampoo Aus Schokolade Normales Haar[2)4)]	❑	55 g/ 9,90	42/0,24	+	+	++	++	○	GUT (2,3)
Rosenrot Naturkosmetik Shampoo Bit Kokos-Shampoo Normales und leicht fettiges Haar[2)5)6)]	■	55 g/ 9,50[7)]	25/0,38	+	+	++	+	+	GUT (2,3)
Nature Box Festes Shampoo mit Kokosnuss-Öl Trockenes und normales Haar[2)]	❑	85 g/ 4,60	40/0,11	+	+	++	++	○	GUT (2,4)
Foamie Festes Shampoo Normales Haar[2)8)]	❑	80 g/ 4,95	47/0,11	+	○	++	–[9)]	+	BEFRIEDIGEND (2,6)
Lush Honey I washed my Hair Honigsüßes, festes Shampoo	❑	55 g/ 11,00	41/0,27	+	++	⊖ *)[10)]	++	○	BEFRIEDIGEND (2,6)
Haarseifen									
Finigrana Haarseife Rosmarin[2)11)]	■	100 g/ 6,90	52/0,13	+[12)]	+	++	++	○	GUT (2,4)
Speick Haarseife Reine Pflanzenölseife[2)13)]	■	45 g/ 2,79	39/0,07	+[12)]	○	++	++	+	GUT (2,5)
Saling Naturprodukte Shampoo-Seife Weizenproteine mit Schafmilch Trockenes und normales Haar[8)14)]	■	125 g/ 5,95	69/0,09	○[12)]	+	++	++	⊖ *)[15)]	BEFRIEDIGEND (3,2)
Savion Haarseife Natur Alle Haartypen[2)]	❑	85 g/ 6,45	42/0,15	+[12)]	○	++	++	– *)[16)]	AUSREICHEND (4,5)

Bewertungsschlüssel der Prüfergebnisse: ++ = Sehr gut (0,5–1,5). + = Gut (1,6–2,5). ○ = Befriedigend (2,6–3,5). ⊖ = Ausreichend (3,6–4,5). – = Mangelhaft (4,6–5,5). **Bei gleichem Qualitätsurteil Reihenfolge nach Alphabet.**
■ = Ja. ❑ = Nein. ***) Führt zur Abwertung. 1)** Grundlage für die Berechnung waren die im Friseurtest ermittelten, durchschnittlich erforderlichen Produktmengen pro Anwendung. **2)** Laut Deklaration vegan. **3)** Naturkosmetiksiegel: Natrue. **4)** Laut Anbieter Layout inzwischen geändert. **5)** Laut Anbieter Rezeptur inzwischen geändert. **6)** Naturkosmetiksiegel: Ecocert, Cosmos Natural. **7)** Preis inklusive Schachtel. **8)** Laut Anbieter Produkt inzwischen geändert. **9)** Mogelpackung. Die Kartonumverpackung täuscht mehr Inhalt vor als sie tatsächlich enthält. **10)** Enthält den Duftstoff Butylphenyl Methylpropional, auch Lilial genannt; der wissenschaftliche Ausschuss für Verbrauchersicherheit der EU (SCCS) bewertet den Gebrauch von Lilial in Kosmetika als nicht sicher. **11)** Naturkosmetiksiegel: BDIH. **12)** Nach dem Waschen wurden die Haare mit einer sauren Rinse gespült. Danach erfolgte die Bewertung der Pflegeeigenschaften. **13)** Naturkosmetiksiegel: BDIH, Cosmos Natural. **14)** Naturkosmetiksiegel: BDIH, Cosmos Organic. **15)** Mehrere Deklarationsmängel, so fehlen die allergenen Duftstoffe Geraniol, Citronellol und Linalool auf der Inhaltsstoffliste. Wir wiesen sie aber in deklarationspflichtigen Gehalten nach. Zudem fehlt der Hinweis, eine saure Rinse zu verwenden. **16)** Mehrere Deklarationsmängel, z. B. wirbt der Anbieter auf der Packung mit „Frei von Duftstoffen2. Wir wiesen aber mehrere Duftstoffe nach, den allergenen Duftstoff Limonen sogar in deklarationspflichtigen Gehalten. Er hätte auf der Inhaltsstoffliste aufgeführt werden müssen. Zudem fehlt der Hinweis, eine saure Rinse zu verwenden. **Einkauf der Prüfmuster:** November und Dezember 2019.

Herkömmliche Shampoos

6/2020

Produkt	Zertifizierte Naturkosmetik lt. Deklaration	Inhalt/Mittlerer Preis ca. (Euro)	Anzahl der Haarwäschen/Preis pro Haarwäsche ca. (Euro)[1]	Pflegeeigenschaften	Anwendung	Kritischer Duftstoff Lilial	Verpackung	Deklaration und Werbeaussagen	test-QUALITÄTSURTEIL
				50 %	30 %	0 %	5 %	15 %	100 %
Lidl Cien Tag für Tag Frucht/ Vitamin Shampoo Power & Volumen Normales Haar[2)3)]	❑	500 ml/ 0,75	98/0,01	+	+	++	+	+	GUT (1,9)
Nivea Classic Mild Pflegeshampoo Normales Haar[4)]	❑	250 ml/ 2,49	42/0,06	+	+	++	○	+	GUT (2,0)
Aldi Nord Biocura Hair Care Shampoo Klassik Salbeiextrakt Normales, leicht fettendes Haar[5)]	❑	300 ml/ 0,55	67/0,01	+	+	++	○	+	GUT (2,1)
Garnier Wahre Schätze Vitalisierendes Shampoo Grüner Tee & 5 Pflanzen Normales Haar	❑	250 ml/ 2,35	40/0,06	+	+	++	○	+	GUT (2,1)
dm Alverde Family Shampoo Bio-Malve Bio-Brombeere Normales Haar[6)7)]	■	300 ml/ 2,45	53/0,05	+	+	++	+	+	GUT (2,2)
Rossmann Alterra Familienshampoo Bio-Orange & Bio-Kiwi Normales Haar[6)]	❑	300 ml/ 2,49	46/0,05	+	+	++	+	+	GUT (2,2)
Schwarzkopf Schauma Frucht & Vitamin Shampoo Normales Haar	❑	400 ml/ 1,56	67/0,02	+	+	++	○	○	GUT (2,2)
Lavera Naturkosmetik Heimat Momente Apfel-Shampoo Normales Haar[6)7)]	■	200 ml/ 4,00	29/0,14	+	+	++	○	○	GUT (2,4)

Bewertungsschlüssel der Prüfergebnisse: ++ = Sehr gut (0,5–1,5). + = Gut (1,6–2,5). ○ = Befriedigend (2,6–3,5). ⊖ = Ausreichend (3,6–4,5). — = Mangelhaft (4,6–5,5). **Bei gleichem Qualitätsurteil Reihenfolge nach Alphabet.**

■ = Ja. ❑ = Nein.

1) Grundlage für die Berechnung waren die im Friseurtest ermittelten, durchschnittlich erforderlichen Produktmengen pro Anwendung.

2) Laut Anbieter Rezeptur inzwischen geändert.

3) Hergestellt von Win Cosmetic.

4) Laut Anbieter Produkt inzwischen geändert.

5) Hergestellt von Gallon-Kosmetik.

6) Laut Deklaration vegan.

7) Naturkosmetiksiegel: Natrue.

Einkauf der Prüfmuster: November und Dezember 2019.

Unser Rat

Knapp vorn liegt das Shampoo von **Garnier** (82 Cent je 100 Milliliter), nach dem Waschen lassen sich die Haare sehr gut kämmen, es enthält aber biologisch schwer abbaubare Polymere. Wer auf sie verzichten möchte, wählt stattdessen etwa die besonders preisgünstigen Shampoos **Balea** von **dm** und **Isana** von **Rossmann** (22 und 43 Cent je 100 Milliliter).

Gut für kleine Waschmuffel

11/2020 So macht Haarewaschen Spaß: Die meisten Kindershampoos im Test pflegen die Haare gut und brennen nicht in den Augen.

Spezielle Kindershampoos sind oft bunt, duften fruchtig und locken mit Versprechen wie „brennt nicht in den Augen“ oder „ziept nicht an den Haaren“. Aber stimmt das auch? Die Stiftung Warentest hat 13 Kindershampoos geprüft.

Der Sieger ist ideal für langes Haar

Die meisten Shampoos pflegen Haare gut, sind mild zu Augen und Schleimhäuten – und müssen dabei auch nicht teuer sein: Am günstigsten sind Balea von dm für 22 Cent und Isana von Rossmann für 43 Cent je 100 Milliliter. Der Testsieger von Garnier kostet mehr: 82 Cent je 100 Milliliter. Er brennt nicht in den Augen und nach dem Waschen fällt das Kämmen leicht – das ist ideal für langes Haar. Optimale Kämmbarkeit bietet sonst nur Bübchen „Sportsfreund“. Es reizt Augen und Schleimhäute aber etwas mehr.

Auch an die Umwelt denken

Auch der Umwelt sollen Shampoos nicht schaden. Erfreulich: Die Produkte im Test enthalten laut Inhaltsstofflisten kein Mikroplastik. In den geprüften Shampoos von Garnier, Schwarzkopf, Bübchen „Sportsfreund“ und Hipp kommen aber wasserlösliche synthetische Polymere zum Einsatz. Viele sind biologisch schwer abbaubar. Welche Folgen die enthaltenen synthetischen Polymere für Kleinstlebewesen und Menschen haben könnten, lässt sich bisher nicht pauschal sagen. Weil Daten fehlen, bewerten wir das Vorhandensein nicht. ■

Zarter Duft – kein Problem

Manche Eltern sorgen sich, dass ihre Kinder durch Duftstoffe Allergien entwickeln könnten. Ohne Parfüm kommen Paediprotect, Lavera und Eliah Sahil aus. Duftstoffe, die als kritisch gelten, wiesen wir in keinem der Shampoos nach. Dermatologen gehen zudem davon aus, dass bei Kleinkindern das Risiko, eine Kontaktallergie zu entwickeln, nicht höher ist als bei Erwachsenen.

FOTOS: STIFTUNG WARENTEST / RALPH KAISER, ILLUSTRATION: ELISABETH LUKAS

Kindershampoos 11/2020

Produkt	Inhalt/Mittlerer Preis ca. (Euro)	Preis pro 100 ml bzw. g ca. (Euro)	Pflegeeigenschaften 45 %	Anwendung 15 %	Augen- und Schleimhautverträglichkeit 20 %	Kritische Duftstoffe 0 %	Nutzerfreundlichkeit der Verpackung 5 %	Deklaration und Werbeaussagen 15 %	test-QUALITÄTSURTEIL 100 %
Garnier Wahre Schätze Für Kinder Mildes 2 in 1 Shampoo Aprikose & Baumwollblüte	300 ml/ 2,45	0,82	+	+	++	++	○	+	GUT (1,8)
Schwarzkopf Schauma Kids Shampoo & Balsam[1]	250 ml/ 1,92	0,77	+	+	++	++	○	○	GUT (1,9)
Rossmann Isana Kids 2in1 Dusche&Shampoo Piraten Insel[1]	300 ml/ 1,29	0,43	+	+	+	++	○	○	GUT (2,1)
dm Balea Dusche & Shampoo Shining Star[1]	300 ml/ 0,65	0,22	+	+	+	++	○	+	GUT (2,2)
Hipp Kinder Shampoo Sensitiv Mit Spülung Baby Sanft[1)2]	200 ml/ 1,95	0,98	+	+	++	++	○	○	GUT (2,2)
Bübchen Kinder Shampoo Für zarte Babyhaut Sensitiv	400 ml/ 3,05[3]	0,76	+	+	+	++	○	+	GUT (2,3)
Sebamed Baby & Kind Waschlotion Haut & Haar mit Panthenol	200 ml/ 6,95	3,50	+	+	+	++	○	+	GUT (2,3)
Secrets de Provence Mon Shampoing pour enfants[4]	85 g/ 6,80	8,00	+	+	○	++	+	○	GUT (2,3)
Paediprotect 2in1 Shampoo & Waschlotion für Babys und Kinder[1]	200 ml/ 4,95[3]	2,48	○*)	+	+	++	○	○	BEFRIED. (2,6)
Weleda Kids 2in1 Shower & Shampoo Fruchtige Orange	150 ml/ 4,95	3,30	○*)	+	++	++	+	+	BEFRIED. (2,6)
Bübchen Shampoo&Duschgel 2in1 Sportsfreund[5]	230 ml/ 1,75[3]	0,76	+	+	○	++	○	⊖*)6)	BEFRIED. (2,9)
Lavera Naturkosmetik Baby & Kinder Sensitiv Waschlotion & Shampoo[1]	200 ml/ 4,00	2,00	+	+	○	++	○	⊖*)7)	BEFRIED. (3,2)
Eliah Sahil Organic Bio Shampoo Kamille für Kinder[1)8]	100 g/ 13,00	13,00	+	○	○	++	○	⊖*)7)	BEFRIED. (3,4)

Bewertungsschlüssel der Prüfergebnisse: ++ = Sehr gut (0,5–1,5). + = Gut (1,6–2,5). ○ = Befriedigend (2,6–3,5). ⊖ = Ausreichend (3,6–4,5). — = Mangelhaft (4,6–5,5). **Bei gleichem Qualitätsurteil Reihenfolge nach Alphabet.**

***) Führt zur Abwertung. 1)** Laut Deklaration vegan. **2)** Laut Anbieter Produkt inzwischen geändert. **3)** Von uns bezahlter Einkaufspreis. **4)** Laut Anbieter Verpackung inzwischen geändert; Restbestände noch erhältlich. **5)** Laut Anbieter Rezeptur inzwischen geändert. **6)** Mehrere Kennzeichnungsmängel, z. B. Werbung mit „keine Tränen". Im Urteil Augen- und Schleimhautverträglichkeit schneidet das Produkt jedoch nur befriedigend ab. **7)** Mehrere Deklarationsmängel, z. B. Werbung mit „frei von Parabenen". Derartige Auslobungen stellen eine Herabsetzung der gesamten Stoffgruppe dar und können den Eindruck erwecken, dass von Parabenen in Kosmetika ein gesundheitliches Risiko ausgeht. Gemäß EU-Kosmetikverordnung gelten bestimmte Parabene unter den Einschränkungen bezüglich Konzentration und Anwendungsbereich als sicher. Zudem sind sie gut verträglich, allergische Reaktionen sind selten. **8)** Laut Anbieter Aufmachung inzwischen geändert.

Einkauf der Prüfmuster: März und April 2020.

Unser Rat

Sehr gut und günstig sind: **Lidl Cien Sun Kids Sonnencreme** (2,25 Euro pro 100 Milliliter), **Müller Lavozon Kids Med Sonnenmilch** (2,48 Euro) sowie die Sprays **Aldi Ombra Easy Protect Kids** (1,99 Euro) und **Rossmann Sunozon Kids** (2,40 Euro). Wer Naturkosmetik bevorzugt, schützt Kinderhaut gut mit der Sonnenmilch von **Weleda** (13,30 Euro).

Für kleine Sonnenscheine

7/2020 Fast alle Sprays und Cremes für Kinderhaut schützen sehr gut vor UV-Strahlen. Günstige Produkte liegen vorn.

Mit den UV-Strahlen der Sonne ist nicht zu spaßen. Sie können langfristig Hautkrebs verursachen und Haut frühzeitig altern lassen. Also gilt es, die besonders empfindliche Kinderhaut konsequent vor Sonne zu schützen, am besten mit Kleidung – und unbedeckte Stellen mit einem guten Sonnenschutzmittel.

Wir haben 17 Cremes, Lotionen sowie Sprays für Kinder mit Sonnenschutzfaktor 30, 50 und 50+ getestet. Fast alle schützen zuverlässig vor UV-Strahlen. Die vier Besten gehören zu den günstigsten: Handelsmarken der Drogerieketten Rossmann und Müller sowie der Discounter Aldi und Lidl.

Teure Naturkosmetik ist mangelhaft

Die Baby & Kids Sonnencreme von Eco Cosmetics für 44 Euro pro 100 Milliliter kostet rund 20 Mal mehr als die Testsieger. Sie schützt jedoch nur unzureichend vor den längerwelligen UVA-Strahlen. Der UVA-Schutz muss mindestens ein Drittel so hoch sein wie der vor UVB. Der Sonnenschutzfaktor, der auf den Flaschen steht, bezieht sich stets auf die kürzerwelligen UVB-Strahlen, die für Sonnenbrand verantwortlich sind. Krebs verursachen können allerdings beide.

Neue Testmethode für UV-Schutz

Dank neuer Methode konnten wir den UV-Schutz testen, ohne bei unseren Probanden leichte Hautrötungen zu erzeugen. Stattdessen haben wir gemessen, wie viel UV-Strahlen die eingecremten Hautstellen reflektieren. ▶

Babys sollten im Schatten bleiben
Im ersten Lebensjahr bleiben Kinder am besten grundsätzlich im Schatten. Kleinkinder unter drei Jahren sollten nur kurz und gut geschützt in die Sonne – und nicht zwischen 11 und 15 Uhr. Am Kinderwagen sorgen zum Beispiel Sonnensegel für Schatten. Die Kopfhaut von Kindern, die noch wenig dichtes Haar haben, schützen am besten ein Hut oder ein Mützchen mit Krempe.

FOTOS: STIFTUNG WARENTEST / RALPH KAISER

Sonnenschutzmittel für Kinder I 7/2020

Produkt	Sonnenschutzfaktor laut Anbieter	Inhalt (ml)/ Mittlerer Preis ca. (Euro)	Preis für 100 ml ca. (Euro)	Einhalten des deklarierten Schutzes	Feuchtigkeitsanreicherung	Anwendung	Beschriftung und Verpackung	test-QUALITÄTSURTEIL
				35 %	20 %	25 %	20 %	100 %
Lidl Cien Sun Kids Sonnencreme[1)]	50+	100/2,25	2,25	++	++	+	+	SEHR GUT (1,4)
Müller Lavozon Kids Med Sonnenmilch[2)]	50+	200/4,95	2,48	++	++	++	+	SEHR GUT (1,4)
Aldi Ombra Sonnenspray Easy Protect Kids[2)3)4)5)]	30	150/2,99	1,99	++	++	+	+	SEHR GUT (1,5)
Rossmann Sunozon Kids Sonnenspray	50	250/6,00	2,40	++	++	++	+	SEHR GUT (1,5)
Bübchen Sonnenlotion Sensitiv für Baby- und Kinderhaut[3)]	50+	100/7,45	7,45	++	++	+	+	GUT (1,6)
Edeka Tabaluga Sonnenschaum für Kinder[2)5)6)]	30	150/3,95	2,63	++	++	+	+	GUT (1,6)
Eucerin Sensitive Protect Kids Sun Lotion[5)]	50+	150/17,00	11,30	++	++	+	○[7)]	GUT (1,6)
Hipp Babysanft Kinder Sonnenspray Ultra-sensitiv	50+	150/12,00	8,00	++	++	+	+	GUT (1,6)
La Roche-Posay Anthelios Dermo-Kids Wet Skin Gel	50+	250/20,30	8,10	++	+	+	+	GUT (1,6)

Bewertungsschlüssel der Prüfergebnisse: ++ = Sehr gut (0,5–1,5). + = Gut (1,6–2,5). ○ = Befriedigend (2,6–3,5). ⊖ = Ausreichend (3,6–4,5). — = Mangelhaft (4,6–5,5). **Bei gleichem Qualitätsurteil Reihenfolge nach Alphabet.**
1) Hergestellt von WIN Cosmetic. **2)** Hergestellt von Emil Kiessling. **3)** Laut Anbieter veganes Produkt. **4)** Angeboten von Aldi Nord und Aldi Süd. **5)** Laut Anbieter inzwischen Beschriftung verändert. **6)** Auch bei Budni erhältlich. **7)** Das Produkt wirbt plakativ mit „Anti-Flecken" und der Abbildung eines weißen T-Shirts. Die Aussage wird durch kleiner gedruckte Zusatztexte stark relativiert. Art und Umfang der zu erwartenden Wirkung bleiben unklar.
Einkauf der Prüfmuster: Januar bis März 2020.

Zudem ermittelten wir, wie viel Strahlen Kunststoffplättchen durchließen, auf die wir Creme aufgetragen hatten. Die von Eco Cosmetics testeten wir mit neuer und alter Methode: Sie fiel bei beiden im UVA-Schutz durch.

Keine kritischen Duftstoffe

Die meisten Produkte sind als parfümfrei deklariert. Das ist für jene Kinder wichtig, die auf Duftstoffe allergisch reagieren. Drei Sprays enthalten Parfüm: das von Aldi, Edeka und Nivea. Kritische Duftstoffe fanden wir aber in keinem Produkt.

Nie direkt ins Gesicht sprühen

Wenn die Kleinen beim Eincremen streiken, kann Sprühen einfacher sein. Aerosolsprays sollten Eltern aber nie ins Gesicht sprühen, sondern in die Hand und dann das Mittel

Sonnenschutzmittel für Kinder II 7/2020

Produkt	Sonnenschutzfaktor laut Anbieter	Inhalt (ml)/ Mittlerer Preis ca. (Euro)	Preis für 100 ml ca. (Euro)	Einhalten des deklarierten Schutzes	Feuchtigkeits-anreicherung	Anwendung	Beschriftung und Verpackung	test-QUALITÄTSURTEIL
				35 %	20 %	25 %	20 %	100 %
Cetaphil Sun Kids Liposomale Lotion	50+	150/25,00	16,70	++	+	++	+	GUT (1,7)
Nivea Sun Kids Schutz & Pflege Sonnenspray[1)]	50+	300/9,75	3,25	++	+	+	O[2)]	GUT (1,7)
Avène Eau Thermale Kinder-Sonnenspray	50+	200/23,90	12,00	++	O	++	+	GUT (1,8)
dm Sundance Kids Sensitiv Sonnenmilch[3)]	30	200/3,95	1,98	++	O	+	+	GUT (1,8)
Ladival Für Kinder Sonnenschutz Spray[4)]	50	200/21,50	10,80	++	O	+	O	GUT (1,9)
Weleda Baby & Kids Sun Edelweiss Sensitiv Sonnenmilch[5)]	30	150/20,00	13,30	++	+	+	+	GUT (1,9)
Garnier Ambre Solaire Kids Sensitive Expert+ Anti-Sand Spray	50+	200/9,40	4,70	++	⊖*)	++	O[6)]	BEFRIEDIGEND (2,6)
Eco Cosmetics Baby & Kids Neutral Sonnencreme für sehr sensible Haut[3)7)]	50+	50/22,00	44,00	–*)	O	+	⊖[8)]	MANGELHAFT (5,0)

Bewertungsschlüssel der Prüfergebnisse: ++ = Sehr gut (0,5–1,5). + = Gut (1,6–2,5). O = Befriedigend (2,6–3,5). ⊖ = Ausreichend (3,6–4,5). – = Mangelhaft (4,6–5,5). **Bei gleichem Qualitätsurteil Reihenfolge nach Alphabet.**

***) Führt zur Abwertung.**

1) Laut Anbieter inzwischen Beschriftung verändert: Auf die Anti-Flecken-Auslobung wird verzichtet.
2) Das Produkt wirbt plakativ mit „Anti-Flecken" und der Abbildung eines weißen T-Shirts. Die Aussage wird durch kleiner gedruckte Zusatztexte stark relativiert. Art und Umfang der zu erwartenden Wirkung bleiben unklar.
3) Laut Anbieter veganes Produkt. **4)** Laut Anbieter inzwischen Rezeptur verändert. **5)** Naturkosmetiksiegel: Natrue.
6) Das Produkt wirbt mit einer Anti-Sand-Wirkung („Mit dem Spray klebt der Sand nicht auf der Haut"). Dies ließ sich in einem Praxistest so nicht bestätigen. **7)** Naturkosmetiksiegel: Ecocert.
8) Kein ausreichender UVA-Schutz vorhanden. **Einkauf der Prüfmuster:** Januar bis März 2020.

einreiben. Kinder sollten Aerosolsprays auch nicht selbst benutzen, weil sie es versehentlich in Mund und Augen sprühen oder einatmen könnten.

Auch wasserfeste Mittel nachcremen

Auf vielen Sonnenschutzmitteln steht „wasserfest" oder „extra wasserfest". Beide Angaben können falsche Sicherheit vermitteln: „Wasserfeste" Produkte müssen nach zweimal 20 Minuten Baden nur noch die Hälfte des ursprünglich gemessenen Schutzes bieten. Bei der Angabe „extra wasserfest" gilt dies nach viermal 20 Minuten. Daher ist Nachcremen nach jedem Baden wichtig. **Tipp:** Gerade wenn Sie Gesicht und Hände feucht gereinigt haben oder die Kinder stark schwitzen: Cremen Sie immer nach!

1 Suppen aus dem Kühlregal

Unser Rat

Viele Suppen schmecken einwandfrei, doch nicht jede hat Top-Nährwerte. Schmackhaft und nicht zu schwer für die Hüften – das schafft **Kuhlmann's Hof** mit seiner Tomaten- und auch seiner Linsen-Suppe (je 84 Cent pro 100 ml). Ebenso doppelt empfehlenswert: die Tomatensuppe von **Rewe to go** (70 Cent) und der Schwäbische Bio-Linseneintopf von **Rose** (98 Cent).

Oft wie selbst gemacht

1/2020 Heute kommen Suppen frisch und gesund daher. Die Tomaten- und Linsensuppen im Test überraschen mit viel Aroma und Würzigkeit.

Es tut sich was in der Welt der Suppen. Während Dosen-, Instant- und Trockensuppen eher uninspiriert in Supermarktregalen vor sich hindümpeln, ist eine neue Generation herangewachsen. Sie steht im Kühlregal und schreibt frische, natürliche Zutaten groß. Oft sind es Plastikbecher mit modernem Design und Namen. Zirka 15 Millionen Mal griffen Kunden 2019 zu.

Das Angebot wechselt je nach Saison. Die 15 Frischlinge im Test basieren auf Tomaten oder Linsen, beides oft verkaufte Sorten – alle fleischlos, meist vegan. Pro Packung kosten sie 2,89 Euro bis 4 Euro. Dahinter stehen meist kleine Firmen wie Convency oder Hofküche. Ausnahme: Hamburg Gourmet, Anbieter von Lenas Küche. Er gehört mehrheitlich zu Erasco-Hersteller Continental Foods.

Fast alle stark im Geschmack

Ob groß oder klein, sie machen Appetit. Convency etwa preist sein Produkt als „vorzüglich cremige Suppe aus milden, sonnengereiften fruchtigen Tomaten" an. Zu Recht? Der Test zeigt: Ja, nahezu alle Suppen überzeugen im Geschmack. Sieben verdienen in der Verkostung sogar die Note Sehr gut: die beiden Suppen von Convency und Kuhlmann's Hof, die Tomatensuppe von Rewe sowie die Linsensuppe von Hofküche und von Rose. Wir fanden in den erhitzten Suppen weder Weichmacher aus der Verpackung noch andere Schadstoffe. Auch die Nährwertbilanz fällt überwiegend positiv aus. Am Ende sind 14 von 15 Suppen gut.

Umweltaspekte der Verpackung
Im Test gibt es drei Verpackungstypen: **Plastikbecher** aus Polypropylen, **Plastikstandbeutel**, beschichteter **Pappkarton**. Sie haben eine bessere CO_2-Bilanz als **Dose** oder **Glas**, sind aber nicht vollends umweltfreundlich. Bei allen sind **Kunststoffe** im Spiel, die nicht oder kaum recycelt werden können. Selbst der Pappkarton, ein **nachwachsender Rohstoff**, trägt eine Beschichtung, die verbrannt wird.

FOTOS: STIFTUNG WARENTEST / RALPH KAISER

Tomatensuppen aus dem Kühlregal 1/2020

Produkt	Inhalt in ml/Mittlerer Preis ca. (Euro)	Sensorisches Urteil	Schadstoffe	Mikrobiologische Qualität	Ernährungsphysiologische Qualität	Nutzerfreundlichkeit der Verpackung	Deklaration	test-QUALITÄTSURTEIL
		45 %	15 %	10 %	10 %	5 %	15 %	100 %
Rewe to go Tomatensuppe[1] (MHD: 19.07.2019)	430/ 2,99	++	+	++	+	+	+	GUT (1,6)
Kuhlmann's Hof Tomaten-Suppe mit Basilikum (MHD: 12.08.2019)	450/ 3,80	++	+	++	+	+	+	GUT (1,8)
Lenas Küche frische Tomatencreme-suppe (MHD: 17.07.2019)	500/ 2,89	+	+	++	+	+	○	GUT (2,2)
Roggenkamp Organics Premium Bio Tomaten-Suppe mit Orange & Sternanis (MHD: 24.08.2019) Bio	420/ 3,90[4]	+	+	+	+	+	○	GUT (2,2)
Convency Frische Suppe Kokos-Tomate[2] (MHD: 29.07.2019)	480/ 2,99	++	+	++	⊖*)3)	+	○	GUT (2,3)
Hofküche Tomatencremesuppe vegetarisch (MHD: 03.08.2019)	480/ 3,40	+	+	++	+	+	○	GUT (2,3)
Münchner Suppenküche Marktsuppe Tomate Basilikum (MHD: 20.08.2019)	420/ 3,50	+	+	○	○	+	+	GUT (2,3)
Küchen Brüder Frische Bio Tomaten Basilikum Suppe (MHD: 31.07.2019) Bio	450/ 2,99	○	+	++	+	++	+	BEFRIED. (2,6)

Bewertungsschlüssel der Prüfergebnisse: ++ = Sehr gut (0,5–1,5). + = Gut (1,6–2,5). ○ = Befriedigend (2,6–3,5). ⊖ = Ausreichend (3,6–4,5). — = Mangelhaft (4,6–5,5). **Bei gleichem Qualitätsurteil Reihenfolge nach Alphabet.**
***) Führt zur Abwertung.** MHD = Mindesthaltbarkeitsdatum.
1) Hergestellt von Roggenkamp Food. **2)** Produkt laut Anbieter nicht mehr im Lebensmitteleinzelhandel erhältlich.
3) Eine Portion überschreitet die empfohlene Tageszufuhr an gesättigten Fettsäuren.
4) Von uns bezahlter Einkaufspreis. **Einkauf der Prüfmuster:** Juni und Juli 2019.

Viele verzichten auf Zusatzstoffe

Bestnoten vergeben unsere Verkoster selten. Die sensorisch sehr guten Suppen bringen alles dafür mit: Viel Aroma, originelle Rezepturen – sie schmecken wie selbst gekocht. Neben den Grundzutaten – Tomaten, Linsen, teils Paprika, Kartoffeln, Möhren – sind einige mit Kokosmilch oder Sahne verfeinert. Eigenen Angaben nach setzen die Hersteller frische, tiefgefrorene oder verarbeitete Zutaten ein. Fast alle geben großzügig Gewürze wie Kurkuma oder Koriander zu, auch Scharfmacher wie Ingwer und Chili.

Auf Zusatzstoffe verzichten die meisten. Anders als Dosensuppen werden die Frischen nicht sterilisiert, sondern pasteurisiert, also nur bei 60 bis 80 Grad erhitzt. Darum halten sie gekühlt nur wenige Wochen.

Mehr Auswahl für Suppenfans

Das gute Testergebnis erweitert die Auswahl – sei es für Singles, die ungern kochen, für ▶

Linsensuppen aus dem Kühlregal 1/2020

Produkt	Inhalt in ml/Mittlerer Preis ca. (Euro)	Sensorisches Urteil 45 %	Schadstoffe 15 %	Mikrobiologische Qualität 10 %	Ernährungsphysiologische Qualität 10 %	Nutzerfreundlichkeit der Verpackung 5 %	Deklaration 15 %	test-QUALITÄTSURTEIL 100 %
Kuhlmann's Hof Linsen-Suppe mit Koriander und Curry (MHD: 12.08.2019)	450/ 3,80	++	+	++	+	+	+	GUT (1,7)
Convency Frische Suppe Kokos-Linse (MHD: 13.08.2019)	480/ 3,50	++	+	++	○	+	○	GUT (1,8)
Hofküche gelbe Linsensuppe vegan (MHD: 02.08.2019)	500[1]/ 3,40	++	+	++	○	+	○	GUT (1,8)
Rose Schwäbischer Linseneintopf[3] (MHD: 17.07.2019) Bio	400[1]/ 3,90	++	+	++	+	++	+	GUT (1,8)
Pick a pea Bio Food Orientalische Linsensuppe (MHD: 06.08.2019) Bio	450/ 3,75	+	+	++	+	+	○	GUT (2,1)
Unser Land Bio Linsensuppe[2] (MHD: 13.08.2019) Bio	450/ 4,00	+	+	○	+	+	○	GUT (2,3)
Küchen Brüder Frische Bio Linsen Curry Suppe (MHD: 31.07.2019) Bio	450/ 2,99	○	+	+	+	++	○	GUT (2,5)

Bewertungsschlüssel der Prüfergebnisse: ++ = Sehr gut (0,5–1,5). + = Gut (1,6–2,5). ○ = Befriedigend (2,6–3,5). ⊖ = Ausreichend (3,6–4,5). — = Mangelhaft (4,6–5,5). **Bei gleichem Qualitätsurteil Reihenfolge nach Alphabet.**
MHD = Mindesthaltbarkeitsdatum.
1) Anbieter gibt Inhalt in Gramm an. **2)** Laut Anbieter Etikett inzwischen geändert.
3) Mit Demeter-Logo. **Einkauf der Prüfmuster:** Juni und Juli 2019.

Berufstätige, die im Büro snacken, oder für Senioren, die ihr Essen selbst erwärmen. Der klassische Dosen-Eintopf ist zwar oft günstiger, kann als Konserve beim Aroma aber kaum mithalten. Auch ökologisch kommt die Dose schlecht weg (siehe Kasten S. 70).

Nur ein Produkt verpasst eine gute Gesamtnote: die Bio-Tomatensuppe von Küchen Brüder. Sie ist befriedigend, denn sie schmeckte leicht dumpf wie übrigens auch die Linsensuppe desselben Anbieters.

Linsensuppen sättigen stärker

Mit im Schnitt 54 Kalorien pro 100 Milliliter gehen einige der Tomatensuppen noch als leichte Zwischenmahlzeit durch. Die Linsensuppen liefern dagegen genug Energie für eine Hauptmahlzeit, etwas Brot mit eingerechnet. Sie kommen auf durchschnittlich 93 Kalorien, bringen aber immerhin wertvolles Eiweiß und Ballaststoffe mit.

Am stärksten zu Buche schlagen Suppen mit Kokosmilch. Sie liefern Erwachsenen pro Hauptmahlzeit zu viele Kalorien, vor allem die Convency-Tomatensuppe. Kokosmilch verfeinert auf aparte Weise den Geschmack, enthält aber viele gesättigte Fettsäuren. Ab und zu ist die Exotik der Kokosnuss in Ordnung. Wer schlank bleiben möchte, sollte sie nicht täglich genießen. ■

Unser Rat

Der beste Veggie-Brotaufstrich aller Geschmacksrichtungen im Test ist **Tartex Linsen Liebe** (1,85 Euro; alle Preise je 100 Gramm). Zweitbester ist **Susis Scharfe Tomate** von **Allos** für 1,87 Euro; er hat das meiste Gemüse im Test und ist der einzige mit Olivenöl. Die besten Pilzaufstriche sind knapp gut: **Alnatura** für 1,11 Euro und **dmBio** für 1,08 Euro.

Mit fetten Angeboten

6/2020 Nie war die Auswahl an herzhaften Gemüseaufstrichen größer als heute. Doch groß sind auch die Unterschiede. 25 Produkte im Test.

Immer breiter füllen Geschäfte ihre Regale mit Veggie-Brotaufstrichen. Der Umsatz hat sich in drei Jahren verdoppelt. Wer nichts oder weniger Tierisches essen, aber auf herzhaften Geschmack nicht verzichten will, kann zwischen 340 pikanten Aufstrichen wählen. Wir haben 25 Produkte der vier beliebtesten Geschmacksrichtungen getestet: Tomate, Paprika, Linsen und Pilze. Alle Aufstriche erwiesen sich als Bio und vegan.

Und was ist drin?

Geruch und Geschmack von acht Brotaufstrichen sind sehr gut! Darunter die preiswertesten und die teuersten, wie die Tomatenaufstriche von Lidl für 81 Cent je 100 Gramm und von Allos für 1,87 Euro. Erfreulich auch: Es gab keine zugesetzten Aromen und kaum Zusatzstoffe. Und Pestizide? Kein Thema. Jedoch fanden wir Schadstoffe – in drei Produkten so reichlich, dass sie nur ein Ausreichend bekamen: Nickel in den Paprika-Aufstrichen von Rewe und Kaufland, Blei im Pilz-Aufstrich von Allos. Hier gilt: nicht täglich essen – und nicht in großen Mengen.

FOTOS: STIFTUNG WARENTEST / RALPH KAISER

Vorgeschriebene Rezepturen gibts für pflanzliche Aufstriche nicht. So tauchen Tomate, Paprika, Pilze oder Linsen mitunter erst an vierter Stelle als Zutaten auf. Zwangsläufig fett- und kalorienarm sind sie auch nicht: Die beiden mit Paprika von Aldi Süd und Aldi Nord haben am meisten Fett und Energie – sogar mehr als Streichwurst im Durchschnitt. Es lohnt sich also bei Veggie-Aufstrichen besonders, die Etiketten zu lesen. ■

Geheimtipp für Dip und Dressing
Brotaufstriche werden nicht nur „aufs Brot gestrichen" und gern mit Gemüse, Nüssen, Krabben oder Lachs garniert – es gibt auch andere Ideen. Gerade die herzhaften Geschmacksrichtungen eignen sich auch hervorragend als Dips für Kartoffeln und Tortillas oder als Grundlagen für Soßen zu Pasta- und Risottogerichten. Die pflanzlichen Aufstriche verfeinern ebenso gut Dressings und Pürees.

Brotaufstriche mit Linsen und Pilzen 6/2020

Produkt	Mittlerer Preis ca. (Euro)/ Inhalt (g)	Preis pro 100 Gramm ca. (Euro)	Sensorisches Urteil 45 %	Ernährungsphysiologische Qualität 10 %	Schadstoffe 15 %	Mikrobiologische Qualität 5 %	Verpackung 5 %	Deklaration 20 %	test-QUALITÄTSURTEIL 100 %
Geschmacksrichtung: Linsen									
Tartex Linsen Liebe Brotaufstrich Belugalinse Balsamico (MHD: 10.07.2020) Bio	2,59/140	1,85	++	+	+	++	+	+	GUT (1,6)
Edeka Bio + Vegan Linse-Curry Pflanzlicher Brotaufstrich (MHD: 25.09.2021) Bio	1,45/180	0,81	++	+	○	++	+	○	GUT (2,1)
Rewe Bio Rote Linse & Curry Bio-Streichcreme[1] (MHD: 29.08.202-) Bio	1,69/180	0,94	++	+	○	+	+	⊖[2]	GUT (2,3)
Aldi Süd Bio Linse-Curry Bio Veggie Streichcreme[1] (MHD: 25.09.202-) Bio	1,45/180	0,81	+	+	○	+	+	○	GUT (2,5)
Geschmacksrichtung: Pilze									
Alnatura Champignon Pastete[3] (MHD: 28.02.2021) Bio	1,39/125	1,11	○	+	○	++	++	+	GUT (2,5)
dmBio Vegane Pastete Shiitake-Champignon (28.04.2021) Bio	1,35/125	1,08	○	+	+	++	++	+	GUT (2,5)
Dennree Pastete Champignon (MHD: 06.11.2021) Bio	1,69/125	1,35	+	○	○	++	++	○	BEFRIEDIGEND (2,8)
Rossmann EnerBio Shiitake Champignon pflanzliche Pastete (MHD: 28.05.2021) Bio	1,39/125	1,11	○	+	○	++	++	⊖[4]	BEFRIEDIGEND (3,1)
Allos Hof-Gemüse Carinas Champignon Zwiebel Brotaufstrich (MHD: 30.10.2020) Bio	2,51/135	1,86	++	+	⊖*)[5]	+	+	+	AUSREICHEND (3,8)

Bewertungsschlüssel der Prüfergebnisse: ++ = Sehr gut (0,5–1,5). + = Gut (1,6–2,5). ○ = Befriedigend (2,6–3,5). ⊖ = Ausreichend (3,6–4,5). — = Mangelhaft (4,6–5,5). **Bei gleichem Qualitätsurteil Reihenfolge nach Alphabet.**

***) Führt zur Abwertung.**

MHD = Mindesthaltbarkeitsdatum laut Deklaration.

1) Hergestellt von Tofu Life. **2)** Bei der mengenmäßigen Angabe der Zutat Linsen ist nicht erkennbar, ob sie sich auf getrocknete oder gekochte Linsen bezieht. Zudem ist das Mindesthaltbarkeitsdatum schwer lesbar. **3)** Laut Anbieter inzwischen Etikett geändert. **4)** Produkt wirbt mit „lactosefrei". Das ist bei einem veganen Erzeugnis unzulässige Werbung mit Selbstverständlichkeiten. **5)** Produkt enthält 0,21 mg/kg Blei, das nach unseren Untersuchungen insbesondere aus den Sonnenblumenkernen stammt. Eine solch hohe Belastung ist vermeidbar. Da keine sichere Aufnahmemenge für Blei bekannt ist, sollte die Zufuhr so gering wie möglich sein. **Einkauf der Prüfmuster:** November und Dezember 2019.

Brotaufstriche mit Tomaten und Paprika I 6/2020

Produkt	Mittlerer Preis ca. (Euro)/ Inhalt (g)	Preis pro 100 Gramm ca. (Euro)	Sensorisches Urteil 45 %	Ernährungsphysiologische Qualität 10 %	Schadstoffe 15 %	Mikrobiologische Qualität 5 %	Verpackung 5 %	Deklaration 20 %	test-QUALITÄTSURTEIL 100 %
Geschmacksrichtung: Tomate und/oder Paprika									
Allos Hof-Gemüse Susis Scharfe Tomate (MHD: 29.09.2020) Bio	2,53/135	1,87	++	+	○	++	+	+	GUT (1,8)
Zwergenwiese Streich's drauf Basitom Basilikum Tomate[1] (MHD: 18.11.2021) Bio	2,59/160	1,62	++	○	+	++	+	+	GUT (1,9)
Alnatura Streichcreme Toskana (MHD: 23.10.2021) Bio	1,49/180	0,83	++	○	+	+	+	+	GUT (2,1)
Lidl Kania Bio Organic Cremiger Brotaufstrich Tomate-Basilikum[2] (MHD: 28.05.2021) Bio	1,45/180	0,81	++	○	○	++	○	+	GUT (2,1)
Edeka Bio + Vegan Paprika Pflanzlicher Brotaufstrich (MHD: 28.09.2021) Bio	1,45/180	0,81	+	+	+	++	+	○	GUT (2,2)
Penny Natur Gut Bio Streichcreme Paprika-Chili[3] (MHD: 10.07.2021) Bio	1,45/180	0,81	+	+	+	++	+	○	GUT (2,2)
Bio-Zentrale Aufstrich Rucola Tomate (MHD: 11.01.2022) Bio	1,99/125	1,59	+	+	+	+	○	○	GUT (2,3)
dmBio Streichcreme Toskana (MHD: 22.10.2021) Bio	1,45/180	0,81	+	○	○	++	+	+	GUT (2,4)
Netto Marken-Discount BioBio Tomate-Basilikum Brotaufstrich (MHD: 12.09.2021) Bio	1,45/180	0,81	+	○	○	++	+	○	GUT (2,4)
dmBio Streichcreme Paprika-Chili (MHD: 23.10.2021) Bio	1,45/180	0,81	+	○	○	++	+	+	GUT (2,5)

Bewertungsschlüssel der Prüfergebnisse: ++ = Sehr gut (0,5–1,5). + = Gut (1,6–2,5). ○ = Befriedigend (2,6–3,5). ⊖ = Ausreichend (3,6–4,5). — = Mangelhaft (4,6–5,5). **Bei gleichem Qualitätsurteil Reihenfolge nach Alphabet.**
MHD = Mindesthaltbarkeitsdatum laut Deklaration.
1) Laut Anbieter inzwischen Etikett geändert.
2) Hergestellt von CoSa Naturprodukte.
3) Hergestellt von One Organic Nature Ecology.
Einkauf der Prüfmuster: November und Dezember 2019.

FOTO: GETTY IMAGES

Brotaufstriche mit Tomaten und Paprika II 6/2020

Produkt	Mittlerer Preis ca. (Euro)/ Inhalt (g)	Preis pro 100 Gramm ca. (Euro)	Sensorisches Urteil 45 %	Ernährungsphysiologische Qualität 10 %	Schadstoffe 15 %	Mikrobiologische Qualität 5 %	Verpackung 5 %	Deklaration 20 %	test-QUALITÄTSURTEIL 100 %
Geschmacksrichtung: Tomate und/oder Paprika									
Rossmann EnerBio Paprika Cashew Streichcreme (MHD: 01.04.2021) **Bio**	1,59/180	0,88	+	+	○	+	+	⊖[1]	**BEFRIEDIGEND (2,6)**
Aldi Süd Bio Paprika-Zucchini-Tomate Bio Veggie Aufstrich[2] (MHD: 01.07.2021) **Bio**	1,19/125	0,95	+	⊖[3]	○	+	++	○	**BEFRIEDIGEND (2,7)**
Aldi Nord GutBio Vegetarische Streichcreme Paprika-Chili[2] (MHD: 08.10.2021) **Bio**	1,45/180	0,81	+	⊖[3]	○	++	+	○	**BEFRIEDIGEND (2,8)**
Schwartau Gemüseglück Sonnentomate mit Basilikum[4] (MHD: 04.11.2020) **Bio**	2,49/135	1,84	○	+	○	++	+	⊖[5]	**BEFRIEDIGEND (3,3)**
Rewe Bio Paprika, Zucchini & Aubergine Bio-Streichcreme[2] (MHD: 16.09.2021) **Bio**	1,69/180	0,94	+	○	⊖*)[6]	++	+	⊖[7]	**AUSREICHEND (3,7)**
Kaufland Take it Veggie Hot Paprika Veganer Bio-Aufstrich[2] (MHD: 17.09.2021) **Bio**	1,45/180	0,81	+	○	⊖*)[8]	++	+	+	**AUSREICHEND (4,0)**

Bewertungsschlüssel der Prüfergebnisse: ++ = Sehr gut (0,5–1,5). + = Gut (1,6–2,5). ○ = Befriedigend (2,6–3,5). ⊖ = Ausreichend (3,6–4,5). — = Mangelhaft (4,6–5,5).

***) Führt zur Abwertung.**

MHD = Mindesthaltbarkeitsdatum laut Deklaration.

1) Produkt wirbt mit „lactosefrei". Das ist bei einem veganen Erzeugnis unzulässige Werbung mit Selbstverständlichkeiten. **2)** Hergestellt von Tofu Life. **3)** Produkt enthält relativ viel Fett – sogar deutlich mehr als in Streichwurst im Durchschnitt enthalten ist. Auch der Energiegehalt ist deutlich höher als bei Streichwurst im Schnitt. **4)** Laut Anbieter inzwischen Etikett geändert. **5)** Wirbt mit Aussagen, die für Bio-Erzeugnisse selbstverständlich sind. Bei allen Bio-Produkten müssen mindestens 95 % ihrer Zutaten landwirtschaftlichen Ursprungs aus Öko-Landbau sein. Farb- und Konservierungsstoffe dürfen grundsätzlich nicht verwendet werden. Die Zutaten Meersalz und Säuerungsmittel Citronensäure sind nicht Bio. **6)** Produkt enthält 1,59 mg/kg Nickel. Bereits mit 28 Gramm Aufstrich erreicht ein Kind die täglich maximal tolerierbare Aufnahmemenge. Ein 60 kg schwerer Erwachsener erreicht die tolerierbare tägliche Dosis mit gut einem halben Glas. **7)** Der Name des Produkts „Bio Streichcreme Paprika, Zucchini & Aubergine" und die abgebildeten Gemüse passen nicht zur Bezeichnung „Vegetarische Streichcreme mit Paprika und Tomatenmark" auf dem Etikett. Zudem ist das Mindesthaltbarkeitsdatum schwer lesbar. **8)** Produkt enthält 1,77 mg/kg Nickel. Bereits mit 26 Gramm Aufstrich täglich erreicht ein Kind die maximal tolerierbare Aufnahmemenge. Ein 60 kg schwerer Erwachsener erreicht die tolerierbare tägliche Dosis mit etwa einem halben Glas.

Einkauf der Prüfmuster: November und Dezember 2019.

FOTO: GETTY IMAGES

Unser Rat

Für Luxus-Fans: **Sonicare 9300 Diamond Clean Smart** (197 Euro) aus dem Test 2019, laut Anbieter unverändert erhältlich, schlägt knapp die neue **Oral-B Genius X 20000N** (190 Euro) sowie die **Edel + White** (105 Euro), ebenfalls von 2019. Für Sparsame: **Budnikowsky, Müller** und **Amazon** bieten gute elektrische Zahnbürsten zum kleinen Preis (je rund 16 Euro).

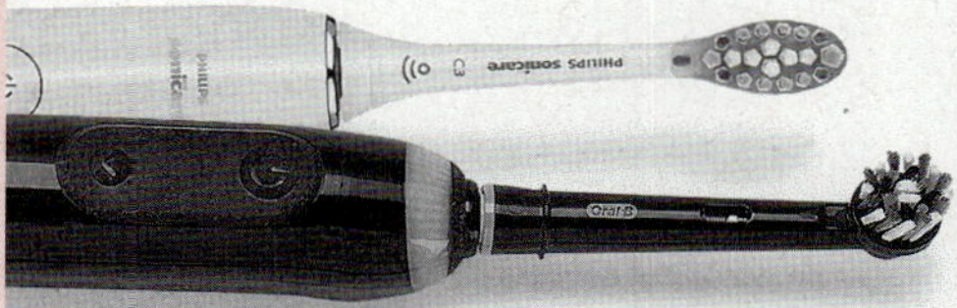

Soll es etwas mehr sein?

12/2020 Teure Luxusmodelle locken mit üppiger Ausstattung. Mehrere preisgünstige elektrische Bürsten putzen die Zähne aber auch gut.

Vertreter aller Preisklassen haben wir im aktuellsten Test geprüft: teure, mittelpreisige und besonders günstige Bürsten traten gegeneinander an. Etwa die Braun Oral-B Genius X 20000N für 190 Euro. Sie reinigt die Zähne gut und bietet zudem sechs verschiedene Reinigungsmodi, analysiert mit künstlicher Intelligenz und Bewegungssensoren das Putzverhalten und lässt sich per Bluetooth mit einer Putz-App auf dem Smartphone verbinden. Am anderen Ende der Preisskala liegt die 16 Euro teure Sensident Akku-Zahnbürste Perfect Clean Professional der Drogeriekette Müller. Sie wartet nicht mit besonderen Extras auf, reinigt die Zähne aber ebenfalls gut.

Der Blick zurück kann sich lohnen

Wir haben die Anbieter gefragt, welche der Bürsten, die in unseren beiden vorherigen Tests mindestens gut abgeschnitten haben, weiterhin technisch unverändert erhältlich sind. Diese sieben Modelle reihen wir zu den neuen in die Tabelle ein. Ungeschlagen ist die Philips Sonicare 9300 Diamond Clean Smart aus dem Testjahr 2019. Zum Preis von 197 Euro befreit sie Zähne sehr gut von Belägen, bietet vier Putzeinstellungen, drei Bürstenaufsätze und ein Reiseetui. Per Bluetooth lässt auch sie sich mit einer App verbinden.

Zuverlässig für saubere Zähne sorgt aber auch die ebenfalls 2019 geprüfte Budnident Total Clean Professional von Budnikowsky. Mit 15,60 Euro kostet die schlichte Bürste nur einen Bruchteil der teuren Philips. ■

Auch die Folgekosten beachten
Bei elektrischen Zahnbürsten zählt nicht nur der Anschaffungspreis, die Folgekosten können mitunter hoch sein. Der Bürstenaufsatz muss regelmäßig gewechselt werden – aus hygienischen Gründen etwa alle drei Monate, je nach Putzverhalten auch öfter. Bei den beiden Philips-Modellen kostet das 10 Euro pro Bürstchen. Ein neuer Kopf für die Müller-Zahnbürste ist für nur 1,98 Euro zu haben.

FOTO: STIFTUNG WARENTEST / RALPH KAISER

Elektrische Akkuzahnbürsten 12/2020

Produkt	Mittlerer Preis ca. (Euro)	Mittlerer Preis für eine Ersatzbürste ca. (Euro)	Zahnreinigung	Handhabung	Haltbarkeit, Umwelteigenschaften	test-QUALITÄTSURTEIL
			60 %	30 %	10 %	100 %
Philips Sonicare 9300 Diamond Clean Smart[1)21)] HX9903/03	197,00	10,00	++	+	+[2)]	GUT (1,8)
Braun Oral-B Genius X 20000N[3)] D706.515.6X	190,00	3,35	+	+	+[2)]	GUT (1,9)
Braun Oral-B Pro 900 Sensi Ultra Thin[4)5)21)] D 16.524.3U	29,00	3,35	+	+	+[2)]	GUT (1,9)
Edel + White Sonic Generation 8 Winner[6)21)]	105,00	6,95	++	+	+[2)]	GUT (1,9)
Silk'n SonicSmile[7)21)]	79,00	4,00	+	○[*)]	+[2)]	GUT (2,1)
Braun Oral-B Pro 2 2000N[3)21)] D501.513.2	50,00	3,35	+	+	+[2)]	GUT (2,2)
Budnikowsky Budnident Akku Zahnbürste Total Clean Professional[8)9)21)]	15,60	2,27	+	○	+[2)]	GUT (2,2)
Curaprox Hydrosonic Easy[10)]	109,00	6,45	+	+	+[2)]	GUT (2,2)
Philips Sonicare 7300 ExpertClean[1)] HX9601/03	129,00	10,00	+	+	+[2)]	GUT (2,2)
Grundig Schallzahnbürste TB 8730[21)]	49,00	5,00	+	+	+[2)]	GUT (2,3)
Müller Sensident Akku-Zahnbürste Perfect Clean Professional[11)]	16,00	1,98	+	○	+[2)]	GUT (2,3)
dm Dontodent Schall-Zahnbürste Sonic Power[12)]	30,00	2,48	+	+	+[2)]	GUT (2,4)
Amazon Solimo Rechargeable Toothbrush[13)14)] I2	16,00[15)]	1,40[16)]	+	○	+[2)]	GUT (2,5)
Rossmann Prokudent Sonic Akku-Zahnbürste[17)]	23,00	2,50	○[*)]	+	+[2)]	BEFRIEDIGEND (3,0)
Teez Elektrische Schallzahnbürste G1	70,00	1,73	⊖[*)]	○	+[2)]	AUSREICHEND (4,0)
Xiaomi Mi Electric Toothbrush[18)] DDYSO1SKS	27,40[15)]	5,35[15)]	⊖[*)]	○	+[2)]	AUSREICHEND (4,4)
Fairywill Sonic Electric Toothbrush Model 507[19)]	20,20[15)]	2,50[15)]	○	○	–[*)20)]	MANGELHAFT (5,0)

Bewertungsschlüssel der Prüfergebnisse: ++ = Sehr gut (0,5–1,5). + = Gut (1,6–2,5). ○ = Befriedigend (2,6–3,5). ⊖ = Ausreichend (3,6–4,5). – = Mangelhaft (4,6–5,5). **Bei gleichem Qualitätsurteil Reihenfolge nach Alphabet.**
***) Führt zur Abwertung. 1)** Getesteter Bürstenaufsatz: C3 Premium Plaque Defence. **2)** Das Urteil kann nicht sehr gut lauten, da der Akku nicht durch den Anwender auswechselbar ist. **3)** Getesteter Bürstenaufsatz: Oral-B Cross Action. **4)** Getesteter Bürstenaufsatz: Sensi Ultra Thin. **5)** Laut Anbieter Produktbezeichnung geändert in Oral-B Pro 1 200. **6)** Getesteter Bürstenaufsatz: Dual Clean. **7)** Laut Anbieter Produktbezeichnung geändert in Silk'n SonicSmile Deluxe. **8)** Getesteter Bürstenaufsatz: Universal Total Clean X Cross. **9)** Laut Anbieter Produktbezeichnung geändert in Budnident Akku Zahnbürste Total Clean Prof. **10)** Getesteter Bürstenaufsatz: Power. **11)** Getesteter Bürstenaufsatz: Smart X. **12)** Getesteter Bürstenaufsatz: Sonic Pro Clean. **13)** Getesteter Bürstenaufsatz: Clean Plus. **14)** Laut Anbieter vorübergehend nicht verfügbar. **15)** Von uns bezahlter Einkaufspreis. **16)** Laut Anbieter-Website. **17)** Getesteter Bürstenaufsatz: Prokudent Sonic. **18)** Getesteter Bürstenaufsatz: Regular. **19)** Getesteter Bürstenaufsatz: Medium. **20)** Vorzeitiger Ausfall in der Dauerprüfung. **21)** Aus test 1/2019 oder 12/2019 laut Anbieter unverändert erhältlich. **Einkauf der Prüfmuster:** März und April 2020.

Unser Rat

Parodontax Complete Protection (4,95 Euro) ist die beste Universalzahnpasta mit niedrigem Abrieb; Verfärbungen entfernt sie dennoch sehr gut. Die beste günstige: **Aldi Süd Eurodont** (0,44 Euro) mit mittlerem Abrieb. Bei Naturkosmetik punkten die Zahncremes mit Fluorid **Alviana Bio-Pfefferminze** (1,79 Euro) und **Logodent Rundumschutz** (2,45 Euro).

Die Crème de la Crème

10/2020 Etliche der geprüften Zahncremes sind Spitzenklasse. Naturkosmetik-Pasten sind kaum dabei: Viele schützen nicht vor Karies.

Zahnpasten sollen Zähne reinigen und schützen. Viele schaffen das hervorragend. Andere scheitern an der Grundanforderung: dem Schutz vor Karies. Wie 2019 haben wir auch 2020 Universalzahnpasten getestet: 21 Tuben, darunter 9 Naturkosmetik-Produkte. Die Bestenliste aus beiden Jahren kommt auf 17 sehr gute Pasten, die günstigste davon kostet 43 Cent pro Tube. Acht Zahncremes sind mangelhaft, fast alle mit Naturkosmetiksiegel. Sie enthalten zu wenig oder gar kein Fluorid. Das ist aber der wichtigste Inhaltsstoff, um Karies vorzubeugen.

Belege für fluoridfreie Pasten fehlen

Naturkosmetikhersteller verwenden überwiegend pflanzliche Rohstoffe. Manche im Test setzen auf Kokosöl, Salbei oder grünen Tee als Schutz vor Karies. Diese Wirkung ist aber nicht ausreichend nachgewiesen. Nur für Fluorid belegen viele Studien den karieshemmenden Effekt. Sechs Pasten fallen deshalb durch: Bei ihnen geht schon aus der Kennzeichnung hervor, dass sie kein Fluorid enthalten. Unsere Analysen bestätigten das. Durchgefallen ist auch die mit 11 Euro teuerste Tube im Test: Die „Zahncreme mit Dreikönigs-Gaben“ von Droste-Laux wirbt auf der Packung mit „Rügener Heilkreide mit natürlichem Fluorid“. Im Labor haben wir aber kein Fluorid in der Paste gefunden. Bei der Ayurvedischen Himalaya-Zahncreme stimmt zwar die angegebene Fluoridmenge. Die ist aber viel zu gering für wirksamen Kariesschutz – und die Paste daher mangelhaft. ■

Was der Abrieb bedeutet

Putzkörper in den Pasten sollen durch Kaffee oder Tee entstandene Verfärbungen von den Zähnen scheuern. Je nach Art der Putzkörper ist der Abrieb niedrig bis hoch. Wir ermitteln ihn und sortieren die Pasten danach. Wer freiliegende Zahnhälse oder empfindliche Zähne hat, sollte auf niedrigen Abrieb achten. Ergebnisse zu 115 Universal-, Weißmacher- und Sensitivpasten stehen unter test.de/zahnpasta.

FOTO: JULE FELICE FROMMELT

Universalzahnpasten I: Die Spitzenreiter 10/2020

Produkt	Mittlerer Preis ca. (Euro)/Inhalt (ml)	Kariesprophylaxe durch Fluorid	Entfernung von Verfärbungen	Verpackung	Deklaration und Werbeaussagen	test-QUALITÄTSURTEIL	Zuerst veröffentlicht in
		50 %	30 %	5 %	15 %	100 %	
Niedriger Abrieb							
Parodontax Extra Frisch Complete Protection	4,95/75	++	++	++	++	SEHR GUT (1,2)	10/2019
Alviana Naturkosmetik Zahncreme Bio-Pfefferminze[4)]	1,79/75	++	+	++	++	SEHR GUT (1,4)	10/2019
Colgate Komplett 8 Natürliche Kräuter	0,99/75	++	+	++	++	SEHR GUT (1,4)	10/2019
Curaprox enzycal 1450	4,95/75	++	+	+	++	SEHR GUT (1,4)	10/2020
Logodent Rundumschutz Zahncreme mit Fluorid[4)5)]	2,45[6)]/75	++	+	++	+	SEHR GUT (1,4)	10/2020
Odol-med 3 Senses revitalising Eukalyptus, Limette & Minze	1,95/75	++	+	++	++	SEHR GUT (1,4)	10/2020
Rewe Today dent Frische Gel[7)]	0,63/125	++	+	++	++	SEHR GUT (1,4)	10/2019
Aldi Nord Eurodont Kräuter Kariesschutz[1)5)]	0,43/125	++	+	++	++	SEHR GUT (1,5)	10/2020
Mittlerer Abrieb							
Dental Delight Polar Punch[3)5)]	1,95/75	++	++	+	+	SEHR GUT (1,2)	10/2020
Aldi Süd Eurodont Kräuter 3-fach-Vorsorge[5)7)]	0,44/125	++	+	++	++	SEHR GUT (1,3)	10/2020
Edeka Elkos DentaMax Fluor Fresh Zahngel[1)]	0,45/125	++	+	++	++	SEHR GUT (1,4)	10/2019
Edeka Elkos DentaMax Kräuter Zahncreme[1)]	0,45/125	++	+	++	++	SEHR GUT (1,4)	10/2019
Netto Marken-Discount Diadent Fluor Fresh Zahngel[1)2)]	0,45/125	++	+	++	++	SEHR GUT (1,4)	10/2019
Colgate Total Original	1,99/75	++	+	++	○	SEHR GUT (1,5)	10/2019
Colgate Total plus gesunde Frische	1,89/75	++	++	+	○	SEHR GUT (1,5)	10/2020
Netto Marken-Discount Diadent Zahncreme Kräuter[1)]	0,45/125	++	+	++	++	SEHR GUT (1,5)	10/2019
Hoher Abrieb							
Oral-B Professional Zahnfleisch & -schmelz Pro-Repair	4,05/75	++	++	++	+	SEHR GUT (1,3)	10/2019

Bewertungsschlüssel siehe Seite 81.
1) Hergestellt von Maxim Markenprodukte. **2)** Laut Anbieter gleiche Rezeptur und Verpackung wie das geprüfte Produkt Edeka Elkos DentaMaxFluor Fresh Zahngel, aber das Produkt ist anders gestaltet. Daher haben wir Deklaration und Werbeaussagen separat geprüft. **3)** Laut Anbieter Rezeptur inzwischen geändert. **4)** Naturkosmetiksiegel: Natrue. **5)** Laut Deklaration vegan. **6)** Von uns bezahlter Einkaufspreis. **7)** Hergestellt von Dental-Kosmetik.
Einkauf der Prüfmuster: März/April 2020 sowie 2019 (laut Anbieter-Befragung im Juli/August 2020 unverändert erhältlich).

Universalzahnpasten II: Gut bis mangelhaft 10/2020

Produkt	Mittlerer Preis ca. (Euro)/Inhalt (ml)	Kariesprophylaxe durch Fluorid	Entfernung von Verfärbungen	Verpackung	Deklaration und Werbeaussagen	test-QUALITÄTSURTEIL	Zuerst veröffentlicht in test
		50 %	30 %	5 %	15 %	100 %	
Niedriger Abrieb							
dm Dontodent Clear Fresh[2)3)]	0,45/125	++	○	++	++	GUT (1,6)	10/2020
Lavera Zahncreme Complete Care[3)5)]	2,49/75	++	+	++	+	GUT (1,7)	10/2020
Signal Kariesschutz 3 in 1	0,89/75	++	○	+	++	GUT (1,7)	10/2020
Marvis Ginger Mint	8,00/85	⊖	+	+	○	BEFRIEDIGEND (3,5)	10/2020
Droste-Laux Zahncreme mit Dreikönigs-Gaben[3)7)]	11,00[8)]/50	—*)	+	++	⊖[9)]	MANGELHAFT (5,0)	10/2020
Himalaya Ayurvedische Zahncreme	3,40[8)]/82[1)]	—*)	○	+	○	MANGELHAFT (5,0)	10/2020
Mittlerer Abrieb							
Blend-a-med Rundumschutz extra frisch clean	0,79/75	++	○	+	++	GUT (1,6)	10/2020
Signal Sport Gel Fresh	0,89/75	++	○	+	++	GUT (1,6)	10/2020
Abrieb nicht geprüft							
Dr. Hauschka Minze Zahncreme forte[5)]	4,55[8)]/75	—*)	Nicht geprüft[4)]			MANGELHAFT (5,0)	10/2020
Eco Cosmetics Zahncreme mit Schwarzkümmel[6)]	3,95/75	—*)	Nicht geprüft[4)]			MANGELHAFT (5,0)	10/2020
Himalaya Neem & Granatapfel[6)]	7,90[8)]/113	—*)	Nicht geprüft[4)]			MANGELHAFT (5,0)	10/2020
Lavera Complete Care Fluoridfrei[3)5)]	2,49[8)]/75	—*)	Nicht geprüft[4)]			MANGELHAFT (5,0)	10/2020
Logodent Extra Frische Pfefferminz Zahncreme[3)5)]	2,49[8)]/75	—*)	Nicht geprüft[4)]			MANGELHAFT (5,0)	10/2020
Orbimed Bio Zahncreme mit Vitamin B12[3)7)]	7,00/75	—*)	Nicht geprüft[4)]			MANGELHAFT (5,0)	10/2020

Bewertungsschlüssel der Prüfergebnisse: ++ = Sehr gut (0,5–1,5). + = Gut (1,6–2,5). ○ = Befriedigend (2,6–3,5). ⊖ = Ausreichend (3,6–4,5). — = Mangelhaft (4,6–5,5). **Bei gleichem Qualitätsurteil Reihenfolge nach Alphabet.**

***) Führt zur Abwertung. 1)** Entsprechen 100 g. **2)** Laut Anbieter Aufmachung geändert. **3)** Laut Deklaration vegan. **4)** Nicht geprüft, weil die Zahnpasta laut Deklaration und Analyse kein Fluorid enthält und damit mangelhaft ist. Ohne Fluorid ist keine Kariesprophylaxe möglich. Ist Fluorid in ausreichender Menge enthalten, beugt es Karies vor und fördert die Härtung des Zahnschmelzes. **5)** Naturkosmetiksiegel: Natrue. **6)** Naturkosmetiksiegel: Ecocert. **7)** Naturkosmetiksiegel: Natural Cosmetics Standard. **8)** Von uns bezahlter Einkaufspreis. **9)** „Rügener Heilkreide mit natürlichem Fluorid wirkt entzündungshemmend und neutralisierend" steht auf der Packung – wir haben aber kein Fluorid gefunden. Auch der angegebene basische pH-Wert wurde nicht eingehalten.

Einkauf der Prüfmuster: März und April 2020.

Unser Rat

Der **Denon AVR-S650H** (315 Euro) sowie der **Marantz NR1510** (475 Euro) landen vorn. Beide lassen sich ins Heimnetzwerk einbinden und dienen als Verstärker für bis zu fünf Lautsprecher und zwei Subwoofer. Noch zwei Lautsprecher mehr lassen sich mit dem fast genauso guten **Denon AVR-X1600H DAB** (420 Euro) nutzen. Er bietet auch Digitalradio DAB+.

Klang wie im Kino

10/2020 Audio-Video-Receiver bieten Rundumklang wie im Filmpalast. Fast alle meisterten den Test ohne große Probleme.

Ein AV-Receiver ist die Schaltzentrale im Wohnzimmer. In Verbindung mit dem Fernseher, fünf bis sieben Lautsprechern und einem oder zwei Subwoofern sorgen sie beim Filmgucken für ein Klangspektakel wie im Kino. Im Test mussten sich zwölf Modelle beweisen. Wir prüften etwa, wie gut der Rundumklang ist, ob sie sich auch zum Musikhören im Stereobetrieb eignen, wie einfach sie sich bedienen lassen und wie hoch ihr Stromverbrauch ist. Am Ende zeigten sich im Test kaum Probleme. Bis auf ein Gerät schneiden alle gut ab. Der Denon AVR-S650H und der Marantz NR1510 setzten sich knapp an die Spitze des Testfeldes. Der Denon ist noch dazu mit 315 Euro ein Schnäppchen. Interessierte sollten beim Kauf auf die passende Ausstattung achten.

Mit oder ohne Netzwerkfunktionen?

Als erstes stellt sich potenziellen Nutzern die Frage, ob sie den AV-Receiver ins Heimnetz einbinden wollen. Der Vorteil: Ist der Receiver per WLan oder Lan mit dem Router verbunden, kann er auch auf moderne Musikquellen wie Musikstreamingdienste, Internetradio oder Musik von der Netzwerkfestplatte zugreifen. Zudem lässt er sich auch per Smartphone-App fernbedienen und manche Lautsprecher können sich kabellos per WLan verbinden. Das verringert den Kabelsalat. Im Test bieten neun der zwölf Geräte Netzwerkfunktionen. Der Sony STR-DN1080 hat allerdings trotz Netzwerkverbindung kein Internetradio an Bord.

Phono-Eingang für Vinylfans

Nicht nur moderne Musikquellen wie Musikstreamingdienste erfreuen sich wachsender Beliebtheit. Auch die Schallplatte erlebt seit Jahren ein Revival. Wer an den AV-Receiver einen Plattenspieler ohne zusätzlichen Vorverstärker anschließen möchte, sollte auf einen Phono-Eingang achten. Im Test bieten immerhin sieben der zwölf Modelle einen solchen Eingang, darunter beide Testsieger.

FOTOS: STIFTUNG WARENTEST / RALPH KAISER

AV-Receiver 10/2020

Produkt	Anzahl der Verstärker. Subwooferausgänge	Mittlerer Preis ca. (Euro)	Verstärker	Empfang	Handhabung	Umwelteigenschaften	Datensendeverhalten[1]	test-QUALITÄTSURTEIL
			20 %	20 %	40 %	20 %	0 %	100 %
Mit Netzwerkfunktionen (WLan und Lan)								
Denon AVR-S650H	5.2	315[2]	++	+	+	+	**kritisch**	**GUT (1,8)**
Marantz NR1510	5.2	475	++	+	+	+	**kritisch**	**GUT (1,8)**
Denon AVR-X1600H DAB	7.2	420	++	+	+	+	**kritisch**	**GUT (1,9)**
Yamaha RX-V485	5.1	370	++	+	+	+	**unkritisch**	**GUT (1,9)**
Yamaha RX-V685	9[3].2	600[2]	++	+	+	+	**unkritisch**	**GUT (1,9)**
Marantz SR5014	7.2	625	++	+	+	○	**kritisch**	**GUT (2,0)**
Pioneer VSX-934	7.2	425	++	○	+	+	**unkritisch**	**GUT (2,0)**
Onkyo TX-NR696	7.2	580[2]	++	○	+	+	**unkritisch**	**GUT (2,1)**
Sony STR-DN1080	7.2	580	+	○	+	○	**kritisch**	**GUT (2,3)**
Ohne Netzwerkfunktionen								
Pioneer VSX-534D	5.2	310	++	○	+	+	Entfällt	**GUT (2,2)**
Onkyo TX-SR393DAB	5.2	320[2]	++	○	+	○	Entfällt	**GUT (2,3)**
Sony STR-DH590	5.2	285	+	○	+	○	Entfällt	**BEFRIEDIGEND (2,6)**

Bewertungsschlüssel der Prüfergebnisse: ++ = Sehr gut (0,5–1,5). + = Gut (1,6–2,5). ○ = Befriedigend (2,6–3,5). ⊖ = Ausreichend (3,6–4,5). — = Mangelhaft (4,6–5,5). **Bei gleichem Qualitätsurteil Reihenfolge nach Alphabet.**
Datensendeverhalten: unkritisch, kritisch, sehr kritisch.
1) Geprüft mit der vom Anbieter empfohlenen Fernbedienungs-App.
2) Von uns bezahlter Einkaufspreis.
3) Es können maximal 7 Lautsprecher gleichzeitig betrieben werden.

Einkauf der Prüfmuster: April 2020.

Wie viele Lautsprecher?

Wichtig ist auch die Frage, wie viele Lautsprecher der Nutzer anschließen möchte. Für Raumklang sollten es mindestens fünf Lautsprecher und ein Subwoofer für tiefe Töne sein, die Fachwelt spricht dann von 5.1. Die meisten Verstärker im Test sind 5.2-Verstärker, bei manchen können Nutzer aber auch sieben Lautsprecher und zwei Subwoofer anschließen. Das nennt sich dann 7.2.

Wie möchten Sie Radio hören?

Alle Modelle im Test können UKW-Radio empfangen. Internetradio mit einer riesigen Senderauswahl steht bei acht Geräten zur Verfügung, zumindest solange die Anbieter einen Vertrag mit einem entsprechenden Dienstleister pflegen. In der Vergangenheit gab es hier öfter Probleme, etwa mit dem Dienst vTuner. Drei Modelle empfangen das rauschfreie Digitalradio DAB+. ■

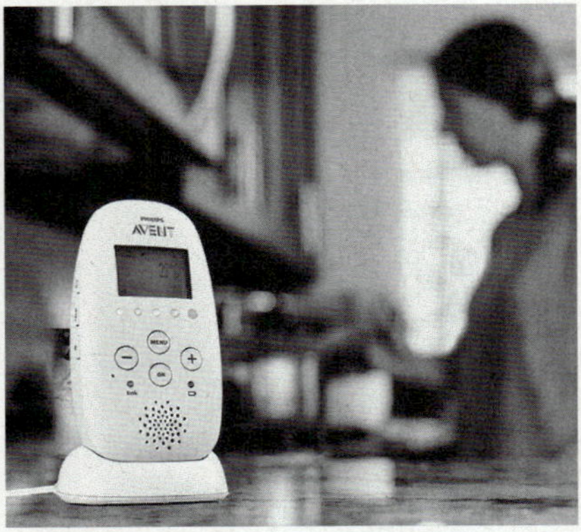

Unser Rat

Ein einfaches Babyphone ist die beste Wahl: das Audio-Gerät **Philips Avent SCD723/26** (125 Euro). Eine größere Reichweite bieten die guten Audio-Modelle von **Babymoov** (110 Euro) und **Reer** (89 Euro). Sieger unter den Video-Babyphones ist **Philips Avent SCD845/26** (209 Euro). Sporadisch lässt sich die App von **TappyTaps** für rund 5 Euro nutzen.

Na dann, gute Nacht

2/2020 Einfache Babyphones, moderne Cams und Apps hüten Babys Schlaf. Nur 5 von 20 sind gut, vor allem auf die Klassiker ist Verlass.

Macht der süße Fratz ein kleines Nickerchen, beginnt die Elternfreizeit. Wer will da schon alle fünf Minuten auf spitzen Zehen zum Kinderzimmer schleichen und an der Tür lauschen, ob das Kleine wieder wach ist. Viele Eltern nutzen stattdessen Babyphones, die Geräusche oder Videos direkt aus dem Kinderzimmer übertragen.

Geprüft haben wir 14 klassische Babyphones, die nur den Ton oder zusätzlich ein Video übermitteln, 3 smarte Babyphones wie Webcams und 3 Babyphone-Apps. Alle laufen über eine Sendeeinheit, die beim Kind steht, und ein Empfangsgerät für die Eltern. Die Klassiker senden über Funkstandards wie Dect oder FHSS, die Modernen über WLan oder Mobilfunk.

Die Einfachen sind die Besten

Im Test brillieren die Klassiker, allen voran die einfachen Geräte nur mit Ton. Ohne Schnickschnack übertragen sie das Rambazamba aus dem Kinderzimmer zuverlässig. Testsieger Philips Avent SCD723/26 kostet 125 Euro, lässt sich leicht bedienen und warnt sehr verlässlich. Philips Avent liefert zudem das beste klassische Video-Babyphone: Das Modell SCD845/26 für 209 Euro besticht in unserer Untersuchung mit der komfortabelsten Handhabung.

Weniger attraktiv sind die modernen Lösungen: Die smarten Geräte arbeiten oft nicht reibungslos und warnen nicht auffällig genug, wenn die Verbindung zwischen Kind und Eltern abbricht. Das große Manko

Elektrosmog ist kein Problem
Über Elektrosmog bei Babyphones müssen sich Eltern keine Sorgen machen. In unserem Test unterschritten alle klassischen und smarten Geräte die Grenzwerte des Bundes-Immissionsschutzgesetzes für die elektrische Feldstärke deutlich. Gemessen haben wir sie in einem Meter Abstand zum Kinderbett. Steht das Babyphone weiter weg, sind die Werte noch geringer.

FOTO: GETTY IMAGES, STIFTUNG WARENTEST [M]

Klassische Babyphones 2/2020

Produkt	Mittlerer Preis ca. (Euro)	Über-tragung 45 %	Hand-habung 25 %	Akku 10 %	Umwelt-eigen-schaften 20 %	test-QUALITÄTSURTEIL 100 %
Nur Tonübertragung						
Philips Avent SCD723/26	125	+	+	+	+	GUT (1,9)
Babymoov Expert Care (A014303)	110	+	○	+	○	GUT (2,4)
Reer Projektor-Babyphone (50080)	89	+	○	+	○	GUT (2,4)
Nuk Eco Control Audio Display 530D+	80	○	+	○	+	BEFRIEDIGEND (2,7)
VTech BM1100	39	○	○	○	+	BEFRIEDIGEND (2,7)
Switel BCC68	56	○	○	+	○	BEFRIEDIGEND (2,9)
Mit Videoübertragung						
Philips Avent SCD845/26	209	+	++	⊖	+	GUT (2,1)
Nuk Eco Control Video Display 550VD 1)	154	+	+	⊖	+	GUT (2,5)
Angelcare AC310-D	168	○	+	⊖	○	BEFRIEDIGEND (2,8)
Babymoov Yoo-Moov (A014417)	170	○	○	⊖	+	BEFRIEDIGEND (3,0)
Reer Video Babyphone (80400)	170	○	+	○	○	BEFRIEDIGEND (3,0)
Motorola Comfort35	120	⊖	○	⊖	+	BEFRIEDIGEND (3,4)
VTech VM320	100	⊖ *)	+	⊖	+	AUSREICHEND (3,6)
Chicco Video Baby Monitor Smart	75	⊖	⊖	⊖	○	AUSREICHEND (3,7)

Bewertungsschlüssel der Prüfergebnisse: ++ = Sehr gut (0,5–1,5). + = Gut (1,6–2,5). ○ = Befriedigend (2,6–3,5). ⊖ = Ausreichend (3,6–4,5). — = Mangelhaft (4,6–5,5). **Bei gleichem Qualitätsurteil Reihenfolge nach Alphabet.**
***) Führt zur Abwertung. 1)** Laut Anbieter inzwischen geringerer Energieverbrauch des Displays.
Einkauf der Prüfmuster: September 2019.

der Apps ist ihre schlechte Videoqualität in dunklen Räumen. Bei völliger Dunkelheit lässt sich auf den Videos nichts erkennen – den Smartphones fehlt das Infrarotlicht.

Klassische Modelle warnen akkurat

Der Strom kann ausfallen, der Akku schlappmachen, die Internetverbindung abreißen. Ein Babyphone sollte die Eltern deutlich darüber informieren, dass die Verbindung zum Kind unterbrochen wurde. Doch nicht alle tun das. Vor allem die smarten Geräte sind da riskant. Die Webcam von Arlo etwa friert bei Verbindungsabbruch das Bild ein. Eltern sehen ihr schlafendes Kind und ahnen unter Umständen nicht, dass es vielleicht schon wach ist und weint.

Smarte Geräte mit Riesenreichweite

Klassische Babyphones reagieren zuverlässig bei Störungen. Eine wirksame Reichweitenkontrolle warnt Eltern, wenn die Ver- ▶

Smarte Babyphones 2/2020

Produkt	Mittlerer Preis ca. (Euro)	Übertragung 45 %	Handhabung 25 %	Umwelteigenschaften 20 %	Basisschutz persönlicher Daten 10 %	test-QUALITÄTSURTEIL 100 %
Webcams						
Arlo Arlo Baby ABC1000	160	+	⊖*)	++	⊖	BEFRIEDIGEND (3,0)
Beurer BY99 Dual	151	⊖	⊖	○	⊖	AUSREICHEND (3,7)
Audiophone						
Motorola MBP162 Connect[1]	38	+	⊖*)	++	○	BEFRIEDIGEND (3,0)

Bewertungsschlüssel der Prüfergebnisse: ++ = Sehr gut (0,5–1,5). + = Gut (1,6–2,5). ○ = Befriedigend (2,6–3,5). ⊖ = Ausreichend (3,6–4,5). — = Mangelhaft (4,6–5,5).
***) Führt zur Abwertung.**
1) Laut Anbieter nicht mehr im Angebot. **Einkauf der Prüfmuster:** September 2019. **Download der Apps:** Oktober 2019.

Babyphone-Apps 2/2020

Produkt	Mittlerer Preis ca. (Euro)	Übertragung 55 %	Handhabung 35 %	Basisschutz persönlicher Daten 10 %	test-QUALITÄTSURTEIL 100 %
TappyTaps Babyphone 3G (Android und iOS)	5,00[1]	⊖*)	+	○	BEFRIEDIGEND (3,1)
Papenmeier Software WiFi Baby Monitor: Vollversion (Android)[2]	3,50	⊖*)	+	++	AUSREICHEND (3,7)
Happy Parents Software Luna-Babyphone 3G & WLan (iOS)[2]	Kostenlos	⊖*)	○	○	AUSREICHEND (3,8)

Bewertungsschlüssel der Prüfergebnisse: ++ = Sehr gut (0,5–1,5). + = Gut (1,6–2,5). ○ = Befriedigend (2,6–3,5). ⊖ = Ausreichend (3,6–4,5). — = Mangelhaft (4,6–5,5).
***) Führt zur Abwertung. 1)** Preis für die Android-Version, die iOS-Version kostet 4,50 Euro.
2) Laut Anbieter neue Version der App verfügbar. **Download der Apps:** Oktober 2019.

bindung zum Kind abbricht, weil sie sich zu weit von ihm entfernt haben. Mehr als ein paar Zimmer Abstand ermöglichen die Klassiker nicht. Größeren Spielraum bieten die smarten Geräte. Übers Internet lassen sich etwa Webcam-Videos überall abrufen.

Ganz entspannt können Nutzer sein, wenn es um andere Babyphones in der Umgebung geht. Früher störten sich analoge Geräte teils, weil sie auf demselben Kanal sendeten. Den wählten noch Mama oder Papa aus. Heutige Modelle sind digital und suchen sich automatisch einen freien Kanal. Selbst einstellen können Eltern aber Zusatzfunktionen wie Gegensprechanlage, Vibrationsalarm, Ansprechschwelle oder Nachtlicht. ■

Unser Rat

Bestes Notebook der Tests 2020 war das **Apple MacBook Pro 16"** für 2700 Euro. Unter den weit günstigeren Windows-Geräten waren etliche gute. Bei den Ultrabooks führte knapp das **MacBook Pro 13"** für 1640 Euro, bei den Convertibles das **Dell XPS 13 2-in-1** für 1660 Euro. Das Tablet **Microsoft Surface Pro 6** für 1140 Euro aus dem Vorjahr blieb ungeschlagen.

Vielfalt der Rumtragerechner

1+10/2020 Klassische Notebooks, flache Ultrabooks, flexible Convertibles und Tablets mit Tastatur zeigen im Test, was sie können.

Wer heute einen neuen Computer anschafft, setzt meist nicht mehr auf eine große Kiste, die fest verkabelt dauerhaft unter dem Schreibtisch steht. Stattdessen liegen tragbare Rechner im Trend, die man auch mal auf Reisen, ins Café oder zumindest ins Wohnzimmer mitnehmen kann. Mobile Computer kommen in verschiedenen Bauformen: Neben klassischen Notebooks buhlen schlanke Ultrabooks, wandelbare Convertibles und Tablets mit Tastatur um die Gunst der Käufer. Was für wen am besten passt, hängt vom Einsatzzweck ab – und vom Geldbeutel des Nutzers.

Notebooks für den Hausgebrauch

Am beliebtesten sind immer noch die klassischen Notebooks. Sie fallen etwas größer und schwerer aus als die Geräte der anderen drei Kategorien. Darum sind sie vor allem dann die beste Wahl, wenn sie vorwiegend daheim oder im Büro genutzt werden und nur selten unterwegs. Dafür punkten sie mit mehr Anschlüssen und größeren Bildschirmen. Wir haben 13 Notebooks in der meistverkauften Größe mit Display-Diagonalen um 15,6 Zoll (39,6 Zentimeter) und vier noch größere mit 17,3-Zoll-Bildschirmen (43,9 Zentimeter) geprüft.

Tendenziell sind Notebooks bei vergleichbarer Leistung günstiger als die flacheren und leichteren Ultrabooks. Der Testsieger fällt hier aus dem Rahmen: Das 2700 Euro teure MacBook Pro mit 16-Zoll-Bildschirm ist Apples Einstiegsmodell in dieser ▶

Neues Prüfprogramm
Vor dem Notebook-Test im Oktoberheft haben wir unser Prüfprogramm für mobile Rechner überarbeitet. So haben wir den Falltest und die Prüfungen zur Rechenleistung etwas verschärft, auch sind einige Prüfungen hinzugekommen. Die Bewertungen im Notebooktest sind darum mit denen aus dem Januar-Test von Ultrabooks, Convertibles und Tablets mit Tastatur nicht direkt vergleichbar.

Notebooks

10/2020

Produkt	Mittlerer Preis ca. (Euro)	Geprüft mit Betriebs-system	Funk-tionen 30 %	Display 20 %	Akku 20 %	Hand-habung 20 %	Vielsei-tigkeit 10 %	test-QUALITÄTS-URTEIL 100 %
Notebooks mit etwa 15,6 Zoll (39,6 cm) Bilddiagonale								
Apple MacBook Pro 16" (MVVJ2D/A)	2700	MacOS 10.15.5	+	++	+	○	+	GUT (1,8)
Asus VivoBook S15 S532FA-BN139T	830	Windows 10 Home 1909	+	++	○	+	+	GUT (2,3)
Dell Inspiron 15 5590 (cn55903)	850	Windows 10 Home 1909	+	+	+	○	+	GUT (2,3)
Lenovo IdeaPad 5 15IIL (81YK003GGE)	800	Windows 10 Home 1909	+	+	○	○	+	GUT (2,3)
Acer Aspire 5 A515-54G-575Z	695	Windows 10 Home 1909	+	○	+	○	+	GUT (2,4)
Huawei MateBook D 15 (53010WWD)	800	Windows 10 Home 1909	+	+	○	○	○	GUT (2,5)
Wortmann Terra Mobile 1516	820	Windows 10 Home 2004	+	○	○	+	+	GUT (2,5)
Dell Inspiron 15 3593 (cn33508)	530	Windows 10 Home 1909	+	○	○	○	○	BEFRIEDIGEND (2,6)
Medion Akoya S15447 (MD 61676)	600	Windows 10 Home 1909	+	+	○	+	+	BEFRIEDIGEND (2,6)
Acer Aspire 3 A315-42-R8PY	590	Windows 10 Home 1909	○	○	○	+	○	BEFRIEDIGEND (2,7)
Lenovo V15-IIL (82C500G4GE)	580	Windows 10 Home 1909	+	○	○	+	○	BEFRIEDIGEND (2,7)
Asus X509JA-EJ024T	600	Windows 10 Home 1909	+	○	⊖*)	+	○	BEFRIEDIGEND (2,8)
HP 15-da2658ng	580	Windows 10 Home 1909	○	○	○	+	○	BEFRIEDIGEND (2,9)
Notebooks mit 17,3 Zoll (43,9 cm) Bilddiagonale								
HP Envy 17-cg0305ng	1000	Windows 10 Home 1909	+	++	○	+	+	GUT (2,2)
Medion Akoya S17403 (MD 61677)	700	Windows 10 Home 1909	+	+	○	+	+	GUT (2,4)
Asus P1701FA-AU657R	875	Windows 10 Pro 1909	+	+	○	○	+	GUT (2,5)
Acer Aspire 3 A317-51G-51BL	850	Windows 10 Home 1909	+	+	⊖*)	+	○	BEFRIEDIGEND (2,8)

Bewertungsschlüssel der Prüfergebnisse: ++ = Sehr gut (0,5–1,5). + = Gut (1,6–2,5). ○ = Befriedigend (2,6–3,5). ⊖ = Ausreichend (3,6–4,5). — = Mangelhaft (4,6–5,5). **Bei gleichem Qualitätsurteil Reihenfolge nach Alphabet.**
***) Führt zur Abwertung.**

Einkauf der Prüfmuster: Mai und Juni 2020.

Ultrabooks 1/2020

Produkt	Mittlerer Preis ca. (Euro)	Geprüft mit Betriebssystem	Funktionen 30 %	Display 20 %	Akku 20 %	Handhabung 20 %	Vielseitigkeit 10 %	test-QUALITÄTSURTEIL 100 %
Apple MacBook Pro 13" (MUHP2D/A)	1640	MacOS 10.14.6	++	+	+	+	○	GUT (1,7)
Dell XPS 13 9380 6D67M	1200	Windows 10 Pro	+	+	++	+	○	GUT (1,8)
Dynabook Portégé X30-F-10N	1180	Windows 10 Pro	+	+	++	+	+	GUT (1,9)
Lenovo ThinkBook 13s (20R90071GE)	960	Windows 10 Pro	+	+	+	+	+	GUT (2,0)
Microsoft Surface Laptop 3 13" (i5, 256 GB, 8 GB)	1450	Windows 10 Home	+	+	+	+	○	GUT (2,0)
Acer Swift 3 SF314-55G-54R5	905	Windows 10 Home	+	+	+	+	+	GUT (2,1)
Asus ZenBook UX434FL-A6026T	1200	Windows 10 Home	+	+	+	+	+	GUT (2,1)
Fujitsu Lifebook U749 (U7490MP580DE)	1230	Windows 10 Pro	+	+	+	+	+	GUT (2,1)
HP EliteBook 830 G6 (6XE13EA#ABD)	1360	Windows 10 Pro	+	+	+	+	+	GUT (2,1)
Huawei MateBook 13 (53010FYW)	1110	Windows 10 Home	+	+	+	+	○	GUT (2,1)
Wortmann Terra Mobile 1460P (1220622)	900	Windows 10 Pro	+	+	+	+	+	GUT (2,2)
Vaio SX14 (92943)	1500	Windows 10 Pro	+	+	○	+	+	GUT (2,3)

Bewertungsschlüssel der Prüfergebnisse: ++ = Sehr gut (0,5–1,5). + = Gut (1,6–2,5). ○ = Befriedigend (2,6–3,5). ⊖ = Ausreichend (3,6–4,5). — = Mangelhaft (4,6–5,5). **Bei gleichem Qualitätsurteil Reihenfolge nach Alphabet.**
Einkauf der Prüfmuster: August bis Oktober 2019.

Größenklasse. Die weit günstigeren Windows-Geräte schlug es im Test mit bester Leistung, bestem Akku und bestem Display. Doch auch unter den Windows-Notebooks für 580 bis 1000 Euro sind etliche gute.

Ultrabooks für unterwegs

Wer seinen Rechner häufig unterwegs nutzt, wird an einem kleineren und leichteren Ultrabook auf Dauer mehr Freude haben als am klassischen Notebook. Alle geprüften Modelle boten Rechenleistung satt. Auch in dieser Kategorie siegte mit dem MacBook Pro 13" für 1640 Euro ein Apple-Modell. Doch das günstigere Dell XPS 13 für 1200 war ihm dicht auf den Fersen – in Sachen Akkulaufzeit schlug es das MacBook Pro sogar. Viel Ausstattung fürs Geld bietet das Lenovo ThinkBook 13s. Für nur 960 Euro bringt es doppelt so viel Festspeicher mit wie Apple und Dell: 512 statt 256 Gigabyte.

Ebenfalls klein und leicht und noch vielseitiger einsetzbar sind die Convertibles (englisch für wandelbar). Ihre Bildschirme ▶

Convertibles 1/2020

Produkt	Mittlerer Preis ca. (Euro)	Geprüft mit Betriebssystem	Funktionen 30 %	Display 20 %	Akku 20 %	Handhabung 20 %	Vielseitigkeit 10 %	test-QUALITÄTSURTEIL 100 %
Dell XPS 13 2-in-1 (7390) (cn73002)[1]	1660[2]	Windows 10 Home	+	+	++	+	+	**GUT (1,8)**
Lenovo ThinkPad X390 Yoga (20NN002EGE)	1670	Windows 10 Pro	+	+	+	+	+	**GUT (1,9)**
Dell Inspiron 13 7000 2-in-1 (7391) (cn73108)	1000	Windows 10 Home	+	+	+	+	+	**GUT (2,0)**
Fujitsu Lifebook U939X (U939XMP590DE)	1770	Windows 10 Pro	+	+	+	+	+	**GUT (2,0)**
HP EliteBook x360 830 G6 (6XE10EA#ABD)	1760	Windows 10 Pro	+	+	+	+	+	**GUT (2,0)**
HP Envy x360 13-ar0205ng[3]	850[2]	Windows 10 Home	+	+	+	+	+	**GUT (2,0)**
Acer Spin 5 SP513-53N-56MD	800	Windows 10 Home	+	+	+	+	+	**GUT (2,1)**
Asus ZenBook Flip 14 UM462DA-AI023T[4]	925[2]	Windows 10 Home	+	+	○	+	+	**GUT (2,2)**
Lenovo IdeaPad C340-14API (81N60039GE)[5]	855[2]	Windows 10 Home	+	+	○	+	+	**GUT (2,2)**

Bewertungsschlüssel der Prüfergebnisse: ++ = Sehr gut (0,5–1,5). + = Gut (1,6–2,5). ○ = Befriedigend (2,6–3,5). ⊖ = Ausreichend (3,6–4,5). — = Mangelhaft (4,6–5,5). **Bei gleichem Qualitätsurteil Reihenfolge nach Alphabet.**

1) Geprüft mit optional erhältlichem Stift Dell Active Pen PN557W. **2)** Inklusive Stift.
3) Geprüft mit optional erhältlichem Stift HP Tilt Pen. **4)** Geprüft mit optional erhältlichem Stift Asus Active Stylus SA200H.
5) Geprüft mit optional erhältlichem Stift Lenovo Active Pen 2.

Einkauf der Prüfmuster: August bis Oktober 2019

sind berührempfindlich („Touchscreen") und lassen sich komplett nach hinten klappen. So kann man diese Geräte auch wie Tablets nutzen. In dieser Kategorie lag mit bester Leistung, bestem Akku und bestem Display das Dell XPS 13 2-in-1 für 1660 Euro vorn. Mit 850 Euro besonders günstig und ebenfalls gut ist HP Envy x360.

Die Tastatur auch mal daheim lassen

Den Gipfel der Flexibilität stellen die Tablets mit Tastatur dar: Wie die Convertibles und auch die meisten Note- und Ultrabooks im Test nutzen die geprüften Modelle das PC-Betriebssystem Windows 10 und können so mit den gleichen Anwendungsprogrammen arbeiten. Spezieller Vorteil der geprüften Tablets ist, dass ihre Tastaturen sich bei Bedarf abnehmen lassen. Dann sind sie noch leichter und flacher als Convertibles.

Alle Tablets im Test lassen sich auch per Eingabestift bedienen – etwa zum Zeichnen. Die Flexibilität hat aber einen Haken: Beim Betrieb mit Tastatur lässt sich der Neigungswinkel des Bildschirms meist nicht so frei einstellen wie bei Note- oder Ultrabooks.

Tablets mit Tastatur

1/2020

Produkt	Mittlerer Preis ca. (Euro)	Geprüft mit Betriebssystem	Funktionen 30 %	Display 20 %	Akku 20 %	Handhabung 20 %	Vielseitigkeit 10 %	test-QUALITÄTSURTEIL 100 %
Tablets mit Tastatur mit 30 bis 34 cm (12 bis 13,5 Zoll) Bildschirmdiagonale								
Microsoft Surface Pro 6 (i5, 128 GB, 8 GB)[1)]	1 140[2)]	Windows 10 Home	+	+	+	+	○	GUT (1,9)
Microsoft Surface Pro 7 (i5, 128 GB, 8 GB)[1)]	1 340[3)]	Windows 10 Home	+	+	+	+	+	GUT (2,0)
Microsoft Surface Book 2 13,5" (i5, 256 GB, 8 GB) (HMW-00004)[4)]	1 840[5)]	Windows 10 Pro	+	+	+	+	+	GUT (2,1)
Acer Switch 5 SW512-52P-54J6 Art.-Nr.: NT.LDTEG.002	1 050[6)]	Windows 10 Pro	+	+	○	+	+	GUT (2,3)
Tablets mit Tastatur mit etwa 25 cm (10 Zoll) Bildschirmdiagonale								
Lenovo Ideapad D330 (81H3001TGE)	495[6)]	Windows 10 Home	+	+	+	+	+	GUT (2,0)
Lenovo Tablet 10 (20L3-000KGE)	680[6)]	Windows 10 Pro	+	+	+	+	+	GUT (2,1)
Microsoft Surface Go (4415Y, 128 GB, 8 GB)[7)8)]	885[2)]	Windows 10 Home[7)]	+	+	○	+	○	GUT (2,2)

Bewertungsschlüssel der Prüfergebnisse: ++ = Sehr gut (0,5–1,5). + = Gut (1,6–2,5). ○ = Befriedigend (2,6–3,5). ⊖ = Ausreichend (3,6–4,5). — = Mangelhaft (4,6–5,5).

1) Geprüft mit optional erhältlicher Tastatur Surface Pro Signature Type Cover und optional erhältlichem Stift Surface Pen. **2)** Mittlerer Onlinepreis ohne Versandkosten inklusive Tastatur und Stift. **3)** Von uns bezahlter Einkaufspreis inklusive Tastatur und Stift. **4)** Geprüft mit optional erhältlichem Stift Surface Pen. **5)** Mittlerer Onlinepreis ohne Versandkosten inklusive Stift. **6)** Mittlerer Onlinepreis ohne Versandkosten. **7)** Geprüft mit kostenlosem Update auf Windows 10 Home. Vorinstalliert ist Windows 10 S. **8)** Geprüft mit optional erhältlicher Tastatur Surface Go Signature Type Cover und optional erhältlichem Stift Surface Pen.

Einkauf der Prüfmuster: Bis Oktober 2019.

Da zum Test im Januarheft nur wenige neue Tablets mit Tastatur auf den Markt gekommen waren, haben wir in diese Kategorie auch noch erhältliche Gute aus früheren Tests in die Tabelle aufgenommen. Dabei platzierte sich das schon ältere Microsoft Surface Pro 6 für 1140 Euro knapp vorn – vor allem dank besonders gutem Akku. Sein Nachfolger, das 200 Euro teurere Surface Pro 7, punktete dafür mit modernerem Prozessor und zeitgemäßem USB-C-Anschluss.

Zwei für schnellen Akkuwechsel

Der allgemeine Trend zu immer flacheren Mobilrechnern hat einen unschönen Nebeneffekt: Die Geräte werden immer geschlossener. Nur bei zwei der hier gezeigten Geräten können Nutzer selbst den Akku oder Komponenten wie den Arbeitsspeicher oder das SSD-Laufwerk austauschen: beim Terra-Notebook von Wortmann und beim Ultrabook von Fujitsu. Die übrigen Geräte muss man zum Akkutausch einschicken. ■

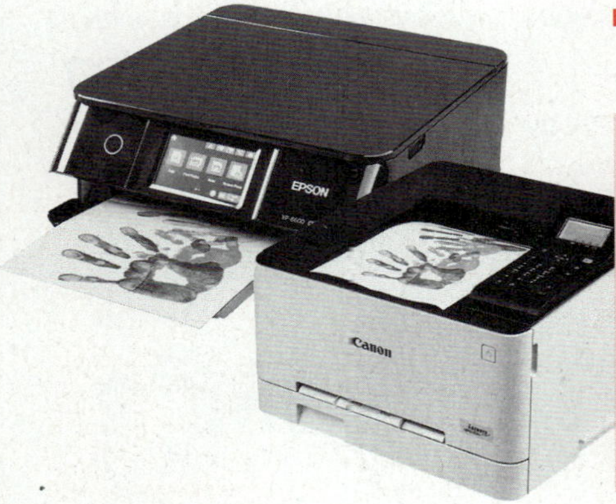

Unser Rat

Der Farblaserdrucker **Canon i-Sensys LBP623Cdw** für 207 Euro liegt vorn. Unter den Laser-Kombis liefert **Ricoh M C250FWB** (375 Euro) die besten Drucke, **Canon i-Sensys MF643Cdw** (286 Euro) die besten Scans, **HP Color Laser MFP 178nwg** (243 Euro) die besten Kopien. Fotos druckt der Tintenkombi **Epson Expression Photo XP-8600** für 152 Euro am besten.

Viel Mittelmaß

4+9/2020 Sobald Farbe, Grafiken oder gar Fotos ins Spiel kommen, können die wenigsten neuen Tinten- und Laserdrucker begeistern.

Wer im Jahr 2020 einen neuen, bezahlbaren Drucker für sein heimisches Büro suchte, stand vor einer eher mauen Auswahl: Von insgesamt 25 geprüften Geräten schnitt nur ein einziges gut ab – ein reiner Farblaserdrucker von Canon. Unter den zahlreichen Kombidruckern mit zusätzlicher Scan- und Kopierfunktion schaffte kein einziger das test-Qualitätsurteil Gut. Schwächen bei der Qualität von Drucken, Scans oder Kopien drückten die Noten ebenso wie die teilweise recht hohen Druckkosten. Wer derzeit einen Kombidrucker sucht, muss kompromissfähig sein.

Alle Laser drucken Text sehr gut

Immerhin: Ausnahmslos alle Laser im Test schaffen gestochen scharfen Textdruck und arbeiten zudem schnell bis sehr schnell. Das sind zwei der wichtigsten Gründe, warum viele Büromenschen auf die Lasertechnik schwören. Doch sobald Farbe, Grafiken oder gar Fotos ins Spiel kommen, können die Ergebnisse der meisten Farblaser nicht begeistern. Einzig der reine Drucker Canon i-Sensys LBP623Cdw für 207 Euro schafft auch gute Farbseiten. Bei den anderen trüben Farbfehler, ungleichmäßige Farbverläufe oder störende Streifen das Druckbild.

Interessant ist in diesem Zusammenhang Canons Kombi-Laserdrucker: Zwar scheint er das gleiche Druckwerk zu verwenden wie der Testsieger unter den reinen Druckern, doch seine Farbdrucke sehen deutlich schlechter aus. Das zeigt einmal mehr, ▶

Drucken im Netzwerk

Alle geprüften Drucker lassen sich per **WLan**-Funk ins heimische Netzwerk einbinden, alle Laser und einige der Tintendrucker wahlweise auch per **Lan**-Kabel. Dann können innerhalb des Netzwerks mehrere Rechner darauf zugreifen – praktisch in Familien und Wohngemeinschaften. Zudem lässt sich dann übers Netzwerk auch von mobilen Geräten wie Tablets oder Smartphones drucken.

FOTO: STIFTUNG WARENTEST / RALPH KAISER

Multifunktionsdrucker 4+9/2020

Produkt	Mittlerer Preis ca. (Euro)	Drucken 20 %	Scannen 10 %	Kopieren 15 %	Tinten- oder Tonerkosten[1] 20 %	Handhabung 15 %	Vielseitigkeit 10 %	Umwelteigenschaften 10 %	test-QUALITÄTSURTEIL 100 %
Tintenstrahl-Multifunktionsdrucker mit Fax									
HP Officejet Pro 9010[2]	168	+	○	○	○	+	+	+	BEFRIED. (2,6)
HP Officejet Pro 8022[3]	135	○	○	○	○	+	+	+	BEFRIED. (2,8)
HP Smart Tank Plus 655	325	○	○	⊖*)	++	○	○	+	BEFRIED. (3,1)
Epson Workforce WF-2830DWF[4]	90	+	⊖*)	○	⊖	○	○	+	BEFRIED. (3,2)
Epson Ecotank ET-4700	300	○	⊖	⊖*)	++	○	○	+	BEFRIED. (3,5)
Tintenstrahl-Multifunktionsdrucker ohne Fax									
Epson Expression Photo XP-8600[5]	152	+	+	○	⊖	+	○	+	BEFRIED. (2,7)
HP Officejet 8012[6]	110	○	○	○	⊖	+	+	+	BEFRIED. (2,8)
Epson Expression Home XP-4100[7]	84	+	○	○	⊖	+	○	+	BEFRIED. (2,9)
Canon Pixma G6050	315	⊖*)	○	○	++	○	+	+	BEFRIED. (3,2)
Canon Pixma TS6350[8]	113	+	○	⊖*)	○	○	+	+	BEFRIED. (3,2)
Canon Pixma TS5350[9]	73	○	○	⊖*)	⊖	○	○	+	BEFRIED. (3,4)
Brother DCP-J572DW	120	○	○	⊖*)	⊖	+	○	○	AUSREICH. (3,9)
Canon Pixma TS3350[10]	60	⊖	+	–*)	⊖	○	⊖	○	AUSREICH. (4,1)
Farblaser-Multifunktionsdrucker mit Fax									
Ricoh M C250FWB	375[11]	+	+	○	⊖	○	+	○	BEFRIED. (2,8)
Brother MFC-L3750CDW	370	○	+	○	○	+	+	+	BEFRIED. (2,9)
HP Color Laserjet Pro MFP M183fw	350	○	○	⊖*)	○	○	○	○	BEFRIED. (3,1)
HP Color Laserjet Pro MFP M283fdw	380[11]	○	○	⊖*)	○	+	+	○	BEFRIED. (3,2)
Farblaser-Multifunktionsdrucker ohne Fax									
Canon i-Sensys MF643Cdw	286[11]	○	+	○	○	○	+	○	BEFRIED. (2,8)
HP Color Laser MFP 178nwg	243[11]	○	+	○	⊖	○	⊖	○	BEFRIED. (2,9)
Lexmark MC3224dwe	220	○	○	○	⊖	○	○	+	BEFRIED. (3,1)

Bewertungsschlüssel der Prüfergebnisse: ++ = Sehr gut (0,5–1,5). + = Gut (1,6–2,5). ○ = Befriedigend (2,6–3,5). ⊖ = Ausreichend (3,6–4,5). — = Mangelhaft (4,6–5,5). **Bei gleichem Qualitätsurteil Reihenfolge nach Alphabet.**

***) Führt zur Abwertung. 1)** Sind für einen Drucker Patronen in mehreren Größen erhältlich, nutzen wir die jeweils größten verfügbaren Patronen. **2)** Laut Anbieter auch als Officejet Pro 9012, 9014, 9015, 9016 und 9019 erhältlich. **3)** Laut Anbieter auch als Officejet Pro 8024 und 8025 erhältlich. **4)** Laut Anbieter auch als WF-2835DWF erhältlich. **5)** Laut Anbieter auch als XP-8605 erhältlich. **6)** Laut Anbieter auch als Officejet 8014 und 8015 erhältlich. **7)** Laut Anbieter auch als XP-4105 erhältlich. **8)** Laut Anbieter auch als TS6351 erhältlich. **9)** Laut Anbieter auch als TS5351, TS5352 und TS5353 erhältlich. **10)** Laut Anbieter auch als TS3351 und TS3352 erhältlich. **11)** Mittlerer Onlinepreis ohne Versandkosten (Stand: 14.07.2020).

Einkauf der Prüfmuster: Oktober 2019 bis Mai 2020.

Farblaserdrucker 9/2020

Produkt	Mittlerer Preis ca. (Euro)	Drucken 45 %	Tinten- oder Tonerkosten[1] 20 %	Handhabung 15 %	Vielseitigkeit 10 %	Umwelteigenschaften 10 %	test-QUALITÄTSURTEIL 100 %
Canon i-Sensys LBP623Cdw	207	+	○	○	+	+	**GUT (2,4)**
HP Color Laserjet Pro M255dw	256	○	○	+	+	○	**BEFRIEDIGEND (2,8)**
Ricoh P C300W	211[2]	+	⊖	○	+	○	**BEFRIEDIGEND (2,8)**
Brother HL-L3230CDW	203	○	○	+	+	+	**BEFRIEDIGEND (2,9)**
HP Color Laser 150nw	177	○	⊖	○	○	+	**BEFRIEDIGEND (2,9)**

Bewertungsschlüssel der Prüfergebnisse: ++ = Sehr gut (0,5–1,5). + = Gut (1,6–2,5). ○ = Befriedigend (2,6–3,5). ⊖ = Ausreichend (3,6–4,5). — = Mangelhaft (4,6–5,5). **Bei gleichem Qualitätsurteil Reihenfolge nach Alphabet.**

1) Sind für einen Drucker Patronen in mehreren Größen erhältlich, nutzen wir die jeweils größten verfügbaren Patronen.

2) Mittlerer Onlinepreis ohne Versandkosten (Stand: 14.07.2020).

Einkauf der Prüfmuster: April und Mai 2020.

welche große Rolle Treiber- und Betriebssoftware für das Druckergebnis spielen.

Wer Wert auf brillanten Fotodruck legt, greift traditionell ohnehin nicht zu einem Laser, sondern wählt einen Tintendrucker. Doch auch die gaben in diesem Jahr ein eher schwaches Bild ab: Nur der Epson Expression Photo XP-8600 für 152 Euro druckt Fotos sehr gut – und ruft damit in Erinnerung, wozu die Tintentechnik fähig ist, wenn sie gut umgesetzt wird. Die zwei Epson-Tintenstrahler Expression Home XP-4100 und Workforce WF-2830DWF drucken immerhin Text, Farbseiten und Fotos durchweg in guter Qualität. Ansonsten überwiegt auch bei den Tintenstrahlern das Mittelmaß.

Noch trauriger sieht das Ergebnis beim Kopieren aus. Am besten schlägt sich hier noch der für einen Farblaserkombi recht kompakte und günstige HP Color Laser MFP 178nwg für 243 Euro. Er kopiert immerhin Text- und Farbseiten in guter Qualität. Das schafft sonst keiner im Test.

Flaschendrucker sparen Müll

Ausgesprochen günstig drucken drei Modelle, die ihre Tinte nicht aus Patronen zum Wechseln ziehen, sondern aus Flaschen nachgefüllt werden: Canon Pixma G6050, Epson Ecotank ET-4700 und HP Smart Tank Plus 655 brauchen für eine Textseite Tinte im Wert von 0,3 Cent, für ein A4-Foto sind es 6 bis 11 Cent. Bei den übrigen liegen die Tinten- beziehungsweise Tonerkosten eher um 3 bis 7 Cent für Text sowie zwischen 90 Cent und 3 Euro bei Fotos. Weiterer Vorteil solcher Flaschendrucker: Neben weit geringeren Kosten verursachen sie zudem weniger Müll als klassische Patronendrucker.

Doch leider kann keiner der drei bei der Druckqualität so richtig überzeugen. Der HP druckt nur Text gut, der Epson nur Farbseiten. Und die Drucke des Canon verbleichen schnell. Eine bessere Wahl ist da der Flaschendrucker Epson Ecotank ET-2750 aus einem früheren Test: Er druckt ähnlich günstig, aber deutlich besser. ■

Unser Rat

Klarer Testsieger ist der **Prusa i3 MK3S** für rund 1 000 Euro. Er überzeugt mit guten Druckergebnissen und bester Handhabung. Interessant für Einsteiger sind der **Anycubic i3 Mega S** für 294 Euro und der **XYZ-printing da Vinci Mini w+** für 270 Euro. Gute Ergebnisse für größere Druckobjekte gibt es mit **Creality** und **Monoprice**.

Der Teuerste ist der Beste

11/2020 3D-Drucker erobern allmählich Privathaushalte. Gute Druckqualität gibt es schon für weniger als 300 Euro.

So neu wie mancher denkt, sind 3D-Drucker nicht. Die ersten Modelle wurden bereits in den 80er Jahren entwickelt. Neu sind der Preissturz und die einhergehende Verbreitung in Privathaushalten. Schon für wenige hundert Euro gibt es heute 3D-Drucker, die Figürchen, Spielzeug, Schmuck oder Ersatzteile aus Kunststoff fertigen. Wir haben acht Modelle getestet, vom Einsteigergerät für 270 Euro bis zum vielseitig erweiterbaren 3D-Drucker für 1000 Euro.

3D könnte Schule machen

Von kleinen Alltagshelfern über Spielfiguren bis zu Ersatzteilen reicht die Produktpalette, die heimische 3D-Drucker ausgeben können. Das Gerät erhitzt das Filament und trägt den geschmolzenen Kunststoff durch seine Düse auf das Druckbett auf. Schicht für Schicht entsteht so ein dreidimensionales Objekt. Bisher sind diese Drucker vor allem bei Bastlern, Modelleisenbahn-Freunden, Nerds und Künstlern beliebt. Mittlerweile entdecken Eltern die Geräte für ihre Kinder. Pädagogen setzen sie im Unterricht ein. Der Anbieter XYZprinting hat dafür eigens eine Serie kleiner, preisgünstiger 3D-Drucker entwickelt. Wir haben den XYZprinting da Vinci Junior WiFi Pro für 465 Euro geprüft. Er verfehlt leider das Klassenziel, patzt bei der Handhabung und landet im Testfeld auf dem letzten Platz, siehe Tabelle rechts. Besser und 195 Euro günstiger ist das kleinere Schwestermodell XYZprinting da Vinci Mini w+.

In puncto Schadstoffe unauffällig
3D-Drucker für den Hausgebrauch arbeiten mit erhitztem Kunststoff, sogenanntem Filament. Wir haben verschiedene Druck-Filamente (PLA und ABS) auf Schadstoffe untersucht: beim Erhitzen und in einem fertigen Druck, einem Kaffeebecher.
Ergebnis: Sowohl beim Erhitzen als auch bei der Verwendung als Kaffeebecher wurden keine kritischen Schadstoffmengen abgegeben.

FOTO: MONIKA MAYER

3D-Drucker 11/2020

Produkt	Mittlerer Onlinepreis ca. (Euro)	Druckraum-Volumen (Liter)	Druck 40 %	Handhabung 40 %	Geräusche 10 %	Stromverbrauch 10 %	Schadstoffe[1)] 0 %	test-QUALITÄTSURTEIL 100 %
Prusa i3 MK3S	1000[2)]	11,0	+	++	++	○	**unauffällig**	**GUT (1,8)**
Renkforce (Conrad) RF100 XL[3)]	400[3)]	8,0	○	+	⊖	++	**unauffällig**	**GUT (2,5)**
XYZprinting da Vinci Mini w–	270	3,4	+	○	○	++	**unauffällig**	**BEFRIED. (2,6)**
Creality CR-10 V2	510	36,0	+	○	○	○	**unauffällig**	**BEFRIED. (2,8)**
Flashforge Adventurer 3	370	3,4	○	+	○	++	**unauffällig**	**BEFRIED. (2,8)**
Anycubic i3 Mega S	294	9,0	+	○	○	○	**unauffällig**	**BEFRIED. (2,9)**
Monoprice MP10	395	36,0	+	⊖*)	○	⊖	**unauffällig**	**BEFRIED. (3,0)**
XYZprinting da Vinci Junior WiFi Pro	465	3,4	○	–*)	+	+	**unauffällig**	**AUSREICH. (3,6)**

Bewertungsschlüssel der Prüfergebnisse: ++ = Sehr gut (0,5–1,5). + = Gut (1,6–2,5). ○ = Befriedigend (2,6–3,5). ⊖ = Ausreichend (3,6–4,5). – = Mangelhaft (4,6–5,5). **Bei gleichem Qualitätsurteil Reihenfolge nach Alphabet.**
***) Führt zur Abwertung. Preise:** Onlinepreise ohne Versandkosten, Oktober 2020.
1) Wir untersuchten den Schadstoffgehalt in den vom Druckeranbieter empfohlenen PLA-Filamenten. Details online unter: test.de/3d-drucker/methodik. **2)** Preis laut Anbieter-Webseite **3)** Laut Anbieter nicht mehr lieferbar, soll durch den Nachfolger Renkforce RF100 XL V3 zum Preis von ca. 682 Euro ersetzt werden. **Einkauf der Prüfmuster:** Juni und Juli 2020.

Prusa aus Prag macht das Rennen

Sehr gut in der Handhabung und am besten im Druckergebnis ist der Prusa i3 MK3S, ein Open-Source-Gerät. Das heißt, auch Drittanbieter dürfen Zubehör für den Testsieger anbieten. Der Prusa kann Zubehör sogar selbst produzieren. Vorlagen gibts zum Download auf der Website des Anbieters.

Das Filament ist bei allen Modellen austauschbar: Während herkömmliche Drucker oft nur mit den Originalpatronen ihres Anbieters funktionieren, arbeiten 3D-Drucker auch mit Filamenten, die nicht vom Geräteanbieter stammen. Besonders vielseitig ist wieder der Testsieger: Prusa kann Filament aus den verschiedensten Kunststoffen verarbeiten, neben dem verbreiteten PLA auch ABS, PET und Nylon. Drucke aus ABS-Kunststoff sind beispielsweise robuster als 3D-Objekte aus PLA. Wer ABS-Filament benutzen möchte, braucht einen 3D-Drucker mit beheizbarem Druckbett: Prusa, Flashforge, Creality, Anycubic oder Monoprice.

Übung macht den Meister

3D-Druck ist nichts für Ungeduldige, so das Fazit unserer Tester. Gute Ergebnisse setzen Übung voraus. Wer 3D-Druck ausprobieren möchte, findet fertige 3D-Vorlagen zum Download im Internet. Die jeweils besten Einstellungen für den Druck, die Schichtstärke (des Filaments), die Füllung (des Druckmusters), die Temperatur der Druckdüse und die Geschwindigkeit beim Drucken sind Erfahrungssache. Ein 3D-Druck kann, je nach Größe des Objekts, Stunden und Tage dauern. Die gewonnene Erfahrung könnte sich aber noch auszahlen: Experten für 3D-Druck sind in Zukunft wahrscheinlich immer stärker gefragt. ■

Unser Rat

Den meisten Lesespaß bereitet der Reader **Tolino Epos 2** für 298 Euro. Das große Gerät besticht durch zahlreiche Extras wie Umblättertasten und Wasserschutz. Preis-Leistungs-Tipps sind **Pocketbook Touch HD 3** für 158 Euro und **Kindle Paperwhite 2018** für 140 Euro. Sie sind kompakter und bieten auch viele Extras. Lese-apps sind weniger komfortabel.

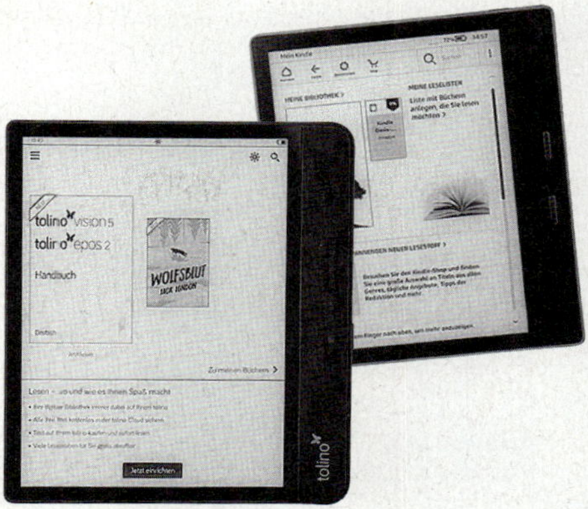

Jeder liest in seiner Welt

5/2020 Kindle gegen Tolino & Co: Zwei Systeme konkurrieren um Leser digitaler Bücher. Unser Test zeigt die Vor- und Nachteile.

Alle E-Book-Reader schneiden gut ab – welcher ist also der richtige? Zur Wahl stehen die geschlossene Lesewelt von Amazons Kindle und das freiere System von Tolino, Kobo und Pocketbook. Nutzer müssen sich für eine der beiden Welten entscheiden.

Geschlossene Gesellschaft

Amazons E-Book-Reader Kindle bietet viel Komfort, schottet Nutzer aber ab. Sie können E-Books fast nur bei Amazon kaufen, kopiergeschützte Titel nicht weitergeben und keine Bücher in der Bibliothek leihen. Amazon hat einen eigenen Kopierschutz, der die erworbenen Bücher an das Nutzerkonto einer bestimmten Person bindet.

Offenes System ist freier

Die Lesewelt von Tolino, Pocketbook und Kobo bietet mehr Freiheiten als die von Amazon. Nutzer können bei verschiedenen Buchhändlern kaufen, E-Books im kleinen Kreis weiterreichen und in Bibliotheken leihen. Die Leihe lohnt sich, denn in öffentlichen Bibliotheken gibt es viele attraktive E-Books für kleines Geld. Die lassen sich direkt über den Reader ausleihen.

Komfort kostet mehr

Wer ohne viel Drumherum einfach nur lesen will, wählt einen günstigen Reader. Die teuren Geräte bieten vor allem mehr Komfort und punkten mit vielen Extras wie Umblättertasten, Wasserschutz, Linkshändermodus und variabler Lichtfarbe. ■

Lesen per App hat Nachteile

Wir haben auch die kostenlosen Leseapps Amazon Kindle und Tolino je auf einem Smartphone und Tablet geprüft. Mit ihnen liest es sich gar nicht schlecht. In der prallen Sonne lässt sich der Text aber selbst bei maximaler Displayhelligkeit kaum erkennen. Das passiert bei E-Book-Readern nicht. Wichtig für alle, die unterwegs lesen: Tablets wiegen teils doppelt so viel wie E-Book-Reader – oder mehr.

FOTOS: TILL DOBLER

E-Book-Reader

5/2020

Produkt	Mittlerer Preis ca. (Euro)	Bildqualität 30 %	Handhabung 40 %	Robustheit und Verarbeitung 20 %	Akkulaufzeit 10 %	Datensendeverhalten 0 %	test QUALITÄTSURTEIL 100 %
E-Book-Reader von Amazon							
Amazon Kindle Oasis 2019 (8 GB)	230 1)	++	○	++	++	Für den Betrieb der Cloud und die Nutzung der Bücher über mehrere Geräte oder Leseapps hinweg speichert der Anbieter gegebenenfalls unter anderem Buchtitel, Seitenzahlen oder Lesezeichen. Weil das für die reguläre Nutzung des Readers sinnvoll ist, bewerten wir es nicht.	**GUT (1,7)**
Amazon Kindle Paperwhite 2018 (8 GB)	140 1)	++	○	++	+		**GUT (1,8)**
Amazon Kindle 2019	90 1)	+	○	○	+		**GUT (2,5)**
E-Book-Reader von Tolino, Pocketbook und Kobo							
Tolino Epos 2	293	++	+	++	○		**GUT (1,6)**
Pocketbook Touch HD 3	153	+	+	++	++		**GUT (1,7)**
Tolino Vision 5	179	+	+	++	+		**GUT (1,7)**
Tolino Page 2	89	+	+	+	○		**GUT (1,9)**
Kobo Libra H2O	192	++	+	○	+		**GUT (2,0)**
Pocketbook Inkpad 3 Pro	232	+	+	○	++		**GUT (2,0)**
Leseapp von Amazon							
Kindle-Leseapp geprüft mit Samsung Tablet A 8.0 Wi-Fi (2019)	Kostenlos	○	○	++	○	**Kritisch**	**BEFRIED. (2,7)**
Kindle-Leseapp geprüft mit Samsung Galaxy S10+ (128 GB)	Kostenlos	⊖	○	++	+	**Kritisch**	**BEFRIED. (2,7)**
Leseapp von Tolino							
Tolino-Leseapp geprüft mit Samsung Tablet A 8.0 Wi-Fi (2019)	Kostenlos	○	○	++	○	**Kritisch**	**BEFRIED. (2,6)**
Tolino-Leseapp geprüft mit Samsung Galaxy S10+ (128 GB)	Kostenlos	⊖	○	++	+	**Kritisch**	**BEFRIED. (2,6)**

Bewertungsschlüssel der Prüfergebnisse: ++ = Sehr gut (0,5–1,5). + = Gut (1,6–2,5). ○ = Befriedigend (2,6–3,5). ⊖ = Ausreichend (3,6–4,5). — = Mangelhaft (4,6–5,5). **Bei gleichem Qualitätsurteil Reihenfolge nach Alphabet.**

***) Führt zur Abwertung. Datensendeverhalten:** unkritisch, kritisch, sehr kritisch.

Alle E-Book-Reader haben einen Touchscreen sowie eine Frontbeleuchtung und unterstützen WLan.

1) Von uns bezahlter Einkaufspreis.

Einkauf der Prüfmuster und Download der Apps: Januar 2020.

Unser Rat

Der beste von den nach neuer Prüfmethodik getesteten Fernsehern ist der **LG 55SM8050PLC** aus dem November 2020 (Tabelle S. 96). Er kostet 550 Euro und hat 140 Zentimeter Bilddiagonale. Bei den kleineren bis 110 Zentimer liegt auch ein LG vorn: **LG 43UN73906LE** für 445 Euro. Fernseher unter einem Meter schneiden bestenfalls befriedigend ab.

Sparen bei der Ausstattung

1 + 11/2020 Fernseher mit gutem Bild unterscheiden sich oft nur in Funktionsfülle und Anschlussmöglichkeiten. Die braucht nicht jeder.

Im Durchschnitt gaben die Leute hierzulande im Jahr 2020 rund 550 Euro für einen Fernseher aus. Dafür sind gute Modelle erhältlich. Weiteres Sparpotenzial gibt es etwa durch den Verzicht auf Ausstattung.

Minimalismus bei Samsung

Einstiegsmodellen von Samsung fehlt die Funktion USB-Aufzeichnung, teure Modellreihen haben sie. Wer ohnehin eher streamt, kauft einfach ein billigeres Modell. LG und Philips bieten die Funktion USB-Aufnahme selbst bei kleinen und günstigen Modellen wie dem Philips 32PFS6805 für 291 Euro.

Sparkurs bei Anschlüssen

Auch die Anschlüsse variieren. So verzichtet Samsung auf den analogen Kopfhörerausgang. Kopfhörer lassen sich durchweg nur per Bluetooth verbinden. Das wiederum bieten Panasonic, Philips und Sony nur bei teureren Modellreihen. Beispiel Panasonic: Der TX-50GXW704 (555 Euro) aus dem Januar-Test hat kein Bluetooth, die beiden teuren Modelle ab 755 Euro dagegen schon.

Teurere Modelle mit Doppeltuner

Die hochwertigeren Modellreihen bieten neben mehr Funktionen oft auch ein zweites Fernseh-Empfangsteil. Damit lässt sich gleichzeitig eine Sendung ansehen und eine andere aufzeichnen. Wer viel klassisches Fernsehen schaut und nichts verpassen will, dürfte es den Aufpreis Wert sein. Der Panasonic TX-43HXW904 (11/20) ist so üppig ausgestattet und kostet 770 Euro. ■

Preisverfall bei 55-Zöllern

Die Anbieter drücken seit langem vor allem große Fernseher in den Markt. Das Überangebot führt zu sinkenden Preisen. So kostet zum Beispiel ein guter 55-Zöller gerade mal 30 Euro mehr als ein ebenfalls gutes, aber deutlich kleineres Gerät mit 49 oder 50 Zoll. Dem Größenwahn opfern die Anbieter die noch kleineren Modelle: Von den beiden 24- und 32-Zöllern zeigte keines ein gutes Bild.

Fernseher

1/2020

Produkt	Mittlerer Preis ca. (Euro)	Bild 40 %	Ton 20 %	Handhabung 20 %	Vielseitigkeit 10 %	Umwelteigenschaften 10 %	test-QUALITÄTSURTEIL 100 %
102 bis 109 Zentimeter Bilddiagonale (40 bis 43 Zoll)							
LG 43UM76007LB	580	+	+	+	++	+	GUT (2,0)
Samsung GQ43Q60R	590	+	+	+	++	+	GUT (2,0)
Panasonic TX-40GXW804	620	+	+	+	++	+	GUT (2,2)
Samsung UE43RU7179	335	+	○	+	+	+	GUT (2,2)
LG 43UM71007LB	355	+	○	+	++	+	GUT (2,3)
Panasonic TX-43GXW904	735	+	○*)	+	++	+	GUT (2,3)
Philips 43PUS6804	430	+	○	○	++	+	GUT (2,3)
Panasonic TX-40GXW704	510	○	+	○	++	+	GUT (2,4)
Samsung UE43RU7409	485	+	○	+	+	+	GUT (2,4)
Philips 43PUS6754	415	+	○	○	++	+	GUT (2,5)
Philips 43PUS7334	630	○	+	○	++	○	GUT (2,5)
Sony KD-43XG8096	600	+	○*)	○	+	+	GUT (2,5)
Sony KD-43XG8305	740	+	○*)	○	++	+	GUT (2,5)
Sony KD-43XG7096	525	+	○*)	○	+	+	BEFRIED. (2,6)
124 bis 127 Zentimeter Bilddiagonale (49 bis 50 Zoll)							
LG 49SM82007LA	585	+	+	+	++	+	GUT (1,9)
LG 49SM86007LA	780	+	+	+	++	+	GUT (1,9)
LG 49SM90007LA	940	+	+	+	++	+	GUT (1,9)
Samsung GQ49Q60R	760	+	+	+	++	+	GUT (1,9)
Samsung GQ49Q70R	960	+	+	+	++	+	GUT (1,9)
Samsung UE49RU7379	510	+	++	+	+	+	GUT (1,9)
Samsung UE50RU7409	585	+	+	+	+	+	GUT (2,1)
Panasonic TX-49GXW904	325	+	○*)	+	++	+	GUT (2,2)
Panasonic TX-50GXW804	755	+	+	+	++	+	GUT (2,2)
Philips 50PUS7334	575	+	+	○	++	+	GUT (2,2)
LG 49UM71007LB	460	+	○	+	++	+	GUT (2,3)
Philips 50PUS8804	765	+	+	+	++	+	GUT (2,3)
Sony KD-49XG9005	985	+	+	○	++	+	GUT (2,3)
Panasonic TX-50GXW704	555	○	+	○	++	+	GUT (2,4)
Philips 50PUS6704	455	+	○	○	++	+	GUT (2,4)
Sony KD-49XG8096	660	+	○*)	○	+	+	GUT (2,4)
Sony KD-49XG8305	795	+	○*)	○	++	+	BEFRIED. (2,6)

Bewertungsschlüssel der Prüfergebnisse: ++ = Sehr gut (0,5–1,5). + = Gut (1,6–2,5). ○ = Befriedigend (2,6–3,5). ⊖ = Ausreichend (3,6–4,5). — = Mangelhaft (4,6–5,5). **Bei gleichem Qualitätsurteil Reihenfolge nach Alphabet.**

***) Führt zur Abwertung.** **Einkauf der Prüfmuster:** März bis September 2019.

Fernseher

11/2020

Produkt	Mittlerer Online-preis ca. (Euro)	Bild	Ton	Handhabung	Vielseitigkeit	Umwelteigen-schaften	test-QUALITÄTS-URTEIL
		40 %	20 %	20 %	10 %	10 %	100 %
61 bis 80 Zentimeter Bilddiagonale (24 bis 32 Zoll)							
Philips 32PFS6805	291	⊖*)	○	○	+	+	BEFRIEDIGEND (3,4)
Philips 24PFS5525	181	⊖	–*)	○	○	+	AUSREICHEND (4,1)
110 Zentimeter Bilddiagonale (43 Zoll)							
LG 43UN73906LE	445	+	+	+	++	+	GUT (2,0)
Samsung GU43TU8079	420	+	○	+	+	+	GUT (2,3)
Panasonic TX-43HXW904	770	○	○	+	++	+	GUT (2,4)
Samsung GU43TU7079	375	+	○	+	○	○	GUT (2,4)
Sony KD-43XH8096	675	+	○*)	+	+	+	GUT (2,5)
LG 43UM7050PLF	320	+	○*)	+	++	+	BEFRIEDIGEND (2,6)
Philips 43PUS8505	585	+	○*)	○	++	+	BEFRIEDIGEND (2,7)
Sony KD-43X7056	680	+	○*)	○	+	+	BEFRIEDIGEND (2,7)
Philips 43PFS5525	299	⊖	⊖*)	○	○	+	AUSREICHEND (3,7)
124 bis 127 Zentimeter Bilddiagonale (49 bis 50 Zoll)							
Samsung GQ50Q60T	725	+	+	+	+	+	GUT (2,0)
LG 50UN74007LB	540[1)]	+	+	+	++	+	GUT (2,1)
Samsung GU50TU7079	425	+	+	+	○	○	GUT (2,1)
Philips 50PUS7805	515	+	○	○	+	+	GUT (2,4)
Sony KD-49XH8096	700	+	○*)	+	+	+	GUT (2,4)
LG 49UM7050PLF	420	○	○*)	+	++	+	BEFRIEDIGEND (2,6)
Sony KD-49X7056	715	+	○*)	○	+	+	BEFRIEDIGEND (2,6)
Philips 50PUS7555	550	○	○*)	○	+	+	BEFRIEDIGEND (2,8)
140 bis 147 Zentimeter Bilddiagonale (55 bis 58 Zoll)							
LG 55SM8050PLC	550	+	+	+	++	+	GUT (1,9)
LG 55UM7050PLC	455	+	○*)	+	++	++	GUT (2,3)
Samsung GU55TU7079	570	+	+	+	○	+	GUT (2,3)
Samsung GU55TU8079	580	+	+	+	+	+	GUT (2,3)
Sony KD-55XH8096	765	+	○*)	+	+	+	GUT (2,3)
Sony KD-55X7055	730	+	○*)	○	+	+	GUT (2,5)
Philips 58PUS7555	595	○	○	○	+	+	BEFRIEDIGEND (2,7)

Bewertungsschlüssel der Prüfergebnisse: ++ = Sehr gut (0,5–1,5). + = Gut (1,6–2,5). ○ = Befriedigend (2,6–3,5). ⊖ = Ausreichend (3,6–4,5). — = Mangelhaft (4,6–5,5). **Bei gleichem Qualitätsurteil Reihenfolge nach Alphabet.**
***) Führt zur Abwertung. 1)** Mittlerer Onlinepreis ohne Versandkosten (Stand: 7.10.2020).
Einkauf der Prüfmuster: März bis Juli 2020.

Unser Rat

Den Testsieg holt **Lidl**, knapp vor **Aldi** und **Saal**. Noch etwas bessere Bildqualität liefern Pixum, Cewe und FotoInsight – diese Anbieter schnitten im Test allerdings wegen Sicherheitslücken mangelhaft ab. Nachdem wir die Firmen auf die Lücken hingewiesen hatten, besserten sie rasch nach, sodass Nutzer ihnen private Fotos inzwischen wieder anvertrauen können.

Mehr Schutz für Ihre Fotos

8/2020 Sieben Anbieter im Test hatten gefährliche Sicherheitslücken. Erst nach unserem Eingreifen stärkten einige den Diebstahlschutz.

Acht der zwölf geprüften Fotobuch-Anbieter liefern durchweg gute Bildqualität. Auch das Gestalten und Bestellen lief meist problemfrei. Und mit Lidl liegt einer der günstigsten ganz vorn in der Tabelle.

Lauter gute Nachrichten. Doch dann das: Im Test stellten wir fest, dass sechs Dienste – Cewe, FotoInsight, Myposter, Pixum, Poster XXL und Tchibo – es Hackern und Stalkern relativ leicht machten, Fotos fremder Kunden zu klauen. Der Grund: Sie forderten weder ein ausreichend langes Passwort noch setzten sie auf allen Zugangswegen Schutzmaßnahmen gegen häufige Anmeldeversuche ein. Das ermöglicht Angreifern, automatisiert zahlreiche mögliche Kennwörter einzugeben, bis sie das richtige erwischen. Da diese technischen Defizite Fotos und Daten von Nutzern gefährden, vergaben wir das Qualitätsurteil Mangelhaft.

Fotos von Fremden im Briefkasten

Fujifilm und Myposter leisteten sich einen anderen Patzer, der ebenfalls zum Urteil Mangelhaft führte. Beide schickten uns Fotos fremder Kunden zu. Ein Versehen, keine Frage – aber eines, das nicht passieren darf.

Anbieter bessern nach

Immerhin: Alle betroffenen Firmen versprachen, ihre Sicherheitsmaßnahmen zu stärken. Unsere Nachtests ergaben, dass den meisten das nach rund einem Monat gelungen war. Inzwischen sind Nutzerfotos also besser geschützt als vor dem Test. ■

Starke Passwörter erstellen

Fotos können persönliche Daten und intime Momente enthalten. Sichern Sie Ihr Fotobuch-Konto daher mit einem starken Passwort ab. Gut sind lange, sinnfreie Kombinationen aus Buchstaben, Ziffern und Sonderzeichen. Nutzen Sie für jedes Online-Konto ein anderes Kennwort mit mindestens acht Zeichen. Noch besseren Schutz als selbsterstellte Kennwörter bieten Passwortmanager (Seite 124).

Fotobücher

8/2020

Produkt	Website	Preis für Standard-Fotobuch (Euro)/Minimale Seitenanzahl	Preis für Premium-Fotobuch (Euro)/Minimale Seitenanzahl	Zusätzliche Versand- und Bearbeitungskosten (Euro)	Standard-Fotobuch	Premium-Fotobuch	Abwicklung	Vielseitigkeit des Angebots	Basisschutz persönlicher Daten	Mängel in den AGB	test-QUALITÄTSURTEIL
					20 %	20 %	35 %	10 %	15 %	0 %	100 %
Lidl Picanova Fotobuch	lidl-fotos.de	14,90/24	19,90/26	4,99	+	+	+	○	+	**keine**	**GUT (2,0)**
Aldi Foto Fotobuch	aldifotos.de	14,95/24	19,95/26	3,95	+	+	+	+	+	**keine**	**GUT (2,1)**
Saal Digital Fotoservice Fotobuch[1)]	saal-digital.de	Entfällt	34,99/26	4,99	Entfällt[2)]	+	+	○	+	**keine**	**GUT (2,1)**
Rossmann Fotowelt Fotobuch	rossmann-fotowelt.de	17,99/24	21,99/26	2,59	+	+	+	+	○	**keine**	**GUT (2,3)**
Pixum Pixum Fotobuch	pixum.de	26,95/26	35,95/26	4,99	+	+	+	+	–*)	**keine**	**MANGELH. (4,7)**
Cewe Cewe Fotobuch	cewe.de	26,95/26	35,95/26	4,49	+	+	+	++	–*)	**keine**	**MANGELH. (4,8)**
FotoInsight Cewe Fotobuch	fotoinsight.de	26,95/26	35,95/26	3,99	+	+	+	++	–*)	**keine**	**MANGELH. (4,8)**
PosterXXL Fotobuch[3)]	posterxxl.de	24,99/24	34,99/24	5,99	○	⊖	+	○	–*)	**sehr gering**	**MANGELH. (4,9)**
Tchibo Foto Fotobuch	foto.tchibo.de	19,95/24	29,95/26	4,99	+	+	○	○	–*)	**keine**	**MANGELH. (5,0)**
ip.Labs Fujifilm Fotobuch	myfujifilm.de	25,99/24	35,99/24	4,99	○	+	+	+	–*)	**keine**	**MANGELH. (5,5)**
Myposter Fotobuch	myposter.de	26,99/24	29,99/26	5,99	⊖	+	○	○	–*)	**keine**	**MANGELH. (5,5)**
dm-Drogerie Markt Paradies-Fotobuch	fotoparadies.de	17,95/24	21,95/26	2,59	○	+	Nicht bewertet[4)]	○	Nicht bewertet[4)]	**sehr gering**	**Nicht vergeben[4)]**

Bewertungsschlüssel der Prüfergebnisse: ++ = Sehr gut (0,5–1,5). + = Gut (1,6–2,5). ○ = Befriedigend (2,6–3,5). ⊖ = Ausreichend (3,6–4,5). — = Mangelhaft (4,6–5,5). **Bei gleichem Qualitätsurteil Reihenfolge nach Alphabet.**
***) Führt zur Abwertung.** Mängel in den AGB (allgemeine Geschäftsbedingungen): **keine, sehr gering, gering, deutlich, sehr deutlich. 1)** Mobile Apps waren erst nach Beginn der Prüfungen verfügbar. **2)** Kein Standard-Fotobuch erhältlich. Die 20 Prozent Gewichtung teilen sich proportional auf die anderen Urteile auf. **3)** Laut Anbieter Windows-Software inzwischen durch eine neuere Version ersetzt. **4)** Das „Paradies-Fotobuch“ haben wir über die Windows-Software bestellt. In die Bewertung floss auch eine mobile App ein: Dafür wählten wir die falsche dm-App aus („Foto-Paradies“ statt „1-Klick-Buch“). Deshalb sind alle Urteile und Angaben, die sich ganz oder teilweise auf die App beziehen, nicht vergeben.

Datenerhebung: März bis Juli 2020.

Unser Rat

Unter Wasser fotografieren ist für Kinder ein Hit. Unser Preis-Leistungs-Tipp für Familien: **Fujifilm FinePix XP140** für 194 Euro. Interessant für Taucher sind **Nikon Coolpix W300** (405 Euro) sowie die **Olympus Tough-Modelle TG-5** (430 Euro) und **TG-6** (485 Euro). Bei **Ricoh WG-50**, **-60** und **-70** für 205 bis 300 Euro finden Sportler Befestigungen für fast jede Sportart.

Die Spaßmacher

8/2020 Planschen, Bergsteigen oder Tauchen: Outdoor-Kameras machen alles mit. Die Qualität ihrer Fotos hat allerdings Grenzen.

Wasserdicht, stoßfest und staubgeschützt: Das sind die Stärken einer Outdoor-Kamera. Möglich machen das ein kleines, sicher im Gehäuse verborgenes Objektiv, Stoßdämpfer aus Gummi sowie Dichtungen, die halten, was sie versprechen. Die Robusten spielen ihre Stärken da aus, wo normale Kameras und Smartphones versagen oder gefährdet sind: unter Wasser, beim Sport oder auch mal auf der Baustelle.

Preise von 129 bis 485 Euro

Gute Fotos macht keine der geprüften Kameras – eine Schwäche, die ihrer auf Robustheit ausgerichteten Bauweise geschuldet ist. Die kleinen innenliegenden Objektive fangen nur wenig Licht ein. Befriedigend ist deshalb das beste Bildurteil im Test (siehe Tabelle S. 100). Immerhin sechs der elf geprüften Modelle schneiden insgesamt befriedigend ab. Durch geschicktes Fotografieren lässt sich die Bildqualität verbessern.

Tipp: Fotografieren Sie nicht direkt gegen die Sonne. Achten Sie darauf, dass Ihr Motiv möglichst viel Licht bekommt.

Günstige Modelle für Pool und Strand

Für Spiel und Spaß empfehlen wir die Fujifilm FinePix XP140: Unser Preis-Leistung-Sieger kostet nur 194 Euro und liefert passable Bilder – nicht nur aus dem Pool.

Die billigste Kamera im Vergleich ist die Canon IVY REC für 129 Euro. Sie wirkt wie ein Schlüsselanhänger, statt Bildschirm hat sie nur ein Guckloch zum Anvisieren. Um die Fotos ansehen zu können, müssen sie um-

Im Härtetest

Outdoor-Kameras müssen unseren Härtetest aus Fallprüfung und Tauchgang überstehen. Wir simulieren die vom Anbieter genannte maximale Tauchtiefe für 15 Minuten in einer Tauchkammer. Alle getesteten Kameras blieben dicht und intakt. Auch den Falltest aus einem Meter Höhe auf Beton und einem Meter Höhe auf Wasser überstanden die Kameras ausnahmslos funktionsfähig.

FOTOS: PLAINPICTURE / DEEPOL / JAMIE GRILL; STIFTUNG WARENTEST

Wasserdichte Kompaktkameras 8/2020

Produkt	Mittlerer Onlinepreis (Euro) im August 2020	Wasserdicht/ Stoßfest bis (m)[1]	Geodaten speicherbar (GPS)	Bild mit automatischen Einstellungen 50 %	Video 10 %	Monitor 10 %	Handhabung 30 %	test-QUALITÄTSURTEIL 100 %
Fujifilm FinePix XP140	194	20/1,8	❑	○	⊖	+	○	BEFRIEDIGEND (2,9)
Nikon Coolpix W300	405	30/2,1	■	○*)	○	+	+	BEFRIEDIGEND (2,9)
Olympus Tough TG-5	430	15/2,1	■	○*)	○	+	+	BEFRIEDIGEND (3,0)
Olympus Tough TG-6	485	15/2,1	■	○*)	○	++	+	BEFRIEDIGEND (3,0)
Ricoh WG-6	355	20/2,0	■	○*)	○	+	○	BEFRIEDIGEND (3,4)
Ricoh WG-70	300	14/1,6	❑	○*)	○	○	○	BEFRIEDIGEND (3,5)
Ricoh WG-50	205	14/1,6	❑	⊖	○	○	⊖*)	AUSREICHEND (3,7)
Ricoh WG-60	235	14/1,6	❑	⊖*)	○	○	○	AUSREICHEND (3,7)
Panasonic Lumix DC-FT7	365	31/2,0	❑	⊖*)	⊖	○	○	AUSREICHEND (3,8)
Nikon Coolpix W150	163	10/1,8	❑	⊖*)	○	○	⊖	AUSREICHEND (4,4)
Canon IVY REC	129	2/2,0	❑	⊖*)	○	⊖	–*)	MANGELHAFT (4,6)

Alle Testergebnisse und Austattungsdetails online unter: **test.de/kameras**
Bewertungsschlüssel der Prüfergebnisse: ++ = Sehr gut (0,5–1,5). + = Gut (1,6–2,5). ○ = Befriedigend (2,6–3,5). ⊖ = Ausreichend (3,6–4,5). – = Mangelhaft (4,6–5,5). **Bei gleichem Qualitätsurteil Reihenfolge nach Alphabet.**
***) Führt zur Abwertung.** ■ = Ja. ❑ = Nein
1) Angabe laut Anbieter. **Einkauf der Prüfmuster:** 2017 bis 2020.

ständlich über eine App via Bluetooth aufs Smartphone übertragen werden. Die IVY REC ist ein witziges Gadget ohne ernsthafte Ansprüche, die Bildqualität ist mau.

Echte Alternative zur Action-Cam

Je teurer die Kamera, desto umfangreicher sind Ausstattung und Zubehör. Einige Modelle bieten Halterungen für verschiedene Sportarten, etwa um sie am Surfbrett zu befestigen. Ricoh hat für seine WG-Modelle 50, 60 und 70 die meisten davon auf Lager. ideos können sie auch. Damit sind sie eine echte Alternative zur Action-Cam, deren Fotoqualität meist schlechter ist als die der Outdoor-Kameras. Außerdem sind Action-Cam-Fotos extrem weitwinklig und oft verzerrt. Outdoor-Kameras haben dagegen ein kleines Zoomobjektiv, das auch für Nahaufnahmen und leichte Telefotos taugt.

Ernsthafte Begleiter auf Tauchgängen

Ab etwa 400 Euro finden sogar Taucher brauchbare Modelle. Gute Unterwasserfotos brauchen aber Licht. Da die Outdoor-Kameras nicht viel davon einfangen, empfehlen wir zusätzlich eine Tauchleuchte oder einen Unterwasserblitz. Nikon und Olympus bieten besonders reichhaltiges Zubehör an. Ein separater Unterwasserblitz kostet allerdings 500 bis 700 Euro. Lichtstarke Tauchlampen sind schon günstiger zu haben. ■

Unser Rat

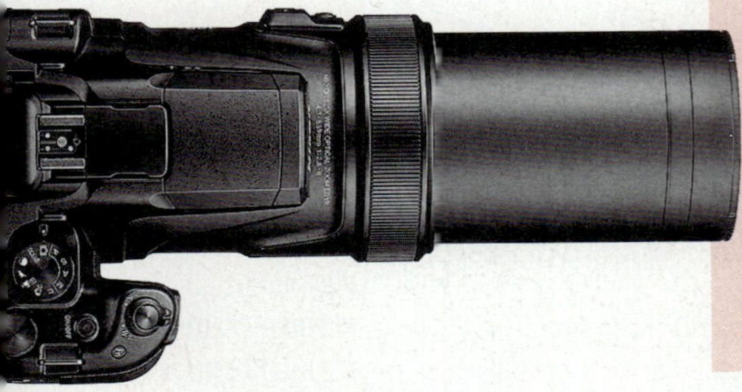

Extrem zoomstark sind die Großen: **Nikon Coolpix P1000** (900 Euro) und **P950** (840 Euro) mit 125-fach- und 83-fach-Zoom. Die besten Noten erhielt in dieser Gruppe die **Panasonic Lumix DC-FZ82** (284 Euro, 60-fach). Spezialist für die Jackentasche ist die schlanke **Canon PowerShot SX730 HS** (320 Euro). Ihr Objektiv hat einen 40-fachen Zoom.

Die Näherbringer

6/2020 Kameras mit Superzoom holen Motive nahe heran und liefern Details, die auf Smartphone-Fotos fehlen.

Kameras mit Superzoom setzen alle Motive groß ins Bild. So klar und detailreich erscheinen die Motive nur durch das optische Zoomobjektiv einer Kamera. Das Digitalzoom des Smartphones kann nicht mithalten. Kameras mit Superzoom taugen für Hochzeits- und Gruppenfotos ebenso wie für Detailaufnahmen von weit entfernten Motiven. Dieser Kameratyp ist ideal für die Reise, da das Superzoom fast alle Motive einfangen kann.

Große und Kleine qualitativ gleichauf

Wir haben alle Superzoomkameras getestet, die in den vergangenen drei Jahren auf den Markt kamen – von kleinen, flachen Modellen für die Jackentasche bis zu großen, deren Objektive in ausgefahrenem Zustand fast Unterarmlänge erreichen. Unser Kompass auf der folgenden Seite zeigt große und kleine Superzoomkameras. Große Modelle sind schwer und liegen ruhiger in der Hand. Kleine Modelle sind unauffälliger und leicht zu verstauen. Einen prinzipiellen Qualitätsunterschied gibt es nicht.

Große noch stärker im Zoom

Das stärkste Zoom hat die Nikon Coolpix P1000 mit ihrem 125-fach-Zoom. Die Bridgekamera ähnelt in der Bauform stark einer Systemkamera. Das mächtige Objektiv holt Motive bis zu 50-mal näher heran, als wir sie mit bloßem Auge sehen. Die beste kleine Kamera ist nur vier Zentimeter dick. Sie hat ein 40-fach-Zoom. Das reicht im Alltag und auf Reisen für fast alle Motive. ■

Was ist eine Superzoomkamera?

Eine Kompaktkamera mit einem besonders starken Zoomobjektiv. Das Objektiv ist nicht wechselbar, bringt aber alle Brennweiten mit: vom offenen Bildwinkel (Weitwinkel) für Gruppenaufnahmen bis zum starken Tele-Ausschnitt für Details. Die Kamera hat einen kleinen Bildsensor, ist billiger als eine Systemkamera mit Wechselobjektiven und steht in erster Linie für Fotos mit Automatik.

FOTO: NIKON

Kompaktkameras mit Superzoom 6/2020

Produkt	Mittlerer Onlinepreis ca. (Euro)	Zoomfaktor laut Anbieter	Tiefe (cm)	Bild mit automatischen Einstellungen 50 %	Video 10 %	Sucher und Monitor 10 %	Handhabung 30 %	test-QUALITÄTSURTEIL 100 %
Große Kameras								
Panasonic Lumix DC-FZ82	284	60	13,0	○*)	+	+	+	GUT (2,3)
Nikon Coolpix P1000	900	125	20,3	+	○	++	+	GUT (2,4)
Nikon Coolpix P950	840	83	15,6	○*)	○	++	+	GUT (2,5)
Sony Cyber-shot DSC-HX350	330	50	11,5	○*)	+	○	+	GUT (2,5)
Canon PowerShot SX430 IS	217	45	8,6	+	⊖	○	○	BEFRIEDIGEND (2,7)
Nikon Coolpix B600	295	60	10,5	○*)	○	+	+	BEFRIEDIGEND (2,9)
Kodak Pixpro AZ401	150	40	8,7	○	⊖	○	○	BEFRIEDIGEND (3,0)
Canon PowerShot SX70 HS	520	65	12,5	○*)	○	+	+	BEFRIEDIGEND (3,1)
Rollei Powerflex 350 WiFi	200	35	9,2	⊖*)	○	○	○	AUSREICHEND (3,7)
Sony Cyber-shot DSC-H300	191	35	9,8	⊖*)	⊖	○	⊖	AUSREICHEND (3,7)
Kodak Pixpro AZ527	255	52	10,5	⊖*)	○	+	○	AUSREICHEND (4,1)
Kleine Kameras								
Canon PowerShot SX730 HS	320	40	4,0	+	○	+	○	GUT (2,3)
Panasonic Lumix DC-TZ96	410	30	4,1	○*)	+	+	+	GUT (2,4)
Canon PowerShot SX740 HS	365	40	4,0	+	○	+	+	GUT (2,5)
Panasonic Lumix DC-TZ91	390	30	4,1	○*)	+	+	+	GUT (2,5)
Sony Cyber-shot DSC-HX99	455	28	3,6	○*)	○	+	+	BEFRIEDIGEND (2,6)
Sony Cyber-shot DSC-HX95	420	28	3,6	○*)	○	+	+	BEFRIEDIGEND (2,7)
Nikon Coolpix A1000	350	35	4,2	○*)	○	+	+	BEFRIEDIGEND (2,9)

Bewertungsschlüssel der Prüfergebnisse: ++ = Sehr gut (0,5–1,5). + = Gut (1,6–2,5). ○ = Befriedigend (2,6–3,5). ⊖ = Ausreichend (3,6–4,5). — = Mangelhaft (4,6–5,5). **Bei gleichem Qualitätsurteil Reihenfolge nach Alphabet.**
***) Führt zur Abwertung.**
Alle Modelle haben einen kleinen Bildsensor der Kompaktklasse, etwas größer als beim Smartphone, aber deutlich kleiner als bei hochwertigen Systemkameras. Onlinepreise ohne Versandkosten aus dem August 2020.
Alle Testergebnisse und Austattungsdetails online unter: **test.de/kameras**

Einkauf der Prüfmuster: 2017 bis 2020.

Unser Rat

Beste App im Test ist **Salfeld Kindersicherung**. Eine Jahreslizenz kostet 19,95 Euro. Kostenlos und gut bis sehr gut funktionieren die Lösungen von **Google** (Family Link) und **Apple** (Bildschirmzeit, Familienfreigabe). Ein guter Filter, um ungeeignete Webseiten zu blockieren und geeignete freizugeben (Black- und Whitelist), ist die Gratis-App **JusProg**.

Nur eine Hilfe, kein Schutz

9/2020 Kinderschutz-Apps können Eltern helfen, die Mediennutzung ihrer Kinder zu steuern. Aber nur zwei schneiden gut ab.

Was treibt der Nachwuchs so am Smartphone? „Besprechen Sie das mit Ihrem Kind", sagen Pädagogen. „Nutzen Sie unsere App", ergänzen die Anbieter von Kinderschutz-Apps. Die Programme sollen Eltern helfen, ihre Kinder zu schützen und zu kontrollieren. Sie können Webseiten blockieren, die etwa Sex, Gewalt und Waffen zeigen. Sie können die Bildschirmzeit für Kinder auf ein gesetztes Limit begrenzen und die Ausführung nicht altersgerechter Apps blockieren. Die meisten bieten auch eine Standortverfolgung an. Sie observieren den Nachwuchs via GPS-Satellitensignal, manche informieren die Eltern sogar, wenn das Kind von vereinbarten Wegen abweicht.

Von gratis bis 71 Euro

Wir haben neun sogenannte Kinderschutz-Anwendungen getestet: vom kostenlosen Webfilter JusProg bis zur Wondershare Famisafe App für rund 71 Euro im Jahr und bedenklicher Überwachungsfunktion. Sie schneidet wie drei weitere Programme nur ausreichend ab.

Der etwas altertümlich gestaltete Gratis-Webfilter JusProg ist gut. Per Black- und Whitelist sorgt er dafür, dass Kinder nur geeignete Webseiten auf den Schirm bekommen. Testsieger ist Salfeld Kindersicherung (KiSi). KiSi ist positiv und motivierend gestaltet, setzt auf das Gespräch zwischen Eltern und Kind, weniger auf Verbot und Kontrolle. Bei den meisten anderen Apps fehlt pädagogische Unterstützung für Eltern und Kind.

Apple: Alles an Bord
Auf iPhone und iPad funktioniert der volle Kinderschutz allein mit den ins Betriebssystem iOS und iPadOS integrierten Funktionen. Eltern können zum Beispiel ein Zeitlimit für Spiele setzen und die Surfzeit begrenzen. Die Kinderschutz-Apps von Drittanbietern bekommen auf Apple-Geräten dagegen zu wenig Rechte. Sie können helfen, aber kaum wirksam in die Mediennutzung eingreifen.

FOTO: WESTEND61 / JAN TEPASS

Kinderschutz-Apps 9/2020

Produkt	Preis für eine Jahreslizenz (Euro)	Kostenlose Testversion	Nutzungsdauer der Testversion	Funktionsumfang 35 %	Familienorientierung 30 %	Pädagogische Unterstützung 25 %	Basisschutz persönlicher Daten 10 %	test-QUALITÄTSURTEIL 100 %
Android								
Salfeld Kindersicherung	19,95[1]	■	30 Tage	++	+	+	○	GUT (2,0)
Kaspersky Safe Kids[2]	14,99	■	7 Tage	++	○	○	○	BEFRIEDIGEND (2,6)
Google Family Link	Kostenlos			+	○	⊖	⊖	BEFRIEDIGEND (2,8)
McAfee Safe Family[2]	49,99	■	30 Tage	+	⊖	–	⊖	AUSREICHEND (3,6)
Norton Family[2]	39,99	■	180 Tage	○	⊖	–	⊖	AUSREICHEND (3,8)
Qustodio[2]	42,95	■	3 Tage	○	⊖	–	⊖	AUSREICHEND (3,9)
Wondershare Famisafe[2]	71,39	❑	Entfällt	+	–	–	⊖	AUSREICHEND (3,9)
iOS								
Apple iOS[3]	Kostenlos			++	+	–	⊖	BEFRIEDIGEND (2,9)
Android/iOS								
JusProg Jugendschutzprogramm[4]	Kostenlos			+	○	++	⊖	GUT (2,4)

Bewertungsschlüssel der Prüfergebnisse: ++ = Sehr gut (0,5–1,5). + = Gut (1,6–2,5). ○ = Befriedigend (2,6–3,5). ⊖ = Ausreichend (3,6–4,5). – = Mangelhaft (4,6–5,5). **Bei gleichem Qualitätsurteil Reihenfolge nach Alphabet.**
■ = Ja. ❑ = Nein.

1) Preis für eine Jahreslizenz für ein Gerät. **2)** Auch für Apple iOS erhältlich, mit reduziertem Funktionsumfang. Apples Betriebssystem iOS erlaubt es Drittanbieter-Apps nicht, andere Apps zu blockieren oder zu reglementieren.
3) Die getesteten Funktionen Bildschirmzeit und Familienfreigabe sind Bestandteile des Betriebssystems iOS, keine separaten Apps. **4)** Webfilter zur Blockade und Freigabe von Webseiten (Blacklist und Whitelist).

Erhebungszeitraum: März bis Juni 2020.

Grenzen der Apps

Die Bezeichnung Kinderschutz-App ist zu hoch gegriffen. Die Apps helfen Eltern bei der Kontrolle. Umfassend schützen können sie das Kind nicht. Keine App vermag es, Mobbing oder Kontakte zu Fremden zu verhindern. Anzüglichkeiten oder Übergriffe erkennen die Apps nicht. Mit einer Ausnahme: Famisafe von Wondershare kann Chatverläufe nach Schlüsselworten analysieren. Bedenklich daran: Es wäre eine schwere Verletzung von Privatsphäre und Persönlichkeitsrechten des Kindes, wenn die Eltern es heimlich überwachen würden. Experten warnen davor.

Medienkompetenz kann nur durch behutsames Vermitteln der Eltern und durch Erfahrung entstehen. Kinder müssen die Freiheiten des Internets entdecken können und eigene Medienkompetenz entwickeln. Eine Fähigkeit, die sie schließlich vor Fallen und Angriffen im Netz schützen kann. ■

Unser Rat

Der beste In-Ohr-Kopfhörer mit ANC: **Sony WF-1000XM3** (208 Euro). Die besten ohne ANC: **JBL Reflect Flow** (137 Euro) und **Plantronics Backbeat Pro 5100** (180 Euro). Der beste Bügelkopfhörer mit ANC: **Sennheiser Momentum Wireless (3. Generation)** für 350 Euro. Der beste ohne ANC: **Bang & Olufsen Beoplay H4 (2. Generation)** (262 Euro).

Für jeden was dabei

4+5+9/2020 Mehr als 150 Bluetooth-Kopfhörer haben wir mittlerweile vergleichbar geprüft. Unsere Auswahl zeigt die besten Modelle.

Kopfhörer sind für viele aus dem Alltag kaum noch weg zu denken. Dank ihnen können Nutzer beim Sport, in der U-Bahn oder entspannt auf der Couch Musik, Podcast oder Hörbuch genießen, ohne dass andere gleich mit beschallt werden. Je nach Einsatzzweck und persönlichem Geschmack kommen ganz unterschiedliche Modelle infrage. Wir helfen bei der Wahl.

Erste Frage: Groß oder klein?

Auf dem Weg zum neuen Kopfhörer ist die wichtigste Ausgangsfrage die Frage nach der Bauform. Grundsätzlich sollten sich Nutzer zunächst entscheiden, ob sie lieber einen großen Bügelkopfhörer oder einen kleinen In-Ohr-Kopfhörer benutzen möchten. Beide Bauformen haben ihre Stärken und Schwächen. Die kleinen In-Ohr-Kopfhörer erfreuen sich am Markt immer stärker wachsender Beliebtheit. Das dürfte auch daran liegen, dass sie beim Klang mittlerweile mit den großen Kopfhörern mithalten können. Trendprodukte wie Apples Airpods sind zudem „true wireless", kommen also komplett ohne Kabel aus – Minimalismus pur. Besonders wer viel unterwegs ist, weiß zu schätzen, wie gut sich die Kleinen In-Ohr-Geräte dank ihrer Leichtigkeit transportieren lassen. Auch beim Sport stören sie weniger und ambitionierte Läufer oder Kletterer bewahren mit ihnen leichter einen kühlen Kopf.

Bei der Akkulaufzeit haben die Kleinen allerdings das Nachsehen. Sie bieten viel weniger Platz für einen üppigen Stromspei- ▶

Geräusche ausblenden mit ANC

Die Abkürzung ANC steht für Active Noise Cancelling, englisch für Aktive Geräuschreduzierung. Geräte mit diesem Ausstattungsmerkmal können dank eingebautem Mikrofon nervige Außengeräusche, etwa Straßenlärm oder das Grundrauschen im Flugzeug, ausblenden. Die Mikrofone nehmen die Außengeräusche auf und geben den passenden Gegenschall aufs Ohr, um den Lärm zu neutralisieren.

ILLUSTRATION: GETTY IMAGES, FOTO: STIFTUNG WARENTEST / THOMAS VOSSBECK [M]

Die besten In-Ohr-Kopfhörer 4/2020

Produkt	Mittlerer Preis ca. (Euro)	Komplett kabellos (True Wireless)	Ton	Störeinflüsse	Tragekomfort und Handhabung	Bluetooth	Haltbarkeit	Schadstoffe	Datensendeverhalten der App	test-QUALITÄTSURTEIL
			55 %	5 %	25 %	10 %	5 %	0 %	0 %	100 %
Mit aktiver Geräuschreduzierung (ANC)										
Sony WF-1000XM3	208,00	■	+	+	+	+	++	++	**kritisch**	**GUT (1,8)**
Apple Airpods Pro	271,00	■	+	++	+	○	++	++	Entfällt	**GUT (2,0)**
Libratone Track+	142,00	❑	+	○	+	○	++	++	**kritisch**	**GUT (2,0)**
Ohne aktiver Geräuschreduzierung (ANC)										
JBL Reflect Flow	137,00	■	+	++	+	+	++	++	Entfällt	**GUT (1,7)**
Plantronics Backbeat Pro 5100	180,00 1)	■	+	++	+	+	++	++	**kritisch**	**GUT (1,7)**
Sennheiser Momentum Free	113,00	❑	+	+	+	○	++	++	**unkritisch**	**GUT (1,8)**
Adidas FWD-01	144,00	❑	+	+	+	+	++	++	**unkritisch**	**GUT (1,9)**
Beats by dr. dre Powerbeats Pro	241,00	■	+	+	+	+	+	++	Entfällt	**GUT (1,9)**
Bose Soundsport Wireless	130,00	❑	+	+	+	+	+	++	Entfällt	**GUT (1,9)**
Bowers & Wilkins PI3	188,00	❑	+	+	+	○	+	++	**unkritisch**	**GUT (1,9)**
Sennheiser Momentum True Wireless	250,00	■	+	+	+	○	++	++	**unkritisch**	**GUT (1,9)**
AKG N200	138,00	❑	+	+	+	○	+	++	Entfällt	**GUT (2,0)**
Bose Soundsport Free Wireless	166,00	■	+	○	+	○	++	++	Entfällt	**GUT (2,0)**
Jaybird Vista	179,00 1)	■	+	+	+	○	++	++	**kritisch** 2)	**GUT (2,0)**
Samsung Galaxy Buds	120,00	■	+	++	+	○	++	++	**kritisch**	**GUT (2,0)**
Apple Airpods (2019)	157,00	■	+	+	+	○	++	++	Entfällt	**GUT (2,1)**
Cellular Line Petit	66,00 1)	■	+	++	+	○	++	++	Entfällt	**GUT (2,1)**
Jabra Elite 75t	179,00	■	+	+	+	○	++	++	**kritisch** 2)	**GUT (2,1)**
JBL Endurance Peak	94,50	■	+	+	+	○	+	++	Entfällt	**GUT (2,1)**
JBL Live 220BT	76,50	❑	+	+	+	+	++	+	**unkritisch**	**GUT (2,1)**

Bewertungsschlüssel der Prüfergebnisse: ++ = Sehr gut (0,5–1,5). + = Gut (1,6–2,5). ○ = Befriedigend (2,6–3,5). ⊖ = Ausreichend (3,6–4,5). — = Mangelhaft (4,6–5,5). **Bei gleichem Qualitätsurteil Reihenfolge nach Alphabet.**
Datensendeverhalten: unkritisch, kritisch, sehr kritisch. ■ = Ja. ❑ = Nein. **1)** Von uns bezahlter Einkaufspreis.
2) Urteil betrifft die iOS-App, die Android-App war nicht bewertbar, da nicht vollständig entschlüsselbar.
Einkauf der Prüfmuster: Juni 2018 bis Dezember 2019.

Die besten In-Ohr-Kopfhörer bis 65 Euro 5/2020

Produkt	Mittlerer Online-preis ca. (Euro)	Ganz ohne Kabel (True Wireless)	Ton	Störeinflüsse	Tragekomfort und Handhabung	Bluetooth	Haltbarkeit	Schadstoffe	test-QUALITÄTSURTEIL
			55 %	5 %	25 %	10 %	5 %	0 %	100 %
Cellular Line Petit	60,50	■	+	++	+	○	++	++	GUT (2,1)
Isy IBH-3600-BK	40,00	☐	+	+	+	○	++	++	GUT (2,2)
Sony WI-C300	40,00	☐	+	○	+	+	++	++	GUT (2,2)
Sony WI-XB400	59,00	☐	+	+	+	+	++	++	GUT (2,2)
JBL Reflect MINI 2	62,50	☐	+	+	+	+	++	++	GUT (2,3)
JBL Tune 115BT	42,00	☐	+	+	+	+	++	++	GUT (2,3)
Panasonic RP-NJ310BE	33,50	☐	○	+	++	+	++	+	GUT (2,3)
JBL Tune 110 BT	33,00	☐	○	+	+	○	++	++	GUT (2,5)
Skullcandy Sesh	61,00	■	+	++	+	⊖*)	++	++	GUT (2,5)
Panasonic RP-HTX20B Jump	55,00	☐	○	+	+	+	+	++	BEFRIEDIGEND (2,6)
Panasonic RP-BTS35E-K	45,00	☐	○	○	○	○	+	+	BEFRIEDIGEND (2,7)
Fresh 'n Rebel Band-It	35,00	☐	○	+	○	○	++	+	BEFRIEDIGEND (3,0)
Sony WI-SP500	53,50	☐	○	+	○	+	⊖*)	++	BEFRIEDIGEND (3,1)

Bewertungsschlüssel der Prüfergebnisse: ++ = Sehr gut (0,5–1,5). + = Gut (1,6–2,5). ○ = Befriedigend (2,6–3,5). ⊖ = Ausreichend (3,6–4,5). – = Mangelhaft (4,6–5,5). **Bei gleichem Qualitätsurteil Reihenfolge nach Alphabet.**
***) Führt zur Abwertung.** ■ = Ja. ☐ = Nein. **Einkauf der Prüfmuster:** Juni 2018 bis Dezember 2019.

cher und müssen daher sehr viel häufiger nachgeladen werden.

Die längere Akkulaufzeit ist eine der größten Stärken der Bügelkopfhörer. Zudem hängt bei ihnen die Tonqualität nicht so entscheidend davon ab, wie die Geräte im Ohr sitzen, da sie bequem auf dem Ohr sitzen oder es komplett umschließen. Die Kleinen klingen nur richtig gut, wenn sie tief und fest im Ohr sitzen. Dieses Tragegefühl mag aber längst nicht jeder Anwender. Die Großen haben noch einen Vorteil: Viele lassen sich auch per Kabel weiternutzen, wenn der Akku einmal leer ist. Das ist bei den kleinen In-Ohr-Modellen ausgeschlossen.

Zweite Frage: Mit oder ohne ANC?

Sind Kopfhörerinteressierte sich über die Bauform im Klaren, sollten sie darüber nachdenken, ob der Kopfhörer eine aktive Geräuschunterdrückung, kurz ANC (siehe Kasten), bieten sollte. Kopfhörer mit ANC schirmen den Träger dank ausgefeilter Technik von anstrengenden und nervigen Außengeräuschen ab. Im Flugzeug oder Großraumbüro mag das durchaus erwünscht sein und sorgt für angenehme Ruhe. Im Straßenverkehr sollte man dieses Feature tunlichst nicht nutzen, ist es dort doch von großer Wichtigkeit, seine Umwelt akustisch wahrzunehmen. Bei den meisten Kopfhörern lässt sich die Geräuschredu-

Die besten Bügelkopfhörer mit ANC 9/2020

Produkt	Mittlerer Preis ca. (Euro)	Ton	Störeinflüsse	Tragekomfort und Handhabung	Bluetooth	Haltbarkeit	Schadstoffe	Datensendeverhalten der App	test-QUALITÄTSURTEIL
		55 %	5 %	25 %	10 %	5 %	0 %	0 %	100 %
Sennheiser Momentum Wireless (3. Generation)	350	++	○	+	○	++	++	**unkritisch**	**GUT (1,7)**
Bose Bose Noise Cancelling Headphones 700	277	+	+	+	+	++	++	**kritisch**	**GUT (1,8)**
Bowers & Wilkins PX5	216	+	○	+	+	++	+	**unkritisch**	**GUT (1,8)**
Sennheiser PXC 550-II Wireless	291 1)	+	+	+	○	++	++	**unkritisch**	**GUT (1,9)**
Sony WH-1000XM3	259	+	+	+	+	++	++	**kritisch**	**GUT (1,9)**
AKG N700 NC	260	+	○	+	○	++	++	**unkritisch**	**GUT (2,0)**
Bang & Olufsen Beoplay H8i	286	+	+	○	○	++	++	**kritisch**	**GUT (2,0)**
Skullcandy Venue	166	+	+	+	○	+	○	**kritisch**	**GUT (2,0)**
Sony WH-CH700N	113	+	○	+	+	++	++	Entfällt	**GUT (2,0)**
Sony WH-H910N	247	+	+	+	+	+	+	**kritisch**	**GUT (2,0)**

Bewertungsschlüssel der Prüfergebnisse: ++ = Sehr gut (0,5–1,5). + = Gut (1,6–2,5). ○ = Befriedigend (2,6–3,5). ⊖ = Ausreichend (3,6–4,5). — = Mangelhaft (4,6–5,5). **Bei gleichem Qualitätsurteil Reihenfolge nach Alphabet.**
Datensendeverhalten: unkritisch, kritisch, sehr kritisch.
1) Mittlerer Onlinepreis ohne Versandkosten (Stand: 14.07.2020). **Einkauf der Prüfmuster:** Juni 2018 bis April 2020.

zierung daher auch abschalten. Käufer sollten sich allerdings klarmachen, dass Modelle mit ANC meist etwas höherpreisiger sind als Geräte ohne dieses Ausstattungsmerkmal.

Dritte Frage: Welches Budget?

Unter den Bügelkopfhörern gibt es einige erschwingliche Geräte mit gutem Ton (siehe Tabellen). Der beste unter den günstigen In-Ohr-Kopfhörern, der Cellular Line Petit etwa, kostet nur 60,50 Euro. Einen guten Bügelkopfhörer mit aktiver Geräuschunterdrückung gibts mit dem Isy IBH-7000 für 80 Euro.

Die Topmodelle sind deutlich teurer. So kostet der beste In-Ohr-Kopfhörer mit aktiver Geräuschunterdrückung, der Sony WF-1000XM3, stolze 208 Euro. Noch teurer sind in dieser Produktklasse die Apple Airpods Pro, die mit gut 270 Euro zu Buche schlagen.

Das gleiche Bild bei den Bügelkopfhörern. Der Teuerste ist auch gleichzeitig der Beste: Der Sennheiser Momentum Wireless (3. Generation) kostet aber teure 350 Euro. Als einziger liefert er einen sehr guten brillanten Ton. Fast ebenbürtig klingt der Bang & Olufsen BeoplayH4 (2. Generation) ohne aktive Geräuschunterdrückung. Mit 262 Euro ist auch er kein Schnäppchen. ▸

Die besten Bügelkopfhörer ohne ANC 9/2020

Produkt	Mittlerer Preis ca. (Euro)	Ton	Störeinflüsse	Tragekomfort und Handhabung	Bluetooth	Haltbarkeit	Schadstoffe	Datensendeverhalten der App	test-QUALITÄTSURTEIL
		55 %	5 %	25 %	10 %	5 %	0 %	0 %	100 %
Bang & Olufsen Beoplay H4 (2. Generation)	262,00 1)	+	+	+	○	++	++	**kritisch 2)**	**GUT (1,9)**
Sony WH-XB700	112,00	+	+	+	+	++	++	Entfällt	**GUT (2,1)**
JBL Live 500BT	101,00	+	+	+	+	++	++	Entfällt	**GUT (2,2)**
Sennheiser HD 350BT	90,00	+	+	+	+	++	++	**unkritisch**	**GUT (2,2)**
Teufel Real Blue	166,00 3)	+	+	○	+	+	○	Entfällt	**GUT (2,2)**
Urbanears Pampas	146,00 1)	+	+	+	+	+	+	Entfällt	**GUT (2,2)**
Skullcandy Crusher Wireless	133,00	+	○	○	+	+	++	Entfällt	**GUT (2,3)**
Marshall Major III Bluetooth	81,00	+	+	+	+	+	+	Entfällt	**GUT (2,4)**
Plantronics Backbeat Fit 6100	170,00 3)	○	+	+	+	+	+	**kritisch**	**GUT (2,4)**
Sony WH-H800	102,00	+	+	○	○	+	+	Entfällt	**GUT (2,4)**
AKG Y500 Wireless	88,50	○	+	+	++	++	+	Entfällt	**GUT (2,5)**
JBL UA Sport Wireless Train	172,00	+	+	○	+	+	++	Entfällt	**GUT (2,5)**
Pioneer DJ HDJ-X5BT	132,00	○	+	○	○	++	+	Entfällt	**GUT (2,5)**
Plantronics Backbeat Go 600	87,50 1)	+	+	○	+	+	++	Entfällt	**GUT (2,5)**

Bewertungsschlüssel der Prüfergebnisse: ++ = Sehr gut (0,5–1,5). + = Gut (1,6–2,5). ○ = Befriedigend (2,6–3,5). ⊖ = Ausreichend (3,6–4,5). — = Mangelhaft (4,6–5,5). **Bei gleichem Qualitätsurteil Reihenfolge nach Alphabet.**
Datensendeverhalten: unkritisch kritisch, sehr kritisch. **1)** Mittlerer Onlinepreis ohne Versandkosten (Stand: 14.07.2020). **2)** Urteil betrifft die Android-App, die iOS-App war nicht bewertbar, da nicht vollständig entschlüsselbar. **3)** Preis laut Anbieter-Webseite. **Einkauf der Prüfmuster:** Juni 2018 bis April 2020.

Eine Viertelstunde Probetragen

Ob der Ton einem zusagt und erst recht, wie bequem der Kopfhörer sich anfühlt, ist auch immer eine Frage des individuellen Geschmacks. Käufer tun deshalb gut daran, einen Kopfhörer im Laden auszuprobieren. Am besten nicht nur kurz, sondern über längere Zeit. Besonders In-Ohr-Kopfhörer müssen buchstäblich erst warm werden mit dem Ohr. Erst nach zirka 15 bis 30 Minuten sind die Gummis der Ohrpassstücke entsprechend weich, um beurteilen zu können, ob der Kopfhörer gleichzeitig bequem und fest genug sitzt. Ohnehin ist es gut, wenn verschiedene Ohrpassstücke beiliegen, um den Kopfhörer an die Gegebenheiten des eigenen Ohres anzupassen.

Auch bei Bügelkopfhörern merken die Tragenden nicht sofort, sondern erst nach einer gewissen Zeit, wo es drückt und klemmt. Wir empfehlen deshalb, sie ebenfalls etwas längere Zeit zur Probe zu tragen. So lässt sich auch die Wärmeentwicklung der Ohrpolster besser einschätzen.

Die besten Bügelkopfhörer bis 100 Euro 9/2020

Produkt	Mittlerer Preis ca. (Euro)	Ton	Störeinflüsse	Tragekomfort und Handhabung	Bluetooth	Haltbarkeit	Schadstoffe	test-QUALITÄTSURTEIL
		55 %	5 %	25 %	10 %	5 %	0 %	100 %
Sennheiser HD 350BT[1)]	90,00	+	+	+	+	++	++	**GUT (2,2)**
Marshall Major III Bluetooth	81,00	+	+	+	+	+	+	**GUT (2,4)**
AKG Y500 Wireless	88,50	○	+	+	++	++	+	**GUT (2,5)**
Isy IBH-7000	80,00[2)]	○	+	+	○	++	+	**GUT (2,5)**
Plantronics Backbeat Go 600	87,50[3)]	+	+	○	+	+	++	**GUT (2,5)**
Panasonic RP-HF410BE	43,50	○	+	+	+	○	++	**BEFRIEDIGEND (2,6)**
Panasonic RP-HTX80BE	61,50	○	+	+	○	+	++	**BEFRIEDIGEND (2,6)**
Skullcandy Riff Wireless	50,00	+	+	○	○	⊖*)	++	**BEFRIEDIGEND (2,6)**
Sony WH-CH500	41,50	○	+	+	○	+	++	**BEFRIEDIGEND (2,6)**
Sony WH-CH510	39,50	○	+	+	+	+	++	**BEFRIEDIGEND (2,6)**
JBL Tune 500BT	43,00	○	+	+	+	+	+	**BEFRIEDIGEND (2,7)**
Fresh 'n Rebel Clam	76,50	○	+	+	○	+	+	**BEFRIEDIGEND (2,8)**
Panasonic RP-HF400BE	35,00	○	+	○	○	+	○	**BEFRIEDIGEND (2,8)**
JBL Tune 750BTNC	100,00	+	++	+	○	++	⊖*)4)	**BEFRIEDIGEND (3,0)**

Bewertungsschlüssel der Prüfergebnisse: ++ = Sehr gut (0,5–1,5). + = Gut (1,6–2,5). ○ = Befriedigend (2,6–3,5). ⊖ = Ausreichend (3,6–4,5). — = Mangelhaft (4,6–5,5). **Bei gleichem Qualitätsurteil Reihenfolge nach Alphabet.**
***) Führt zur Abwertung. 1)** Für diesen Kopfhörer steht eine Bedien-App des Anbieters zur Verfügung. Das Datensendeverhalten der App bewerten wir als unkritisch. **2)** Von uns bezahlter Einkaufspreis. **3)** Mittlerer Onlinepreis ohne Versandkosten (Stand: 14.07.2020). **4)** Hohe Mengen Naphtalin im Ohrpolster. **Einkauf der Prüfmuster:** Juni 2018 bis April 2020.

Besonders im Sommer kann es unangenehm warm werden.

Hörprobe mit Lieblingsmusik

Um den Klang zu beurteilen, sollten Käufer am besten ein Musikstück abspielen, das sie gut kennen. Dann fällt sofort auf, ob der Bass fehlt oder zu stark ist oder ob die Höhen unsauber klingen.

Nicht ganz unwichtig ist auch die Frage, wie gut sich Kopfhörer reinigen lassen. Bei In-Ohr-Kopfhörern ist es auch aus hygienischen Gründen gut, wenn Besitzer die Ohrpassstücke wechseln können. Bei Bügelkopfhörern sollten Käufer, die auf Hygiene besonders viel Wert legen, darauf achten, dass sich die Ohrpolster austauschen lassen und nicht fest verklebt sind.

Außerdem ist es gut, wenn es möglichst glatte Oberflächen gibt, die sich gut abwischen lassen, um etwa nach schweißtreibenden Tätigkeiten die Kopfhörer zu reinigen. Bei guter Pflege hält der neue Kopfhörer hoffentlich lange durch und macht seinem Besitzer viel Freude mit Musik, Hörbüchern oder Podcasts. ■

Unser Rat

Den sattesten Klang bietet der **Teufel Rockster Cross**. Er ist allerdings ein echtes Schwergewicht und mit einem Preis von 300 Euro kein Schäppchen. Den besten Klang in der Mittelklasse von 500 bis 1 000 Gramm liefert der **B&O Beoplay P6** für 276 Euro. Guten Ton bei weniger als 500 Gramm Gewicht schafft nur der **JBL Flip Essential**. Er kostet: 74 Euro.

Toller Sound für unterwegs

8/2020 Dank eingebautem Akku spielen Bluetooth-Boxen Musik auch fernab der Steckdose. Den besten Ton liefert eine schwere von Teufel.

Seit 2018 haben wir insgesamt 47 Bluetooth-Lautsprecher vergleichbar geprüft. Die Produktvielfalt ist enorm. Sie kommen in rund und eckig daher, in bunten Farben, mit Leuchteffekten – und in ganz unterschiedlichen Gewichts- und Preisklassen.

Aus allen geprüften Modellen zeigen wir auf diesen Seiten 34 Bluetooth-Boxen: sämtliche im Jahr 2020 geprüften sowie die besten aus früheren Tests. Wir haben sie in drei Gewichtsklassen sortiert. Geräte, die schwerer als ein Kilogramm sind, Mittelgewichte zwischen 500 und 1000 Gramm wiegen, die weniger als ein Pfund auf die Waage bringen. Sie kosten zwischen 41 und 300 Euro.

Der mit 300 Euro teuerste im Feld ist der Testsieger Teufel Rockster Cross. Er überzeugt mit dem besten Ton und einem lebendigen Klang, gehört mit 2450 Gramm aber zu den Kaventsmännern. Kaum leichter, aber fast 100 Euro günstiger, ist der Zweitplatzierte JBL Xtreme 2. Der Klang ist vergleichbar erstklassig.

Das Volumen ist bei Lautsprecherboxen ein wichtiger Faktor für tollen Ton. Besonders tiefe Bässe brauchen einen gewissen Resonanzraum, um sich zu entfalten. Zudem ermöglichen es größere Lautsprecher eher, ein ausgewogenes Klangbild zu erreichen. Kein Wunder also, dass der voluminöse und schwere Teufel Rockster Cross in dieser Disziplin besonders brilliert. Während die üppigen Ausmaße im heimischen Garten kaum stören, zeigt sich beim Sommerausflug der entscheidende Nachteil. Für die

Als Powerbank nutzbar
Einige Boxen, etwa von Cambridge Audio, Dockin, Fresh 'n Rebel, JBL, Marshall, Sony, Swisstone und Teufel, lassen sich als Powerbank verwenden. Besitzer können unterwegs per Kabel ihr Smartphone anschließen und aufladen. Das wirkt sich natürlich auf die Akkulaufzeit der Box aus. Auch wer die Musik auf volle Lautstärke aufdreht, verkürzt die Laufzeit des Lautsprechers.

FOTOS: STIFTUNG WARENTEST / RALPH KAISER

Bluetooth-Lautsprecher I 8/2020

Produkt	Gewicht (Gramm)	Breite x Höhe x Tiefe ca. (cm)	Mittlerer Preis ca. (Euro)	Ton 65 %	Akku 20 %	Handhabung 10 %	Stabilität 5 %	test-QUALITÄTSURTEIL 100 %	Zuerst veröffentlicht in test
Die Schwergewichte (ab 1000 Gramm)									
Teufel Rockster Cross	2450	39 x 15 x 13	300 1)	++	+	○	++	SEHR GUT (1,4)	8/2020
JBL Xtreme 2	2300	29 x 14 x 13	209	++	+	○	+	SEHR GUT (1,5)	8/2020
Marshall Stockwell II	1349	16 x 18 x 7	186	+	++	+	++	GUT (2,0)	8/2020
Sony SRS-XB41	1443	29 x 11 x 11	149	+	++	○	++	GUT (2,2)	1/2019
Dockin D Cube	1103	10 x 18 x 10	86	+	○	+	++	GUT (2,4)	8/2019
Swisstone BX 580 XXL	2550	32 x 14 x 13	100	+	○	○	+	GUT (2,4)	8/2020
Fresh 'n Rebel Rockbox Bold L	1286	27 x 12 x 12	106	○	○	+	+	BEFRIED. (2,6)	1/2019
Ikea Eneby Art.-Nr. 804.013.86	1821	20 x 21 x 9	70 2)	○	++	+	++	BEFRIED. (2,6)	1/2019
LG PK5	1199	22 x 13 x 13	107	○	○	+	++	BEFRIED. (2,6)	1/2019
JBL Pulse 4	1266	10 x 21 x 10	194	+	+	○	⊖*)	BEFRIED. (2,8)	8/2020
Cambridge Audio Yoyo (S)	1211	25 x 13 x 7	137	++	⊖*)	○	++	BEFRIED. (2,9)	1/2019

Bewertungsschlüssel der Prüfergebnisse: ++ = Sehr gut (0,5–1,5). + = Gut (1,6–2,5). ○ = Befriedigend (2,6–3,5). ⊖ = Ausreichend (3,6–4,5). — = Mangelhaft (4,6–5,5). **Bei gleichem Qualitätsurteil Reihenfolge nach Alphabet.**
***) Führt zur Abwertung.**
1) Preis laut Anbieter-Website. **2)** Preis laut Anbieter-Website inklusive Akku.
Einkauf der Prüfmuster: August 2018 bis April 2020.

Strandtasche oder den Wanderrucksack dürfte der Rockster Cross vielen zu schwer sein – trotz mitgeliefertem Tragegurt.

Sehr guter Ton unter 1 000 Gramm

Wer auch unterwegs nicht auf besten Ton verzichten will, findet mit dem B&O Beoplay P6 einen guten Kompromiss aus tollem Klang und annehmbarem Gewicht. Er klingt ebenfalls sehr gut, ist aber mit 996 Gramm deutlich leichter zu transportieren als der Teufel. Allerdings kostet er mit 276 Euro fast genauso viel.

Deutlich günstiger und leichter ist der JBL Flip Essential. Er schlägt mit nur 74 Euro zu Buche und wiegt gerade mal knapp die Hälfte des Beoplay. So passt er auch ohne Probleme in die Fahrradtasche. Als einzigem unter 500 Gramm gelingt ihm knapp ein guter Ton. Sein Akku hält bei normaler Lautstärke ordentliche 28 Stunden durch. So gelingen lange Musikabende. ■

Bluetooth-Lautsprecher II 8/2020

Produkt	Mittlerer Preis ca. (Euro)	Gewicht (Gramm)	Ton 65 %	Akku 20 %	Handhabung 10 %	Stabilität 5 %	test-QUALITÄTSURTEIL 100 %	Zuerst veröffentlicht in test
Die Leichtgewichte (bis 500 Gramm)								
JBL Flip Essential	74	467	+	+	○	++	GUT (2,4)	8/2020
Teufel Boomster Go	100 1)	358	○	○	+	++	BEFRIED. (2,6)	8/2020
Ultimate Ears UE Wonderboom 2	84	423	○	+	○	+	BEFRIED. (2,6)	8/2020
Bose SoundLink Micro	98	289	○	○	+	++	BEFRIED. (2,7)	8/2019
JBL Clip 3	49	211	○	+	+	++	BEFRIED. (2,7)	8/2019
Fresh n Rebel Rockbox Bold XS	41	209	○	+	○	++	BEFRIED. (2,8)	8/2020
B&O Beoplay P2	131	271	○	⊖*)	○	++	BEFRIED. (2,9)	8/2019
Die Mittelgewichte (500 bis 1000 Gramm)								
B&O Beoplay P6	276	996	++	○	+	++	GUT (1,7)	1/2019
Bose SoundLink Revolve Plus	255	911	+	+	+	++	GUT (1,8)	1/2019
B&O Beoplay A1	220	580	+	○	+	++	GUT (2,0)	1/2019
Bose SoundLink Revolve	165	677	+	+	+	++	GUT (2,1)	1/2019
JBL Charge 4	160	959	+	+	○	++	GUT (2,1)	8/2019
JBL Flip 5	106	548	+	+	○	++	GUT (2,2)	8/2020
JBL Charge 3	136	779	+	+	○	++	GUT (2,3)	1/2019
JBL Pulse 3	180	932	+	+	○	++	GUT (2,3)	1/2019
Sony SRS-XB32	133	913	○	++	○	++	GUT (2,4)	8/2020
Teufel Rockster Go	150 1)	757	+	○	○	++	GUT (2,4)	8/2019
Ultimate Ears UE Megaboom 3	149	923	+	+	○	++	GUT (2,4)	8/2019
Anker Soundcore Flare	74	571	○	+	○	++	GUT (2,5)	8/2019
Ultimate Ears UE Boom 3	124	611	○	+	○	++	GUT (2,5)	8/2019
Dockin D Mate	109	838	○	○	+	++	BEFRIED. (2,6)	1/2019
Canton Musicbox XS	137	755	+	⊖*)	+	++	BEFRIED. (2,8)	1/2019
Sony SRS-XB21	93	536	○	○	○	++	BEFRIED. (2,9)	1/2019

Bewertungsschlüssel der Prüfergebnisse: ++ = Sehr gut (0,5–1,5). + = Gut (1,6–2,5). ○ = Befriedigend (2,6–3,5). ⊖ = Ausreichend (3,6–4,5). — = Mangelhaft (4,6–5,5). **Bei gleichem Qualitätsurteil Reihenfolge nach Alphabet.**
***) Führt zur Abwertung.** Alle Geräte wurden einem Beregnungstest unterzogen. Sofern der Anbieter eine Schutzart ausweist, prüften wir die Geräte zusätzlich auf ihren Schutz gegen Wasser nach dem angegebenen IP-Standard (z. B. IPX7). Bei keinem der Geräte zeigten sich hier Probleme. Alle Ergebnisse online unter **test.de/bluetoothboxen**
1) Preis laut Anbieter-Website. **Einkauf der Prüfmuster:** August 2018 bis April 2020.

Unser Rat

Das beste Gerät im Test heißt **Sonos One**. Es kostet 229 Euro, bietet den stärksten Klang und unterstützt sowohl Alexa als auch Google Assistant. Gut im Klang sind auch **Bose Home Speaker 300** für 205 Euro und **Harman Kardon Citation One** zum Preis von 219 Euro. Unter den Modellen mit Display überzeugt **Amazon Echo Show 8** für 111 Euro am meisten.

Multitalente mit Makel

11/2020 Fünf smarte Lautsprecher bieten guten Ton. Keines erreicht das Qualitätsurteil Gut – vor allem wegen Defiziten im Datenschutz.

Wo wohnt die Katze? – Im Mietz-Haus. Unter anderem diesen Kalauer haut Alexa raus, wenn man sie bittet, einen Witz zu erzählen. Humor sollten die smarten Lautsprecher und ihre Sprachassistenten vorerst wohl lieber noch Menschen überlassen. Ansonsten sind sie aber echte Multitalente: Sie spielen Musik ab, beantworten Fragen und steuern Smart-Home-Geräte wie vernetzte Lampen und Thermostate. Die vier Modelle mit Bildschirm zeigen auch Videos an, blenden Zusatzinfos ein und ermöglichen Videotelefonate.

In puncto Leistungsfähigkeit überzeugen einige Geräte im Test. Dass dennoch kein einziges das Qualitätsurteil Gut erreicht, liegt vor allem an Mängeln in Datenschutzerklärungen und Nutzungsbedingungen.

Sonos hat den besten Sound

Klanglich liegen die Geräte ohne Bildschirm klar vorn. Am meisten überzeugt das Sonos-Modell, gefolgt von Bose und Harman Kardon. Alle drei haben kräftige Bässe und einen ausgewogenen Klang.

Von den Lautsprechern mit Bildschirm bietet kein einziger gute Klangqualität. Die größte Enttäuschung ist Googles Nest Hub: Das Gerät klingt schlapp und blechern wie ein Handylautsprecher.

Alexa knapp vor Google Assistant

Wie gut die smarten Lautsprecher den Nutzer im Alltag unterstützen, hängt stark vom jeweiligen Sprachassistenten ab. Amazon ▶

Geräte hören immer zu – passiv
Für den Verdacht, dass smarte Lautsprecher ihre Besitzer dauerhaft belauschen, gibt es keine Belege. Richtig ist aber, dass die Geräte stets passiv zuhören müssen, um ihr Aktivierungswort mitzubekommen. Erst danach starten das aktive Zuhören und der Datentransfer in die Cloud. Nutzer können das Mikrofon aber oft über einen Button deaktivieren – und immer schlicht den Stecker ziehen.

FOTOS: STIFTUNG WARENTEST / RALPH KAISER

Smarte Lautsprecher ohne Bildschirm 11/2020

Produkt	Preis ca. (Euro)	Name des Sprachassistenten	Ton 40 %	Sprachassistent 20 %	Handhabung 20 %	Vielseitigkeit 5 %	Stromversorgung 5 %	Basisschutz persönlicher Daten 10 %	Mängel in den AGB und Nutzungsbedingungen 0 %	test-QUALITÄTSURTEIL 100 %
Sonos One Gen. 2 (Alexa)	229	Amazon Alexa	+	+	○	++	○	⊖*)	deutlich*)	BEFRIEDIGEND (2,8)
Sonos One Gen. 2 (Google Assistant)	229	Google Assistant	+	+	○	+	○	⊖*)	gering	BEFRIEDIGEND (2,8)
Amazon Echo (3. Gen.)	100	Amazon Alexa	+	+	○	++	+	⊖*)	deutlich*)	BEFRIEDIGEND (3,0)
Gigaset Smart Speaker L800HX	94	Amazon Alexa	○	+	+	++	+	⊖*)	deutlich*)1)	BEFRIEDIGEND (3,1)
Marshall Uxbridge Voice Alexa	199	Amazon Alexa	+	+	○	+	+	⊖*)	deutlich*)1)	BEFRIEDIGEND (3,1)
Telekom Smart Speaker (Magenta)	79	Telekom Magenta	○	⊖	○	○2)	○	○	Entfällt*)1)	BEFRIEDIGEND (3,2)
Harman Kardon Citation One MKII	219	Google Assistant	+	+	+	+	+	⊖	sehr deutlich*)	BEFRIEDIGEND (3,4)
Bose Home Speaker 300 (Alexa)	205	Amazon Alexa	+	+	○	+	++	⊖	sehr deutlich*)	BEFRIEDIGEND (3,5)
Bose Home Speaker 300 (Google Assistant)	205	Google Assistant	+	+	○	○	++	⊖	sehr deutlich*)	BEFRIEDIGEND (3,5)
Telekom Smart Speaker (Alexa)4)	79	Amazon Alexa	○	+	○	+2)	○	⊖*)	deutlich*)1)	BEFRIEDIGEND (3,5)
JBL Link Music	100	Google Assistant	○	+	○	+	++	⊖	sehr deutlich*)	AUSREICHEND (3,7)

Bewertungsschlüssel der Prüfergebnisse: ++ = Sehr gut (0,5–1,5). + = Gut (1,6–2,5). ○ = Befriedigend (2,6–3,5). ⊖ = Ausreichend (3,6–4,5). — = Mangelhaft (4,6–5,5). **Bei gleichem Qualitätsurteil Reihenfolge nach Alphabet.**
***) Führt zur Abwertung.**
Mängel in den AGB (allgemeine Geschäftsbedingungen): keine, sehr gering, gering, deutlich, sehr deutlich.

1) Die AGB und Nutzungsbedingungen des Sprachassistentenanbieters sind entscheidend, der Lautsprecheranbieter hat keine gesonderten AGB und Nutzungsbedingungen, hier gilt insbesondere das Bürgerliche Gesetzbuch.
2) Abzug bei Telefonfunktion, da die versprochene Dect-Funktion im Test nicht mit allen Dect-Basisstationen funktionierte.
3) Allgemeine Geschäftsbedingungen und Nutzungsbedingungen nicht vorhanden. Es gilt daher das Bürgerliche Gesetzbuch.
4) Alexa kann zusätzlich zur Assistentin Magenta genutzt werden.

Einkauf der Prüfmuster: Juni 2020.

Smarte Lautsprecher mit Bildschirm 11/2020

Produkt	Preis ca. (Euro)	Name des Sprachassistenten	Ton 20 %	Bildschirm 20 %	Sprachassistent 20 %	Handhabung 20 %	Vielseitigkeit 5 %	Stromversorgung 5 %	Basisschutz persönlicher Daten 10 %	Mängel in den AGB und Nutzungsbedingungen 0 %	test-QUALITÄTSURTEIL 100 %
Amazon Echo Show 8	111	Amazon Alexa	○	++	+	○	++	○	⊖*)	**deutlich*)**	**BEFRIEDIGEND (2,9)**
Lenovo Smart Display 8	168	Google Assistant	○	+	+	○	+	○	⊖*)	**sehr gering1)**	**BEFRIEDIGEND (3,1)**
Google Nest Hub	78	Google Assistant	⊖*)	+	+	○	+	+	⊖	**sehr gering**	**AUSREICHEND (3,7)**
Archos Hello 7	100	Google Assistant	○	+	⊖	⊖	⊖	○	⊖	**sehr deutlich*)**	**AUSREICHEND (4,5)**

Bewertungsschlüssel der Prüfergebnisse: ++ = Sehr gut (0,5–1,5). + = Gut (1,6–2,5). ○ = Befriedigend (2,6–3,5). ⊖ = Ausreichend (3,6–4,5). — = Mangelhaft (4,6–5,5).
***) Führt zur Abwertung.**
Mängel in den AGB (allgemeine Geschäftsbedingungen): keine, sehr gering, gering, deutlich, sehr deutlich.
1) Die AGB und Nutzungsbedingungen des Sprachassistentenanbieters sind entscheidend, der Lautsprecheranbieter hat keine gesonderten AGB und Nutzungsbedingungen, hier gilt insbesondere das Bürgerliche Gesetzbuch.
Einkauf der Prüfmuster: Juni 2020.

Alexa und Google Assistant spielen in einer Liga. Alexa hat aber knapp die Nase vorn, da sie natürlicher spricht und mit Folgefragen besser zurechtkommt.

Die Telekom-Assistentin Magenta kann da nicht mithalten: Ihre Stimme klingt roboterhaft, auf manche Fragen reagiert sie gar nicht, andere beantwortet sie erst mit Verzögerung. Auf dem Telekom-Lautsprecher ist aber neben Magenta auch Alexa vorinstalliert. Die Geräte von Bose und Sonos kommen ebenfalls mit zwei Assistenten: Besitzer können hier zwischen Alexa und Google Assistant wählen.

Viele Mängel im Kleingedruckten

Da smarte Lautsprecher viele Daten in die Cloud – auf Server der Anbieter – übertragen, ist Datenschutz ein wichtiger Faktor. In diesem Prüfpunkt erreichte kein Gerät eine gute Note. Das lag zum Beispiel daran, dass die Datenschutzerklärungen von Amazon und Google Nutzer nicht ausreichend über ihre Rechte informieren. Die Texte von Archos und Bose orientieren sich anscheinend nicht an europäischem Datenschutzrecht. Zudem sammelten einige Apps unnötig viele Daten. Als besonders neugierig erwies sich die iOS-Version von Google Home.

Auch in den Nutzungs- und Geschäftsbedingungen einiger Anbieter fanden wir gravierende Mängel: Archos stellt seine Texte nicht auf Deutsch bereit. Amazon, Bose, Harman Kardon und JBL behalten sich vor, ihre Dienste jederzeit nach Belieben zu ändern oder gar ganz einzustellen. Das bedeutet Unsicherheit für Verbraucher und ist zudem rechtlich unzulässig. ■

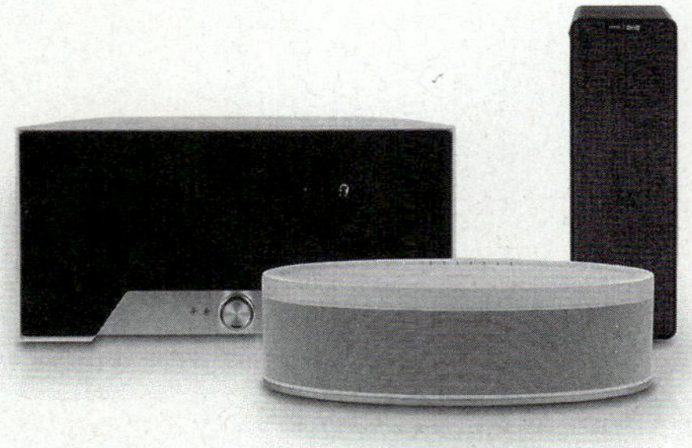

Unser Rat

Den besten Sound liefern **Google Home Max** mit Sprachassistent für 254 Euro und **Yamaha Musiccast 50** ohne Sprachassistent für rund 405 Euro. Preis-Leistungs-Sieger ist der **Ikea Symfonisk** für nur 99 Euro. Musik ist die Stärke aller WLan-Lautsprecher in diesem Test. Sie klingen voller als kleine WLan-Lautsprecher und besser als kleine Bluetooth-Boxen.

Ikea rockt das smarte Home

2/2020 Alle Boxen klingen gut oder sehr gut. Viele haben integrierte Sprachassistenten. Der Preis-Leistungs-Sieger kommt aus Schweden.

Kabel sind out, Funklautsprecher sind in. Viele Menschen streamen ihr Musikprogramm direkt etwa zu WLan-Lautsprechern. Wir testeten 13 solcher Boxen zu Preisen zwischen 99 und 500 Euro. Schon die günstigste liefert guten Klang. Die Testsieger klingen sogar sehr gut.

Satter Sound aus allen Boxen

Alle Funklautsprecher im Test haben das Volumen für satten Sound und sind auf anspruchsvolle Musikwiedergabe ausgelegt. Im Blindversuch beurteilten die Juroren die Wiedergabe von Klassik, Pop, Elektronik und Hörspiel. Der Markenname und das Design der Box spielen im Test der Stiftung Warentest keine Rolle: Das sahen die Juroren nicht.

WLan für die Party

Wir ermittelten die maximale Lautstärke und bewerteten, welche Funklautsprecher partytauglich sind. Durch ihre Bassstärke und ihr Volumen können die meisten WLan-Lautspecher im Test tatsächlich eine Party rocken. Mehrere Einzelboxen lassen sich kombinieren. Alle Modelle im Test sind multiroom-fähig: Die Steuerungs-App kann die Musik gleichzeitig auf mehrere Lautsprecher schicken. Solange sich die Boxen in der Reichweite des WLan-Heimnetzwerks befinden, musizieren sie mit. Unsere Juroren hörten aber nicht nur laut, sondern fahndeten auch nach Störgeräuschen bei niedriger Lautstärke. Wichtig für anspruchsvolle Genießer, die mit Musik entspannen möchten.

Nicht klar zur Datennutzung
Alle Boxen mit Sprachassistenten (Alexa, Google Home) werteten wir wegen Mängeln in der Datenschutzerklärung ab: Die Texte sind zu lang und weisen Nutzer nicht klar genug auf ihre Auskunftsrechte hin. Marshall liefert sie zudem nur auf englisch. Von den Modellen ohne Sprachassistent tadeln wir Dynaudio, weil die Datenschutzerklärung fehlt – auch das ist ein deutlicher Mangel.

WLan-Lautsprecher 2/2020

Produkt	Mittlerer Preis pro Stück ca. (Euro)	Ton	Handhabung	Sprachassistent	Stromversorgung	Vielseitigkeit	Basisschutz persönlicher Daten	Mängel in den AGB und Nutzungsbedingungen	test-QUALITÄTSURTEIL
		50 %	20 %	10 %	5 %	5 %	10 %	0 %	100 %
Ohne Sprachassistent									
Teufel One M	400 1)	+	+	Entfällt	+	○	○	keine	GUT (2,0)
Yamaha Musiccast 50	405	++	+	Entfällt	+	+	++	sehr deutlich*)	GUT (2,0)
Block Block C	400 1)	+	+	Entfällt	+	○	○	sehr gering	GUT (2,2)
Ikea Symfonisk Regallautsprecher	99 1)	+	+	Entfällt	+	+	○	sehr gering	GUT (2,2)
Dynaudio Music 3	500 1)	++	○	Entfällt	+	○	○	sehr deutlich*)	BEFRIED. (2,6)
Technisat Audiomaster MR3	450	+	○	Entfällt	+	+	○	keine	BEFRIED. (2,6)
Mit Sprachassistent									
Google Google Home Max	254	++	○	+	⊖	○	⊖*)	sehr deutlich*)	BEFRIED. (2,6)
Sonos Move - Amazon Alexa	395	++	+	+	+	+	⊖*)	deutlich	BEFRIED. (2,6)
Sonos Move - Google Assistant	395	++	+	+	+	+	⊖*)	sehr deutlich*)	BEFRIED. (2,6)
Sony SRS-XB501G	281	++	+	+	+	○	⊖*)	sehr deutlich*)	BEFRIED. (2,7)
Harman/Kardon Citation 300	380	+	+	+	+	○	⊖*)	sehr deutlich*)	BEFRIED. (2,9)
Marshall Stanmore II Voice (Amazon Alexa)	330 1)	+	○	+	○	○	⊖*)	sehr deutlich*)	BEFRIED. (3,0)
Marshall Stanmore II Voice (Google Assistant)	330	+	○	+	⊖	⊖	⊖*)	sehr deutlich*)	BEFRIED. (3,0)

Bewertungsschlüssel der Prüfergebnisse: ++ = Sehr gut (0,5–1,5). + = Gut (1,6–2,5). ○ = Befriedigend (2,6–3,5). ⊖ = Ausreichend (3,6–4,5). — = Mangelhaft (4,6–5,5). **Bei gleichem Qualitätsurteil Reihenfolge nach Alphabet.**
***) Führt zur Abwertung. Mängel in den allgemeinen Geschäftsbedingungen und Nutzungsbedingungen:** keine, sehr gering, gering, deutlich, sehr deutlich.
1) Von uns bezahlter Einkaufspreis. **Einkauf der Prüfmuster:** September 2019.

Sieben mit Sprachassistent

Sieben WLan-Lautsprecher im Test kommen mit einem Sprachassistenten daher: Amazon Alexa oder Google Home sind eingebaut. Modelle mit Sprachassistent beantworten Wissensfragen, geben Auskunft über das Wetter von morgen und reagieren auf Sprachkommandos wie „Lauter" und „Leiser" – komfortabel und modern. Alle im Test geprüften Boxen mit Sprachassistent bieten mindestens guten Ton, den insgesamt besten Klang liefert der Google Home Max. ■

Unser Rat

Der Testsieger heißt **Keeper Security** (36 Euro pro Jahr), knapp dahinter folgen **1Password** (38 Euro pro Jahr) und **Kee Pass** (kostenlos). Bei Kee Pass handelt es sich um eine Open-Source-Software, die sich im Test als sehr datenschutzfreundlich erwies. Sie erfordert allerdings solides Technikwissen oder – zumindest anfangs – viel Geduld und Lernbereitschaft.

Eines für alle

2/2020 Nutzer von Passwortmanagern brauchen sich online nur noch ein einziges Passwort zu merken. Das ist bequem und sicher zugleich.

Wer Kennwörter wie „12345678“ oder „Passwort“ nutzt oder dasselbe Passwort für mehrere Online-Konten verwendet, macht es Hackern relativ leicht. Sicherer wären viele verschiedene, lange und komplexe Passwörter – die kann sich nur leider niemand merken. Die Lösung für dieses Dilemma heißt Passwortmanager.

Diese Programme erstellen starke Kennwörter, speichern sie und geben sie selbstständig auf Internetportalen ein. Das ist gleich doppelt hilfreich: Kunden erhalten kaum knackbare Kennwörter, müssen sie sich aber nicht mehr merken. Sie brauchen nur noch das Masterpasswort im Kopf zu behalten, mit dem sie sich in ihren Passwortmanager einloggen (siehe Kasten rechts). Im Test schnitt Keeper Security am besten ab, gefolgt von 1Password und Kee Pass.

Der Aufwand lohnt sich

Die Ersteinrichtung dauert im Normalfall einige Stunden: Nutzer müssen den Passwortmanager auf allen Geräten installieren, mit denen sie im Netz surfen. Vor allem aber müssen sie meist all ihre bisherigen Online-Passwörter durch vom Programm generierte Kennwörter ersetzen, um von deren höherem Sicherheitsstandard zu profitieren.

Von den ebenfalls geprüften Passwortmanagern der Internet-Browser raten wir eher ab: Nutzer müssten sich entweder dauerhaft an einen einzigen Browser binden oder mit den Passwortmanagement-Funktionen mehrerer Browser jonglieren. ■

Starkes Masterpasswort erstellen
Das Masterpasswort ist der Schlüssel zu all Ihren Passwörtern. Es muss daher besonders sicher, zugleich aber auch leicht merkbar sein. Wir empfehlen Passphrasen anstelle eines einzelnen Passwortes. Gut geeignet dafür sind etwa Nonsens-Sätze mit mindestens 20 Zeichen, darunter Ziffern sowie Sonder- und Leerzeichen. Hier ein Beispiel: „B@yerns Biber blinken * bunt3 Bingobären!“

ILLUSTRATION: FRANK FLÖTHMANN

Passwortmanager 2/2020

Produkt	Preis pro Jahr ca. (Euro)	Sicherheitsfunktionen 30 %	Handhabung 30 %	Funktionsumfang 25 %	Basisschutz persönlicher Daten 15 %	Mängel in den Nutzungsbedingungen/AGB 0 %	test-QUALITÄTSURTEIL 100 %
Passwortmanager							
Keeper Security Keeper	36[1]	++	+	+	○	sehr deutlich*)	GUT (2,4)
AgileBits 1Password	38[2]	++	+	+	○	sehr deutlich*)	GUT (2,5)
KeePass[3] Password Safe, Keepass2Android, KeePass-Touch, KeePass Tusk	Kostenlos	○	○	+	++	keine	GUT (2,5)
Dashlane Premium	40[4]	+	+	+	○	sehr deutlich*)	BEFRIED. (2,7)
LastPass Premium	39[4]	+	+	+	○	sehr deutlich*)	BEFRIED. (2,8)
8bit Solutions Bitwarden Password-Manager Free	Kostenlos	++	○	+	○	sehr deutlich*)	BEFRIED. (2,9)
Kaspersky Password Manager	14[1]	⊖	+	+	++	sehr deutlich*)	BEFRIED. (2,9)
McAfee True Key Premium	20[4]	++	○	○	○	sehr deutlich*)	BEFRIED. (3,2)
Sinew Enpass Premium	16[5]	○	○	+	○	sehr deutlich*)	BEFRIED. (3,5)
F-Secure Key Premium	30[1]	+	○	⊖	○	sehr deutlich*)	AUSREICH. (3,6)
SafeInCloud[6]	4[7]	⊖	○	○	○	sehr deutlich*)	AUSREICH. (3,7)
In Browser integrierte Passwortmanager							
Apple Safari mit iCloud-Schlüsselbund	Kostenlos	++	+	⊖	Nicht bewertet	sehr deutlich	Nicht vergeben[8]
Google Chrome Browser	Kostenlos	+	+	○	Nicht bewertet	sehr deutlich	Nicht vergeben[8]
Mozilla Firefox Browser	Kostenlos	⊖	+	⊖	Nicht bewertet	sehr deutlich	Nicht vergeben[8]

Bewertungsschlüssel der Prüfergebnisse: ++ = Sehr gut (0,5–1,5). + = Gut (1,6–2,5). ○ = Befriedigend (2,6–3,5). ⊖ = Ausreichend (3,6–4,5). — = Mangelhaft (4,6–5,5). **Bei gleichem Qualitätsurteil Reihenfolge nach Alphabet.**
Mängel in den Datenschutzerklärungen und Nutzungsbedingungen/AGB:
keine, sehr gering, gering, deutlich, sehr deutlich. ***) Führt zur Abwertung.**
1) Jährliche Kosten für Desktopversion laut Anbieter-Webseite; dafür müssen im Bestellprozess zwei vom Anbieter vorausgewählte Optionen abgewählt werden: „10 GB Cloudspeicher" und „BreachWatch". Die mobile App ist kostenlos. **2)** Jährliche Kosten für geräteübergreifende Nutzung laut Anbieter-Webseite. **3)** Offizielles Programm nur für Windows erhältlich. Wir testeten zusätzlich exemplarisch KeePass 2.4.3 für macOS (über mono), KeePass2Android, KeePass Touch für iOS und die Chrome-Erweiterung KeePass Tusk. **4)** Jährliche Kosten für Premium-Desktopversion laut Anbieter-Webseite. Die mobile App ist kostenlos. **5)** Preis für die mobilen Apps. Unbeschränkte Desktopversion kostenlos verfügbar. **6)** Getestet mit der „Individual Pro"-Version für die mobilen Apps. **7)** Einmalige Kosten für mobile „Individual Pro"-Version laut Anbieter-Webseite. Die Desktopversion ist kostenlos. **8)** Ein test-Qualitätsurteil haben wir nicht vergeben, da wir nicht alle Funktionen der Browser getestet haben, sondern nur das Passwortmanagement. **Erhebungszeitraum:** Dezember 2019.

Unser Rat

Sehr guten Schutz für Windows bieten die Gratisprogramme von **Avira, Avast** und **AVG.** Bezahlprogramme sind nicht grundsätzlich besser, verzichten aber auf Eigenwerbung. Wichtig für Apple-Fans: Sie sollten den Phishing-Schutz ihres Browsers durch ein Sicherheitsprogramm verbessern – das können die Gratisprogramme von **Avast** und **AVG** sehr gut.

Ein Testsieger ist gratis

3/2020 Antivirenprogramme schützen besser als die Windows-Bordmittel. Einige der besten sind kostenlos, darunter einer der Gewinner.

Wer ohne Viren- und Phishing-Schutz im Internet surft, riskiert Kopf und Kragen: Jeden Tag erbeuten organisierte Banden Passwörter, stehlen Dokumente und Fotos, verschlüsseln Daten und fordern Lösegeld für die Freigabe oder übernehmen die Kontrolle über Rechner. Antivirenprogramme schützen davor. Sie gehören auf jeden Rechner, jedes Notebook.

In unserem Test mussten 19 Schutzprogramme für Windows- und 9 für Apple-Rechner beweisen, ob sie Angriffe abwehren: IT-Experten trugen dafür mehr als 40 000 Schadprogramme, bösartige Webseiten und Phishing-Mails zusammen: Reale Bedrohungen, alle aktuell, einige nur wenige Tage alt. Gute Nachricht: Acht Windows-Programme schützen sehr gut.

Bester Schutz mit Onlineverbindung

Der Schutz vor bösartigen Webseiten und E-Mail-Links funktioniert am besten mit Onlineverbindung. Ruft der Anwender eine Webadresse im Browser auf oder klickt er einen Link an, prüft das Schutzprogramm, ob die Webadresse als bösartig bekannt ist. Zweifelsfälle sendet das Programm zur Analyse an die Onlinedatenbank des Anbieters. Den Aufruf bösartiger Webseiten blockiert die Software. Die Kommunikation mit dem Server des Anbieters verbessert übrigens auch die Schutzfunktion beim Viren-Scan. **Tipp:** Starten Sie den Viren-Scanner, der Ihren Rechner komplett nach Schädlingen durchsucht, stets mit Onlineverbindung. ■

Handicap für Mac-User
Apple hat sein Betriebssystem stark abgeschirmt. Deshalb gefährden nur wenige Schadprogramme Apple-Rechner. Die Abschirmung trifft aber auch die Schutzprogramme. Einige scheiterten daher daran, Windows-Angreifer auszuschalten. Die können zwar Mac-Rechnern nichts anhaben, aber über diese an Windows-Rechner weiter verbreitet werden: etwa per E-Mail oder USB-Stick.

FOTO: STIFTUNG WARENTEST / RALPH KAISER, ILLUSTRATION: GETTY IMAGES [M]

Sicherheitssoftware 3/2020

Produkt	Preis pro Jahr für eine Einzelplatzlizenz ca. (Euro)	Schutz 65 %	Handhabung 25 %	Rechnerbelastung 10 %	test-QUALITÄTSURTEIL 100 %
Für Windows					
Avira Antivirus Pro	35[1)]	++	+	+	SEHR GUT (1,5)
Avira Free Security Suite	kostenlos	++	+	+	SEHR GUT (1,5)
Avast Free Antivirus	kostenlos	++	+	+	GUT (1,6)
Avast Premium Security	70[1)]	++	+	+	GUT (1,6)
AVG Internet Security	55[1)]	++	+	+	GUT (1,6)
Bitdefender Internet Security	50	++	+	+	GUT (1,6)
Eset Internet Security	35	+	+	+	GUT (1,6)
Kaspersky Internet Security	40	++	+	+	GUT (1,6)
Norton Security Deluxe[2)]	35[3)]	+	+	+	GUT (1,6)
AVG Antivirus Free	kostenlos	++	+	+	GUT (1,7)
Kaspersky Security Cloud - Free	kostenlos	+	+	+	GUT (1,7)
F-Secure Safe	50	+	+	+	GUT (1,8)
Trend Micro Internet Security	25[4)]	+	+	+	GUT (1,9)
BullGuard Internet Security	60[5)]	+	+	+	GUT (2,0)
Bitdefender Antivirus Free Edition	kostenlos	+	○	+	GUT (2,1)
G Data Internet Security	40	+	+	+	GUT (2,1)
McAfee Antivirus Plus	60[6)]	+	+	++	GUT (2,1)
Microsoft Defender (Windows 10)	kostenlos	○	+	+	BEFRIEDIGEND (2,6)
Sophos Home Free	kostenlos	○	○	+	BEFRIEDIGEND (2,6)
Für Mac					
Bitdefender Antivirus for Mac	40	○	+	++	GUT (2,5)
Eset Cyber Security Pro	35	○	+	++	GUT (2,5)
Avast Free Security for Mac	kostenlos	○	○	++	BEFRIEDIGEND (2,7)
AVG Antivirus for Mac	kostenlos	○	+	++	BEFRIEDIGEND (2,7)
Norton 360 Deluxe	35[3)]	○	+	++	BEFRIEDIGEND (2,7)
Kaspersky Internet Security for Mac	40	○	+	++	BEFRIEDIGEND (2,8)
G Data Antivirus for Mac	40	○	⊖	++	BEFRIEDIGEND (2,9)
F-Secure Safe	50	○	○	++	BEFRIEDIGEND (3,1)
Avira Free Security Suite for Mac	kostenlos	⊖*)	○	++	AUSREICHEND (3,6)

Bewertungsschlüssel der Prüfergebnisse: ++ = Sehr gut (0,5–1,5). + = Gut (1,6–2,5). ○ = Befriedigend (2,6–3,5). ⊖ = Ausreichend (3,6–4,5). — = Mangelhaft (4,6–5,5). **Bei gleichem Qualitätsurteil Reihenfolge nach Alphabet.**
***) Führt zur Abwertung.**
1) Abolizenz, verlängert sich automatisch. **2)** Laut Anbieter wurde das Produkt umbenannt in Norton 360 Deluxe.
3) Sonderpreis für Abo-Lizenz, gilt für ein Jahr für 5 Geräte, Normalpreis anschließend 90 Euro pro Jahr.
4) Sonderpreis für Abo-Lizenz. **5)** Preis für Abo-Lizenz, gilt für 3 Rechner. **6)** Die Lizenz gilt für ein Jahr und bis zu zehn Geräte.
Einkauf der Prüfmuster: 2019.

Unser Rat

Reparieren ist nachhaltig, aber oft teuer. Im Test übertrafen die Kosten teils den Neupreis desselben Modells. Am besten reparierte der Onlinedienst **My Phone Repair**, die Reparatur dauerte aber und war mit im Schnitt 233 Euro nicht besonders günstig. **Hersteller Samsung** reparierte unser Samsung-Modell am günstigsten – über samsung.com für 175 Euro.

Was für ein Pech

4/2020 Wir ließen Handys von Herstellern, Onlinediensten und Werkstätten vor Ort reparieren. Nur einer erledigte alles tipptopp.

Das Smartphone knallt auf den Boden, sein Display splittert und zeigt unzählige Risse. Wer repariert akkurat, schnell und preiswert? Wir gaben 30 Smartphones mit gesplittertem Display und kaputter Kopfhörerbuchse bei zehn Reparaturdiensten in die Werkstatt: vier Onlinedienste, vier stationäre Reparaturdienste überregionaler Ketten wie Media Markt und Mister Minit sowie Werkstätten der Handy-Hersteller Apple und Samsung. Diese beiden erhielten je drei Smartphones ihrer eigenen Marke, die übrigen Anbieter je eins von Samsung, Apple und Huawei.

Eher Glückssache

Nur der Onlinedienst My Phone Repair schickte alle Handys tipptopp repariert zurück. Es dauerte aber recht lang, im Schnitt acht Werktage. Die durchschnittlichen Kosten waren mit 233 Euro eher hoch. Überwiegend war die Reparaturqualität durchwachsen – egal ob Hersteller, Vor-Ort-Werkstatt oder Onlinedienst. In welchem Zustand das Handy zurückkommt, ist oft Glückssache.

Reparatur häufig richtig teuer

Die Reparaturkosten waren häufig happig, je nach Anbieter lagen sie im Schnitt zwischen 157 und 256 Euro. Die günstigste iPhone-Reparatur gab es bei Handyreparatur123 für rund 100 Euro – aber die Kopfhörerbuchse blieb kaputt.

Wir haben die Reparaturpreise jedes Handys mit dem Neukauf des gleichen Modells zum Zeitpunkt des Schadens verglichen.

Gewährleistung nur für Reparatur

Ein gesplittertes Display ist oft selbst verschuldet und fällt nicht unter die gesetzliche Gewährleistung – Besitzer zahlen. Eine Handy-Versicherung deckt die vollen Reparaturkosten nicht immer, oft enthält sie einen Selbstbehalt oder andere Tücken. Für die Reparatur gilt eine zweijährige Gewährleistung, der Dienstleister darf sie in seinen allgemeinen Geschäftsbedingungen aber auf ein Jahr reduzieren.

FOTO: STIFTUNG WARENTEST / RALPH KAISER

Smartphone-Reparaturdienste 4/2020

Anbieter	Internetadresse (Angabe nur wenn Onlinedienst geprüft)	Durchschnittliche Kosten (Euro)[1]	Durchschnittliche Dauer in Werktagen[1]	Reparatur 60 %	Kundenorientierung 40 %	Mängel in den AGB 0 %	test-QUALITÄTSURTEIL 100 %
Reparaturdienste der Hersteller							
Samsung	samsung.com	196[2]	5	+	+	gering[3]	GUT (2,4)
Apple	Entfällt	216[4]	4	+	○	deutlich*)[5]	BEFRIED. (3,1)
Stationäre Reparaturdienste							
Phone Service Center	Entfällt	240	4[6]	○	+	keine[7]	BEFRIED. (3,0)
Saturn	Entfällt	197[8]	15	○	○	sehr gering	BEFRIED. (3,0)
Mister Minit	Entfällt	249	17	○	⊖	keine[7]	BEFRIED. (3,4)
Media Markt	Entfällt	233[9]	13[10]	⊖	○	sehr gering	BEFRIED. (3,5)
Online-Reparaturdienste							
My Phone Repair	myphonerepair.de	233	8	++	+	gering	GUT (1,8)
McRepair	mcrepair.de	256[8]	12	+	○	sehr gering	BEFRIED. (2,7)
Letsfix	letsfix.de	234	12	○	○	sehr gering	BEFRIED. (2,9)
Handyreparatur123	handyreparatur123.de	157[8]	11	⊖	○	keine	BEFRIED. (3,3)

Bewertungsschlüssel der Prüfergebnisse: ++ = Sehr gut (0,5–1,5). + = Gut (1,6–2,5). ○ = Befriedigend (2,6–3,5). ⊖ = Ausreichend (3,6–4,5). — = Mangelhaft (4,6–5,5). **Bei gleichem Qualitätsurteil Reihenfolge nach Alphabet.**
***) Führt zur Abwertung.**
Mängel in den AGB (allgemeine Geschäftsbedingungen): keine, sehr gering, gering, deutlich, sehr deutlich.
1) Von drei Testfällen je Anbieter. **2)** Einmal prüften wir einen von Samsung autorisierten Reparaturdienst vor Ort, zweimal den Online-Reparaturservice des Herstellers. Der Online-Service offerierte die Reparatur unseres Displays zum Festpreis von 175 Euro. Im Test war in einem Fall die Reparatur der Kopfhörerbuchse im Festpreis fürs Display enthalten, im zweiten Fall wurde die Buchse weder repariert noch berechnet. **3)** AGB sind nicht bei allen Reparaturdiensten von Samsung auffindbar, die Bewertung bezieht sich auf den Reparaturdienst vor Ort. **4)** Eingerechnet ist der Preis für ein Tauschgerät. Nicht enthalten sind die Preise für zwei unreparierte Kopfhörerbuchsen. **5)** AGB sind nicht bei allen Reparaturdiensten von Apple einheitlich, es gibt auch besser bewertete AGB. **6)** Bei der durchschnittlichen Dauer wurde auch der gescheiterte Reparaturversuch eines Huawei-Smartphones berücksichtigt. **7)** Keine AGB auffindbar, es gilt das Bürgerliche Gesetzbuch. **8)** Nicht enthalten ist der Preis für eine unreparierte Kopfhörerbuchse. **9)** Nicht enthalten sind die Preise für zwei unreparierte Kopfhörerbuchsen. **10)** Bei der durchschnittlichen Dauer wurden auch zwei gescheiterte Reparaturversuche eines Huawei-Smartphones berücksichtigt. **Erhebungszeitraum:** Oktober 2019 bis Februar 2020.

Häufig reichte der Reparaturpreis an den Neupreis heran oder lag sogar darüber.

Wir warteten wochenlang

Viele Reparaturen dauerten lange: Der Vor-Ort-Service von Saturn ließ sich in einem Fall 34 Werktage Zeit, der von Mister Minit 27. Am schnellsten reparierten die Vor-Ort-Werkstätten von Apple und Phone Service Center. Sie brachten einige Handys innerhalb eines Tages wieder in Ordnung. Meist ließen sich die Reparateure mehr Zeit als vorher angekündigt. Recht zuverlässige Prognosen machte Phone Service Center. ■

Unser Rat

Testsieger sind die drei Topmodelle **Samsung Galaxy Note 20 5G** für 1 020 Euro, das größere **Galaxy Note 20 Ultra 5G** für 1 270 Euro und das **Galaxy S20 5G** für 860 Euro. Alle drei mit dem Qualitätsurteil Gut, Note 1,8. Top beim Akku ist ein Preisbrecher aus China: das gute **Xiaomi Mi 10 Lite** für nur 310 Euro. Ausstattungsdetails unter test.de/smartphones.

Testsieger und Preisbrecher

6 + 12/2020 Samsung räumt dreifach ab, der Preis-Schlager aber kommt aus China. Unser Kompass zeigt Smartphones aller Klassen.

Welches hätten Sie denn gern? Die Auswahl ist vom Feinsten. Da wären: der Testsieger mit einem Wahnsinns-Display – riesengroß und knackescharf. Ein Smartphone für Bauarbeiter und Poliere, das Wärmebrücken entdecken kann. Rechenstarke Topmodelle, deren Akkus länger halten als beim Champion von Samsung. Ein Preisbrecher aus China, der – anders als neue Huawei-Geräte – mit Google-Diensten funktioniert. Und ein passables Einsteigerhandy, das sich für weniger als 100 Euro ergattern lässt. Diese und andere Highlights finden Sie in unseren Tabellen.

Rechenleistung ist teuer

Die Topmodelle von Samsung, Huawei, Google, OnePlus und Sony überzeugen mit viel Rechenleistung und brillanten Displays. In der Spitzengruppe häufen sich gute und sehr gute Noten (siehe Tabelle rechts). Die meisten Topmodelle sind aber auch teuer. Kaum eines ist für weniger als 700 Euro zu haben. Sogar die Marke von 1 000 Euro wird gleich mehrfach gerissen.

Erste günstigere Hingucker folgen auf den Plätzen 10 und 11: Der Preisbrecher Xiaomi Mi 10 Lite aus China bietet für 310 Euro gute Rechenleistung und Sprachqualität sowie sehr gute Noten für Display und Akku. Auch das Samsung Galaxy A31 für 275 Euro punktet beim Akku, es rechnet aber etwas langsamer. Interessant für Preisbewusste sind auch Huawei P40 Lite, Oppo A72 sowie die Xiaomi Mi 9 Lite und Redmi Note 9 Pro.

Apple zu spät im Test

Die iPhones der 12er Serie erschienen erst kurz vor dem Druck unseres Jahrbuches. Der erste Eindruck aus dem Testlabor bestätigt aber hohe Qualität: iPhone 12 und 12 Pro rechnen noch schneller als die älteren 11er Modelle. Display und Kamera sind top. Die Spitzenleistung wird durch eine nur durchschnittliche Akkulaufzeit erkauft. Beim iPhone 12 brach im Falltest das Kameraglas.

Smartphones I 6+12/2020

Produkt	Mittlerer Preis ca. (Euro)	Grundfunktionen 30 %	Kamera 20 %	Display 15 %	Handhabung 15 %	Akku 15 %	Stabilität 5 %	test-QUALITÄTSURTEIL 100 %
Samsung Galaxy Note 20 5G	1020	+	+	++	++	○	++	GUT (1,8)
Samsung Galaxy Note 20 Ultra 5G (256 GB)	1270	+	+	++	++	○	++	GUT (1,8)
Samsung Galaxy S20 5G	860	+	+	++	+	○	++	GUT (1,8)
Huawei P40 Pro Plus	1360	+	+	++	++	+	○ 1)	GUT (1,9)
Google Pixel 4 XL (64 GB)	725	+	+	++	++	○	++	GUT (2,0)
OnePlus 8 (128 GB)	660	+	○	++	○	+	++	GUT (2,0)
OnePlus 8 Pro	885	+	+	++	○	+	++	GUT (2,0)
Sony Xperia 1 II	1200	+	+	++	+	○	++	GUT (2,0)
Samsung Galaxy S20 Ultra 5G (128 GB)	1220	+	+	++	+	+	⊖ *) 2)	GUT (2,1)
Xiaomi Mi 10 Lite (64 GB)	310	+	○	++	○	++	++	GUT (2,1)

Bewertungsschlüssel der Prüfergebnisse: ++ = Sehr gut (0,5–1,5) + = Gut (1,6–2,5). ○ = Befriedigend (2,6–3,5). ⊖ = Ausreichend (3,6–4,5). — = Mangelhaft (4,6–5,5). **Bei gleichem Qualitätsurteil Reihenfolge nach Alphabet.**
***) Führt zur Abwertung. 1)** Schäden im Falltest nach 100 Stürzen. **2)** Schäden im Falltest nach 50 Stürzen.
Einkauf der Prüfmuster: bis Oktober 2020.

Das „Workphone" für Bauleute

Ein Hingucker für Handwerker ist das Cat S62 Pro. Es ist staubdicht und sturzsicher und beweist im Test echte Nehmerqualitäten: Das „Workphone" funktioniert auch nach 100 Stürzen aus 80 Zentimeter Höhe auf Steinboden ohne Tadel. Fazit: Spitzenklasse – und bestes Gerät im Testfeld 2020 – in puncto Stabilität, aber nur Durchschnitt in der Funktion. Bei der Rechenleistung, der Sprachqualität und der Kamerafunktion gäbe es noch etwas zu tun. Ein Highlight ist dagegen die integrierte Wärmebildkamera. Sie zeigt beispielsweise Schwachstellen bei der Dämmung am Bau.

Wir schließen mit Hinweisen auf zwei weitere Besonderheiten. Das Wiko Y81 steht zwar weit hinten in der Tabelle mit den schwächsten Modellen (siehe S. 133), ist aber für Einsteiger interessant: Es bringt passable Qualität zum mittleren Preis von 100 Euro. Das Fairphone 3+, etwas weiter oben in der Tabelle auf Seite 133, steht für Nachhaltigkeit, ist modular aufgebaut und leicht zu reparieren. Zudem ist es stabiler als der Vorgänger Fairphone 3 auf dem letzten Platz. ■

Smartphones II

6+12/2020

Produkt	Mittlerer Preis ca. (Euro)	Grundfunktionen 30 %	Kamera 20 %	Display 15 %	Handhabung 15 %	Akku 15 %	Stabilität 5 %	test-QUALITÄTSURTEIL 100 %
Samsung Galaxy A31	275	○	○	++	+	++	+	GUT (2,2)
Samsung Galaxy A90 5G	600	+	○	++	+	+	++	GUT (2,2)
Huawei Mate 20 X 5G	650	+	○	+	+	○	+	GUT (2,3)
Huawei P40 Pro	950	+	+	++	++	+	⊖ *) 1)	GUT (2,3)
LG G8X ThinQ Dual Screen	570	+	○	++	+	○ 2)	+	GUT (2,3)
Samsung Galaxy A51	315	○	○	++	+	+	+	GUT (2,3)
Huawei P40 Lite	243	+	○	+	+	+	++	GUT (2,4)
Oppo A72	248	+	○	+	○	++	+	GUT (2,4)
Xiaomi Mi 9 Lite (64 GB)	375	+	○	++	○	+	+	GUT (2,4)
Xiaomi Redmi Note 9 Pro (64 GB)	255	+	○	+	○	+	++	GUT (2,4)
Apple iPhone SE (2020) (64 GB)	465	+	○	+	+	⊖ *)	++	GUT (2,5)
Huawei Nova 5T	305	+	○	+	+	○	++	GUT (2,5)
Huawei P30 Lite New Edition	291	+	○	+	+	○	++	GUT (2,5)
Motorola Moto G8 Plus	226	+	○	○	+	○	++	GUT (2,5)
Honor 9X	189	○	⊖ *)	+	+	○	+	BEFRIEDIGEND (2,6)
Motorola One Macro	199	+	⊖ *)	○	+	+	+	BEFRIEDIGEND (2,6)
Samsung Galaxy A21s	178	○	○	○	+	++	++	BEFRIEDIGEND (2,6)

Bewertungsschlüssel der Prüfergebnisse: ++ = Sehr gut (0,5–1,5). + = Gut (1,6–2,5). ○ = Befriedigend (2,6–3,5). ⊖ = Ausreichend (3,6–4,5). −− = Mangelhaft (4,6–5,5).

Bei gleichem Qualitätsurteil Reihenfolge nach Alphabet.

***) Führt zur Abwertung.**

1) Schäden im Falltest nach 50 Stürzen.

2) Das Gerät wurde mit Zweitdisplay getestet. Ohne Zweitdisplay ist der Akku gut (1,8).

Einkauf der Prüfmuster: bis Oktober 2020.

Smartphones III

6+12/2020

Produkt	Mittlerer Preis ca. (Euro)	Grundfunktionen 30 %	Kamera 20 %	Display 15 %	Handhabung 15 %	Akku 15 %	Stabilität 5 %	test-QUALITÄTSURTEIL 100 %
Cat S62 Pro	650	○	○	+	+	○	++	BEFRIEDIGEND (2,7)
Samsung Galaxy S20+ 5G (128 GB)	1010	+	+	++	+	+	⊖ *) 3)	BEFRIEDIGEND (2,7)
Xiaomi Redmi 8 (32 GB)	124	○	⊖ *)	+	○	++	+	BEFRIEDIGEND (2,7)
Fairphone 3+	475	○	○	+	+	○ 5)	+	BEFRIEDIGEND (2,8)
Google Pixel 4 (64 GB)	550	+	+	++	++	⊖ *)	○ 1)	BEFRIEDIGEND (2,8)
Samsung Galaxy Fold 5G	1430	+	+	+	+	○	⊖ *) 1) 2)	BEFRIEDIGEND (2,8)
Samsung Galaxy Xcover 4s	229	○	○	○	+	○	++	BEFRIEDIGEND (2,8)
Sony Xperia 5 (128 GB)	700	+	○	++	+	⊖ *)	++	BEFRIEDIGEND (2,8)
Samsung Galaxy Note 10 Lite	505	+	+	+	+	+	⊖ *) 1)	BEFRIEDIGEND (2,9)
Xiaomi Mi Note 10 Pro	565	+	+	+	○	++	⊖ *) 3)	BEFRIEDIGEND (3,1)
Huawei Y6s	129	○	⊖ *)	+	+	○	+	BEFRIEDIGEND (3,2)
Wiko Y81	100	○	⊖ *)	○	○	○	+	BEFRIEDIGEND (3,2)
Nokia 7.2 (128 GB)	325	○	○	+	+	⊖ *)	++	BEFRIEDIGEND (3,3)
Samsung Galaxy Z Flip	1320	+	○	++	+	⊖	— *) 3) 2)	AUSREICHEND (3,9)
Fairphone 3	445	○	○	+	○	⊖ 5)	— *) 4)	MANGELHAFT (4,7)

Bewertungsschlüssel der Prüfergebnisse: ++ = Sehr gut (0,5–1,5). + = Gut (1,6–2,5). ○ = Befriedigend (2,6–3,5). ⊖ = Ausreichend (3,6–4,5). — = Mangelhaft (4,6–5,5). **Bei gleichem Qualitätsurteil Reihenfolge nach Alphabet.**

***) Führt zur Abwertung.**

1) Schäden im Falltest nach 100 Stürzen.

2) Schäden im Kratztest.

3) Schäden im Falltest nach 50 Stürzen.

4) Defekt nach Regentest.

5) Es wird kein Ladegerät mitgeliefert. Für die Tests benutzten wir das optional erhältliche Ladegerät.

Einkauf der Prüfmuster: bis Oktober 2020.

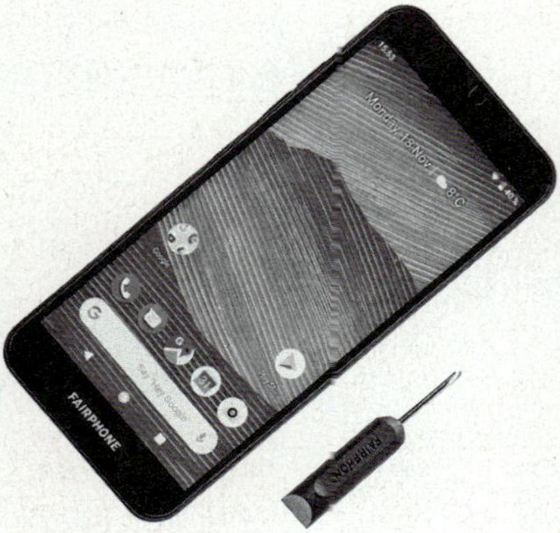

Unser Rat

Einzig das **Fairphone 3** lässt sich auch von Laien leicht reparieren. Allerdings hat es im Warentest schlecht abgeschnitten, weil es den Regentest nicht überstand. Bei den übrigen Geräten kommen eigene Reparaturversuche wohl nur für wagemutige und versierte Bastlerinnen und Bastler infrage. Alle anderen wenden sich besser an professionelle Werkstätten.

Reparatur mit hohen Hürden

12/2020 Die meisten Smartphones und Tablets lassen sich nur schwer reparieren. Das frustriert Bastler und ist problematisch für die Umwelt.

Wer gern selber Sachen repariert, könnte sich an seinem Smartphone leicht die Zähne ausbeißen: Wir haben 13 Smartphones und Tablets darauf geprüft, wie leicht sie sich reparieren lassen. Ergebnis: Einzig beim Fairphone 3 lassen sich Defekte auch von Laien leicht beheben. Bei den anderen werden gängige Reparaturen schnell kompliziert. Das wirkt nicht nur abschreckend auf Hobbybastler. Es erhöht auch den Aufwand für Profireparaturen.

Handyproduktion frisst Ressourcen

Wie reparaturfreundlich Smartphones und Tablets konstruiert sind, ist auch eine Frage der Nachhaltigkeit. Denn diese Alltagsbegleiter enthalten zahlreiche Rohstoffe, die mit sehr hohem Aufwand gewonnen werden. Und die Produktion von Chips und Bildschirmen verbraucht viel Energie und verursacht hohe CO_2-Emissionen. Darum ist es besser, wenn die Geräte lange genutzt werden. Doch je aufwendiger die Reparatur, desto größer die Versuchung, bei einem Defekt zu einem neuen Modell zu greifen.

Ein Indikator für den Reparaturaufwand ist die Zahl der benötigten Werkzeuge. Beim Fairphone brauchten die Tester für den Displaywechsel nur einen einzigen Schraubendreher. Beim iPhone 11 waren dagegen acht verschiedene Werkzeuge nötig.

Wichtigster Grund: Die ultraflachen Gehäuse und Bauteile sind in der Regel nicht nur mit Schrauben oder Klemmverbindungen gesichert, sondern platzsparend mit-

Hilfe beim Reparieren

Wer sich auf das Abenteuer einer Smartphone-Reparatur einlassen will, sollte sich vorher gut über die nötigen Arbeitsschritte und Werkzeuge informieren. Auf Youtube finden sich zahllose Videos zum Thema. Online-Portale wie idoc.eu oder ifixit.com bieten bebilderte Schritt-für-Schritt-Anleitungen. In Repair Cafés greifen ehrenamtliche Helfer Reparaturwilligen unter die Arme. Info: repaircafe.de.

FOTO: STIFTUNG WARENTEST / THOMAS VOSSBECK

Reparierbarkeit von Handys und Tablets 12/2020

Produkt	Mittlerer Preis ca. (Euro)	Preis laut Anbieter ca. (Euro) Ersatzakku/-display	Reparaturfreundliche Bauweise 60 %	Ersatzteile & Informationen für Verbraucher 40 %	test-URTEIL REPARIERBARKEIT 100 %
Smartphones					
Fairphone 3	445	30/90	++	+	**SEHR GUT (1,4)**
Samsung Galaxy Z Flip	1 320	Entfällt	○	–	**AUSREICHEND (4,0)**
Sony Xperia 5 (128 GB)	700	Entfällt	○	–	**AUSREICHEND (4,0)**
Apple iPhone 11 (64 GB)	1 020	Entfällt	⊖	–	**AUSREICHEND (4,2)**
OnePlus 7 T (128 GB)	530	Entfällt	⊖	–	**AUSREICHEND (4,2)**
Samsung Galaxy S10 (128 GB)	600	Entfällt	⊖	–	**AUSREICHEND (4,2)**
Huawei P30	400 1)	Entfällt	⊖	–	**AUSREICHEND (4,3)**
Huawei P30 lite	229	Entfällt	⊖	–	**AUSREICHEND (4,3)**
Motorola Moto G8 Power	214	Entfällt	⊖	–	**AUSREICHEND (4,4)**
Tablets					
Huawei MediaPad M5 Lite (BAH2-L09)	238	Entfällt	○	–	**AUSREICHEND (3,7)**
Samsung Galaxy Tab A 10.1 LTE (2019) (SM-T515)	231	Entfällt	⊖	–	**AUSREICHEND (4,5)**
Apple iPad 10,2 WiFi + Cellular (7th Generation) (128 GB)	565	Entfällt	⊖	–	**MANGELHAFT (4,6)**
Microsoft Surface Pro 7 (i5, 128 GB, 8 GB)	1 060 2)	Entfällt	–	–	**MANGELHAFT (4,8)**

Bewertungsschlüssel der Prüfergebnisse: ++ = Sehr gut (0,5–1,5). + = Gut (1,6–2,5). ○ = Befriedigend (2,6–3,5). ⊖ = Ausreichend (3,6–4,5). – = Mangelhaft (4,6–5,5). **Bei gleichem Qualitätsurteil Reihenfolge nach Alphabet.**

1) Von uns bezahlter Einkaufspreis.

2) Preis inklusive Stift und Tastatur.

Einkauf der Prüfmuster: bis April 2020.

einander verklebt. Und zwar meist so fest, dass man sie erhitzen muss, um sie lösen zu können. Nur das Fairphone kommt ohne derlei Klebeverbindungen aus. Und beim Huawei-Tablet lässt sich immerhin das Display wechseln, ohne Kleber lösen zu müssen. Beim Surface-Tablet von Microsoft mussten die Tester dafür zusätzlich noch ein chemisches Lösemittel verwenden, um den verklebten Akku ausbauen zu können – mit Hitze allein war nichts zu machen.

Solche Konstruktionen erhöhen den Aufwand für Profiwerkstätten und Hobbyschrauber gleichermaßen. Letzteren legen die Anbieter noch weitere Steine in den Weg: Einzig Fairphone stellt Privatkunden Reparaturanleitungen und Ersatzteile zur Verfügung. Für Geräte der anderen Anbieter sind Bastler dagegen auf Teile und Informationen von Dritten angewiesen, etwa von Online-Händlern. Deren Qualität lässt sich im Vorfeld kaum einschätzen. ■

Unser Rat

Mit guten Fitnessdaten und Kommunikationsfunktionen liegt **Garmin Fenix 6 Pro** für 560 Euro vorn. Aus dem Juli-Test (Tabelle S. 138) sind zwei gute Smartwatches noch erhältlich: **Garmin Forerunner 245 Music** und **Vivoactive 4**. Auf die Fitnessarmbänder ist wenig Verlass. Das **Honor Band 5** für 38 Euro misst zumindest einiges richtig, etwa die Strecke beim Gehen.

Vermessung des Menschen

7 + 12/2020 Fitnesstracker und Smartwatches wollen Wohlfühlhelfer und Fitnesscoach sein. Gute Helfer sind aber rar.

Schlanke Fitnesstracker und teils wuchtige Smartwatches protokollieren Workouts im Gym, Ausflüge mit dem Rennrad und im Schwimmbad absolvierte Bahnen minutiös. Diagramme, Leistungskurven und Symbole für verfehlte Aktivitätsziele motivieren, mehr zu tun. Nutzer optimieren sich, doch vor allem Fitnesstracker sind dabei schlechte Ratgeber. Ihre Anzeigen illustrieren kaum mehr als einen Trend: War ich in dieser Woche aktiver als in der zuvor? Dieses Fazit zogen wir nach dem Test im Juli 2020 (siehe Tabelle S. 138).

Fitnessarmbänder besonders ungenau

Bei der Strecke mag eine Abweichung zur tatsächlich zurückgelegten Distanz ärgerlich sein, beim Puls ist sie bedenklich. Beim Laufen zeigte das Xiaomi Mi Smart Band 4 im Mittel aller fünf Probanden einen um rund 18 Prozent zu geringen Puls an. Im Extrem nannte das Fitness-Armband für eine unserer Joggerinnen einen Maximalpuls von 104 – statt 181. Die Anbieter kennen die Tücken. Sitzt der Tracker locker am Handgelenk, übersieht er schon mal den einen oder anderen Herzschlag. Fitbit empfiehlt, den Tracker zwei Fingerbreit über den Handwurzelknochen zu tragen. Samsung empfiehlt in der Gebrauchsanleitung gar: „Messen Sie Ihren Puls, wenn Sie sitzen und entspannt sind.“ Nicht gerade das, was man von Fitnesstrackern erwartet. Und doch demonstriert Apple mit seinen Smartwatches: Pulsmessen muss kein Pulsroulette sein.

Mit Siegergenen am Start
Im Oktober kamen zwei neue Apple Watches in den Handel – zu spät für einen kompletten Test. Ohne die Schwimmprüfung würde die Watch 6 wohl vor Garmin Fenix 6 Pro landen, die Apple Watch SE im oberen Drittel des Testfelds. Weniger begeisterten uns neue Funktionen der Apple Watch 6: Die Blutsauerstoffmessung misslang häufig, den Schlaf protokollieren andere Uhren detaillierter.

FOTO: PLAINPICTURE / DEEPOL / JOSH CAMPBELL

Smartwatches 12/2020

Produkt	Mittlerer Preis ca. (Euro)	Fitness[1]	Kommunikation und weitere Funktionen	Handhabung	Stabilität	Datenschutz und Datensicherheit	Schadstoffe	test-QUALITÄTSURTEIL
		40 %	15 %	30 %	5 %	10 %	0 %	100 %
Garmin Fenix 6 Pro	560	+	+	+	++	○	++	GUT (2,1)
Polar Grit X	390	+	○	+	++	○	++	GUT (2,2)
Garmin Venu	315	+	○	+	++	○	++	GUT (2,3)
Samsung Galaxy Watch 3	445	○	++	○	++	⊖*)	○	BEFRIED. (2,6)
Suunto Suunto 7	465	○	+	○	++	⊖*)	++	BEFRIED. (2,6)
Fossil The Carlyle HR GEN 5 FTW4025	282	○	+	○	++	⊖*)	++	BEFRIED. (2,7)
Huawei Watch GT 2e	144	+	○	○	++	⊖*)	++	BEFRIED. (2,7)
Honor Magic Watch 2 46mm	155	○	○	○	++	⊖*)	++	BEFRIED. (2,9)
Swisstone SW 750 Pro	89	+	○	⊖	++	⊖*)	○	BEFRIED. (3,0)
Huami Amazfit GTS	118	○	⊖	○	++	⊖*)	++	BEFRIED. (3,1)
Xlyne Keto Sun Reflect	51	–	–*)	○	++	⊖	++	MANGELH. (4,7)

Bewertungsschlüssel der Prüfergebnisse: ++ = Sehr gut (0,5–1,5). + = Gut (1,6–2,5). ○ = Befriedigend (2,6–3,5). ⊖ = Ausreichend (3,6–4,5). – = Mangelhaft (4,6–5,5). **Bei gleichem Qualitätsurteil Reihenfolge nach Alphabet.**
***) Führt zur Abwertung.**
1) Genauigkeit der Angaben im Trainingsmodus. **Einkauf der Prüfmuster:** Mai bis August 2020.

Smartwatches teils genauer

Eine Smartwatch sollte sowohl fit als auch kommunikativ sein: Trainingswerte – also Puls, Kalorienverbrauch und Streckenlänge – sollte sie genau messen sowie Nachrichten anzeigen und Telefonate ermöglichen. Diese Wünsche lassen sich zumindest teilweise schon für kleines Geld erfüllen. 89 Euro kostet die für die Dezember-Ausgabe geprüfte Swisstone. Sie misst immerhin sportliche Aktivitäten knapp gut.

Kleine Kommunikationstalente

Die meisten Smartwatches sind eher „fit" als „smart" oder umgekehrt. Die billigste Smartwatch im Dezember-Test, die Xlyne für 51 Euro, ist beides nicht – mangelhaft. Die erwähnte Swisstone dagegen ist recht verlässlich, um herauszufinden, ob die von der WHO empfohlenen 150 Minuten moderaten Ausdauertrainings pro Woche erreicht wurden. Nachrichten zeigt sie aber nicht vollständig an und erlaubt keine Antworten.

Die Samsung Galaxy Watch 3 dagegen ist ein Kommunikationstalent: sehr gut für Telefonate und die Musikwiedergabe. Doch ihre Herzfrequenzmessung lag nicht selten daneben. Meist zeigte sie weniger an, als das Herz tatsächlich schlug: Beim Laufen etwa betrug die Abweichung von der durchschnittlichen Herzfrequenz bei einem Probanden sogar 33 Schläge pro Minute. Im Mittel lag die Samsung beim Laufen etwa acht Prozent daneben. Glatt vermessen! ■

Smartwatches + Fitnesstracker 7/2020

Produkt	Mittlerer Preis ca. (Euro)	Fitness[1] 40 %	Kommunikation und weitere Funktionen 15 %	Handhabung 30 %	Stabilität 5 %	Datenschutz und Datensicherheit 10 %	Schadstoffe 0 %	test-QUALITÄTSURTEIL 100 %
Smartwatches								
Apple Watch Series 5 Aluminium 44mm[3]	500	+	++	+	++	○	++	GUT (1,8)
Garmin Forerunner 245 Music	330	+	○	+	++	○	○	GUT (2,2)
Garmin Vivoactive 4	261	○	+	+	++	○	++	GUT (2,5)
Samsung Galaxy Watch Active 2	233	○	++	○	++	○	++	BEFRIED. (2,6)
Fossil Q Explorist HR Gen 4	232	○	+	○	++	○	++	BEFRIED. (2,9)
Samsung Galaxy Watch Active	192	⊖	+	○	++	○	⊖*)2)	BEFRIED. (2,9)
Michael Kors Access Runway	265	○	+	○	+	○	+	BEFRIED. (3,0)
Denver SW-650	100	○	⊖	○	++	+	○	BEFRIED. (3,2)
Emporio Armani Touchscreen-Smartwatch (ART5017)	315	○	+	○	+	⊖*)	++	BEFRIED. (3,2)
Huawei Watch GT2	180	○	○	+	++	⊖*)	++	BEFRIED. (3,2)
Swisstone SW 700 Pro	70	⊖*)	⊖	○	++	+	⊖2)	BEFRIED. (3,4)
Fitbit Versa 2	167	⊖	○	○	++	⊖*)	++	AUSREICH. (3,6)
Fitbit Versa Lite Edition	140	⊖	○	○	++	⊖*)	++	AUSREICH. (3,6)
Fitness-Tracker								
Fitbit Charge 3	120	⊖	○	○	++	⊖*)	++	BEFRIED. (3,3)
Honor Band 5	38	○	⊖	+	++	⊖*)	++	BEFRIED. (3,3)
Samsung Galaxy Fit	86	⊖*)	⊖	○	++	○	++	BEFRIED. (3,3)
Garmin Vivosmart 4	97	⊖*)	⊖	○	+	○	++	BEFRIED. (3,5)
Fitbit Inspire HR	93	⊖	⊖	○	+	⊖*)	++	AUSREICH. (3,6)
Huawei Band 4	36	⊖	⊖	○	++	⊖*)	++	AUSREICH. (3,6)
Xiaomi Mi Smart Band 4	30	–*)	⊖	○	++	⊖	++	AUSREICH. (3,8)
Samsung Galaxy Fit e	40	⊖*)	⊖	○	+	○	++	AUSREICH. (3,9)

Bewertungsschlüssel der Prüfergebnisse: ++ = Sehr gut (0,5–1,5). + = Gut (1,6–2,5). ○ = Befriedigend (2,6–3,5). ⊖ = Ausreichend (3,6–4,5). – = Mangelhaft (4,6–5,5). **Bei gleichem Qualitätsurteil Reihenfolge nach Alphabet.**

***) Führt zur Abwertung.**

1) Genauigkeit der Angaben im Trainingsmodus.

2) Das Armband der Smartwatch enthält eine hohe Menge Bisphenol A. Der Stoff kann den Hormonhaushalt und die Fruchtbarkeit beeinträchtigen.

3) Wird von Apple nicht mehr verkauft.

Einkauf der Prüfmuster: bis Januar 2020.

Unser Rat

Testsieger ist **Nubert nuBox AS-225** für 375 Euro. Die Soundplate spielt sich ohne separate Bassbox im Hörtest an die Spitze. Guten Ton liefert auch die **Yamaha Musiccast Bar 400** für 522 Euro mit Extra-Subwoofer für tiefe Bässe, WLan und Streaming-Funktion. Tollen Klang für kleines Geld bringt die **Samsung HW-R450** für 211 Euro.

Toller Ton zum Film

7/2020 Soundbars peppen den Fernsehton hörbar auf – am besten macht es Nubert aus dem Schwabenland für günstige 375 Euro.

Moderne Fernseher werden immer größer. Satte Bässe und spürbare Filmeffekte suchen wir in unseren Tests aber oft vergeblich. Den Flachbildschirmen fehlt Volumen für vollen Klang. Separate Boxen können das ändern.

Die meisten Käufer entscheiden sich für eine Soundbar. Diese Geräte sind ohne Kabelsalat in wenigen Minuten angeschlossen und einsatzbereit. Der „Lautsprecherriegel“ hat alles an Bord, was für guten Klang sorgt, neben den Lautsprechern auch die erforderlichen Verstärker. Gleiches gilt für die Soundplate, die nicht balkenförmig aufgebaut ist, sondern als „Kasten“ daherkommt. Soundbars und Soundplates können auch eine Stereoanlage ersetzen.

Testsieger für 375 Euro

Wir haben 16 Geräte zum Aufmöbeln des Fernsehtons getestet: für 94 bis 700 Euro. Das billigste gute Modell, sie Soundbar Samsung HW-R450, war zwischenzeitlich für unter 200 Euro zu haben. Dafür bekamen Käufer bereits guten Ton. Unser Testsieger, die nuBox AS-225 zählt mit 375 Euro ebenfalls zu den günstigeren Modellen. Sie verzichtet auf moderne Netzwerkfunktionen, liefert dafür aber ganz großen Sound: Sie gewinnt im Hörtest mit einer halben Note Vorsprung, klingt ausgewogen, farbig und lebendig, hat einen trockenen und starken Bass. Das Gerät ohne Smartphone-App zur Steuerung ist eine klassische, aktive Lautsprecherbox der alten Schule. ▶

Einteilig oder zweiteilig?
Kastenförmige **Soundplates** kommen **immer einteilig** daher: Alle Lautsprecher, auch die Tieftöner für den Bass, sind in das Gerät integriert. Riegelförmige **Soundbars** gibt es dagegen **auch zweiteilig**: mit extra Bassbox (Subwoofer). Vorteil des Subwoofers: Die Soundbar selbst ist durch die separate Bassbox meist etwas leichter und lässt sich problemlos an der Wand befestigen.

FOTO: STIFTUNG WARENTEST / RALPH KAISER; ILLUSTRATION: GETTY IMAGES

Soundbars — 7/2020

Produkt	Mittlerer Online-preis ca. (Euro)	Ton	Hand-habung	Strom-verbrauch	Datensende-verhalten 1)	test-QUALITÄTSURTEIL
		60 %	30 %	10 %	0 %	100 %
Soundbars und Soundplates (einteilig)						
Nubert nuBox AS-225	375 2)	+	○	++	Entfällt	**GUT (2,2)**
Bose Soundbar 700	700	+	⊖	+	**kritisch**	**BEFRIEDIGEND (2,6)**
Teufel Cinedeck	600 2)	○	+	+	Entfällt	**BEFRIEDIGEND (2,6)**
Sonos Beam 3)	415	+	○	○	**n.b. 4)**	**BEFRIEDIGEND (2,7)**
Yamaha YAS-109	232	○	○	+	**kritisch**	**BEFRIEDIGEND (2,7)**
Grundig DSB 970	94	○	○	++	Entfällt	**BEFRIEDIGEND (3,1)**
JBL Bar 2.0 All-In-One	163	○	○	++	Entfällt	**BEFRIEDIGEND (3,2)**
Sony HT-X8500	285	⊖	○	+	Entfällt	**BEFRIEDIGEND (3,3)**
Soundbars mit separater Bassbox						
Samsung HW-R450	211	+	○	+	**unkritisch**	**GUT (2,4)**
Yamaha Musiccast Bar 400 (YAS-408)	522	+	○	+	**unkritisch**	**GUT (2,4)**
Samsung HW-Q80R	665	+	○	○	**n.b. 4)**	**GUT (2,5)**
Panasonic SC-HTB900	63[illegible]	+	○	○	**kritisch 5)**	**BEFRIEDIGEND (2,7)**
LG SL4Y	158	○	+	++	**unkritisch**	**BEFRIEDIGEND (2,8)**
LG SL8YG	425	○	+	+	**unkritisch**	**BEFRIEDIGEND (2,8)**
Panasonic SC-HTB510	269	○	○	++	**unkritisch**	**BEFRIEDIGEND (2,9)**
Sony HT-S350	203	○	○	+	Entfällt	**BEFRIEDIGEND (3,1)**

Bewertungsschlüssel der Prüfergebnisse: ++ = Sehr gut (0,5–1,5). + = Gut (1,6–2,5). ○ = Befriedigend (2,6–3,5). ⊖ = Ausreichend (3,6–4,5). — = Mangelhaft (4,6–5,5). **Bei gleichem Qualitätsurteil Reihenfolge nach Alphabet.**
Datensendeverhalten: unkritisch, kritisch, sehr kritisch. **Preise:** Onlinepreise ohne Versandkosten, September 2020.
1) Bezieht sich auf die im Datenstrom der Apps identifizierten Daten. **2)** Preis laut Anbieter-Website. **3)** Laut Anbieter App inzwischen geändert. **4)** Nicht bewertbar, da Datenstrom der Apps nicht vollständig entschlüsselbar. **5)** Urteil betrifft die Android-App, die iOS-App war nicht bewertbar, da nicht vollständig entschlüsselbar.
Einkauf der Prüfmuster: Januar bis Februar 2020.

Vernetzt: Mit mehr Funktionen

Die Topmodelle bieten mehr Ausstattung. Wer es etwas moderner mag, sollte ein Gerät mit WLan wählen. Vernetzte Soundbars können Musik aus dem Heimnetzwerk oder von Streamingdiensten wiedergeben. Den besten Sound der vernetzten Modelle liefert die Yamaha Musiccast Bar 400. Geräte mit Multiroom-Funktion, etwa die von Bose und Sonos, können den Fernsehton auch in andere Räume verteilen. Das funktioniert zumindest mit Lautsprechern und Soundbars desselben Anbieters, die mit einer einheitlichen Smartphone-App gesteuert werden. Bose und Sonos lassen sich auch per Sprachbefehl nutzen. Die Sprachassistenten Amazon Alexa und Google Assistant sind bereits integriert. ■

Unser Rat

Die besten Tablets sind teuer: Das **Samsung Galaxy Tab S7 LTE** kostet 780 Euro, das erste Tablet für den neuen Mobilfunkstandard 5G, das **Samsung Galaxy Tab S7+ 5G** satte 1 150 Euro. Die Noten im Juli, etwa des besonders guten **Apple iPad Pro 11"** für 1 040 Euro, basieren auf einem inzwischen renovierten, damals weniger strengen Prüfprogramm.

Kampf der Systeme

7 + 12/2020 Viele Tablets sind gut. Auch die des chinesischen Anbieters Huawei. Doch US-Sanktionen schränken deren Nutzwert ein.

Der Wirtschaftskrieg zwischen den USA und China ist in deutschen Wohnzimmern angekommen: Der chinesische Anbieter Huawei darf in seine Tablets keine Apps und Dienste des US-Konzerns Google mehr integrieren – die Trump-Regierung hat es verboten. Das betrifft auch die drei im Dezember geprüften Huawei-Modelle (siehe S. 143). Technisch sind sie stark – doch wegen der Restriktionen können wir sie nur bedingt empfehlen. Gute Noten erzielen auch andere Modelle. Sie nutzen verschiedene Betriebssysteme. Frage: Welches soll es sein?

Lieber Android oder iPadOS?

Im Alltag nehmen sich die Spitzenmodelle von Apple (iPadOS) und Samsung (Android) in der Bewertung nicht viel. Die iPad Pro-Modelle prüften wir für den Juli-Test. Danach renovierten wir das Prüfprogramm. Das neue fordert seit dem Dezember-Test etwa mehr Rechenleistung.

Ein paar Unterschiede blieben unabhängig vom Prüfprogramm: iPadOS-Tablets werden länger mit Updates versorgt, das macht sie über viele Jahre sicher. Android-Modelle bieten mehr Freiheit: Sie ermöglichen das Installieren von Apps aus externen Quellen und viele können preiswert mit Speicherkarten erweitert werden.

Fire OS von Amazon

Amazon-Tablets laufen mit Fire OS, einer an die Bedürfnisse des Versandhändlers angepassten Android-Variante: Streamingplatt- ▶

USB-C für Strom und Daten

Viele neue Tablets haben einen USB-C-Anschluss. Er dient zum Laden des Akkus. Zudem lässt USB-C Daten recht schnell flitzen, etwa beim Übertragen von Fotos und Videos auf einen großen Rechner. Beide Apple iPad Pro, Asus CT100PA, Huawei MatePad Pro LTE und Samsung Galaxy Tab S7, S7+ 5G und Active Pro LTE steuern über diese Schnittstelle sogar USB-C-Monitore an.

Tablets I

7/2020

Produkt	Geprüft mit Betriebssystem	Mittlerer Preis ca. (Euro)	Funktionen	Display	Akku	Handhabung	Vielseitigkeit	test-QUALITÄTSURTEIL
			30 %	20 %	20 %	20 %	10 %	100 %
Riesig: über 28 Zentimeter (11 Zoll)								
Apple iPad Pro 12,9" WiFi + Cellular (4th Generation) (128 GB)	iPadOS 13.4	1260	++	++	+	+	○	GUT (1,7)
Trekstor Surftab Theatre S11	Android 9	192	○	+	⊖*)	+	⊖	BEFRIED. (3,4)
Groß: 25 bis 28 Zentimeter (10 – 11 Zoll)								
Apple iPad Pro 11" WiFi + Cellular (2nd Generation) (128 GB)	iPadOS 13.4	1040	++	++	+	+	○	GUT (1,7)
Samsung Galaxy Tab Active Pro LTE (SM-T545)	Android 9	665	+	+	++	+	+	GUT (1,8)
Samsung Galaxy Tab S6 Lite LTE (SM-P615)	Android 10	440	+	+	+	+	○	GUT (2,0)
Amazon Fire HD 10 (2019) (64 GB)	Fire OS 7.3.1.1	205[1]	+	+	+	+	○	GUT (2,2)
Teclast T30	Android 9	270	+	+	++	○	○	GUT (2,2)
Lenovo Yoga Smart Tab YT-X705F (ZA3V0011SE)	Android 9	264	+	+	+	+	○	GUT (2,3)
Asus CT100PA-AW0035	Chrome OS 80.0	375	○	+	○	+	○	GUT (2,5)
Lenovo Tab M10 FHD Plus TB-X606F (ZA5T0302SE)	Android 9	199	○	+	○	+	○	GUT (2,5)
Peaq Pet 100-LH232T[2]	Android 9	139	○	+	+	+	○	BEFRIED. (2,8)
Trekstor Surftab Y10 LTE	Android 9	111	○	+	+	+	○	BEFRIED. (2,8)
Acepad A121	Android 9	130	○	○	○	+	○	BEFRIED. (2,9)
Odys Thanos 10	Android 9	97	○	○	⊖*)	+	⊖	BEFRIED. (3,3)
Klein: bis 21 Zentimeter (8 Zoll)								
Lenovo Smart Tab M8 TB-8505FS (ZA5C0063SE)	Android 9	139	○	+	++	+	⊖	GUT (2,2)
Teclast P80X	Android 9	119	○	+	+	○	○	BEFRIED. (2,8)
Lenovo Tab M7 TB-7305F (ZA550075SE)	Android 9	100	⊖*)	+	○	+	⊖	BEFRIED. (2,9)

Bewertungsschlüssel der Prüfergebnisse: ++ = Sehr gut (0,5–1,5). + = Gut (1,6–2,5). ○ = Befriedigend (2,6–3,5). ⊖ = Ausreichend (3,6–4,5). — = Mangelhaft (4,6–5,5). **Bei gleichem Qualitätsurteil Reihenfolge nach Alphabet.**

***) Führt zur Abwertung.**

1) Preis laut Anbieter-Website. Ohne Werbung im Sperrbildschirm.

2) Laut Anbieter baugleich mit dem geprüften Produkt Trekstor Surftab Y10 LTE.

Einkauf der Prüfmuster: bis April 2020.

Tablets II

12/2020

Produkt	Geprüft mit Betriebssystem	Mittlerer Preis ca. (Euro)	Funktionen 30 %	Display 20 %	Akku 20 %	Handhabung 20 %	Vielseitigkeit 10 %	test-QUALITÄTSURTEIL 100 %
Riesig: über 28 Zentimeter (11 Zoll)								
Samsung Galaxy Tab S7+ 5G (SM-T976B) (256 GB)	Android 10	1 150	+	++	+	++	+	GUT (1,8)
Hannspree Hannspad Titan 3	Android 9	245	⊖*)	+	○	⊖	⊖	AUSREICH. (4,2)
Groß: 25 bis 28 Zentimeter (10 – 11 Zoll)								
Samsung Galaxy Tab S7 LTE (SM-T875)	Android 10	780[3)]	+	+	+	++	○	GUT (1,8)
Huawei MatePad Pro LTE (128 GB)	Android 10	610[3)]	+	+	+	+	○	GUT (1,9)
Apple iPad WiFi + Cellular (8th Generation) (128 GB)	iPadOS 14.0	605[3)]	+	+	+	+	○	GUT (2,0)
Huawei MatePad WiFi (64 GB)	Android 10	315	+	+	+	+	○	GUT (2,0)
Medion Lifetab E10420 (MD 61781)	Android 10	170[3)]	⊖*)	○	○	+	⊖	AUSREICH. (3,7)
Klein: bis 21 Zentimeter (8 Zoll)								
Huawei MatePad T8	Android 10	122	○	+	+	+	⊖	GUT (2,4)
Amazon Fire HD 8 Plus (2020) (32 GB)[1)]	Fire OS 7.3.1.5	175[2)]	○	+	++	+	⊖	GUT (2,5)
Amazon Fire HD 8 (2020) (32 GB)	Fire OS 7.3.1.5	112[2)]	○	+	+	+	⊖	BEFRIED. (2,6)

Bewertungsschlüssel der Prüfergebnisse: ++ = Sehr gut (0,5–1,5). + = Gut (1,6–2,5). ○ = Befriedigend (2,6–3,5). ⊖ = Ausreichend (3,6–4,5). — = Mangelhaft (4,6–5,5). **Bei gleichem Qualitätsurteil Reihenfolge nach Alphabet.**
*)Führt zur Abwertung
1) Geprüft mit kabellosem Ladedock.
2) Preis laut Anbieter-Website (Stand: 06.10.2020). Ohne Werbung im Sperrbildschirm.
3) Von uns bezahlter Einkaufspreis. **Einkauf der Prüfmuster:** bis September 2020.

formen, Shop und weitere Amazon-Dienste stehen auf dem Startbildschirm im Vordergrund. Nutzer müssen auf manche Apps verzichten oder sie aus anderen Quellen besorgen. Technisch sind die Amazon-Tablets nicht Spitze. Positiv fallen die Akkus auf. Ein Schelm, wer Arges dabei denkt: Wer länger surft, kann mehr shoppen.

Chrome OS

Herzstück des Chrome-Betriebssystems ist der Chrome-Browser. Viele Anwendungen klappen mit der vorinstallierten App nur mit einer aktiven Internetverbindung. Google aktualisiert Chrome laufend, doch preiswert ist das erste Chrome OS-Tablet, das Asus nicht (siehe Tabelle S. 142). ■

Unser Rat

Gut übersetzt keine App – noch am besten macht es die Android-Variante von **Pons** (2,99 Euro pro Sprache für einen Monat). Bei iOS liegen Pons und **Google** gleichauf, doch Google hat einen klaren Vorteil: Die Nutzung ist komplett gratis. Wenn möglich, sollten Nutzer mit Text- statt Spracheingabe arbeiten: Dann machen die Programme meist weniger Fehler.

Wie bitte?

5/2020 Beim Übersetzen geht vieles verloren – auch mit Apps: Die geprüften Programme machten zahlreiche Fehler, keines schnitt gut ab.

Die 15 Übersetzung-Apps im Test bescherten uns einige magische Momente: Ein Schnitzel verwandelte sich in ein „Hähnchen", eine Rechnung mutierte zum „Gesetzesvorhaben" und aus der Schwalbe eines Fußballers wurde ein „Phallus". Solche Fehlübersetzungen sind vielleicht amüsant, aber wenig hilfreich. Deshalb erreichte keine App das Qualitätsurteil gut.

Trotzdem sind die Apps gerade für Reisen praktisch, denn auch eine mittelmäßige Übersetzung ist häufig besser als gar keine.

Lieber schreiben als sprechen

Besonders groß waren die Probleme bei Dialogen, Redewendungen, bildlicher Sprache und Humor. Auch mit der Spracheingabe hatten die Programme generell schwer zu kämpfen. Das Einzige, was meist einigermaßen passabel klappte, war das Übersetzen einfacher Sätze in Textform.

Insgesamt etwas besser sah es bei der Handhabung aus: Hier kamen immerhin fünf Apps auf die Note gut, die zwei Google-Varianten schnitten sogar sehr gut ab.

Allerdings mussten wir Google und fünf weitere Anbieter wegen sehr deutlicher Mängel in der Datenschutzerklärung abwerten: Mal lagen deren Texte nur auf Englisch vor, mal waren sie sehr lang, schwammig und intransparent.

Alle Apps lassen sich gratis nutzen. Bei iTranslate, Pons, Promt und Talkao ist der Funktionsumfang dann aber eingeschränkt, vor allem in puncto Offline-Nutzung. ■

DeepL: Spezialist für Texte
Das Kölner Unternehmen DeepL bietet auf deepl.com einen Gratis-Übersetzer. Mit Texten kommt er besser zurecht als alle anderen Programme im Test. Allerdings gibt es DeepL bislang nicht als App – die Nutzung läuft über die Website oder die Windows-Software. Offline-Funktionen und Spracheingabe unterstützt DeepL derzeit nicht. Zudem ist die Sprachenvielfalt noch relativ gering.

ILLUSTRATION: GETTY IMAGES

Übersetzungs-Apps 05/2020

Produkt	Preis für einen Monat (Euro)[1]	Betriebssystem	Qualität der Übersetzungen[2] 60 %	Nutzung 40 %	Datensendeverhalten der App[3] 0 %	Mängel in der Datenschutzerklärung 0 %	test-QUALITÄTSURTEIL 100 %
Pons Übersetzer mit Wörterbüchern[4]	2,99 (pro Sprache)	Android	○	○	kritisch	sehr gering	BEFRIED. (2,6)
		iOS	○	○	kritisch		BEFRIED. (2,9)
Google Übersetzer	Kostenlos	Android	○	++	unkritisch	sehr deutlich*)	BEFRIED. (3,0)
		iOS	○	++	kritisch		BEFRIED. (2,9)
Microsoft Übersetzer	Kostenlos	Android	⊖	+	kritisch	sehr deutlich*)	AUSREICH. (3,6)
		iOS	⊖	+	kritisch		AUSREICH. (3,6)
Nyxcore Sprachübersetzer	Kostenlos	Android	○	⊖	unkritisch	sehr deutlich*)	AUSREICH. (3,9)
iTranslate Pro[4]	4,99	Android	⊖	+	kritisch	sehr deutlich*)	AUSREICH. (4,0)
		iOS	⊖	+	kritisch		AUSREICH. (4,1)
SayHi Übersetzen	Kostenlos	Android	○	⊖	kritisch	sehr deutlich*)	AUSREICH. (4,1)
		iOS	○	⊖	unkritisch		AUSREICH. (4,0)
Talkao Translate Übersetzer Stimme & Wörterbuch Premium[4)5]	4,99	Android	⊖	⊖	kritisch	sehr deutlich*)	AUSREICH. (4,2)
		iOS	⊖	○	kritisch		AUSREICH. (3,9)
Promt.One Übersetzer Premium[4]	2,49	Android	—*)	+	kritisch	sehr gering	MANGELH. (4,8)
		iOS	—*)	○	kritisch		MANGELH. (4,8)

Bewertungsschlüssel der Prüfergebnisse: ++ = Sehr gut (0,5–1,5). + = Gut (1,6–2,5). ○ = Befriedigend (2,6–3,5). ⊖ = Ausreichend (3,6–4,5). — = Mangelhaft (4,6–5,5). **Reihenfolge nach test-Qualitätsurteil der Android-Apps.**

***) Führt zur Abwertung.**

Mängel in Datenschutzerklärung: keine, sehr gering, gering, deutlich, sehr deutlich.

Datensendeverhalten der App: unkritisch, kritisch, sehr kritisch.

1) Alle kostenpflichtigen Apps bieten längerfristige Abos mit niedrigeren monatlichen Kosten. **2)** Die Qualität der Übersetzungen wurde mit Deutsch, Englisch, Französisch, Italienisch, Spanisch und Türkisch geprüft. Bei Microsoft und Pons war allerdings die Spracheingabe auf Türkisch nicht möglich. **3)** Das Urteil bezieht sich auf die im Datenstrom identifizierten Daten. **4)** Es gibt eine kostenlose Variante, die aber nicht den vollen Funktionsumfang bietet. **5)** Abweichender Name der iOS-App: „Sprachübersetzer Übersetzung".

Erhebungszeitraum: Dezember 2019 bis März 2020.

Unser Rat

Den Testsieg holt **Teams** – im Prüfzeitraum war das Programm allerdings kostenpflichtig. Die beste Gratis-Software heißt **Skype** und stammt ebenfalls von Microsoft. Positiv fiel auch **Jitsi** auf, insbesondere in puncto Datensparsamkeit: Es ist das einzige Tool im Test, das Nutzer vollumfänglich verwenden können, ohne sich registrieren zu müssen.

Microsoft liegt doppelt vorn

6/2020 Durch die Corona-Krise wurden Videochat-Programme für viele zu täglichen Begleitern. Teams und Skype überzeugen am meisten.

Seit das Coronavirus viele Menschen ins Home Office gezwungen hat, boomen Videochat-Programme. Im Test schneiden fünf von zwölf gut ab – angeführt wird das Feld von den zwei Microsoft-Produkten Teams und Skype.

Teams ist die insgesamt beste, zugleich aber auch die einzige kostenpflichtige der fünf guten Softwares. Wer ein gutes Videochat-Tool wünscht, braucht dafür also nicht unbedingt Geld auszugeben.

Ein Programm, viele Funktionen

Videotelefonie ist nur eine von vielen Funktionen: Die Programme bieten unter anderem auch Text- und Audiochats. Hinzu kommen üblicherweise das Austauschen von Dateien und das Teilen des Bildschirms mit anderen Teilnehmern.

Ein Spezialfall war Mikogo: Der Anbieter warb im Testzeitraum auf seiner Website zwar mit „Videokonferenzen", doch tatsächlich unterstützte die Software diese Funktion gar nicht. Die logische Folge: Qualitätsurteil mangelhaft.

Einrichtung in wenigen Minuten

Die Ersteinrichtung klappte bei allen geprüften Programmen angenehm einfach und schnell: Kurz ein Nutzerkonto anlegen, die Software herunterladen – und schon kann es losgehen.

Noch simpler war es bei Jitsi: Das Produkt erfordert weder eine Installation noch eine Registrierung. Stattdessen wird es anonym im Browser genutzt.

Tipps zu Kamera und Hintergrund

Blicken Sie direkt in die Kamera statt auf den Bildschirm – nur so entsteht Augenkontakt. Setzen Sie sich nicht mit dem Rücken zu Fenstern oder Lampen, sonst werden Sie überstrahlt. Ideal ist indirektes Licht von der Seite. Schalten Sie in größeren Gruppenchats Ihr Mikro ab, wenn Sie gerade nicht sprechen. Und immer dran denken: Hereinplatzende Kinder und Haustiere beleben jeden Chat!

Videochat-Programme 6/2020

Produkt	Kosten pro Monat im Jahresabo (Euro)	Bild und Ton 50 %	Handhabung 30 %	Basisschutz persönlicher Daten 20 %	Mängel in der Datenschutzerklärung	test-QUALITÄTSURTEIL 100 %
Microsoft Teams Basic	4,20[1)]	+	+	○	**sehr deutlich*)2)**	**GUT (2,0)**
Microsoft Skype	Kostenlos	+	+	○	**sehr deutlich*)2)**	**GUT (2,1)**
Jitsi	Kostenlos	+	○	○	**sehr deutlich*)3)**	**GUT (2,4)**
TeamViewer Blizz	Kostenlos	○	+	+	**sehr gering**	**GUT (2,4)**
Discord	Kostenlos	+	+	⊖*)	**sehr deutlich*)2)**	**GUT (2,5)**
Cisco Webex	Kostenlos	○	+	○	**sehr deutlich*)2)**	**BEFRIEDIGEND (2,6)**
Google Hangouts[4)]	Kostenlos	+	○	⊖*)	**sehr deutlich*)2)**	**BEFRIEDIGEND (2,7)**
Slack Standard	6,25[5)]	+	+	⊖*)	**sehr deutlich*)2)**	**BEFRIEDIGEND (2,7)**
Zoom	Kostenlos[6)]	○	+	○	**sehr deutlich*)2)**	**BEFRIEDIGEND (2,8)**
Bitrix 24	Kostenlos	+	⊖	○	**sehr deutlich*)7)**	**BEFRIEDIGEND (2,9)**
GoToMeeting Professional	12,50	○	○	○	**sehr deutlich*)2)**	**BEFRIEDIGEND (3,1)**
Mikogo Professional	15,00	–*)	○	○	**keine**	**MANGELHAFT (5,1)**

Bewertungsschlüssel der Prüfergebnisse: ++ = Sehr gut (0,5–1,5). + = Gut (1,6–2,5). ○ = Befriedigend (2,6–3,5). ⊖ = Ausreichend (3,6–4,5). – = Mangelhaft (4,6–5,5). **Bei gleichem Qualitätsurteil Reihenfolge nach Alphabet.**

***) Führt zur Abwertung.**

Mängel in den Datenschutzerklärungen: keine, sehr gering, gering, deutlich, sehr deutlich.

1) Inzwischen bietet Microsoft eine Gratis-Version an. Wer sie für rein private Zwecke nutzen will, wird aber zu Skype weitergeleitet. **2)** Keine ernsthafte Befassung mit der Datenschutzgrundverordnung (DSGVO) erkennbar. **3)** Datenschutzerklärung nur schwer zu finden, zudem nur auf Englisch vorhanden. **4)** Laut Anbieter wurde das Produkt inzwischen durch Google Meet ersetzt. **5)** Gratis-Variante erhältlich, diese bietet aber keine Gruppen-Videochats. **6)** Gruppenchats ab 3 Personen sind in der Gratis-Version auf 40 Minuten limitiert. **7)** Datenschutzerklärung nur auf Englisch vorhanden.

Download der Prüfmuster: April 2020.

Bild und Ton meist gut

Probleme mit der Bild- und Tonqualität traten im Test kaum auf, solange wir gute Internetverbindungen verwendeten. Ab 2 Megabit pro Sekunde dürfte in den meisten Fällen alles glatt laufen. Falls es doch mal ruckelt, kann es helfen, die Kamera auszuschalten oder von WLan auf eine Lan-Kabelverbindung umzusteigen.

Viele Mängel im Datenschutz

Zehn von zwölf Anbietern im Test haben wir wegen Mängeln in der Datenschutzerklärung abgewertet. Einige Texte waren viel zu lang, schwammig und intransparent – der von Bitrix wiederum lag nur auf Englisch vor. Gerade die US-Anbieter scherten sich zu wenig um die europäische Datenschutzgrundverordnung. ■

Unser Rat

Das beste Abo im Test bietet **Netflix** (ab 7,99 Euro) – der Dienst punktet primär mit Serien, das Filmrepertoire ist hingegen schwach. Beim Einzelabruf teilen sich **Amazon**, **Maxdome** und **Telekom** den ersten Platz (oft 3,99 Euro pro Film). Maxdome ist inzwischen nur noch für Bestandskunden nutzbar, Neukunden leitet der Anbieter zum Portal Joyn weiter.

Originell, aber nicht gut

1/2020 Die großen Streaming-Portale setzen immer mehr auf Originals. Trotz dieser Eigenproduktionen schneidet kein Anbieter im Test gut ab.

Stranger Things, Black Mirror, The Irishman: Testsieger Netflix ist inzwischen eher für seine Eigenproduktionen bekannt als für Hollywood-Blockbuster. Auch Amazon und Apple investieren Milliarden in selbstproduzierte Filme und Serien, denn die Kundenbindung funktioniert heute primär über Exklusivmaterial.

Trotz des derzeitigen Original-Hypes erreicht kein Anbieter im Test die Note gut. Die Lücken im Repertoire sind einfach zu groß: Von den 200 Titeln, nach denen wir suchten – je 100 populäre Filme und Serien –, hatte kein Dienst mehr als 58 parat.

Wer sucht, der findet nicht unbedingt

Nutzer können im Netz gezielt nach bestimmten Titeln suchen, etwa auf Websites wie werstreamt.es oder justwatch.com. Doch Suchende werden oft enttäuscht: Allem Anschein zum Trotz ist das Internet nach wie vor kein Schlaraffenland für Cineasten: Es gibt viel, was es online nicht gibt. Über ein Ausreichend für das Repertoire kam daher kein Dienst im Test hinaus.

Abos für Serien und Originals

Am beliebtesten sind heutzutage Abos: Für eine Flatrate von meist 8 bis 12 Euro pro Monat können Kunden alles ansehen, was der Katalog des jeweiligen Portals bereithält. Abos eignen sich vor allem für Serien-Fans und Nutzer, die sich für die Eigenproduktionen der Anbieter interessieren – denn jene Originals sind meist nur in den Abo-Modellen verfügbar. Die Abos haben aber

Filmkunst im Netz

Wer lieber Arthouse als Mainstream schaut, ist bei spezialisierten Anbietern oft besser beraten als bei Giganten wie Netflix. Zu den bekanntesten Streamingportalen für anspruchsvolle Filme zählen Mubi und Realeyz. Relativ neu dabei sind etwa Festivalscope, La Cinetek und die Amazon-Channels Arthouse CNMA und Sundance Now. Auch die Arte-Mediathek bietet einige Perlen – und das sogar kostenlos.

Videostreaming per Abo 1/2020

Produkt	Preis pro Monat (Euro)	Repertoire 35 %	Nutzung 35 %	Bild- und Tonqualität 15 %	Daten-schutz und -sicherheit 15 %	Mängel in den allgemeinen Geschäfts-bedingungen 0 %	test-QUALITÄTS-URTEIL 100 %
Netflix	7,99 bis 15,99[1)]	⊖	+	++	⊖	**sehr gering**	**BEFRIEDIGEND (2,8)**
Amazon Prime Video	7,99[2)]	⊖	+	++	⊖	**deutlich*)**	**BEFRIEDIGEND (3,3)**
Sky Ticket (Cinema + Entertainment)	19,98	⊖	○	+	⊖	**deutlich*)**	**AUSREICHEND (3,6)**
Maxdome Paket	7,99	–*)	○	++	○	**sehr gering**	**AUSREICHEND (3,7)**
Apple TV+	4,99	–*)	+	++	⊖	**sehr deutlich**	**AUSREICHEND (4,2)**

Bewertungsschlüssel der Prüfergebnisse: ++ = Sehr gut (0,5–1,5). + = Gut (1,6–2,5). ○ = Befriedigend (2,6–3,5). ⊖ = Ausreichend (3,6–4,5). – = Mangelhaft (4,6–5,5).
Mängel in den allgemeinen Geschäftsbedingungen: keine, sehr gering, gering, deutlich, sehr deutlich.
***) Führt zur Abwertung.**
1) Drei Preisstufen: Je höher der Preis, desto mehr parallele Streams sowie höhere Bildauflösung verfügbar.
2) Umfasst weitere Leistungen. Bei jährlicher Zahlungsweise 5,75 Euro.
Erhebungszeitraum: September bis November 2019.

auch einen klaren Nachteil: Neuere, populäre Filme sind hier ziemlich rar. Positiv ist hingegen, dass Abos sich meist kostenlos ausprobieren lassen: Netflix, Amazon, der Maxdome-Nachfolger Joyn sowie Apple TV+ bieten Gratis-Phasen. Nur Sky Ticket ist ab dem ersten Tag kostenpflichtig.

Einzelabruf für neuere Filme

Wer einen Film im Kino verpasst hat und ihn zu Hause nachholen will, wird eher im Einzelabruf fündig: Neuere, populäre Filme verleihen die Anbieter oft nur separat, statt sie ins Abo-Repertoire zu packen. Der Nachteil sind hier die hohen Kosten: Da für einen Film oft rund 4 Euro anfallen, geben Nutzer für zwei bis drei Filme genau so viel aus wie sonst für ein Monatsabo.

Natürlich lassen sich beide Modelle kombinieren: Einfach ein Abo für die „Grundversorgung" abschließen und dann ab und zu ein Filmhighlight per Einzelabruf ergänzen.

Bild und Ton meist sehr gut

Im Gegensatz zur Film- und Serienauswahl war die Bild- und Tonqualität im Test fast durchweg hervorragend. Einzig Sky verpasste ganz knapp die Note sehr gut. Entscheidend für die Bildqualität ist aber auch die Internetverbindung des Nutzers. Bereits mit 2 Megabit pro Sekunde dürften die Videos meist flüssig laufen. Wer in HD-Auflösung streamen will, sollte aber idealerweise 10 Megabit oder mehr erreichen. Wie schnell die eigene Verbindung ist, lässt sich etwa auf speedtest.net ermitteln. ▶

Videostreaming per Einzelabruf 1/2020

Produkt	Typischer Preis für eine Film-Leihe in HD (Euro)	Repertoire (Leihe)[1]	Nutzung	Bild- und Tonqualität	Datenschutz und -sicherheit	Mängel in den allgemeinen Geschäftsbedingungen	test-QUALITÄTSURTEIL
		35 %	35 %	15 %	15 %	0 %	100 %
Amazon Shop Prime Video	3,99	⊖	+	++	⊖	deutlich*)	BEFRIEDIGEND (3,4)
Maxdome Store	3,99	⊖	⊖	++	○	sehr gering	BEFRIEDIGEND (3,4)
Telekom Videoload	3,99	⊖*)	○	++	○	keine	BEFRIEDIGEND (3,4)
Apple iTunes	3,99	⊖	+	++	⊖	sehr deutlich*)	BEFRIEDIGEND (3,5)
Videociety	3,99	–*)	○	++	○	sehr gering	AUSREICHEND (3,9)
Google Play Filme & Serien	3,99	⊖	○	++	⊖	sehr deutlich*)	AUSREICHEND (4,0)

Bewertungsschlüssel der Prüfergebnisse: ++ = Sehr gut (0,5–1,5). + = Gut (1,6–2,5). ○ = Befriedigend (2,6–3,5). ⊖ = Ausreichend (3,6–4,5). – = Mangelhaft (4,6–5,5). **Bei gleichem Qualitätsurteil Reihenfolge nach Alphabet.**
Mängel in den allgemeinen Geschäftsbedingungen: keine, sehr gering, gering, deutlich, sehr deutlich.
***) Führt zur Abwertung.**
1) Viele der gesuchten Titel waren zum Kauf erhältlich. Kaufen ist jedoch oft deutlich teurer als Leihen. Zudem ist es häufig mit Einschränkungen verbunden – etwa, dass der Nutzer den Titel nicht auf einen PC oder eine DVD kopieren kann und eventuell jeglichen Zugriff verliert, falls der Anbieter den Dienst einstellt.
Erhebungszeitraum: September bis November 2019.

Neue Dienste von Apple und Disney

Apple ist mit dem Einzelabrufdienst iTunes zwar schon lange beim Videostreaming dabei, bot aber – anders als Netflix und Amazon mit ihren Originals – lange Zeit keine Alleinstellungsmerkmale. Mit Apple TV+ hat sich das geändert: Das Abo-Portal zeigt ausschließlich Eigenproduktionen wie The Morning Show oder Home before Dark. Dabei handelt es sich oft um hochwertige, im Vergleich zur Konkurrenz aber relativ wenige Titel.

Nach dem Testzeitraum kam zusätzlich noch Disney+ auf den Markt, das wir umgehend per Schnelltest prüften. Das Abo kostet 7 Euro pro Monat und liefert sehr gute Bild- und Tonqualität. Neben den zahlreichen Kinder-Klassikern von Disney und Pixar finden sich im Katalog unter anderem die Star-Wars-Filme, viele Marvel-Helden sowie die Kult-Zeichentrickserie Die Simpsons.

Allerdings ist das Repertoire sehr US-lastig und es mangelt an ernsthaften Werken ohne Happy End. Für Erwachsene ist zudem ärgerlich, dass Disney+ nur Filme bis zur Altersfreigabe „FSK 12“ zeigt. Wer ebenfalls aus dem Hause Disney stammende Titel wie Deadpool, Logan oder die Aliens-Reihe sehen will, muss dafür andere Streaming-Dienste nutzen und extra zahlen. ■

Unser Rat

Bester DSL-Router ist die **AVM Fritzbox 7590** für 188 Euro, dicht gefolgt von der einfacheren **Fritzbox 7530** für 117 Euro. Die Telekom-Router bieten mehr WLan-Reichweite, aber weniger Funktionen und keine automatischen Updates außerhalb des Telekom-Netzes. Die **Fritzbox 6591 Cable** für 248 Euro bietet sehr gute Leistung, braucht aber viel Strom.

Multitalente fürs Heimnetz

3/2020 Vielseitig, sehr gut gesichert, bestens zu bedienen: Fritzboxen liegen vorn. Andere WLan-Router zeigen Schwächen bei der Sicherheit.

Diese Kisten können mehr, als ihr Name verspricht. Eigentlich bezeichnet das Wort „Router" nur einen Knotenpunkt zwischen Computernetzen. Zusätzlich bieten die Geräte im Test: Internetmodem, WLan-Funkzentrale, Telefonanlage, Drucker- und Multimedia-Server. Einmal mehr liegen Fritzboxen von AVM vorn – auch weil sie trotz großem Funktionsumfang am besten zu handhaben sind. Bei der WLan-Leistung schneiden andere besser ab. Etliche Geräte zeigen Schwächen bei der Sicherheit.

WLan nicht die Stärke der Fritzboxen

Acht WLan-Router haben wir geprüft, sieben davon mit DSL-Modem für Internet per Telefonleitung, einen für Internet per Kabel. Bei Reichweite und Signalstärke der WLan-Funknetze müssen die DSL-Fritzboxen gegenüber manchen Konkurrenten zurückstecken. In sehr großen Wohnungen oder mehrstöckigen Häusern stoßen sie schneller an ihre Grenzen als etwa die beiden Telekom-Router oder der von Asus. Dafür punkten die Fritzboxen mit komplexer Nutzer- und Geräteverwaltung und umfassenden Filterfunktionen.

Alle im Test können internetbasierte Telefonanschlüsse verwalten und für schnurgebundene und schnurlose Telefone bereitstellen. Die Fritzboxen punkten mit sehr guter Sprachqualität und bieten besonders viele Möglichkeiten. Die Telekom-Router sind deutlich einfacher ausgestattet – so bieten sie keine Anrufsperren und nicht ein- ▶

Router für Kabelanschlüsse
Verglichen mit DSL-Routern ist das Angebot an Kabelroutern minimal. Doch Kabelinternet lässt sich auch mit einem DSL-Router nutzen, sofern der über einen Wan-Anschluss („Wide Area Network") verfügt. Dieser Anschluss wird mit dem Kabelmodem verbunden, das der Nutzer meist ohne Aufpreis vom Netzbetreiber bekommt und das dann die Internetverbindung für den Router herstellt.

FOTO: STIFTUNG WARENTEST /RALPH KAISER; ILLUSTRATION: GETTY IMAGES

WLan-Router 3/2020

Produkt	Mittlerer Preis ca. (Euro)	Datenübertragung 25 %	Sicherheitsfunktionen 20 %	Telefonieren 10 %	Handhabung 25 %	Stromverbrauch 5 %	Vielseitigkeit 15 %	test-QUALITÄTSURTEIL 100 %
DSL-Router								
AVM FritzBox 7590	188	++	++	++	++	+	++	SEHR GUT (1,5)
AVM FritzBox 7530	117	+	++	++	++	+	+	GUT (1,6)
TP-Link Archer VR2800v	157	+	○	+	+	+	+	GUT (2,1)
Telekom Speedport Smart 3	137	++	⊖*)	+	+	+	+	BEFRIEDIGEND (2,8)
Asus DSL-AC68VG	185	+	⊖*)	+	+	+	+	BEFRIEDIGEND (2,9)
Telekom Speedport W 925V	159	++	⊖*)	+	+	⊖*)	+	BEFRIEDIGEND (2,9)
TP-Link Archer VR900v V2	170[1)]	+	⊖*)	+	+	+	+	BEFRIEDIGEND (2,9)
Kabelrouter								
AVM FritzBox 6591 Cable	248	++	++	++	++	⊖*)	++	GUT (2,0)

Bewertungsschlüssel der Prüfergebnisse: ++ = Sehr gut (0,5–1,5). + = Gut (1,6–2,5). ○ = Befriedigend (2,6–3,5). ⊖ = Ausreichend (3,6–4,5). — = Mangelhaft (4,6–5,5). **Bei gleichem Qualitätsurteil Reihenfolge nach Alphabet.**
***) Führt zur Abwertung.**
1) Von uns bezahlter Einkaufspreis. **Einkauf der Prüfmuster:** Oktober 2019.

mal einen Anrufbeantworter. Bei den TP-Link-Routern klingt Sprache beim Telefonieren vergleichsweise dumpf.

Alle Geräte im Test ermöglichen es, Drucker und Festplatten per USB anzuschließen und im Heimnetz bereitzustellen. Die Fritzboxen und der Telekom Smart 3 können zudem Smart-Home-Anwendungen wie beispielsweise vernetzte Steckdosen und Thermostate steuern. Trotz großer Funktionsvielfalt sind die AVM-Boxen am leichtesten zu bedienen. Auch wer auf die erweiterten Fähigkeiten der Fritzboxen zugreifen will, dürfte sich in ihrem übersichtlichen Bedienmenü recht schnell zurechtfinden.

Schwächen bei der Sicherheit

Bei den Sicherheitsfunktionen schneiden nur die Fritzboxen sehr gut ab. Alle anderen zeigen mehr oder minder ausgeprägte Schwächen. So bieten etwa nur die AVM-Router und der TP-Link VR2800v uneingeschränkt automatische Updates. Auch die Telekom-Router können zwar Auto-Updates empfangen – aber nur an DSL-Anschlüssen der Telekom! Asus und TP-Link erlauben zu kurze Passwörter fürs Einstellmenü. Eine veritable Sicherheitslücke fanden die Tester beim Asus-Router: Angreifer aus dem WLan könnten darüber die Kontrolle über das Gerät erlangen und Schadcode ausführen. ■

Unser Rat

Knapp vorn landet der **Einhell 18 V 2,0 Ah Power X-Change** (35 Euro) gefolgt vom **Metabo-Akku** (48 Euro). Beide erwiesen sich als sehr haltbar. Der Akku von Einhell passt in mehr als 170 Geräte aus dem Einhell-Sortiment. Der Metabo ist mit 90 Geräten kompatibel. Gut und günstig: der **Lidl-Akku Parkside** für 17,50 Euro. Er passt in mehr als 20 Lidl-Geräte.

Akkus mit System

11/2020 Immer mehr Werkzeugakkus passen in verschiedenste Geräte. Das spart Geld und schont die Umwelt – wenn der Akku lange hält.

Einer für alles, heißt es bei immer mehr Herstellern von Werkzeugen und Gartengeräten. Derselbe Akku passt in eine Vielzahl von Produkten derselben Marke. Geräte und Akku bilden ein eigenes Systems.

Heimwerker binden sich an eine Marke, dafür bietet ihnen das Akkusystem eine Reihe von Vorteilen. Werkzeuge lassen sich solo ohne Akku und Ladegerät kaufen. Bohrschrauber oder Stichsäge kosten dann bis zur Hälfte weniger. Zudem verhindert ein Systemakku, dass sich diverse, nicht-kompatible Akkus und Ladegeräte im Schrank ansammeln. Das schont Ressourcen – sofern der Stromspeicher lange lebt. Die Haltbarkeit bildet daher den Kern des Tests.

Makita ist mangelhaft

Acht Akkus mit einer Spannung von 18 und 20 Volt mussten zeigen, was in ihnen steckt. Sie eignen sich für Werkzeuge mit derselben Spannung, etwa Bohrschrauber, Schleifgerät oder Multifunktionstool. Käuferinnen und Käufer finden die Spannungsklasse jeweils auf dem Typenschild.

Die Akkus schneiden überwiegend gut und befriedigend ab. Einzig der teure Makita fiel aus und kassiert ein Mangelhaft. Der Bosch Professional erfüllte nicht alle Sicherheitsanforderungen und kommt insgesamt auf ein Befriedigend. Die restlichen Stromspeicher erwiesen sich als sicher und langlebig, aber nicht alle als praktisch. So lässt sich bei Black+Decker, Bosch PBA und Worx nicht der Ladestand ablesen. Der Black+Decker ▶

Akkus sicher nutzen und lagern
Lithium-Ionen-Akkus mögen keine Extremtemperatur. Arbeiten Sie mit Akku-Werkzeugen nicht bei Frost oder Hitze. Nehmen Sie voll geladene Akkus aus dem Ladegerät. Verzichten Sie, wenn möglich, auf eine Schnellladefunktion. Beides schont den Akku. Lagern Sie die Stromspeicher an einem trockenen, frostfreien Ort – nie in der prallen Sonne oder in der Nähe von brennbaren Gegenständen.

FOTO: STIFTUNG WARENTEST / RALPH KAISER

Werkzeugakkus 11/2020

Produkt	Ladegerät	Mittlerer Preis Akku ca. (Euro)	Preis für Akku und Ladegerät im Set ca. (Euro)	Haltbarkeit 50 %	Handhabung 40 %	Stromverbrauch des Ladegeräts 5 %	Sicherheit 5 %	test-QUALITÄTS-URTEIL 100 %
Einhell 18 V 2,0 Ah Power X-Change	Power-X-Charger	35,00	80,00	+	+	+	++	**GUT (2,0)**
Metabo 18 V, 2,0 Ah 625596000	ASC 55	48,00	Entfällt[1]	+	+	++	+	**GUT (2,1)**
Lidl Parkside PAP 20 A1	PLG 20A1	17,50	24,20	+	+	+	+	**GUT (2,3)**
Bosch PBA 18 V 2,5 Ah W-B	AL 830CV	45,00	51,00	+	○	+	+	**BEFRIEDIGEND (2,8)**
Bosch Professional GBA 18 V 2,0 Ah M-B	GAL 18V-40	34,00	Entfällt[2]	+	+	++	⊖*)	**BEFRIEDIGEND (3,0)**
Worx WA3551.1	WA 3880	36,00	50,00	+	⊖*)	++	+	**BEFRIEDIGEND (3,3)**
Black+Decker BL2018ST	BDC2A	50,00	58,50	+	⊖*)	+	+	**AUSREICHEND (3,9)**
Makita BL1820B	DC18RC	57,50	68,50	–*)	+	○	+	**MANGELHAFT (4,8)**

Bewertungsschlüssel der Prüfergebnisse: ++ = Sehr gut (0,5–1,5). + = Gut (1,6–2,5). ○ = Befriedigend (2,6–3,5). ⊖ = Ausreichend (3,6–4,5). – = Mangelhaft (4,6–5,5).
***) Führt zur Abwertung.**
1) Nicht als Set erhältlich. Das Ladegerät kostet laut Anbieter-Website rund 42,50 Euro.
2) Nicht als Set erhältlich. Das Ladegerät kostet laut Anbieter-Website 49 Euro.

Einkauf der Prüfmuster: Oktober 2019.

lädt zudem fast drei Stunden – mehr als doppelt so lange wie alle anderen.

In Bohrer und Laubbläser eingesetzt

Bei der Haltbarkeit ermitteln unsere Tester, wie stark die Akkus altern, wenn sie ungenutzt herumliegen oder in verschiedenen Geräten zum Einsatz kommen, etwa in einem Bohrschrauber und in einem Laubbläser. Die belasten den Akku unterschiedlich: Bohrschrauber ziehen intervallartig Strom, Laubbläser brauchen kontinuierlich viel Energie. Den leeren Akku luden die Tester im dazugehörigen Ladegerät auf.

Im Test sollten die Energiespeicher 400 Ladezyklen überstehen, ohne deutlich an Leistung einzubüßen. Das entspricht einer Lebensdauer von ungefähr acht Jahren, wenn man den Akku einmal pro Woche auflädt. Zwei Exemplare des Makita-Akkus schafften das nicht. Das erste gab nach rund 250 Mal Laden den Geist auf, das zweite Exemplar nach gut 300.

Tipp: Die Kraftpakete altern auch beim Nichtstun. Achten Sie daher beim Kauf auf das Herstelldatum. Es ist meist auf dem Akku angegeben und sollte nicht länger als ein bis zwei Jahre zurückliegen. ■

Unser Rat

Keine Daunendecke überzeugt im Test vollends. Wer auf das Daunengefühl nicht verzichten möchte, kann sich mit der **Traumina** (450 Euro) oder der **Allnatura** (290 Euro) eindecken. Für Gänse lässt sich laut Tierschützern Lebendrupf nicht ausschließen. Wer sichergehen will, dass kein Tier für die Decke leiden musste, kauft eine Synthetikdecke. Gute gibts ab 20 Euro.

Probleme mit Hülle und Fülle

11/2020 Keine Daunendecke kommt über ein Befriedigend hinaus. Die meisten schwächeln bei der Haltbarkeit und der Rückverfolgbarkeit.

Gemütlich, warm, atmungsaktiv: Daunendecken versprechen ein besonderes Schlaferlebnis. Wir haben zehn Modelle getestet, alles warme Winterdecken zu Preisen von 100 bis 450 Euro. Zusätzlich prüften wir, wie ernst es Anbieter mit den Kriterien für soziale und ökologische Unternehmensverantwortung (Corporate Social Responsibility, kurz CSR) halten. Wie steht es um Tier- und Umweltschutz? Auf welcher Farm haben die Tiere gelebt und wie?

Zehn Winterdecken auf dem Prüfstand

Für den Test suchten wir Decken mit möglichst 90 Prozent Daunen und 10 Prozent Federn aus. Der hohe Daunenanteil sorgt für luftige Wärme, die Federn sorgen für Stabilität. Im Unterschied zu Federn haben Daunen keinen Kiel oder Schaft, sie sind weicher und leichter als Federn, wärmen aber besser.

Wir maßen, wie gut die Decken Luft und Feuchtigkeit durchlassen und ob sie warm halten. Unser Prüfinstitut las Federn, zählte Daunen, stauchte die Decken und wusch jedes Exemplar dreimal. Am Ende kam keine Daunendecke über ein Qualitätsurteil Befriedigend hinaus.

Leiden für den Kuschelfaktor?

Für die Untersuchung der Unternehmensverantwortung haben wir die Anbieter der Decken aufgefordert, die Herkunft der Daunen zu belegen. Alle Anbieter im Test legten uns ein Tierwohl-Zertifikat vor, auch diejenigen, an deren Decken kein Siegel hängt. ▶

Lebendrupf ist in der EU verboten
Gänsegefieder erneuert sich immer wieder auf natürliche Weise. Die Daunen fallen von allein ab – bei einem großen Gefiederwechsel im Herbst und mehreren kleinen im Jahr. In der EU dürfen lose Daunen nur per Hand aus dem Gefieder gestrichen werden (Mauserrauf). Gerupft werden dürfen die Tiere erst nach der Schlachtung. Wie die Praxis in anderen Regionen, etwa in China, aussieht, ist unklar.

FOTO: GETTY IMAGES

Daunendecken 11/2020

Produkt	Mittlerer Preis ca. (Euro)	Schlaf-eigenschaften 60 %	Haltbarkeit 30 %	Deklaration 10 %	test-QUALITÄTS-URTEIL 100 %
Centa-Star Moments Winterbett warm	350	○	○	++	BEFRIEDIGEND (2,6)
Traumina Kassettendecke WK 4 Cube Daune[1]	450	○	+	⊖	BEFRIEDIGEND (2,6)
Sanders-Kauffmann Elegance 700 warm	400	○	+	⊖	BEFRIEDIGEND (2,7)
Paradies Galia 90 warm	350	+	⊖*)	⊖	BEFRIEDIGEND (3,1)
Allnatura Daunen-Körperzonen-Bettdecke Ansara-Forma	290	○	⊖*)	⊖	BEFRIEDIGEND (3,2)
Badenia Irisette Edda 2120 Daunen Kassettendecke warm	179	○	⊖*)	+	BEFRIEDIGEND (3,2)
Billerbeck Daunendecke 302 Almira	330	+	⊖*)	+	BEFRIEDIGEND (3,5)
Dänisches Bettenlager Daunen-Kassettendecke Andeo	200	+	⊖*)	+	AUSREICHEND (3,6)
Ikea Fjällhavre	100	+	⊖*)	+	AUSREICHEND (3,6)
Otto My Home Gänsedaunendecke Premium Tim	250	+	–*)	+	MANGELHAFT (4,6)

Bewertungsschlüssel der Prüfergebnisse: ++ = Sehr gut (0,5–1,5). + = Gut (1,6–2,5). ○ = Befriedigend (2,6–3,5). ⊖ = Ausreichend (3,6–4,5). – = Mangelhaft (4,6–5,5). **Bei gleichem Qualitätsurteil Reihenfolge nach Alphabet.**
***) Führt zur Abwertung.**
1) Laut Anbieter Produkt geändert.
Einkauf der Prüfmuster: März bis April 2020.

Die Zertifikate heißen Downpass und RDS (Responsible Down Standard, Verantwortungsvoller Daunenstandard). Sie schließen Daunen aus Lebendrupf und Stopfleberproduktion aus, versprechen Tierschutz und Transparenz in der Lieferkette.

Das sieht nach Fortschritt aus im Vergleich zu unserer letzten Untersuchung im Jahr 2013. Dennoch: Auch in diesem Test lieferten nur drei der zehn Anbieter vollständige Belege für die Herkunft der Daunen bis zurück zur Farm. Die anderen legten zwar Zertifikate vor. Sie konnten uns aber nicht vollständig belegen, woher ihre Daunen stammen (Tabelle S. 157).

Keine ist besser als befriedigend

Gut jede zweite Decke büßte nach dem Waschen an Qualität ein. Entweder verrutschte die Füllung oder die Decke lief ein – oder beides. Schlechteste im Warentest ist die Decke von Otto. Sie ist nach drei Wäschen am stärksten eingelaufen: längs um bis zu 20 Zentimeter. Außerdem durchdringen Daunen die Hülle und die Füllung ist verrutscht. Das ist mangelhaft.

Produktionsbedingungen[1] für Decken 11/2020

Anbieter überprüft am Produkt (siehe Warentest S. 156)	Herkunftsnachweis der Daunen 25 %	Unternehmenspolitik 20 %	Tierwohl 30 %	Umweltschutz 15 %	Transparenz 10 %	test-CSR-ENGAGEMENT 100 %
Allnatura Daunen-Körperzonen-Bettdecke Ansara-Forma	++	+	⊖	–	○	BEFRIEDIGEND
Dänisches Bettenlager Daunen-Kassettendecke Andeo	++	○	⊖	⊖	+	BEFRIEDIGEND
Traumina Kassettendecke WK4 Cube Daune	++	⊖	⊖	⊖	+	BEFRIEDIGEND
Billerbeck Daunendecke 302 Almira	⊖	⊖	⊖	–	○	AUSREICHEND
Centa-Star Moments Winterbett warm	○	–	–	–	○	AUSREICHEND
Ikea Fjällhavre	○	–	–	–	○	AUSREICHEND
Otto My Home Gänsedaunendecke Premium Tim	⊖	⊖	–	–	○	AUSREICHEND
Paradies Galia 90 warm	–	○	–	–	○	AUSREICHEND
Sanders-Kauffmann Elegance 700 warm	○	⊖	⊖	–	○	AUSREICHEND
Badenia Irisette Edda 2120 Daunen Kassettendecke warm	–	⊖	–	–	○	MANGELHAFT

Bewertungsschlüssel der Prüfergebnisse: ++ = Sehr gut. + = Gut. ○ = Befriedigend. ⊖ = Ausreichend. – = Mangelhaft. **Reihenfolge nach Alphabet.**

1) Test der sozialen und ökologischen Unternehmensverantwortung der Anbieter.

Befragungszeitraum: Mai bis Juli 2020.

Auch die meisten anderen Decken haben Probleme mit der Haltbarkeit: Kaum eine hielt dicht. Unter Belastung drangen Daunen und Federn durch den Stoff nach außen. Das kann pieksig werden und ist ärgerlich.

So läuft das Geschäft mit den Daunen

Die Deckenanbieter kaufen Bettfüllungen von Zwischenhändlern. Für jeden Schritt der Lieferkette sollen Zertifizierungsgesellschaften im Auftrag der Siegelgeber prüfen, ob kein Lebendrupf stattfand. Diese Prüfgesellschaften kennen angeblich die gesamte Lieferkette, legten sie aber den meisten Deckenanbietern der Testauswahl nicht offen.

Die Zwischenhändler legten uns ebenfalls keine Belege für die Herkunft der Daunen vor. Anbieter der Decken kennen daher oft weder Farm noch Schlachthaus. Am Ende können sie sich nur auf die Siegelgeber und deren Prüfgesellschaften verlassen.

Gute Alternativen ab 20 Euro

2019 testeten wir warme Synthetik- und Naturhaardecken. Fast alle Guten sind noch erhältlich. Die Synthetikdecken sind ähnlich warm wie die Daunendecken, aber bestenfalls befriedigend atmungsaktiv. Das Meradiso-Duo-Steppbett von Lidl kostet 20 Euro. Gleich gut ist das Vitalis Soft Duo Steppbett von Matratzen Concord für 60 Euro.

Besonders gute Schlafeigenschaften bietet die Billerbeck-Kamelhaardecke Natur Classic Brilliant Duo. Sie ist hoch atmungsaktiv und kann besonders für Schwitzende eine Alternative sein. Mit 2,5 Kilo ist sie allerdings rund ein Kilo schwerer als eine durchschnittliche Daunendecke im Test. ■

Unser Rat

Fenster: Sichern Sie die Griffseite mit dem **Burg-Wächter Winsafe WS 33** (50 Euro), die Scharnierseite mit **Abus FAS101** (57 Euro). Oder beide Seiten mit dem **Fuhr**-Set (63 Euro).
Fenstertüren: Bester Stangenriegel ist **Abus FOS650A** (214 Euro).
Türen: Top sind Querriegel **Abus PR 2800** (535 Euro) und Stangenschloss **Swiss Sector SL 100+** (215 Euro).

Diebe aussperren

10/2020 Fenster und Türen lassen sich gut nachrüsten. Doch selbst einige Produkte etablierter Marken halten Druck nicht lange stand.

Fast 90 000 Mal wurde die Polizei im vergangenen Jahr zu Einbrüchen in Häuser und Wohnungen gerufen. Unerfreulich oft, doch immerhin geht die Zahl der Einbrüche seit 2015 zurück. Viele Einbrecher scheitern an immer besser gesicherten Fenstern und Türen. So werden seit Jahren fast nur noch Fenster mit Pilzkopf-Zapfen verbaut. Ihr Kopf verankert sich wie ein kleiner Champignon im Rahmen und verhindert, dass sich das Fenster mit dem Schraubenzieher aufhebeln lässt.

Was aber tun, wenn im Haus Fenster ohne Pilzkopf oder in der Wohnung unsichere Türen verbaut sind? Sie lassen sich gut nachrüsten. Querriegel und Stangen verstärken Wohnungstüren. Fenster, egal ob aus Holz oder Kunststoff, werden an Griff- und Scharnierseite gesichert. Und bei hohen Fenstertüren für Terrasse oder Balkon empfehlen sich senkrechte Stangen.

Türen sichern

Querriegel sind massiv. Sie sitzen unter dem vorhandenen Türschloss. Wird der Schlüssel in diesem zweiten Schloss gedreht, fahren dicke Riegel nach rechts und links in eine Halterung aus. Sie ist an der Wand befestigt. Stabilität und Verankerung der Halterungen sind meist der Knackpunkt. Die Halterung von Swiss Sector hielt starkem Druck nicht stand. Beim Econ-Balkenriegel versagte im Test die Abdeckung für den Schließzylinder. Sie soll etwa dem Anbohren des Schließzylinders vorbeugen.

Wo greift der Einbrecher an?
Die Polizeipräsidien Köln und Leverkusen erheben detaillierte Daten über Wohnungseinbrüche. Demnach steigen bei Einfamilienhäusern die Hälfte der Diebe über Balkon- oder Terrassentüren ein, 27 Prozent durch die Fenster, 18 Prozent kommen durch die Haustür. Bei Mehrfamilienhäusern knacken 52 Prozent der Diebe die Wohnungstür; 30 Prozent hebeln Balkontüren auf.

FOTOS: STIFTUNG WARENTEST / RALPH KAISER; MAURITIUS IMAGES

Sicherungen für Wohnungstüren 10/2020

Produkt	Mittlerer Preis ca. (Euro)	Einbruch-hemmung 60 %	Montage 20 %	Handhabung 10 %	Deklaration 10 %	test-QUALITÄTSURTEIL 100 %
Querriegel						
Abus Panzerriegel PR 2800	535 1)	++	+	++	+	SEHR GUT (1,0)
Basi PR 900 ZA Panzer-Riegelschloss	285 1)	++	○	⊖	⊖	GUT (1,8)
Econ Balkenriegel mit KZS, SBR F1 850mm	390	⊖ *) 2)	+	⊖	⊖	AUSREICH. (4,0)
Swiss Sector Querriegel QL100+	235	– *) 3)	+	++	⊖	MANGELH. (5,0)
Stangenschloss						
Swiss Sector Stangenschloss SL 100+	215	++	○	⊖	⊖	GUT (2,0)
Abus Tür-Stangenschloss TSS550	278 1)	⊖ *) 2)	○	++	○	AUSREICH. (4,0)

Bewertungsschlüssel der Prüfergebnisse: ++ = Sehr gut (0,5–1,5). + = Gut (1,6–2,5). ○ = Befriedigend (2,6–3,5). ⊖ = Ausreichend (3,6–4,5). – = Mangelhaft (4,6–5,5).
***) Führt zur Abwertung.**
1) Preis inklusive Schließzylinder. **2)** Die Schließzylinderabdeckung hat die Druckprüfung nicht bestanden.
3) Der Prüfpunkt statische Belastung wurde nicht bestanden. **Einkauf der Prüfmuster:** Mai bis Juli 2020.

Senkrechte Stangenriegel sind schmaler als Querriegel. Sie rasten in einer Halterung im Boden und über der Tür ein. Daher passen Stangen auch, wenn die Wände neben der Tür zu eng oder instabil für Querriegel sind. Auch eine breite zweiflügelige Tür lässt sich mit den Stangen schützen, etwa verzierte Türen im Altbau. Bei Abus war die Abdeckung des Schließzylinders zu schwach.

Allgemein gilt für Türriegel: Bei der Montage ist Präzision gefragt. Im Zweifel empfiehlt sich ein Fachbetrieb.

Fensterflügel verankern

Geschickte Heimwerker können die Griffseitensicherungen für Fenster mit den beigelegten Schablonen für die Bohrlöcher montieren. Abus ist ein Mal top, ein Mal Flop. Das Schloss für zweiflügelige Fenster hielt dem Einbruchversuch nicht stand.

Zusätzlich sollten Sie die Scharnierseite sichern, sonst setzen Diebe einfach an dieser Schwachstelle an. Das Scharnierseiten-Set von Burg-Wächter schützt nur mangelhaft.

Die Produkte von Fuhr und Deni lassen sich auf beiden Fensterseiten montieren, sodass sie Griff- und Scharnierseite sichern. Bei Verwendung an der Griffseite muss für die Montage allerdings der Fensterflügel ausgehängt werden.

Diebe lieben hohe Fenstertüren

Ob Balkon oder Terrasse: Einbrecher mögen deren hohe Fenstertüren. Denn im Gegensatz zu Haustüren mit ihren starken Scharnieren sind sie einfach auszuhebeln. Eine einfache Griffsicherung reicht für Fenstertüren nicht aus. Es helfen Stangen mit abschließbarem Drehgriff, die in Boden und Decke einhaken. Ikon lässt sich leider in weniger als drei Minuten aufbrechen.

Eingebrochen wird übrigens tagsüber öfter als nachts. Doch auch wenn niemand zu Hause ist: Die Einbruchsicherung ist da. ■

Sicherungen für Fenster, Terrassen- und Balkontüren 10/2020

Produkt	Mittlerer Preis ca. (Euro)	Einbruch-hemmung 60 %	Montage 20 %	Handhabung 10 %	Deklaration 10 %	test-QUALITÄTS-URTEIL 100 %
Griffseite						
Burg-Wächter Winsafe WS 33 BR SB Fenstersicherung	50	++	++	++	○	SEHR GUT (0,9)
Abus Fenstersicherung FTS96	92	++	++	++	⊖	SEHR GUT (1,1)
Burg-Wächter Winsafe WS 22 BR SB Fenstersicherung mit Doppelriegel	40	++	++	++	○	SEHR GUT (1,1)
Ikon Fenster- und Balkontürensicherung Kralltec 9M04	90	++	++	++	⊖	SEHR GUT (1,1)
Abus Fenster-Doppelflügelschloss DFS95	93	–*)1)	++	++	⊖	MANGELHAFT (5,0)
Scharnierseite						
Abus FAS101 Scharnierseiten-Sicherung für Fenster	57	++	++	++	⊖	SEHR GUT (1,1)
Abus FAS97 Scharnierseiten-Sicherung für Fenster	60	++	++	++	⊖	SEHR GUT (1,2)
Burg-Wächter Winsafe WS 44 Scharnierseitensicherung	40	–*)1)	++	++	+	MANGELHAFT (5,0)
Griff- und Scharnierseite						
Fuhr Fenstersicherung 2 Sets plusprotect 150V2)	63	++	+	++	○	SEHR GUT (1,1)
Deni Fenstersicherung Softline	37	++	++	++	⊖	SEHR GUT (1,2)
Stangenverriegelung für Fenstertüren						
Abus Fensterstangenschloss mit Alarm FOS650A3)	214	++	+	++	○	SEHR GUT (1,0)
Deni SGV Stangenverriegelung Basis-Set4)	1765)	++	+	⊖	⊖	GUT (1,9)
Ikon Fensterstangenverschluss 9M074)	210	–*)1)	++	++	○	MANGELHAFT (5,0)

Bewertungsschlüssel der Prüfergebnisse: ++ = Sehr gut (0,5–1,5). + = Gut (1,6–2,5). ○ = Befriedigend (2,6–3,5). ⊖ = Ausreichend (3,6–4,5). – = Mangelhaft (4,6–5,5). **Bei gleichem Qualitätsurteil Reihenfolge nach Alphabet.**

***) Führt zur Abwertung.**

1) Hielt im Einbruchversuch mit Werkzeug weniger als 3 Minuten stand. **2)** Inhalt pro Packung: 2 Sicherungen.

3) Für Türen mit einer Höhe von 170 bis 320 cm. **4)** Für Türen mit einer Höhe bis zu 300 cm.

5) Preis laut Anbieter inklusive Grundkarton, Fenstergriff und Stangenset.

Einkauf der Prüfmuster: Mai bis Juli 2020.

Unser Rat

Nur zwei Geschirrspüler mit der Breite von 60 Zentimetern sind gut. Beide kommen von **Bosch**: der vollintegrierte **SMV46MX04E** (610 Euro) und der teilintegrierte **SMI46MS04E** (535 Euro). Von **Bauknecht** stammen die zwei guten mit 45 Zentimeter Breite: der vollintegrierte **BSIO 3O35 PFE X** (500 Euro) und der teilintegrierte **BSBO 3O35 PF X** (500 Euro).

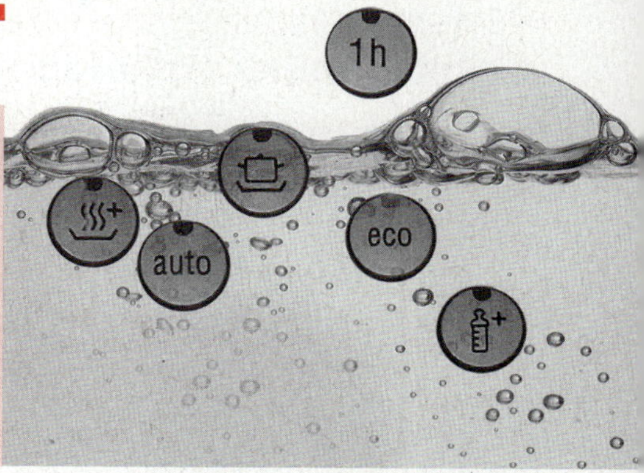

Vier gewinnt, vier verliert

9/2020 Nur vier Geschirrspüler schneiden gut ab. Vier fielen im Dauertest aus. Langfristig spart, wer mit dem Eco-Programm spült.

Drei von vier Haushalte in Deutschland lassen Geschirrspüler den Abwasch erledigen – obwohl die großen Kisten nicht zu den kleinen Anschaffungen zählen. Die Geräte im Test kosten zwischen 305 Euro für den Amica-Spüler und 1220 Euro für den Miele. Hinzu kommen Kosten für Strom, Wasser und Tabs – nach zehn Jahren liegen sie je nach Modell bei 1088 bis 1536 Euro.

Auch schmale Geschirrspüler im Test

Von 19 Geschirrspülern mit 45 und 60 Zentimetern Breite schaffen nur vier das test-Qualitätsurteil Gut. Viele Geräte sind in zwei Varianten erhältlich: teil- und vollintegriert, also mit sichtbarer und mit versteckter Bedienblende. Abgesehen davon gleichen sie sich. Bis auf die Programmwahl führten wir daher alle Tests an den vollintegrierten Geräten durch und übertrugen die Ergebnisse auf die teilintegrierten.

Dauertest: Einige fielen aus

Im Dauertest simulierten wir eine zehnjährige Nutzung. Der Spüler von Bomann ging frühzeitig kaputt. Auch Amica und der voll- sowie der teilintegrierte Gorenje enttäuschten. Die Geräte zeigten teilweise eine Undichtigkeit an. Der Dauertest des Miele-Geschirrspülers G 7150 SCVi lief bei Redaktionsschluss dieses Buchs noch, nachdem es in der Prüfung zu einer Verzögerung gekommen war. Wir werden das Ergebnis nachreichen und auf test.de veröffentlichen – dann auch mit test-Qualitätsurteil. ■

Mit dem Eco-Programm sparen
Mit der Wahl des Eco-Sparprogramms lassen sich die Betriebskosten deutlich senken. Wer ausschließlich im Eco-Programm spült, spart gegenüber unserem Nutzungsszenario mit verschiedenen Programmen in zehn Jahren im Schnitt rund 190 Euro an Strom- und Wasserkosten. Das mag in einer Haushaltskasse wenig sein – die Umwelt profitiert in der Summe enorm.

FOTO: GETTY IMAGES, BSH / STUDIO MESSLINGER [M]

Geschirrspüler vollintegriert 9/2020

Produkt	Mittlerer Preis ca. (Euro)	Betriebskosten in 10 Jahren laut Nutzerprofil ca. (Euro)1)	Betriebskosten in 10 Jahren im Sparprogramm (Eco)2)	Sparprogramm (Eco) 15%	Automatikprogramm 20%	Kurzprogramm 20%	Handhabung 15%	Sicherheit 5%	Geräusch 10%	Dauerprüfung 15%	test-QUALITÄTSURTEIL 100%
Einbaugeräte, 60 cm breit											
Bosch SMV46MX04E	610	1266	1044	+	⊖*)	○	+	+	++	++	GUT (2,5)
AEG FSE83716P	1000 3)	1187	969	○	⊖*)	○	+	+	+	+	BEFRIED. (2,6)
Siemens SN658X02PD	805	1285	1034	+	⊖*)	○	+	+	++	++	BEFRIED. (2,6)
Ikea Hygienisk	650 3)	1130	978	○	⊖*)	Entfällt	+	+	++	○ 4)	BEFRIED. (2,7)
Beko DIN26421	370	1131	1078	○	+	○	○	+	+	○	BEFRIED. (2,8)
Gorenje GV 66160	505	1038	867	○	⊖	–	○	+	+	⊖*) 5)	AUSREICH. (4,0)
Amica EGSP 14663 V	305	1227	1088	○	Entfällt	○	○	+	○	⊖*) 6)	AUSREICH. (4,5)
Bomann GSPE 892	340	1396	1237	○	Entfällt	⊖	○	+	+	⊖*) 7)	AUSREICH. (4,5)
Einbaugerät, 60 cm breit, Dauerprüfung noch nicht beendet											
Miele G 7150 SCVi	1220	1123	899	+	+	○	+	+	++	N. n. b. 8)	Noch nicht vergeben 8)
Einbaugeräte, 45 cm breit											
Bauknecht BSIO 3035 PFE X	500	1273	1108	○	○	○	○	+	++	++	GUT (2,5)
Bosch SPV66TX01E	640	1311	1213	○	○	⊖*)	+	+	+	++	BEFRIED. (2,6)
Neff S583M50X0E	575	1536	1234	○	–*)	○	+	+	+	++	BEFRIED. (3,1)

Bewertungsschlüssel der Prüfergebnisse: siehe S. 163. Bei gleichem Qualitätsurteil Reihenfolge nach Alphabet.
***) Führt zur Abwertung.** N. n. b. = Noch nicht bewertet. **1)** Grundlage der Berechnung pro Jahr: 280 Spülgänge einer Maschine mit 13 Gedecken. Davon 90 Spülgänge im Sparprogramm, 75 im Automatikprogramm mit normaler Anschmutzung, 25 im Automatikprogramm mit starker Anschmutzung und 90 im Kurzprogramm. Bei Maschinen ohne Kurz- oder Automatikprogramm wurde zur Hälfte mit dem Sparprogramm und zur Hälfte mit dem Automatik- bzw. Kurzprogramm gerechnet. Bei Maschinen mit 10, 12, 14, 15 oder 16 Gedecken wurde die Anzahl der Spülgänge angepasst. Pro Spülgang wurde ein Multitab mit 0,10 Euro berechnet. Strompreis von 0,31 Euro/kWh, Wasserpreis 3,85 Euro/m³. **2)** Grundlage der Berechnung pro Jahr: 280 Spülgänge einer Maschine im Ecoprogramm mit 13 Gedecken. Bei Maschinen mit 10, 12, 14, 15 oder 16 Gedecken wurde die Anzahl der Spülgänge angepasst. Pro Spülgang wurde ein Multitab mit 0,10 Euro berechnet. Strompreis von 0,31 Euro/kWh, Wasserpreis 3,85 Euro/m³. **3)** Von uns bezahlter Einkaufspreis. **4)** Geprüft mit Automatikprogramm 45-70 °C. **5)** Ausfall aller drei Prüfmuster nach simulierten 8,9/9,0/9,0 Jahren Nutzung. **6)** Ausfall aller drei Prüfmuster nach simulierten 4,3/5,2/8,3 Jahren Nutzung. **7)** Ausfall aller drei Prüfmuster nach simulierten 5,6/5,7/7,3 Jahren Nutzung, bei zwei Geräten trat Wasser aus. **8)** Bei einem der drei Prüfmuster kam es beim Durchführen des Dauertests zu einer Verzögerung. Dadurch lief dieser bei Redaktionsschluss noch. **Einkauf der Prüfmuster:** Juni bis August 2019.

Geschirrspüler teilintegriert 9/2020

Produkt	Mittlerer Preis ca. (Euro)	Betriebskosten in 10 Jahren laut Nutzerprofil ca. (Euro)[1]	Betriebskosten in 10 Jahren im Sparprogramm (Eco)[2]	Sparprogramm (Eco) 15 %	Automatikprogramm 20 %	Kurzprogramm 20 %	Handhabung 15 %	Sicherheit 5 %	Geräusch 10 %	Dauerprüfung 15 %	test-QUALITÄTSURTEIL 100 %
Einbaugeräte, 60 cm breit[3]											
Bosch SMI46MS04E[4]	535	1 266	1 044	+	⊖*)	○	+	+	++	++	**GUT (2,5)**
Siemens SN558S02PD[5]	765	1 285	1 034	+	⊖*)	○	+	+	++	++	**BEFRIEDIGEND (2,6)**
Beko DSN6634FX2[6]	390	1 161	1 078	○	+	○	+	+	+	○	**BEFRIEDIGEND (2,8)**
Gorenje GI66160 X[7]	430	1 088	867	○	⊖	–	+	+	+	⊖*)8)	**AUSREICHEND (4,0)**
Einbaugeräte, 45 cm breit[3]											
Bauknecht BSBO 3035 PF X[9]	500	1 273	1 108	○	○	○	○	+	++	++	**GUT (2,5)**
Bosch SPI66TS01E[10]	600	1 311	1 213	○	○	⊖*)	+	+	+	++	**BEFRIEDIGEND (2,6)**
Neff S483M50S0E[11]	605	1 536	1 234	○	–*)	○	+	+	+	++	**BEFRIEDIGEND (3,1)**

Bewertungsschlüssel der Prüfergebnisse: ++ = Sehr gut (0,5–1,5). + = Gut (1,6–2,5). ○ = Befriedigend (2,6–3,5). ⊖ = Ausreichend (3,6–4,5). – = Mangelhaft (4,6–5,5).

***) Führt zur Abwertung.**

1) Grundlage der Berechnung pro Jahr: 280 Spülgänge einer Maschine mit 13 Gedecken. Davon 90 Spülgänge im Sparprogramm, 75 im Automatikprogramm mit normaler Anschmutzung, 25 im Automatikprogramm mit starker Anschmutzung und 90 im Kurzprogramm. Bei Maschinen mit 9, 10, 12, 14, 15 oder 16 Gedecken wurde die Anzahl der Spülgänge angepasst. Pro Spülgang wurde ein Multitab mit 0,10 Euro berechnet. Strompreis von 0,31 Euro/kWh, Wasserpreis 3,85 Euro/m³.

2) Grundlage der Berechnung pro Jahr: 280 Spülgänge einer Maschine im Ecoprogramm mit 13 Gedecken. Bei Maschinen mit 10, 12, 14, 15 oder 16 Gedecken wurde die Anzahl der Spülgänge angepasst. Pro Spülgang wurde ein Multitab mit 0,10 Euro berechnet. Strompreis von 0,31 Euro/kWh, Wasserpreis 3,85 Euro/m³.

3) Bauähnlich zu den geprüften vollintegrierten Geschirrspülern.

4) Laut Anbieter bauähnlich zur vollintegrierten Bosch SMV46MX04E.

5) Laut Anbieter bauähnlich zur vollintegrierten Siemens SN658X02PD.

6) Laut Anbieter bauähnlich zur vollintegrierten Beko DIN26421.

7) Laut Anbieter bauähnlich zur vollintegrierten Gorenje GV 66160.

8) Ausfall aller drei Prüfmuster nach simulierten 8,9/9,0/9,0 Jahren Nutzung.

9) Laut Anbieter bauähnlich zur vollintegrierten Bauknecht BSIO 3035 PFE X.

10) Laut Anbieter bauähnlich zur vollintegrierten Bosch SPV66TX01E.

11) Laut Anbieter bauähnlich zur vollintegrierten Neff S583M50X0E.

Einkauf der Prüfmuster: Juni bis August 2019.

Unser Rat

Die Auswahl an empfehlenswerten Multitabs ist groß. Die günstigen Eigenmarken von **Aldi, dm, Edeka, Kaufland, Netto Marken-Discount, Lidl, Norma, Penny, Rewe** oder **Rossmann** schneiden meist gut ab. Die Tabs kosten 7 bis 8 Cent pro Stück. Umweltschonender spülen die Multitabs von **Claro** für 17 Cent pro Stück.

Gut geht richtig günstig

2 + 10/2020 Vier Reinigertabs verschandeln im Test Besteck, Gläser oder Maschinenkörbe. Gute Multitabs fanden wir aber auch.

Über die Resultate des Materialschonungstests staunten selbst unsere Prüfer. Klare Gläser, glänzende Teller und blankes Besteck hatten sie beim Start des Dauertests in den Geschirrspüler gestellt: 300 Spülgänge später hat der Multitab von Rossmann die Maschinenkörbe mit schmutzig-braunen Belägen bedeckt. Die Tabs von Ecover überzogen Geschirr, Gläser und den Maschineninnenraum mit so extremen Belägen, dass die Prüfer den Test abbrachen, um die Maschine nicht zu gefährden. Mangelhaft lautet das Qualitätsurteil für beide. Und ebenfalls für die Tabs von Frosch und Finish Powerball All in 1 0%, die Silber ruinierten.

Handels- und Drogeriemarken vorn

Geschirr und Maschine beim Spülen nicht zu verschandeln – das ist eine der vielen Aufgaben, die 27 Multitabs sowie zwei Gelkissen in den Tests erfüllen mussten. Multitabs enthalten Reiniger, Klarspüler, Wasserenthärter und weitere Zusätze, etwa zum besseren Trocknen. Nach zwei Tests im Jahr 2020 steht fest: Gut schneiden vor allem Eigenmarken großer Handels- und Drogeriemarktketten ab (siehe Tabellen).

Gelkissen sind keine gute Alternative

Die Gelkissen können mit guten Tabs nicht konkurrieren. Somat Caps reinigen gut und wie Finish Ultimate schonend, doch nach dem Klarspülen zeigen sich Flecken auf Gläsern und das Geschirr ist nicht gut getrocknet. Ihr Qualitätsurteil heißt Befriedigend. ■

Welche Mittel schonend spülen

Für mehr Materialschonung haben viele Anbieter nachgebessert. Schnitt Anfang des Jahres (test 2/2020) noch mehr als die Hälfte der Tabs in dieser Disziplin ausreichend oder schlechter ab, schonen etliche aus test 10/2020 das Geschirr gut. Die Kaufland-Multitabs und die Gelkissen sind aber die einzigen Mittel der beiden Tests, die Gläser nach 300 Spülgängen noch gut aussehen lassen.

FOTO: STIFTUNG WARENTEST / RALPH KAISER

Multitabs I

2/2020

Produkt	Mittlerer Preis ca. (Euro)/ Preis pro Spülgang ca. (Euro)	Reinigen	Klarspülen	Kalkbeläge verhindern (Salzfunktion)	Trocknen	Materialschonung	Umwelteigenschaften	Nutzerfreundlichkeit der Verpackung	test-QUALITÄTSURTEIL
		30 %	15 %	15 %	15 %	10 %	10 %	5 %	100 %
Kaufland K-Classic Geschirr-Reiniger-Tabs All in 1[1)]	2,95/0,07	+	+	+	+	+	○	+	GUT (2,1)
Aldi Süd Alio Geschirr-Reiniger Tabs Complete[2)]	2,85/0,07	+	+	+	+	○	○	+	GUT (2,2)
dm Denkmit Geschirr-Reiniger Multi-Power 12	2,75/0,07	+	+	○	○	○	○	+	GUT (2,5)
Edeka Gut & Günstig All-in-1 Power Aktiv Geschirr-Reiniger-Tabs[1)3)]	2,95/0,07	+	+	○	○	○	○	+	GUT (2,5)
Netto Marken-Discount Priva All-in-1 Power Complete Geschirr-Reiniger-Tabs[3)4)]	2,95/0,07	+	+	○	○	○	○	+	GUT (2,5)
Norma Saubermax Mega 12 Geschirr Reiniger Tabs[5)]	2,95/0,07	+	+	+	○	⊖	○	+	GUT (2,5)
Rossmann Domol Geschirr-Reiniger Tabs Eco[6)7)]	4,00[8)]/0,10	○	○	+	○	⊖	+	+	BEFRIED. (2,6)
dm Denkmit Geschirr-Reiniger Nature[1)7)]	2,85/0,10	+	⊖	○	○	○	+	+	BEFRIED. (2,7)
Somat Excellence Multi-Aktiv	7,95/0,17	+	+	+	+	⊖	⊖*)9)	+	BEFRIED. (2,8)
Fit Grüne Kraft Alles in 1 Geschirrspül-Tabs[7)]	8,45/0,19	○	○	+	○	⊖	○	○	BEFRIED. (3,1)
Finish Powerball Quantum[6)7)]	8,15/0,15	⊖*)	○	+	○	⊖	○	+	AUSREICH. (3,6)
Ecover All-In-One	6,00/0,27	⊖	–	⊖	○	–*)	+	○	MANGELH. (5,0)
Frosch Limonen Geschirr-spül-Tabs Alles-in-1[7)10)]	5,00/0,19	○	○	⊖	○	–*)	+	+	MANGELH. (5,0)
Rossmann Domol Geschirr-Reiniger Tabs 12 in 1[6)]	4,00[8)]/0,07	+	+	○	○	–*)	○	+	MANGELH. (5,0)

Bewertungsschlüssel der Prüfergebnisse: ++ = Sehr gut (0,5–1,5). + = Gut (1,6–2,5). ○ = Befriedigend (2,6–3,5). ⊖ = Ausreichend (3,6–4,5). – = Mangelhaft (4,6–5,5). **Bei gleichem Qualitätsurteil Reihenfolge nach Alphabet.**
Multitabs enthalten Reiniger, Klarspüler, Wasserenthärter und weitere Zusätze.
***) Führt zur Abwertung. 1)** Laut Anbieter Layout geändert. **2)** Hergestellt von Chemolux. Laut Anbieter wird das von Chemolux hergestellte Produkt nicht mehr verkauft. **3)** Hergestellt von Chemolux. **4)** Laut Anbieter bis auf Layout und Deklaration gleich mit dem geprüften Edeka Gut & Günstig All-in-1 Power Aktiv. **5)** Hergestellt von Dalli. **6)** Laut Anbieter nicht mehr im Angebot. **7)** Tab mit wasserlöslicher Folie in die Dosierkammer geben. Kein Auspacken nötig. **8)** Von uns bezahlter Einkaufspreis. **9)** Enthält einen vergleichsweise hohen Gehalt an umweltbelastendem Silberschutzmittel Benzotriazol. **10)** Laut Anbieter Produkt geändert.. **Einkauf der Prüfmuster:** Mai 2019.

Multitabs II und Gelkissen 10/2020

Produkt	Mittlerer Preis ca. (Euro)/ Preis pro Spülgang ca. (Euro)	Reinigen 30 %	Klarspülen 15 %	Kalkbeläge verhindern (Salzfunktion) 15 %	Trocknen 15 %	Materialschonung 10 %	Umwelteigenschaften 10 %	Nutzerfreundlichkeit der Verpackung 5 %	test-QUALITÄTSURTEIL 100 %
Tabs									
Lidl W5 Geschirr-Reiniger-Tabs Multi-Power All in 1 1)	2,86 2)/0,07	+	+	+	+	○	○	+	GUT (2,1)
Rossmann Domol Geschirr-Reiniger Tabs Ultra Power All-in-one 3)	3,30/0,08	+	+	+	+	+	○	+	GUT (2,1)
Aldi Nord Alio Geschirr-Reiniger-Tabs All-in-one 4)5)	2,86/0,07	+	+	+	○	+	○	+	GUT (2,2)
Aldi Süd Alio Geschirr-Reiniger-Tabs All-in-one 5)	2,86/0,07	+	+	+	○	+	○	+	GUT (2,2)
dm Denkmit Geschirr-Reiniger Multi-Power Revolution 3)	3,25/0,08	+	+	+	+	+	○	+	GUT (2,2)
Penny Blik All in 1 Geschirr-Reiniger Tabs 5)6)	2,86/0,07	+	+	+	+	○	○	+	GUT (2,2)
Rewe Ja All in 1 Geschirr-Reiniger Tabs 5)	2,86/0,07	+	+	+	+	○	○	+	GUT (2,2)
Claro Multi Geschirrspültabs Alles in 1 3)	5,00/0,17	+	+	+	○	○	+	+	GUT (2,5)
Somat Gold 12 Multi-Aktiv 3)*)	4,70/0,21	+	+	○	+	+	○	+	GUT (2,5)
Fit Power Tabs 12 3)	4,25/0,19	○	+	+	○	+	○	○	BEFRIED. (2,8)
Somat All in 1 Extra 10 Multi-Aktiv 7)	4,75/0,19	⊖*)	○	⊖	○	⊖	○	○	AUSREICH. (3,6)
Finish Powerball All in 1 3)	7,75/0,12	⊖*)	⊖	○	○	⊖	+	+	AUSREICH. (4,1)
Finish Powerball All in 1 0% 3)	4,95/0,18	⊖	○	–	○	–*)	+	+	MANGELH. (5,0)
Gelkissen									
Finish Powerball Quantum Ultimate 3)	7,95/0,17	○	○	+	○	+	○	+	BEFRIED. (2,6)
Somat Power Caps Multi-Aktiv 3)	4,55/0,21	+	○	○	○	+	○	+	BEFRIED. (2,6)

Bewertungsschlüssel der Prüfergebnisse: ++ = Sehr gut (0,5–1,5). + = Gut (1,6–2,5). ○ = Befriedigend (2,6–3,5). ⊖ = Ausreichend (3,6–4,5). – = Mangelhaft (4,6–5,5). **Bei gleichem Qualitätsurteil Reihenfolge nach Alphabet.**
Multitabs enthalten Reiniger, Klarspüler, Wasserenthärter und weitere Zusätze. *) Führt zur Abwertung.
1) Laut Anbieter Name geändert in W5 Multi Active All in 1. **2)** Laut Anbieter im Süden für 2,85 Euro erhältlich.
3) Tab beziehungsweise Gelkissen mit wasserlöslicher Folie in die Dosierkammer geben. Kein Auspacken nötig.
4) Laut Anbieter gleich mit dem geprüften Aldi Süd Alio All-in-one. **5)** Hergestellt von Dalli.
6) Laut Anbieter bis auf Layout und Deklaration gleich mit dem Produkt Rewe Ja All in 1 Geschirr-Reiniger-Tabs.
7) Laut Anbieter Rezeptur geändert. **Einkauf der Prüfmuster:** Januar und Februar 2020.

Unser Rat

Die besten Elektrogrills im Test sind die Kontaktgrills **Tefal GC3060** (80 Euro) und **WMF Lono** (120 Euro). Nur wenig schlechter ist **Lidl Silvercrest** (35 Euro), er ist laut Lidl saisonal erhältlich. Alle drei lassen sich zu Flächengrills aufklappen. Bester Flächengrill ist das Tischgerät von **Philips** (90 Euro), unter denen mit Gestell der **George Foreman** (je 90 Euro).

Günstig gut grillen

5/2020 Ob auf der Terrasse oder in der Küche: Auf den geprüften Elektrogrills gelingen Steak, Gemüse und Fisch – schon für unter 100 Euro.

Zwei saftige Schweinenackensteaks mit schöner Grillmarkierung in unter 12 Minuten: Das ermöglicht der Tefal Optigrill, das schnellste Gerät für gegrillte Steaks im Test. Doch schmecken Steak, Fisch und Co vom Elektrogrill ähnlich gut wie vom Gasgrill, der deutlich höhere Hitze erzeugen kann? Wir haben geprüft, ob die Steaks eine ausreichende Kerntemperatur erreichen, wie saftig sie sind und wie die Grillstreifen auf ihnen aussehen. Ergebnis: Die Elektrogrills müssen den Vergleich nicht scheuen.

Die Hälfte der zwölf Elektrogrills im Test sind Flächengrills, meist mit Gestell, die sich für Terrasse oder Balkon empfehlen. Die anderen sechs sind Kontaktgrills, bei denen das Grillgut zwischen zwei heiße Platten gelegt wird. Kompakt und raucharm, eignen sich die meisten Elektrogrills auch für geschlossene Räume.

Tefal und WMF vorn, Unold hinten

Bis auf einen schneiden alle Elektrogrills im Test gut ab. Nur der Unold verpasst die Gesamtnote Gut. Beim Grillen verbogen sich seine Grillplatten. Betrieb und Sicherheit beeinträchtigt das nicht, aber es verunsichert möglicherweise die Grillenden. Am besten grillten im Test die Kontaktgrills Tefal GC3060 sowie WMF Lono.

Klingt alles gut. Aufwendige Menüs gelingen allerdings auf Gasgrills noch besser. Die sind meist größer und punkten mit einzeln regelbaren Temperaturzonen für unterschiedliches Grillgut. ▶

Flächen- oder Kontaktgrill?
Bei Flächengrills erhitzt eine heiße Platte Grillgut nur von unten. Bis auf den Philips haben alle Modelle im Test eine Haube. Darunter entsteht ein Garraum, gut für indirektes Garen. Bei Kontaktgrills erhitzen zwei heiße Platten Lebensmittel von unten und oben. Sie sind besonders schnell und grillen sogar Sandwiches. Wird mehr Fläche benötigt, lassen sich die meisten zu Flächengrills aufklappen.

FOTOS: STIFTUNG WARENTEST

Elektrogrills 5/2020

Produkt	Gestell/Haube/ aufklappbar zum Flächengrill	Mittlerer Preis ca. (Euro)	Grillen	Handhabung	Haltbarkeit	Sicherheit	test-QUALITÄTSURTEIL
			45 %	30 %	15 %	10 %	100 %
Flächengrills							
Philips HD4419/20	❑/❑/Entfällt	90	+	+	+	+	**GUT (2,1)**
George Foreman 22460-56	■/■/Entfällt	90	+	○	+	+	**GUT (2,2)**
Cloer 6789	■/■/Entfällt	169	+	○	+	○	**GUT (2,3)**
Severin PG 8541 1)	■/■/Entfällt	117	+	○	+	○	**GUT (2,4)**
Weber Q1400 Stand	■/■/Entfällt	350	+	+	++	○	**GUT (2,4)**
Steba VG 350 Big	■/■/Entfällt	265	+	○	+	○	**GUT (2,5)**
Kontaktgrills							
Tefal GC3060	Entfällt/Entfällt/■	80	+	+	+	○	**GUT (2,0)**
WMF Lono Kontaktgrill 2in1	Entfällt/Entfällt/■	120	+	+	+	○	**GUT (2,0)**
Lidl Silvercrest SKGE 2000 C3	Entfällt/Entfällt/■	35	+	+	+	+	**GUT (2,1)**
Tefal Optigrill GC702D	Entfällt/Entfällt/❑	100	+	+	+	○	**GUT (2,2)**
Clatronic KG 3571	Entfällt/Entfällt/■	60	+	+	○	○	**GUT (2,5)**
Unold 8555	Entfällt/Entfällt/■	59 2)	+	+	⊖ *)	+	**BEFRIEDIGEND (2,6)**

Bewertungsschlüssel der Prüfergebnisse: ++ = Sehr gut (0,5–1,5). + = Gut (1,6–2,5). ○ = Befriedigend (2,6–3,5). ⊖ = Ausreichend (3,6–4,5). — = Mangelhaft (4,6–5,5). **Bei gleichem Qualitätsurteil Reihenfolge nach Alphabet.**
***) Führt zur Abwertung.** ■ = Ja. ❑ = Nein.
1) Laut Anbieter Auslaufmodell, Restbestände im Handel.
2) Von uns bezahlter Einkaufspreis.
Einkauf der Prüfmuster: Dezember 2019.

Aufklappbar wie ein Notebook

Viele Kontaktgrills sind vielseitig. So lassen sie sich bis auf den Tefal Optigrill zu Flächengrills aufklappen. Doch die doppelte Menge Grillgut schaffen nur der aufklappbare Tefal sowie der Clatronic. Auf dem Unold ließen sich im Kontaktgrillmodus sechs Würste grillen, aufgeklappt aber nicht zwölf, sondern nur acht

Sieben Grills sind gut reparierbar

Wir haben außerdem im Sinne der Umwelt geprüft, wie sich die Elektrogrills reparieren lassen. Bei sieben der Geräte im Test klappt das gut, bei den übrigen immerhin befriedigend. Auf die Anfrage bei den Anbietern, wie lange Ersatzteile für die Grills erhältlich sind, verspricht Weber als einziger, alle Teile fünf Jahre verfügbar zu halten (siehe test.de/elektrogrill-ersatzteile). Unold teilte mit, an der Befragung „nicht interessiert" zu sein.

Über die Stromkosten müssen sich Elektrogrillende übrigens keine großen Gedanken machen. Wir errechneten pro Grilleinsatz – einmal anheizen, dreimal grillen – je nach Gerät Stromkosten von 12 bis 48 Cent. ■

Unser Rat

Bester Handmixer im Test ist der **Bosch Clever Mixx** für 38 Euro. Fast genauso gut und nur ein wenig lauter und spritzfreudiger ist der **Krups 3Mix 7000** für 57 Euro. Auch bei den Geräten mit mitgeliefertem Pürierstab liegen Bosch und Krups vorn: Der **Bosch Styline** für 69 Euro schneidet ebenso gut ab wie der **Krups 3Mix 9000 Deluxe** für 95 Euro.

Neues aus dem Rührgebiet

12/2020 Bekannte Marken liegen im Handmixer-Test vorn. Manche Geräte lärmen, andere kleckern, zwei machten schlapp.

Gute Nachrichten aus dem Rührgebiet: 6 von 16 getesteten Handmixern überzeugen, davon zwei mit Pürieraufsatz. Am besten schneiden Bosch und Krups ab, auch Philips und WMF erreichen ein gutes Qualitätsurteil. Fast alle Modelle rühren und kneten Teig ordentlich und schlagen Sahne oder Eischnee steif. Lediglich an Mayonnaise scheitern viele, produzieren stattdessen nur eine flüssige Salatcreme.

Zwei Geräte hielten dem Belastungstest nicht stand. Und knapp die Hälfte der Handmixer hat das Zeug zum Konversationskiller: Sie arbeiten unangenehm laut.

Manche röhren beim Rühren

Am lautesten und unangenehmsten klingen Bomann und Clatronic. Und selbst das leiseste Gerät, Testsieger Bosch Clever Mixx, arbeitet auf höchster Stufe so laut wie eine schleudernde Waschmaschine. Ein Probelauf im Geschäft führt oft nicht weiter: Viele Handmixer surren angenehm, wenn sie nur Luft quirlen. Doch sobald sie sich durch Teig oder Sahne ackern müssen, brüllen sie los.

Hunderte Runden im Teig

Der Belastungstest ist Pflichtprogramm für alle Geräte. Dabei müssen sie sich 150-mal durch Rührteig und anschließend 300-mal durch Hefeteig wühlen. Bis auf zwei überstanden alle Mixer die Rührfolter. Der Koenic gab im letzten Drittel der Prüfung den Geist auf, das Grundig-Modell verabschiedete sich sogar schon zu Beginn der Hefeteig-Durchläufe. ▶

Leicht überdreht

Manche Mixer, etwa Bomann und Clatronic, legen schon auf niedrigster Stufe mit hoher Drehzahl los. Das kann die Teigqualität schmälern. Statt eines kompakten Teigklumpens entstehen dann unzählige Kügelchen, im ausgebackenen Brot oder Kuchen können Löcher klaffen. Geräte, die wie Testsieger Bosch Clever Mixx auf niedriger Stufe gemütlich lostraben, kneten Teig gleichmäßiger durch.

FOTO: PABLO CASTAGNOLA

Handmixer

12/2020

Produkt	Mittlerer Preis ca. (Euro)	Funktion	Handhabung	Belastbarkeit	Sicherheit	Geräusch	test-QUALITÄTSURTEIL
		45 %	25 %	15 %	5 %	10 %	100 %
Handmixer							
Bosch Clever Mixx MFQ24200	38,00	+	+	++	+	++	GUT (2,0)
Krups 3Mix 7000 F60858[1)]	57,00	+	○	++	+	+	GUT (2,2)
Philips Viva Collection HR374[illegible]/00	28,00	○	○	++	+	○	GUT (2,5)
WMF Kult X Handmixer Edition	40,00	○	○	++	++	+	GUT (2,5)
Severin HM 3830	30,00	○	○	++	+	○	BEFRIED. (2,6)
KitchenAid 5KHM9212	90,00[2)]	○	○	++	+	○	BEFRIED. (2,7)
Braun MultiMix 5 HM 5100	65,00	+	+	++	++	⊖*)	BEFRIED. (2,8)
Russell Hobbs Swirl	38,00	+	○	++	+	–*)	BEFRIED. (3,1)
Rossmann Ideenwelt HM103[illegible]B	15,00	○	○	++	+	⊖*)	BEFRIED. (3,2)
Bomann HM 350 CB[3)]	15,00	○	○	++	++	–*)	BEFRIED. (3,5)
Clatronic HM 3014	14,20	○	○	++	++	–*)	BEFRIED. (3,5)
MediaMarkt Saturn Koenic KHM 3210 B	26,00[2)]	○	○	⊖	+	⊖*)	AUSREICH. (3,8)
Grundig Delisia HM 7680	50,00	+	○	–*)	+	○	MANGELH. (4,8)
Handmixer mit Pürieraufsatz							
Bosch Styline MFQ4075DE	69,00	+	○	++	+	+	GUT (2,2)
Krups 3Mix 9000 Deluxe GN9[illegible]3131	95,00	+	+	++	+	+	GUT (2,2)
Tefal Prep'Line HT4111	35,00	+	⊖	++	+	⊖*)	BEFRIED. (3,1)

Bewertungsschlüssel der Prüfergebnisse: ++ = Sehr gut (0,5–1,5). + = Gut (1,6–2,5). ○ = Befriedigend (2,6–3,5). ⊖ = Ausreichend (3,6–4,5). — = Mangelhaft (4,6–5,5). **Bei gleichem Qualitätsurteil Reihenfolge nach Alphabet.**
***) Führt zur Abwertung. 1)** Auch als Krups 3Mix 7000 F60814 mit kürzerem Netzkabel (114 cm) für 53 Euro erhältlich.
2) Von uns bezahlter Einkaufspreis. **3)** Baugleich mit dem geprüften Clatronic HM 3014.
Einkauf der Prüfmuster: Mai 2020.

Kleckerliesen und Pustekuchen

Testsieger Bosch Clever Mixx sowie Bomann und Clatronic gelang es, Sahne nicht über den Rand unserer Testschüssel zu schleudern. Ziemlich stark sauen dagegen KitchenAid, Russell Hobbs und Koenic die Küche ein, bei den Geräten mit Pürierstab kleckern Bosch und Tefal am stärksten.

Besonders drollig: Der Tefal pustet die Abluft aus dem Motorgehäuse frontal nach vorn. Schüttet man bei laufendem Betrieb Mehl hinzu und kreuzt dabei den Luftstrom, landet es in der näheren Umgebung.

Die Rührbesen von WMF, Bomann, Clatronic sowie Krups 3Mix 9000 sind nicht mal 13 Zentimeter lang und erreichen so nicht jeden Schüsselboden. Dann muss man den Mixer schräg halten, die Spritzgefahr steigt.

Ein Designgeheimnis bleibt das Spiralkabel bei Severin. Bewegt man sich beim Rühren eine Handbreit zu weit weg von der Steckdose, stöpselt sich das Kabel aus. ■

Unser Rat

Mehrere Reiniger geben dem Schmutz keine Chance: Testsieger ist der **Kärcher K 5 Premium Full Control Plus Home** für 370 Euro. Prima reinigt auch der **Nilfisk E 160.1-10 H X-TRA** (inklusive Flächenreiniger für 405 Euro). Preiswerte gute Alternativen sind der **Kärcher K 4 Compact Home** für 214 Euro und der **Globus-Baumarkt Primaster** für 249 Euro.

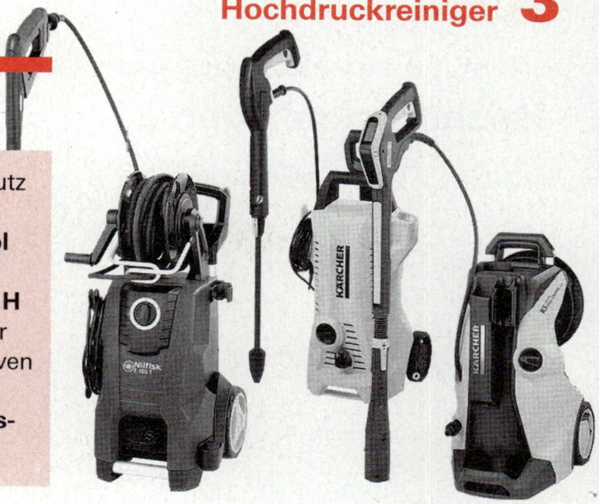

Putzen mit Wasserkraft

3/2020 Hochdruck soll den Schmutz rund ums Haus kraftvoll bekämpfen. Nur 4 von 13 Testkandidaten meistern die Aufgaben gut.

Die Anbieter von Hochdruckreinigern werben auf der Verpackung gern mit einem hohen Maximaldruck. Der Spitzenwert im Test findet sich beim Modell von Güde: 165 bar. Kunden sollten derartiger Werbung misstrauen: Wichtiger als der Druck im Innern der Geräte ist das, was an Power unten rauskommt. Und entscheidend für die Reinigungsleistung ist letztlich das Zusammenspiel zwischen Hochleistungspumpe und Düse. Klappt das gut, lassen sich in gleicher Zeit deutlich größere Flächen säubern als mit schwächlichen Geräten. Der angebliche Kraftprotz von Güde erzielte im Test letztendlich sogar die schlechteste Note fürs Reinigen.

Flächenreiniger schützt Fassade

Mit Hochdruckreinigern lassen sich Gehwege, Gartenmöbel, Überdachungen und vieles mehr prima reinigen. Aber oft spritzt der Schmutz zur Seite und verunstaltet die Hausfassade. Helfen kann ein Flächenreiniger, der sich statt Düse am Ende der Lanze montieren lässt: Sein Kunststoffgehäuse hält Schmutzspritzer weitgehend zurück. Alle unserer Testkandidaten wurden auch mit diesem Zubehör getestet.

Mehrfach ließ die Bedienungsfreundlichkeit zu wünschen übrig. So erwiesen sich die Schlauchtrommeln von Stiga und Stanley als ärgerlich. Vorm Einsatz müssen Gerätebesitzer diese Schläuche komplett abrollen, um sie anschließen und nutzen zu können. Bei anderen Modellen mit Trommel ist ▶

Überflüssige Chemie

Mehrere Anbieter verkaufen Flaschen mit chemischen Reinigungsmitteln. Die Tester verzichteten darauf. Pure Wasserkraft reinigte die Testflächen eindrucksvoll kräftig und umweltschonend. Tipp: Egal ob Gartenmöbel oder Terrassendielen – probieren Sie erst, ob Wasser ausreicht. Falls Sie Chemie nutzen: Besser per Sprühflasche auftragen, einige Zeit einwirken lassen und erst dann abspritzen.

FOTOS: STIFTUNG WARENTEST / RALPH KAISER

Hochdruckreiniger 3/2020

Produkt	Mittlerer Preis inklusive Flächenreiniger ca. (Euro)	Reinigen 40 %	Handhabung 30 %	Haltbarkeit 15 %	Umwelt und Gesundheit 10 %	Deklaration 5 %	test-QUALITÄTSURTEIL 100 %
Kärcher K 5 Premium Full Control Plus Home	370	+	+	++	○	+	GUT (2,0)
Nilfisk E 160.1-10 H X-TRA (EU)[1]	405	+	+	○	+	+	GUT (2,2)
Kärcher K 4 Compact Home	214	+	○	++	+	+	GUT (2,3)
Globus-Baumarkt Primaster Q1W-SP02-2300	249	○	+	++	○	○	GUT (2,4)
Bosch Advanced Aquatak 140[2]	280	+	+	++	⊖*)	○	BEFRIED. (2,7)
Kränzle K 1050 TST[3]	530	+	+	++	○	⊖*)[4]	BEFRIED. (2,7)
Bosch Universal Aquatak 125[2]	160	○	○	++	⊖*)	⊖*)[5]	BEFRIED. (3,1)
Stanley SXPW16PE	150[6]	○	○	+	○	○	BEFRIED. (3,3)
Stiga HPS 235 R[7]	239	○	○	++	⊖*)	○	BEFRIED. (3,5)
Güde GHD 165[8]	160	⊖	○	++	⊖*)	○	AUSREICH. (3,6)
Stihl RE 130 Plus[9]	570	+	++	⊖*)	○	+	AUSREICH. (4,0)
Nilfisk C 110.7-5 PC X-TRA (EU)	99	○	○	—*)	○	○	MANGELH. (4,8)
Kärcher K 2 Full Control Home	112	○	○	—*)	○	○	MANGELH. (4,9)

Bewertungsschlüssel der Prüfergebnisse: ++ = Sehr gut (0,5–1,5). + = Gut (1,6–2,5). ○ = Befriedigend (2,6–3,5). ⊖ = Ausreichend (3,6–4,5). — = Mangelhaft (4,6–5,5). **Bei gleichem Qualitätsurteil Reihenfolge nach Alphabet.**

***) Führt zur Abwertung.**

1) Ein von uns erworbenes und geprüftes Set inklusive Flächenreiniger Power Patio Value Pack wird laut Anbieter nicht mehr verkauft. Separat erhältlich seien der Hochdruckreiniger Nilfisk E 160.1-10 H X-TRA (EU) (ca. 335 Euro) sowie der baugleiche Flächenreiniger Power Patio, Art.-Nr. 128500955 (ca. 69 Euro).

2) Geprüft mit separat gekauftem Multi-Flächenreiniger Aquasurf 280 (ca. 50 Euro).

3) Geprüft mit separat gekauftem Bodenwäscher Round Cleaner Ufo Light, Art.- Nr. 41870 (ca. 41 Euro).

4) Gemessenes Geräusch deutlich lauter als deklariert.

5) Anbieter wirbt mit Maximaldruck, der relativ hoch über dem für Nutzer relevanten deklarierten Arbeitsdruck liegt.

6) Von uns bezahlter Einkaufspreis.

7) Geprüft mit separat gekauftem Patio Cleaning Kit, Art.-Nr. 1500-9013-01 (ca. 60 Euro).

8) Geprüft mit separat gekauftem Terrassenreiniger, Art.-Nr. 85911 (ca. 28 Euro).

9) Geprüft mit separat gekauftem Flächenreiniger RA 101 (ca. 79 Euro).

Einkauf der Prüfmuster: August 2019.

der Druckschlauch dauerhaft am Gerät montiert und so schneller einsatzbereit.

Die meisten Hochdruckreiniger überlebten den Dauertest und waren auch danach noch voll funktionsfähig. Doch die beiden Tabellen-Schlusslichter gingen so frühzeitig kaputt, dass die Noten für Haltbarkeit nur mangelhaft lauteten.

Die Tester warnen: Häufige Todesursache für Hochdruckreiniger sind winterliche Minustemperaturen. Verwandelt sich das Wasser in der Pumpe in Eis, entwickelt sich eine enorme Sprengkraft. Daher den Hochdruckreiniger am besten frostfrei lagern oder vor dem Winter entleeren, damit die Geräte nicht kaputt frieren. ■

Unser Rat

Pad- und Kapselmaschinen produzieren viel Müll, und der Kaffee ist teuer. Sie sind vor allem Wenigtrinkern zu empfehlen. Günstige Kombinationen sind die Testsieger **Cremesso Viva** (115 Euro, 25 Cent je Kapsel) und die ebenbürtige **K-fee One** (54 Euro, 29 Cent pro Kapsel). Auch alle übrigen bereiten gute Espressi und Lungi zu.

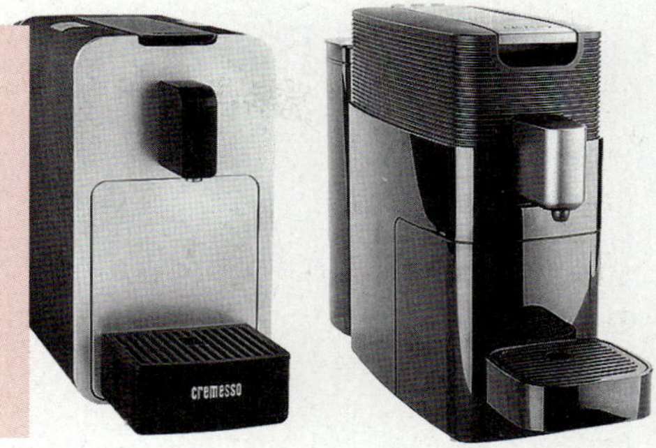

Bequem mit System

8/2020 Preiswerte Geräte, teure Kapseln: Alle Modelle im Test brühen Espresso gut, dreien gelingt Café Crema oder Lungo sogar sehr gut.

Wie ein „Mäuseschwänzchen": So samtig und elastisch soll der ideale Espresso aus dem Auslauf rinnen. Baristi und Laien üben lange fürs perfekte Heißgetränk, den „Godshot".

Kapsel + Maschine = System

Perfekten Espresso und Lungo für zu Hause – ganz ohne Übung, das versprechen Anbieter von Pad- und Kapsel-Kaffeemaschinen. Café Crema und Lungo werden im Vergleich zu Espresso mit deutlich mehr Wasser zubereitet. Und in der Tat: Für Espresso klappt das bei den 13 geprüften Pad- und Kapselmaschinen gut, für Lungo ebenfalls mindestens gut. Zwei brühen ihn sogar sehr gut: K-fee One und Krups Essenza Mini. Die Philips Senseo brüht den noch größeren Café Crema sehr gut. Die Maschinen kosten 40 bis 380 Euro, die dazugehörigen Kaffeeportionen je 20 bis 50 Cent.

Wir haben die Maschinen ausgiebig geprüft. Wie lange brauchen sie zum Aufheizen? Welche Temperatur hat der erste bis zehnte Espresso? Wie gut ist die Crema? Nicht bewertet haben wir den Geschmack. Jede Kapsel und jedes Pad hat andere Eigenschaften, die auf die jeweilige Maschine abgestimmt sind, und die Auswahl ist groß.

Übrigens: Der Preis ist kein Hinweis auf Qualität. K-fee One für 54 Euro verweist teurere Maschinen wie etwa jene für Nespresso-Kapseln auf die Plätze. Das kostspieligste Gerät, die Flytec für 380 Euro, war gar mangelhaft. ■

Für die Tonne

3,5 Milliarden Hülsen: So viele fallen etwa jährlich in Deutschland aus Kapselmaschinen. Rund 14 000 Tonnen Abfall, schätzt die Deutsche Umwelthilfe (DUH). Kapseln aus Kunststoff wiegen etwa 3 Gramm, Aluminiumkapseln rund ein Drittel. Hinzu kommen Deckel, Umverpackungen sowie Filter. Ein Pad besteht dagegen nur zu etwa 0,2 Gramm aus Filterpapier plus Umverpackung.

Pad- und Kapselmaschinen 8/2020

Produkt	Mittlerer Preis ca. (Euro)	Preis pro Espresso/ Lungo ca. (Cent)	Kapsel-/Pad-System/ Kapsel/Pad von Drittanbietern	Technische Prüfung 45 %	Handhabung 35 %	Stromverbrauch 5 %	Geräusch 5 %	Sicherheit 5 %	Schadstoffe 5 %	test-QUALITÄTSURTEIL 100 %
Cremesso Viva Elegante	115	25/ 25	Cremesso/■	+	+	+	++	++	+	GUT (1,9)
K-fee One	54	29/ 29	K-fee your system/■ 1)	+	+	○	+	++	+	GUT (1,9)
De'Longhi Nespresso Essenza Mini EN85	80	39 2)/ 41 2)	Nespresso/■	+	+	+	+	++	+	GUT (2,0)
Krups Nespresso Essenza Mini XN1108	70	39 2)/ 41 2)	Nespresso/■	+	+	+	+	++	+	GUT (2,0)
Beanarella Nori V 4	79	35/ 35	Beanarella/❑	+	+	+	+	++	○	GUT (2,2)
De'Longhi Nespresso VertuoPlus ENV155	100	45 2)/ 50 2)	Nespresso Vertuo/❑	○	+	+	+	++	+	GUT (2,2)
Krups Nespresso Vertuo Plus XN9031	130	45/ 50	Nespresso Vertuo/❑	+	+	○	+	++	○	GUT (2,2)
Lavazza Jolie	79	38/ 38	Lavazza A Modo Mio/■ 1)	+	+	○	+	++	○	GUT (2,2)
Bosch Tassimo happy	40	31/ 31 3)	Tassimo/❑	+	+	+ 3)	+ 3)	++ 3)	+	GUT (2,3)
De'Longhi Nescafé Dolce Gusto MiniMe EDG155	49	31 2)/ 31 2)	Nescafé Dolce Gusto/■	+	+	○	○	++	+	GUT (2,3)
Tchibo Cafissimo easy	49	29 2)/ 29 2)3)	Cafissimo/■ 1)	+	+	○ 3)	○ 3)	++ 3)	+	GUT (2,3)
Philips Senseo HD6554/68	55	20 4)/ 20 3)4)	Senseo/■	+	+	⊖ 3)	+ 3)	++ 3)	⊖ *)5)	BEFRIED. (3,3)
Flytek Zip Lux	380	37 2)/ 37 2)	E.S.E. Standard/■	+	○	○	+	– *)6)	⊖ 7)	MANGELHAFT (5,5)

Bewertungsschlüssel der Prüfergebnisse: ++ = Sehr gut (0,5–1,5). + = Gut (1,6–2,5). ○ = Befriedigend (2,6–3,5). ⊖ = Ausreichend (3,6–4,5). – = Mangelhaft (4,6–5,5). **Bei gleichem Qualitätsurteil Reihenfolge nach Alphabet.**
***) Führt zur Abwertung.** ■ = Ja. ❑ = Nein.
1) Anbieter empfiehlt ausschließliche Verwendung systemeigener Kapseln. **2)** Preis laut Anbieter-Website. **3)** Geprüft mit Café Crema statt Lungo. **4)** Mittlerer Onlinepreis ohne Versandkosten (Stand 07.07.2020). **5)** Freisetzung von Nickel oberhalb des Grenzwertes der Trinkwasserverordnung, aber noch unterhalb der Vorgaben des Europarats für den Übergang von Metallen und Legierungen im Lebensmittelkontakt. **6)** Zu hohe Temperaturen an Kaffeeauslauf (84 °C) und berührbarer Brühkammer über dem Pad (94 °C). **7)** Freisetzung von Blei oberhalb des Grenzwertes der Trinkwasserverordnung, aber noch unterhalb der Vorgaben des Europarats für den Übergang von Metallen und Legierungen im Lebensmittelkontakt.
Einkauf der Prüfmuster: Februar bis April 2020.

Unser Rat

Weihnachtsmann oder -frau hat die Wahl: Testsieger ist die **Jura E6** (765 Euro). Sie zaubert den besten Milchschaum und sehr leckeren Espresso. Wer die Ausgabe scheut, ist mit dem Preis-Leistungs-Sieger von **Philips** für 510 Euro gut bedient. Findige Kaffeefans greifen zur preiswerteren Alternative ohne Milchaufschäumer wie der **Tchibo Esperto** (rund 220 Euro).

Kaum trübe Tassen

12/2020 Stollen, Kekse, Gebäck: Weihnachtszeit ist Kaffeezeit. Viele Vollautomaten sind ein Geschenk wert. Einige setzen Schadstoffe frei.

Dieses Jahr haben wir elf Kaffeevollautomaten getestet. Acht mit Milchaufschäumer und drei ohne. Die Gewinnermaschine ist die Jura E6 für 765 Euro, Schlusslicht ist der Vollautomat von Krups, er gab nach dem Entkalken bedenkliche Mengen Nickel ab. Der Test ist Teamarbeit: Neben technisch versierten Prüfern untersuchte ein sensorisch geschultes Panel die Qualitäten von Espresso und Milchschaum, fünf Tester begutachteten die Handhabung. Als „vielseitig, mit guter Menüführung und einfacher Bedienung" lobten sie Testsieger Jura sowie De'Longhi Dinamica.

Vorsicht beim Entkalken

Bei Melitta, Nivona und vor allem Krups fanden wir kritische Mengen Nickel, bei Siemens Aluminium. Die Proben entnahmen wir nach dem Entkalken aus dem Kaffee-, Dampf- und Heißwasserauslauf. Experten vermuten: Die Säure der Entkalkungsmittel entfernt die kalkhaltige Schutzschicht, die sich mit der Zeit auf metallhaltigen Bauteilen bildet, so können sich Schadstoffe lösen.

Tipp: Spülen Sie die Maschine nach dem Entkalken mehrmals und schütten Sie die ersten drei Tassen Kaffee weg.

Welche Maschine für wen?

Es geht bei der Wahl oft um Details: Für kleine Küchen eignen sich schmale Maschinen ohne Milchaufschäumer. Besonders wenig Strom verbraucht die Jura. Die De'Longhi bietet die größte Getränkeauswahl. ■

Nickel kann Allergien verstärken
Nickel kann allergische Reaktionen auslösen, meist durch Hautkontakt. Etwa 10 bis 15 Prozent der Frauen und 2 Prozent der Männer gelten als durch Nickel sensibilisiert, so das Umweltbundesamt. Bei Sensibilisierten können mit Nickel belastete Lebensmittel zu einer Verschlimmerung der Allergie oder erneuten Ekzemen führen. Die Aufnahme von Nickel sollte daher minimiert werden.

FOTO: STIFTUNG WARENTEST / RALPH KAISER

Kaffeevollautomaten 12/2020

Produkt	Mit Milchschaum-automatik	Preisspanne ca. (Euro)	Mittlerer Preis ca. (Euro)	Sensorische Beurteilung 35 %	Technische Prüfung 25 %	Handhabung 20 %	Sicherheit 5 %	Umwelt-eigenschaften 10 %	Schadstoffe 5 %	test-QUALITÄTS-URTEIL 100 %
Mit Milchaufschäumer										
Jura E6	■	710 bis 890	765	++	○	+	++	+	+	GUT (1,8)
De'Longhi Dinamica ECAM 356.57	■	485 bis 650	560	+	+	+	++	+	+	GUT (2,1)
Miele CM 5310	■	Keine	850[1]	+	○	+	++	+	+	GUT (2,1)
Philips EP3246/70	■	485 bis 600	510	+	+	+	++	+	+	GUT (2,1)
Melitta Avanza	■	420 bis 485	465	++	+	+	+	+	⊖*)2)	BEFRIEDIGEND (3,1)
Nivona NICR 520	■	455 bis 510	475	+	+	○	++	+	⊖*)2)	BEFRIEDIGEND (3,2)
Siemens EQ.300	■	360 bis 430	375	+	○	+	+	+	⊖*)3)	BEFRIEDIGEND (3,5)
Krups EA 817810	❑	305 bis 340	330	○	+	⊖	+	○	–*)4)	MANGELHAFT (4,8)
Ohne Milchaufschäumer										
Tchibo Esperto Caffè Artikel-Nr. 392080	Entfällt	194 bis 237	222	+	+	+	++	+	+	GUT (2,2)
Beko CEG5301X[5]	Entfällt	Keine	300[6]	+	+	+	++	+	+	GUT (2,3)
Grundig KVA 4830	Entfällt	260 bis 291	285	+	+	+	++	+	+	GUT (2,3)

Bewertungsschlüssel der Prüfergebnisse: ++ = Sehr gut (0,5–1,5). + = Gut (1,6–2,5). ○ = Befriedigend (2,6–3,5). ⊖ = Ausreichend (3,6–4,5). – = Mangelhaft (4,6–5,5). **Bei gleichem Qualitätsurteil Reihenfolge nach Alphabet.**

***) Führt zur Abwertung.**

■ = Ja. ❑ = Nein.

1) Von uns bezahlter Einkaufspreis.

2) Freisetzung von Nickel oberhalb des Grenzwertes der Trinkwasserverordnung, aber noch unterhalb der Vorgaben des Europarats für den Übergang von Metallen und Legierungen im Lebensmittelkontakt.

3) Freisetzung von Aluminium oberhalb des Grenzwertes der Trinkwasserverordnung, aber noch unterhalb der Vorgaben des Europarats für den Übergang von Metallen und Legierungen im Lebensmittelkontakt.

4) Freisetzung von Nickel oberhalb des Grenzwertes der Trinkwasserverordnung und der Vorgaben des Europarats für den Übergang von Metallen und Legierungen im Lebensmittelkontakt.

5) Laut Anbieter baugleich mit geprüften Modell Grundig KVA 4830.

6) Von uns bezahlter Einkaufspreis. Erhältlich unter anderem im österreichischen Onlinehandel.

Einkauf der Prüfmuster: Juni 2020.

Unser Rat

Fest installierte Splitgeräte kühlen schnell und effektiv. Sie dürfen jedoch nur von zertifizierten Monteuren eingebaut werden. Die besten Geräte stammen von **Daikin** (1 350 Euro) und **Toshiba** (2 840 Euro). Ist der Einbau eines Splitmodells nicht möglich oder soll das Gerät nur an einzelnen Tagen laufen, ist der mobile Kühler von **De'Longhi** (585 Euro) zu empfehlen.

Cool bleiben

6/2020 Mobile Klimageräte kühlen aber nicht sehr effizient. Fest installierte Anlagen arbeiten deutlich schneller und sparsamer.

Hohe Temperaturen führen zu Wärmestress. Einfache Abhilfe in der Wohnung verheißen mobile Klimageräte. In Bau- und Elektronikmärkten stehen günstige sogenannte Monoblöcke. Auspacken, anschließen, Abluftschlauch durchs Fenster, los gehts. Doch sie kühlen deutlich schlechter als fest installierte Klimageräte. Die Stiftung Warentest hat vier Monoblöcke zu Preisen ab 315 Euro getestet und sechs Splitgeräte. Die bestehen aus einem Innen- und einem Außengerät, die mit einer Kältemittelleitung verbundenen sind, und kosten zwischen 1300 und 2840 Euro.

Kühl nach 7 Minuten – oder nach 80

Im Labor sollten die Geräte einen 14 Quadratmeter großen und 2,60 Meter hohen Raum von 35 auf 24 Grad Celsius kühlen. Die Splitgeräte von LG und Mitsubishi schafften das in rund 7 Minuten. Die Monoblöcke brauchten zwischen 40 und 80 Minuten. Das ist kaum verwunderlich: Monogeräte pusten die warme Luft über einen Abluftschlauch nach draußen – das Fenster bleibt einen Spalt offen, sodass permanent warme Luft von draußen in den Raum strömt.

Splitgeräte kühlen effizient

Mit unseren Messwerten und einem Klimamodell für Zentraleuropa ermittelten wir den Stromverbrauch der Monoblöcke. Es sind zirka 140 bis 250 Kilowattstunden pro Sommer – das ist alles andere als effizient. Gute Splitgeräte verbrauchten in dersel- ▶

Alternativen zum Klimagerät
Nicht jeder Hitzegeplagte kann und möchte ein Klimagerät anschaffen. Das Ansteigen der Temperaturen in Innenräumen lässt sich jedoch auch mit einfachen baulichen Maßnahmen verhindern: Hitzeschutzfolien, Rollläden oder Markisen vor den Fenstern halten die Sonnenstrahlen draußen. Hilfreich sind auch gut gedämmte Wände und schattenspendende Bäume vor den Fenstern.

FOTO: GETTY IMAGES, STIFTUNG WARENTEST [M]

Klimageräte 6/2020

Produkt	Mittlerer Preis ca. (Euro)	Umwelt und Energieeffizienz 50 %	Kühlen 35 %	Handhabung 15 %	test-QUALITÄTSURTEIL 100 %
Splitgeräte					
Daikin FTXP25M5V1B (IG) - RXP25M5V1B (AG)	1350	+	+	○	GUT (2,0)
Toshiba RAS-10PKVPG-E (IG) - RAS-10PAVPG-E (AG)	2840 1)	+	+	+	GUT (2,1)
LG DC09RQ NSJ (IG) - DC09RQ UL2 (AG)	2210	○	+	+	GUT (2,3)
Mitsubishi Electric MSZ-AP25VG (IG) - MUZ-AP25VG (AG)	2680 2)	○	+	○	GUT (2,3)
Panasonic CS-Z25VKEW (IG) - CU-Z25VKE (AG)	1300	○	+	+	BEFRIEDIGEND (2,6)
Swegon Air Blue Ulisse 13DCI Eco	1800	⊖*)	○	○	AUSREICHEND (4,0)
Monoblockgeräte					
De'Longhi Pinguino PAC N90ECO Silent	585	⊖	⊖	○	BEFRIEDIGEND (3,5)
Midea Europe Comfee MPPH-09CRN7	315	⊖	○	○	AUSREICHEND (3,8)
Trotec PAC 2600X	450	⊖	⊖	○	AUSREICHEND (4,1)
Suntec Wellness Impuls 2.6 Eco R290	390	⊖	⊖	○	MANGELHAFT (4,8) 3)

Bewertungsschlüssel der Prüfergebnisse: ++ = Sehr gut (0,5–1,5). + = Gut (1,6–2,5). ○ = Befriedigend (2,6–3,5). ⊖ = Ausreichend (3,6–4,5). — = Mangelhaft (4,6–5,5). **Bei gleichem Qualitätsurteil Reihenfolge nach Alphabet.**
***) Führt zur Abwertung.**
1) Preis inklusive WLan-Adapter für ca. 146 Euro. **2)** Preis inklusive WLan-Adapter für ca. 195 Euro.
3) Wegen falscher Gerätebezeichnungen auf den Verpackungen um eine halbe Note abgewertet.
Einkauf der Prüfmuster: Oktober und November 2019.

ben Zeit weniger als 100 Kilowattstunden – bei mehr als doppelt so hoher Leistung.

Viele Kältemittel sind klimaschädlich

Fürs Umweltgewissen ist nicht allein der Stromverbrauch wichtig, sondern auch das Kältemittel. Die geprüften Monoblöcke kühlen mit klimafreundlichem Propan, die Splitgeräte mit Difluormethan, auch R32 genannt. Geht es während des Betriebs oder der Demontage verloren, schädigt es das Klima 675 Mal stärker als Kohlendioxid. Das Toshiba-Modell enthält einen Liter R32. Mit dem für die Stromerzeugung anfallenden Kohlendioxid kommt es, wird es zehn Jahre genutzt und dann nicht fachgerecht entsorgt, auf einen ökologischen Fußabdruck von fast 1100 Kilogramm Kohlendioxid – so klimaschädlich wie ein Flug für eine Person von Hamburg nach Lissabon und zurück. ■

Unser Rat

Unter den Zwei-Meter-Geräten siegt der **Liebherr KG 2060-3 Bf** für 1 220 Euro. Der **Bosch KGE49VW 4A** aus dem Jahr 2019 ist ebenbürtig und kostet nur 715 Euro. Manche kleine Kombis kühlen gut, versagen aber beim Alarm und sind deshalb nur ausreichend. So etwa der **Exquisit KGC 270/45-4.4** für 288 Euro, aus früheren Tests **Ikea Lagan** für 199 Euro.

Klein, aber nicht oho

7/2020 Wir fanden keine guten Kühl-Gefrier-Kombis, die kleiner sind als 1,50 Meter. Große Geräte über 1,80 Meter sind oft besser, aber teurer.

Etwa anderthalb Meter hoch – so ist die Kühlkombi für viele genau richtig. Sie wächst ihnen nicht über den Kopf, braucht nicht so viel Platz und kostet wenig – zumindest beim Kauf. Leider offenbaren all die kleinen Kühl-Gefrier-Kombinationen in unseren Tests mindestens eine Macke: Mal hapert es an der Kühlgeschwindigkeit, mal an der Energieeffizienz. Und fast kein Modell bietet einen Alarm, wenn eine Tür offen steht oder die Temperatur im Gefrierteil ansteigt, etwa nach einem Stromausfall.

Der Zwang zum faulen Kompromiss

In Läden oder auf den Verkaufslisten von Onlineshops stehen Billiggeräte vorn. Kleine Kombis mit Türalarm werden nicht extra angepriesen. Verbraucher müssen also entweder in mühsamer Detektivarbeit ein Modell finden, das einen Alarm bietet. Oder sie gehen einen Kompromiss ein: Auf den Alarm verzichten und ein Gerät suchen, das zumindest beim Kühlen und Gefrieren möglichst gut ist oder eine gute Energieeffizienz bietet (siehe Tabelle rechts).

Der Alarm kostet zuviel

Warum spendieren die Hersteller ihren kompakten Kombis keine Alarmfunktion? Wir haben einige befragt. Tenor der Antworten: Im Segment um die 300 Euro herrsche ein harter Preiskampf. Am konkretesten antwortete Bomann: „Die Mehrkosten in der Herstellung für einfache Alarmfunktionen liegen in der Regel bei 9 Euro bis hin zu 30 Euro für die aufwendigeren Systeme. In ▶

Vorsicht mit der Breite

Manche Modelle werden sehr breit, wenn die Türen weit offen stehen – etwa zum Reinigen. Soll der Kühlschrank in die Küchenecke, vor dem Kauf die maximale Breite prüfen: Manche laden über 30 cm weit aus, der Bosch KGN gar 37. Selbst die kleinen Exquisit und AEG werden bei geöffneter Tür 86 und 85 Zentimeter breit, das sind 31 und 30 cm mehr als im geschlossenen Zustand.

FOTOS: LIEBHERR; BOSCH

Kleine Kühl-Gefrier-Kombinationen 7/2020

Produkt	Mittlerer Preis ca. (Euro)	Stromkosten in 15 Jahren ca. (Euro)[1]	Kühlen 12,5 %	Einfrieren 12,5 %	Temperaturstabilität beim Lagern 10 %	Energieeffizienz 30 %	Handhabung 25 %	Geräusch 5 %	Verhalten bei Störungen 5 %	test-QUALITÄTSURTEIL 100 %	Zuerst veröffentlicht in test
Liebherr CT2131[2]	395	827	+	○	++	⊖	○	+	–*)	**AUSREICH. (4,0)**	1/2020[3]
Bomann KG 322 rot	365	563	○	+	++	+	⊖	○	–*)	**AUSREICH. (4,1)**	7/2020
Exquisit KGC 270/45-4.4 A++	288	754	+	+	++	○	⊖	+	–*)	**AUSREICH. (4,1)**	7/2020
Liebherr CU2331	420	1027	+	○	+	⊖	⊖	+	–*)	**AUSREICH. (4,3)**	7/2020
Severin RKG 8931 rot	390[4]	843	○	○	++	○	⊖	++	–*)	**AUSREICH. (4,3)**	7/2020
AEG RDS7232XAW	455	894	○	+	++	○	⊖	+	–*)	**AUSREICH. (4,4)**	7/2020
Amica KGC 384 110 E	315	512	○	⊖	+	○	⊖	○	–*)	**AUSREICH. (4,4)**	7/2020
Ikea Lagan (302.819.56)	199[5]	1084	+	+	++	⊖	⊖	+	–*)	**AUSREICH. (4,4)**	2/2019[3]
Hanseatic HKGK 14349 A2W	240[4]	763	○	+	+	⊖	⊖	++	–*)	**AUSREICH. (4,5)**	7/2020
ok OFK 34411 A3	299[4]	497	○	–*)	++	+	⊖	+	–	**MANGELH. (4,6)**	7/2020
PKM KG218.4 A++ weiß	250	955	+	+	○	–	⊖	++	–*)	**MANGELH. (4,8)**	7/2020

Bewertungsschlüssel der Prüfergebnisse: ++ = Sehr gut (0,5–1,5). + = Gut (1,6–2,5). ○ = Befriedigend (2,6–3,5). ⊖ = Ausreichend (3,6–4,5). – = Mangelhaft (4,6–5,5). **Bei gleichem Qualitätsurteil Reihenfolge nach Alphabet.**
***) Führt zur Abwertung. 1)** Seit 2020 setzen wir für die Berechnung der Stromkosten einen Strompreis von 31 Cent pro Kilowattstunde an. **2)** Laut Anbieter mit verschiedenen Farb- oder Griffvarianten. **3)** Veröffentlicht auf test.de. **4)** Von uns bezahlter Einkaufspreis. **5)** Preis laut Anbieter-Webseite. **Einkauf der Prüfmuster:** bis Oktober 2019.

der Praxis bedeutet das eine Erhöhung des Endverbraucherpreises von ca. 25 bis 75 Euro je nach Alarmsystem."

Die Großen sind effizienter

Kühl-Gefrier-Kombis ab 1,84 Meter Höhe erfordern weniger Qualitätskompromisse. Ganz frei von Macken sind sie nicht. Selbst ein 660-Euro-Schrank mit Gardemaß kann mit mieser Beleuchtung auffallen oder lückenhaften Alarmfunktionen. Hanseatic blamiert sich mit Mangelhaft bei Kühlen und Einfrieren. Die Großen sind aber meist effizienter, sie brauchen über 15 Jahre gerechnet sogar weniger Strom als manche Kleine. So sind große Dicke den kleineren und günstigeren Kombis überlegen. Außer eben beim Platzbedarf. ■

Große Kühl-Gefrier-Kombinationen 7/2020

Produkt	Mittlerer Preis ca. (Euro)	Stromkosten in 15 Jahren ca. (Euro)[1]	Kühlen	Einfrieren	Temperaturstabilität beim Lagern	Energieeffizienz	Handhabung	Geräusch	Verhalten bei Störungen	test-QUALITÄTSURTEIL	Zuerst veröffentlicht in test
			12,5 %	12,5 %	10 %	30 %	25 %	5 %	5 %	100 %	
Bosch KGE49VW4A	715	767	++	+	++	++	+	+	+	**GUT (1,6)**	7/2019
Liebherr KG 2060-3 Bf	1220	820	○	++	++	++	+	+	++	**GUT (1,6)**	7/2020
Bosch KGE39VW4A	690	766	++	++	++	++	+	++	○	**GUT (1,7)**	7/2019
Siemens KG39NXIDR	930	812	+	++	++	++	○	++	○	**GUT (1,8)**	7/2020
Bosch KGN393IDA	985	871	+	++	++	+	○	++	○	**GUT (1,9)**	7/2020
Severin KGK 8942	600	1028	++	++	++	+	○	+	○	**GUT (2,1)**	7/2020
LG BB61PZGFN	670	1083	+	++	++	+	○	++	⊖*)	**GUT (2,4)**	7/2020
Haier C3FE837CGJ	760[2]	941	++	++	++	+	○	+	⊖*)	**GUT (2,5)**	7/2020
Koenic KFK 46411 A3 FZNF	500[2]	923	++	++	++	+	○	○	⊖*)	**GUT (2,5)**	7/2020
Gorenje NK 7990 DXL[3]	500[2]	842	++	++	++	+	⊖*)	○	○	**BEFRIED. (2,6)**	7/2019
Samsung RL37J542VSS/EG	940	953	○	++	++	+	⊖*)	+	⊖	**BEFRIED. (2,8)**	7/2020
Bauknecht KGN 2030D IN	660[2]	1230	++	++	++	○	⊖	+	⊖*)	**BEFRIED. (2,9)**	7/2020
Bomann KG 7312 ix	560	1201	++	++	++	○	+	⊖	–*)	**BEFRIED. (2,9)**	7/2020
Amica KGCN 388 190 S	455	1349	+	○	++	○	⊖*)	+	⊖	**AUSREICH. (3,9)**	7/2020
AEG RCB73831TY	885	974	○	–*)	++	+	○	+	○	**AUSREICH. (4,0)**	7/2020
Hanseatic HKGK 18860 A2W	330[2]	901	–	–*)	++	+	⊖	++	–	**AUSREICH. (4,5)**	7/2020

Bewertungsschlüssel der Prüfergebnisse: ++ = Sehr gut (0,5–1,5). + = Gut (1,6–2,5). ○ = Befriedigend (2,6–3,5). ⊖ = Ausreichend (3,6–4,5). – = Mangelhaft (4,6–5,5). **Bei gleichem Qualitätsurteil Reihenfolge nach Alphabet.**

***) Führt zur Abwertung.**

1) Seit 2020 setzen wir für die Berechnung der Stromkosten einen Strompreis von 31 Cent pro Kilowattstunde an.

2) Von uns bezahlter Einkaufspreis.

3) Laut Anbieter mit verschiedenen Farb- oder Griffvarianten.

Einkauf der Prüfmuster: bis Oktober 2019.

Unser Rat

Vier Große Kühlschränke sind sehr gut: **Bosch KSV36AI4P** (825 Euro), der baugleiche **Siemens KS36VAI4P** (815 Euro), **Liebherr KPef 4350** (1 090 Euro) und **Miele KS 28463 D ed/cs** (1 920 Euro) mit XXL-Kaltlagerfach. Bester neuer Kleiner: **Bomann VS 2195** (213 Euro). Etwas besser ist der 2018 geprüfte, noch erhältliche **AEG RTB91531AW** (325 Euro).

Große Modelle trumpfen auf

2/2020 Lebensmittel frisch halten und wenig Strom verbrauchen: Viele große Kühlschränke schaffen das, von elf kleinen aber nur einer.

Ein Kühlschrank soll Lebensmittel vor dem Verderben schützen. Seine Mission gelingt nur, wenn er Lebensmittel schnell herunterkühlt und die Temperatur im Inneren stabil hält. Egal ob er in der aufgeheizten Küche steht oder im kühlen Abstellraum. Diese Herausforderungen eines Kühlschranks simuliert die Stiftung Warentest im Labor. Sie ließ 20 frei stehende Modelle antreten: elf bis zu 85 Zentimeter hohe Geräte und neun bis zu 1,89 Meter hohe. Die Großen überragen die Kleinen nicht nur in den Maßen, sondern auch im Testergebnis.

Wie wir Kühlschränke prüfen

Anstelle von Lebensmitteln beladen wir die Geräte im Test mit speziellen Paketen, die mit Temperatursensoren ausgestattet sind. So können wir nachvollziehen, wie schnell die Testkandidaten die Pakete herunterkühlen. Und wie sie es schaffen, die von uns eingestellte Lagertemperatur von im Mittel 4 Grad zu halten – bei 10, 25 und 32 Grad Raumtemperatur in der Klimakammer. Alle Großen und auch viele Kleine aus den Tests 2020 meisterten diese Aufgaben mit Top-Ergebnissen. Aber Kühlschränke sollen ihre Mission auch energiesparsam erfüllen. Im Test messen wir deshalb, wie viel Strom sie bei 10, 25 und 32 Grad Raumtemperatur fürs Kühlhalten verbrauchen.

Stromhunger frisst gute Noten

Die großen Kühlschränke beendeten ihre Mission durchweg effizienter und daher

Langzeit-Strompreis einkalkulieren
Bei Kühlschränken empfiehlt es sich, die Stromkosten vor dem Kauf einzukalkulieren. Addiert man zum Kaufpreis die Stromkosten für 15 Jahre, sind die sehr guten großen Kühler von Bosch und Siemens günstiger als einige schlechtere Modelle mit einem niedrigeren Anschaffungspreis. Bei den kleinen liegen die Langzeit-Stromkosten mit bis zu 562 Euro oft weit über den Kaufpreisen von 160 bis 465 Euro.

ILLUSTRATION: ERFURTH KLUGER INFOGRAFIK

Kühlschränke bis 1,89 Meter Höhe — 2/2020

Produkt	Mittlerer Preis ca. (Euro)	Stromkosten bei geringer Nutzung in 15 Jahren (Euro)[1]	Kühlen	Temperaturstabilität beim Lagern	Energieeffizienz	Handhabung	Geräusch	test-QUALITÄTSURTEIL
			25 %	15 %	30 %	25 %	5 %	100 %
Bosch KSV36AI4P[2]	825	398	++	++	++	+	+	SEHR GUT (1,3)
Liebherr KPef 4350	1 090	357	+	++	++	+	+	SEHR GUT (1,3)
Siemens KS36VAI4P	815	398	++	++	++	+	+	SEHR GUT (1,3)
Miele KS 28463 D ed/cs	1 920	419	+	++	++	+	+	SEHR GUT (1,4)
Ikea Kylande 204.083.57	600[3]	585	+	++	++	+	+	GUT (1,7)
AEG RKB73924MX	760	619	+	++	++	+	○	GUT (1,8)
Bauknecht KR 19G4 A2+ IN	600[4]	782	+	++	+	○	+	GUT (2,0)
Bomann VS 3174	635	618	++	++	++	–*)	○	BEFRIED. (3,0)
Exquisit KS370-1 RVE A++	470	639	++	++	++	–*)	○	BEFRIED. (3,0)

Bewertungsschlüssel der Prüfergebnisse: ++ = Sehr gut (0,5–1,5). + = Gut (1,6–2,5). ○ = Befriedigend (2,6–3,5). ⊖ = Ausreichend (3,6–4,5). — = Mangelhaft (4,6–5,5). **Bei gleichem Qualitätsurteil Reihenfolge nach Alphabet.**
***) Führt zur Abwertung.**
1) Berechnet mit 0,31 Euro pro Kilowattstunde. **2)** Laut Anbieter baugleich mit dem geprüften Modell Siemens KS36VAI4P.
3) Preis laut Anbieter-Webseite. **4)** Von uns bezahlter Einkaufspreis. **Einkauf der Prüfmuster:** bis Mai 2019.

auch mit besseren Gesamtnoten: Die Kühler von Bosch, Liebherr, Miele und Siemens schneiden sogar sehr gut ab. Sie kosten 815 bis 1920 Euro. Drei weitere sind gut, zwei befriedigend. Von den Kleinen kommt nur der Bomann für 213 Euro knapp gut weg

Fast allen Kleinen machte Hitze zu schaffen. Insbesondere bei hohen Raumtemperaturen verbrauchten sie – im Verhältnis zu ihrem Stauraum – viel Strom. Kurz: Sie kühlten nicht effizient. Mit mehr als 100 Kilowattstunden Verbrauch pro Jahr waren etliche sogar stromhungriger als die sparsamsten Großen im Test. Die kamen mit 77 bis 90 Kilowattstunden pro Jahr aus.

Auch beim Kühlen mit Schwächen

Trotz des hohen Verbrauchs kühlen nicht alle Kleinen gut. Die Modelle von Amica, Miele und ok. verfehlten bei 32 Grad Raumtemperatur die eingestellten 4 Grad Innentemperatur deutlich. Der kleine Miele etwa wurde mit bis zu minus 6 Grad viel zu kalt.

Die großen Geräte kühlten hingegen schnell und temperaturstabil – der mit 470 Euro günstigste Exquisit genauso wie der teuerste: der große Miele für 1920 Euro. Zu dessen enormem Preis trägt wohl auch dessen großes Kaltlagerfach bei.

In solchen vom Kühlbereich separierten Fächern lagern etwa Fleisch oder Fisch bei Temperaturen von minus 2 bis maximal 3 Grad. Auch der Exquisit hat solch ein Fach, im Test wurde es darin bei 10 Grad Raumtemperatur aber zu warm. In Kühlschränken ohne ein solches – auf dem Typenschild ausgewiesenes – Kaltlagerfach sollte Empfindliches ganz unten lagern, dort ist es normalerweise am kühlsten. Modelle, in denen ein Ventilator die Luft verwirbelt, sind innen gleichmäßig kühl. ▶

Kühlschränke bis 85 Zentimeter Höhe 2/2020

Produkt	Mittlerer Preis ca. (Euro)	Stromkosten bei geringer Nutzung in 15 Jahren (Euro)[1]	Kühlen 25 %	Temperaturstabilität beim Lagern 15 %	Energieeffizienz 30 %	Handhabung 25 %	Geräusch 5 %	test-QUALITÄTSURTEIL 100 %
Ohne Gefrierfach								
Bomann VS 2195	2[illegible]3	329	+	++	+	⊖*)	+	GUT (2,5)
Gorenje R6093AW	335	470	++	+	⊖	⊖*)	++	BEFRIEDIGEND (2,9)
AEG RTB81521AW	294	412	++	+	○	⊖*)	+	BEFRIEDIGEND (3,0)
Miele K 12023 S-3	465	382	⊖	○	○	○	+	BEFRIEDIGEND (3,3)
Amica VKS 351 115 E	252	427	○	○	○	⊖*)	+	AUSREICHEND (3,7)
ok. OFR 21112 A2	160[2]	526	++	+	–	⊖*)	○	AUSREICHEND (3,8)
Mit Gefrierfach								
Liebherr TP 1434	385	475	++	+	⊖	○	+	BEFRIEDIGEND (2,7)
Exquisit KS16-1 A+++	2[illegible]7	491	○	+	⊖	⊖*)	+	BEFRIEDIGEND (3,1)
Grundig GTM 14130	350[2]	504	○	+	⊖	○	○	BEFRIEDIGEND (3,3)
Schneider TT138.4	299[2]	562	+	+	⊖	⊖*)	+	BEFRIEDIGEND (3,3)
Severin KS 9829	231	500	+	++	⊖	⊖*)	+	BEFRIEDIGEND (3,3)

Bewertungsschlüssel der Prüfergebnisse: ++ = Sehr gut (0,5–1,5). + = Gut (1,6–2,5). ○ = Befriedigend (2,6–3,5). ⊖ = Ausreichend (3,6–4,5). — = Mangelhaft (4,6–5,5). **Bei gleichem Qualitätsurteil Reihenfolge nach Alphabet.**

***) Führt zur Abwertung.**

1) Berechnet mit 0,31 Euro pro Kilowattstunde. **2)** Von uns bezahlter Einkaufspreis.

Einkauf der Prüfmuster: bis Mai 2019.

Schlecht beleuchtet und ohne Alarm

In der Handhabung unterscheiden sich die großen Modelle deutlich. Bomann, Exquisit und Ikea etwa lassen Abstand zwischen den Ablagen und Stauraum ungenutzt. Bomann und Exquisit sind schlecht zu reinigen. Die Beleuchtung ist dunkel und leicht zu verdecken. Das gilt auch für viele kleine Testkandidaten. Allen elf kleinen Geräten fehlt zudem ein Alarm, der bei länger offener Tür warnt.

So helfen Sie Ihrem Kühlschrank

Zuverlässig und energiesparsam Kühlen – das schafft selbst der beste Kühlschrank nur, wenn ihre Besitzer ihn optimal nutzen.

Fürs Aufstellen gilt: Kühlschrank nicht neben Wärmequellen wie Heizkörper, Herd, Backofen platzieren. Von der Wand abrücken und nicht abdecken, damit warme Abluft ungehindert entweicht.

Gekühlte oder gefrorene Lebensmittel in Kühltaschen nach Hause zu bringen, erleichtert dem Kühlschrank die Arbeit. Warme Speisen erst erkalten lassen.

Eiskrusten im Eisfach erhöhen den Stromverbrauch, Energiesparer tauen besser regelmäßig ab. Sie können zudem 6 Grad als Lagertemperatur einstellen – wenn sie Empfindliches wie Fisch oder Fleisch lagern, sollten es aber nur 4 Grad sein. ■

Unser Rat

Testsieger **Philips AC2889/10** (350 Euro) beseitigt Pollen und Zigarettenrauch gut aus der Raumluft. Der Zweitplatzierte **Soehnle Airfresh Clean Connect 500** (249 Euro) bricht nach 100 Zigaretten beim Partikelreduzieren stark ein, filtert aber Formaldehyd besser heraus als der Philips. Für **Ersatzfilter** verlangen die Anbieter zwischen 39 und 140 Euro.

Pollentief rein

3/2020 Luftreiniger versprechen Kontrolle über die Luft im Haus. Pollen filtern sie meist gut. Mit Zigarettenrauch kommen sie weniger klar.

Millionen Menschen leiden an Allergien gegen Stoffe, die sie durch die Atemluft zu sich nehmen. Luftreiniger versprechen Hilfe. Sie sind etwa doppelt so groß wie ein Papierkorb und leiten die Luft meist nacheinander durch einen Grobfilter, einen Feinfilter gegen kleine Teilchen sowie einen Aktivkohlefilter gegen Gerüche und flüchtige organische Verbindungen.

Drei Szenarien im Test

Für drei Belastungen haben wir die Versprechen der Anbieter geprüft: Pollen, Zigarettenrauch und Formaldehyd – Letzteres als Beispiel für schädliche chemische Verbindungen aus Möbeln oder Lacken. Sie entsprechen häufigen Belastungen der Raumluft, deren Quellen teilweise schwierig abzustellen sind.

Sechs von sieben Luftreinigern im Test machen ihre Sache bei Pollen gut. Das heißt: In zehn Minuten verschwinden 90 Prozent der Pollen oder mehr aus der Luft eines 16-Quadratmeter-Raums. Nur der Dyson braucht länger.

Bei Zigarettenrauch ist das Bild mit neuen Filtern auch noch recht positiv. Allerdings fallen einige Luftreiniger in der Filterleistung stark ab, nachdem sie in der Prüfkammer den Rauch von 100 Zigaretten schlucken mussten: Soehnle, Honeywell, Dyson und De'Longhi sind dann nur noch ausreichend in dieser Disziplin.

Formaldehyd als Beispiel für flüchtige organische Verbindungen filtern selbst ▶

Vorsicht bei der Raumgröße

Ein Anbieter preist einen Luftreiniger für Räume von 34 bis 106 Quadratmetern an. Für einen Vergleich der Geräte haben wir geprüft, welchen Raum von 2,50 Meter Höhe sie in 20 Minuten von 90 Prozent des Zigarettenrauchs befreien. Dyson schafft nur 7 Quadratmeter, Honeywell und Beurer 12 und 13, De'Longhi 16. Vorn liegen Philips, Soehnle und Rowenta mit 19, 21 und 23 Quadratmetern.

FOTO: STIFTUNG WARENTEST / RALPH KAISER

Luftreiniger 3/2020

Produkt	Mittlerer Preis ca. (Euro)	Preis für Ersatzfilter ca. (Euro)[1]	Wechselhäufigkeit der Filter laut Anbieter ca.	Luftreinigung 60 %	Handhabung 20 %	Umwelteigenschaften 15 %	Sicherheit 5 %	Datensendeverhalten der Apps[2] 0 %	test-QUALITÄTSURTEIL 100 %
Philips AC2889/10	350	80	Aktivkohlefilter: alle 12 Monate, HEPA-Filter: alle 2 Jahre	○	+	+	++	**kritisch**[3]	**GUT (2,4)**
Soehnle Airfresh Clean Connect 500	249	39	Alle 4320 Betriebsstunden	○	+	○	++	**kritisch**[4]	**GUT (2,5)**
Rowenta Intense Pure Air Connect PU6080	320	100	Aktivkohlefilter: 1 Mal pro Jahr; Partikelfilter: alle 3 Jahre; NanoCaptur-Filter: abhängig vom Sättigungsgrad	○	+	○	++	**kritisch**	**BEFRIEDIGEND (2,6)**
Honeywell HPA710WE Premium Air Purifier	350	140	Aktivkohle- und HEPA-Filter: alle 12 Monate	○	○	+	++	Entfällt	**BEFRIEDIGEND (2,8)**
Dyson Pure Cool Link Tower[5]	425	56	Aktivkohle- und HEPA-Filter: alle 12 Monate	○	○	+	++	**kritisch**	**BEFRIEDIGEND (2,9)**
De'Longhi AC 230	296	45	Aktivkohle- und EPA-Filter: alle 6 Monate	⊖	○	⊖	++	Entfällt	**AUSREICHEND (3,7)**
Beurer LR 500	385	80	Alle 4320 Betriebsstunden	⊖*)	+	++	++	**unkritisch**	**AUSREICHEND (3,8)**

Bewertungsschlüssel der Prüfergebnisse: ++ = Sehr gut (0,5–1,5). + = Gut (1,6–2,5). ○ = Befriedigend (2,6–3,5). ⊖ = Ausreichend (3,6–4,5). — = Mangelhaft (4,6–5,5).
Datensendeverhalten: unkritisch, kritisch, sehr kritisch. ***) Führt zur Abwertung.**
1) Gesamtpreis für die jeweils zu wechselnden Filter. **2)** Bezieht sich auf die im Datenstrom identifizierten Daten.
3) Wurde mit der App „Air Matters" geprüft. Laut Anbieter ist mittlerweile eine neue App verfügbar.
4) Datensendeverhalten unter Android unkritisch und unter iOS kritisch. **5)** Gerät mit zusätzlicher Funktion als Ventilator ausgestattet, die nicht geprüft wurde.
Einkauf der Prüfmuster: Juli und August 2019.

die Besten im Test nur befriedigend: Soehnle, Honeywell und der Dyson. De'Longhi und Beurer sind hier sogar mangelhaft.

Die laufenden Kosten

Die Luftreiniger im Test kosten 249 bis 425 Euro. Je nach absorbierter Schmutzmenge werden Ersatzfilter fällig – für 39 bis 140 Euro je nach Anbieter. Bei manchen Modellen steht der Tausch alle sechs Monate an, bei anderen alle drei Jahre. Da kommt mit der Zeit einiges zusammen. Die Stromkosten hingegen dürften nur bei täglich sehr langen Laufzeiten eine größere Rolle spielen, denn die Maschinchen saugen mit geringer Leistung die Luft durch ihre Filter. ■

Unser Rat

Für Rasenflächen bis 400 Quadratmeter ist der **Bosch Indego S+ 400** zu empfehlen (840 Euro). Mit etwas größeren Gärten kommt der **Husqvarna Automower 105** für 1 010 Euro gut zurecht. Der **Stihl RMI 422.0** kürzte das Gras der Testfläche am schnellsten, kostet aber 1 110 Euro. Allgemein gilt: Halten Sie Kinder und Tiere während der Mähzeiten vom Rasen fern.

FOTO: WESTEND61, STIFTUNG WARENTEST, ADOBE STOCK [M]

Fuß- und Rasenschnitt

4/2020 Gras kürzen alle Mähroboter zuverlässig. Doch zwei Modelle gefährden Kinderfüße, alle sind ein Risiko für ausgestreckte Kinderarme.

Keiner der elf Rasenroboter im Test konnte die Sicherheit von kleinen Kindern garantieren. Zwei haben den Nachbau eines krabbelnden Kinderfußes angeschnitten, fast alle zerkratzten einen liegenden hölzernen Kinderarm, manche zerschnitzten ihn gar. Yard Force und Hellweg Wingart machen sich von hinten kommend über den Plastik-Kinderfuß her. Ihre Messer stoppten nicht, obwohl ein krabbelnder Fuß ein veritables Hindernis darstellt, das die anderen neun auch erkennen. Deshalb sind die beiden Roboter mangelhaft.

Fortschritt – aber nicht genug

Seit unseren früheren Tests haben einige Hersteller ihre Mäher weiterentwickelt, auch die Sicherheit: Es finden sich inzwischen weniger Lücken, durch die ein Kinderarm oder eine Hundepfote unter den Roboter greifen kann, ohne die Messer zu stoppen. Trotzdem: Alle Kandidaten beschädigten den vier Zentimeter dicken „Kinderarm“. An solche Mäher vergeben wir nur ein Ausreichend in der Sicherheit, vom Qualitätsurteil ziehen wir eine Note ab. Bei Rasenrobotern gilt also weiterhin: Mähroboter und Kinder dürfen nicht gemeinsam auf den Rasen.

Passabel mähen für wenig Geld

Im Gegensatz zu einigen Robotern in früheren Tests navigierten die aktuellen Modelle weitgehend problemlos. Auch blieben wenig fransig gemähte Stellen zurück. Standardrasen kürzten Bosch und Al-Ko ►

Pflege und Wartung

Auch ein noch so selbstständiger Roboter will gepflegt sein. Er ist von Gras und Schmutz zu befreien, vor allem nach feuchten Tagen. Meist reicht eine Bürste. Die Modelle im Test weisen kaum unzugängliche Rillen auf. Die Anbieter empfehlen in der Regel eine jährliche Wartung beim Fachhändler. Der baut das Gehäuse ab, prüft Akku, Messer und Antriebe. Das kostet üblicherweise ab 100 Euro aufwärts.

Mähroboter 4/2020

Produkt	Mittlerer Preis ca. (Euro)	Maximale Rasengröße laut Anbieter (m²)	Laufzeit laut Anbieter für 200 m² ca. (h)	Mähen 50 %	Handhabung 30 %	Sicherheit 10 %	Geräusch 10 %	Datensendeverhalten[1] 0 %	test-QUALITÄTSURTEIL 100 %
Bosch Indego S+ 400	840	400	4	+	++	⊖*)	+	**kritisch**	**BEFRIEDIGEND (2,9)**
Husqvarna Automower 105	1010[2]	600	K. A.	+	++	⊖*)	+	Entfällt	**BEFRIEDIGEND (2,9)**
Al-Ko Robo linho 500 E[3]	900	500	5	+	+	⊖*)	++	Entfällt	**BEFRIEDIGEND (3,2)**
Stihl RMI 422.0	1110[4]	800	1	+	+	⊖*)	+	Entfällt	**BEFRIEDIGEND (3,2)**
Power-G Easymow 6 HD[5]	330	600	4	+	+	⊖*)	+	Entfällt	**BEFRIEDIGEND (3,3)**
McCulloch ROB S600	900	600	5	+	+	⊖*)	+	**kritisch**	**BEFRIEDIGEND (3,5)**
Gardena Sileno City, 500 m²[6]	1000	700	6	○	+	⊖*)	○	Entfällt	**AUSREICHEND (3,6)**
Landxcape LX790	350	600	K. A.	○	+	⊖*)	⊖	Entfällt	**AUSREICHEND (3,6)**
Worx Landroid M500 WR141E	800[7]	500	K. A.	○	+	⊖*)	+	**kritisch**	**AUSREICHEND (3,6)**
Hellweg Wingart MR 500 BT[8]	500	800	3	+	+	–*)	○	**unkritisch**	**MANGELHAFT (5,0)**
Yard Force Mähroboter X50i	650	500	4	○	++	–*)	○	**sehr kritisch**	**MANGELHAFT (5,0)**

Bewertungsschlüssel der Prüfergebnisse: ++ = Sehr gut (0,5–1,5). + = Gut (1,6–2,5). ○ = Befriedigend (2,6–3,5). ⊖ = Ausreichend (3,6–4,5). – = Mangelhaft (4,6–5,5). **Bei gleichem Qualitätsurteil Reihenfolge nach Alphabet.**
Datensendeverhalten: unkritisch, kritisch, sehr kritisch. ***) Führt zur Abwertung.** K. A. = Keine Angabe.
1) Bezieht sich auf die im Datenstrom identifizierten Daten. **2)** Preis inklusive Installationskit S für ca. 110 Euro.
3) Laut Anbieter Produkt geändert. **4)** Preis inklusive Installationskit L für ca. 210 Euro. **5)** Laut Anbieter nicht mehr im Handel. **6)** Laut Anbieter Software geändert. **7)** Preis inklusive Anti-Collision System ACS für ca. 179 Euro.
8) Laut Anbieter Auslaufmodell, Restbestände im Handel. **Einkauf der Prüfmuster:** bis September 2020.

am glattesten, mit Unebenheiten kamen einige sehr gut klar. Auch die günstigen Modelle ab 330 Euro mähten unseren Prüfgarten gut bis befriedigend. Sie bieten aber oft wenig Möglichkeiten, die Mähzeiten einzustellen oder bestimmte Startpunkte in entfernten Ecken des Gartens vorzugeben. Unser Testrasen war 200 Quadratmeter groß, mit Bäumen, einer Terrassenecke und einer Engstelle zwischen Beeten. Alle Rasenroboter im Test schafften die Fläche. Sie nahmen sich dafür jedoch zwischen einer und sechs Stunden Zeit. Stihl, der teuerste, war der schnellste. ■

Unser Rat

Testsiegerinnen aus Schaumstoff sind die **Lidl Meradiso** – mit 100 Euro die günstigste Gute im Test – und die **MFO VitaSan** für 247 Euro, auf der alle getesteten Körpertypen sowohl rücklings als auch seitlich gut liegen. Bei den Federkernmatratzen schafft die **Otto My Home Black Diamond** für 230 Euro zugleich den Gesamt- und auch den Preis-Leistungs-Sieg.

Wie man sich bettet

4 + 11/2020 Von je 14 Schaumstoff- und Federkernmatratzen sind je fünf gut. Nur auf einem Schaumstoffmodell liegen alle Körpertypen gut.

Etwa jeder Dritte schätzt nach einer Studie der Techniker-Krankenkasse den eigenen Schlaf als „mittelmäßig", „ziemlich schlecht" oder „schlecht" ein. Viele Befragte klagen zudem über Rückenschmerzen.

Die Matratzentests der Stiftung Warentest versuchen, Abhilfe zu schaffen. Zuletzt haben wir je 14 Schaumstoff- und Federkernmatratzen getestet. Bei den Schaumstoffmatratzen teilt sich die Lidl Meradiso das Siegerpodest mit der MFO VitaSan. Bestes Federkernmodell ist die Otto My Home Black Diamond. Alle drei Siegermodelle haben im wichtigsten Prüfpunkt „Liegeeigenschaften" ein Gut, aber nur die MFO stützt große wie kleine, kräftige wie schmale Staturen gut ab. Sowohl in Rücken- wie in Seitenlage.

Wälzen und schwitzen

Alle Matratzen müssen durch eine Haltbarkeitsprüfung: Eine 140-Kilo-Walze walkt die Oberfläche tausendfach durch und simuliert so eine Nutzung von rund acht Jahren. Anschließend lagern die Matratzen 16 Stunden lang bei 37 Grad Celsius, 80 Prozent Luftfeuchte und mit 100 Kilogramm Gewicht auf dem Bauch. Das simuliert die Materialermüdung durch Schwitzen.

Bei den Schaumstoffmodellen verloren Schlaraffia und Musterring dabei am stärksten an Härte, bei den Federkernmatratzen Möbel Höffner und wiederum Schlaraffia. Durch den Härteverlust laufen Schlafende Gefahr, zu stark einzusinken – Rückenschmerzen könnten die Folge sein. ■

Das ist (nicht) die Härte
Die Härtegradangabe auf Matratzen gleicht einer Lotterie. So erwies sich H3 in beiden Tests mal als hart, mal als weich, mal als mittel. Die Gründe sind vielfältig: Unter anderem nutzt der Handel andere Angaben als die Prüfnorm, und Schaumstoff kann in der Härte um 30 Prozent schwanken. Der Matratzenverband und die Hersteller haben für 2021 eine einheitliche Kennzeichnung angekündigt.

Federkernmatratzen 11/2020

Produkt	Mittlerer Preis für 90 x 200 cm ca. (Euro)	Härte der Liegeseiten laut Anbieter	Härten Liegeseiten laut Prüfergebnis	Liegeeigenschaften 40 %	Haltbarkeit 25 %	Bezug 10 %	Gesundheit und Umwelt 10 %	Handhabung 5 %	Deklaration und Werbung 10 %	test-QUALITÄTSURTEIL 100 %
Otto My Home Black Diamond Comfort	230	Härtegrad H3	Weich	+*)	+	+	+	+	+	GUT (2,1)
Badenia Irisette Sylt TTFK	350	Härtegrad H3 - mittelfest	Weich	+*)	+	○	+	+	○	GUT (2,3)
f.a.n. Calypso Plus 1.000 T	500	Härtegrad 3	Weich	+*)	+	+	+	+	○	GUT (2,5)
Rummel Sensoflex 600 1)2)	1000 11)	Fest	Mittel	+	○	○	+	+	○	GUT (2,5)
Selecta Value TF5 3)	480	Fest	Weich	+	+	○	+	○	⊖	GUT (2,5)
Breckle Northeim TFK 1000 Pur	300	H3	Hart	○	○	○	+	+	⊖	BEFRIED. (2,7)
Musterring Orthomatic Comfort TT 4)	445	Härtegrad H3 - fest	Mittel	○*)	+	○	+	○	○	BEFRIED. (2,7)
XXXLutz Livetastic Taschenfederkernmatratze Superior Dream	179	H3 5)	Mittel	+	+	○	+	+	–*)5)	BEFRIED. (2,7)
Badenia Brinkhaus Rom TTFK	400	H4 - sehr fest	Mittel	○*)	+	○	+	○	○	BEFRIED. (2,8)
Dänisches Bettenlager Paradies Spring 7-Zonen-Taschenfederkernmatratze	400 11)	Liegekomfort: soft	Weich	○*)	+	+	++	+	○	BEFRIED. (2,8)
Poco Titan 6)	300	Liegehärte mittel	Weich	○	○	○	+	○	⊖	BEFRIED. (2,9)
Malie Smaragd	299	H3	Weich	○*)	++	○	+	○	○	BEFRIED. (3,0)
Schlaraffia Highway 220 TFK Comfeel plus 7)	375	H3	Mittel	○	⊖*)	○	++	○	– 8)	BEFRIED. (3,4)
Möbel Höffner Taschenfederkern-Matratze Sensitiv TFK 2600 9)	450 12)	H3	Weich	+	⊖	○	+	–*) 10)	○	AUSREICH. (4,4)

Bewertungsschlüssel der Prüfergebnisse: ++ = Sehr gut (0,5–1,5). + = Gut (1,6–2,5). ○ = Befriedigend (2,6–3,5). ⊖ = Ausreichend (3,6–4,5). – = Mangelhaft (4,6–5,5). **Bei gleichem Qualitätsurteil Reihenfolge nach Alphabet.**
***) Führt zur Abwertung. 1)** Geprüft mit Bezug Jersey mit Elasthan (Dessin 2550). **2)** Matratze verfügt über Fiberglasfedern anstelle von Federn aus Metall. **3)** Geprüft mit Bezug S860. **4)** Geprüft mit Bezug 962. **5)** An zwei von drei Produkten fehlten der Produktname sowie Informationen zur Härte und Matratzenart. **6)** Laut Anbieter Produktinformationen geändert. **7)** Laut Anbieter auch unter den Namen Interstate E TFK Comfeel plus (ca. 235 Euro), Route Z66 TFK Comfeel plus und Crossroad R36 TFK Comfeel plus (je ca. 390 Euro) erhältlich. **8)** Unter anderem stimmt die deklarierte Härte nicht mit dem Prüfergebnis überein, es fehlen ein Hinweis zum Lüften vor der ersten Nutzung und die Angabe der Gesamthöhe der Matratze. **9)** Laut Anbieter Auslaufmodell. **10)** Die Matratze verfügt über keine Griffe. **11)** Von uns bezahlter Einkaufspreis. **12)** Preis laut Anbieter-Website. **Einkauf der Prüfmuster:** März 2020.

Schaumstoffmatratzen

4/2020

Produkt	Mittlerer Preis für 90 x 200 cm ca. (Euro)	Härten der Liegeseiten laut Anbieter	Härten der Liegeseiten (Prüfergebnis)	Liegeeigenschaften 40 %	Haltbarkeit 25 %	Bezug 10 %	Gesundheit und Umwelt 10 %	Handhabung 5 %	Deklaration und Werbung 10 %	test-QUALITÄTSURTEIL 100 %
Lidl Meradiso 7-Zonen-Kaltschaum-Matratze 1)2)	97	H3	Mittel	+ *)	++	○	++	+	⊖	GUT (2,1)
MFO VitaSan 7-Zonen-Kaltschaum-Matratze	247	H3 medium	Hart	+	+	○	++	○	○	GUT (2,1)
Dänisches Bettenlager Paradies Air Exclusive	500 10)	Weichere/Festere Seite 3)	Mittel/Weich	+	+	○	++	+	– *)4)	GUT (2,4)
Badenia Irisette Lotus Duo	199	H2 weich 5)3)/ H3 fest	Mittel/Weich	○ *)	++	○	++	+	○	GUT (2,5)
Beco Ortho Superia Extra 6)	330	Härte 3 mittelfest	Mittel	+ *)	+	○	++	+	++	GUT (2,5)
Malie Sumo	299	H3	Weich	○ *)	+	○	++	+	⊖	BEFRIED. (2,7)
Matratzen Concord Vitalis Bodyscout	199	H2 mittelfest 3)/H3 fest	Mittel/Mittel	○ *)	+	○	+	++	+	BEFRIED. (2,7)
Segmüller Comfort Lux Domino	199	Härtegrad H3 fest	Hart	○ *)	+	○	++	++	+	BEFRIED. (2,7)
Möbel Boss Mega Dream 7)	230	Weichere 3)/ Festere Seite (H2/H3)	Hart/Hart	○ *)	+	○	++	+	⊖	BEFRIED. (2,8)
Breckle Northeim EvoX 23	249	H3	Hart	○ *)	+	○	++	+	○	BEFRIED. (2,9)
Hilding Sweden Essentials Komfortschaum	83	H2 - H3	Weich	○ *)	+	○	+	○	○	BEFRIED. (3,0)
Möbel Höffner Dreamer Express Puro 2 8)	245	H3 Härte 3	Mittel	○ *)	++	○	++	○	○	BEFRIED. (3,0)
Schlaraffia Highway 180 Comfeel plus 9)	299	H3	Hart	○ *)	○	○	++	+	⊖	BEFRIED. (3,2)
Musterring Orthomatic Relax KS	299	Härtegrad H3 fest	Mittel	○	⊖ *)	○	++	++	+	BEFRIED. (3,5)

Bewertungsschlüssel siehe Tabelle S. 190. *) Führt zur Abwertung. 1) Mit weißem, umlaufenden Stoffband („Klimaband") geprüft. **2)** Online-Produkt. Laut Anbieter auch für künftige Aktionen im stationären Handel vorgesehen. **3)** Geprüfte Seite. **4)** Die tatsächliche Höhe und Härte weichen von der Deklaration ab. Unzureichende Textilkennzeichnung, einige Pflegehinweise sind irreführend. **5)** Abstützeigenschaften für große und schwere Personen (H-und E-Typen) wurden auf der festen Seite (H3) geprüft. Laut Anbieter weiche Seite (H2) für Personen bis 80 kg geeignet. **6)** Laut Anbieter auch unter dem Namen Beco Vision Top (ca. 350 Euro) erhältlich. **7)** Laut Anbieter Produktinformationen geändert. **8)** Laut Anbieter auch erhältlich bei Möbel Kraft und Möbel Mahler. **9)** Laut Anbieter auch unter den Namen Schlaraffia Interstate B Comfeel plus, Schlaraffia Crossroad R32 Comfeel plus und Schlaraffia Route Z44 Comfeel plus erhältlich. **10)** Preis laut Anbieter-Website. **Einkauf der Prüfmuster:** September bis November 2019.

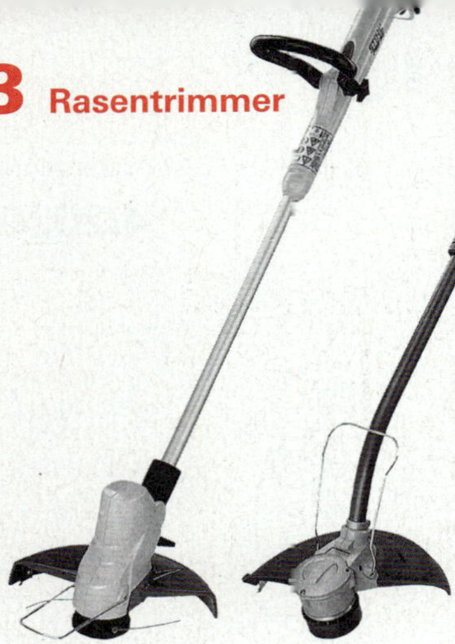

Unser Rat

Fünf Akkugeräte erzielen ein gutes Qualitätsurteil: Am günstigsten sind die Trimmer von **Alko** für 105 Euro und **Makita** für 138 Euro. Die beste Trimmleistung unter den Kabellosen erzielen **Gardena** (295 Euro), **Husqvarna** (279 Euro) sowie **Stihl** (249 Euro, laut Anbieter ein Auslaufmodell). Von den Geräten mit Kabel schneidet nur der **Stihl** (89 Euro) gut ab.

Mit Akku gut abgeschnitten

5/2020 Wer seine Nachbarn gern hat, trimmt seinen Rasen am besten mit einem leisen Akkugerät. Das schont auch die eigenen Nerven.

Neun Akku-Trimmer treten in diesem Test gegen fünf mit Kabel an. Am Ende schneiden fünf Geräte mit Akku gut ab, aber nur eins mit Kabel. Ihre Trimmleistungen – also die Rasenfläche, die sie in einer bestimmten Zeit schaffen – sind oft eindrucksvoll. Auch Wildwuchs ist für sie kein Problem. Andere Geräte im Test aber lassen Blumen ums Überleben zittern, eines provoziert sogar Rückenschmerzen.

Lauter als Elektro-Rasenmäher

Der größte Kontrast zeigt sich beim Arbeitslärm. Einige Kabel-Trimmer sind lauter als Elektro-Rasenmäher. Hinzu kommt, dass die Akustikexperten und Nutzer die Geräusche beim Test oft als besonders unangenehm beurteilten. Drei der fünf Kabel-Modelle erzielen am Ende nur eine ausreichende Geräusch-Note. Der Rasentrimmer von Obi kassiert sogar ein Mangelhaft. Die Akku-Trimmer schneiden in dieser Disziplin tendenziell besser ab: Sie arbeiten meist deutlich leiser und nerven weniger. Der Stihl FSA 56 erreicht hier sogar ein Sehr gut.

Praktisch sind die Akku-Modelle obendrein: kein Kabel stört, sie sind schnell einsatzbereit und die Energiespeicher der Geräte, die wir gekauft haben, lassen sich jeweils auch in andere Garten- und Heimwerkergeräte desselben Herstellers einsetzen. Sparen können die Kunden, wenn sie weitere Gartengeräte des gleichen Systems kaufen und die austauschbaren Akkus im Wechsel für alle nutzen (siehe Test S. 153).

Mit Kabel oder mit Akku?
Akkugeräte bieten den Vorteil, dass sie überall startbereit sind – selbst in der hintersten Gartenecke. Anders bei den Geräten, die ständig an der Steckdose hängen müssen: Am Griff baumelt nur ein kurzes Kabel mit Stecker. Zum Arbeiten ist ein Verlängerungskabel erforderlich, dessen Länge den Aktionsradius begrenzt. Die Kabel-Modelle sind dafür oft relativ billig und leistungsstark.

FOTOS: STIFTUNG WARENTEST / RALPH KAISER

Rasentrimmer mit Kabel 5/2020

Produkt	Mittlerer Preis ca. (Euro)	Trimmen 45 %	Handhabung 30 %	Umwelt und Gesundheit 10 %	Haltbarkeit 10 %	Sicherheit 5 %	test-QUALITÄTSURTEIL 100 %
Stihl FSE 52	89	+	O	O	++	+	GUT (2,3)
Einhell Classic GC-ET 4530 Set	60	+	+	⊖*)	++	+	BEFRIEDIGEND (2,9)
Obi Lux Tools E-RT-550/27 B	50 1)	+	+	⊖*)	++	+	BEFRIEDIGEND (2,9)
Bosch ART 27	80	O	O	O	++	+	BEFRIEDIGEND (3,0)
Hellweg Wingart RTX 450-2	40	+	O	⊖*)	++	O	BEFRIEDIGEND (3,0)

Bewertungsschlüssel der Prüfergebnisse: ++ = Sehr gut (0,5–1,5). + = Gut (1,6–2,5). O = Befriedigend (2,6–3,5). ⊖ = Ausreichend (3,6–4,5). — = Mangelhaft (4,6–5,5). **Bei gleichem Qualitätsurteil Reihenfolge nach Alphabet.**
***) Führt zur Abwertung.**
1) Von uns bezahlter Einkaufspreis. **Einkauf der Prüfmuster:** Juli bis September 2019.

Gute Akkus schaffen 20 Minuten

Voll geladen sensen die Trimmer mit gutem Akku rund 20 Minuten, der sehr gute Gardena-Batteriepack trimmt die größte Fläche. Am unteren Ende der Skala stehen Bosch und Black+Decker mit rund 10 Minuten, Letzterer muss danach mindestens vier Stunden ans Ladegerät.

Erfreulich: Die 36-Volt-Akku-Trimmer von Gardena, Husqvarna und Stihl erzielen besonders hohe Trimmleistungen, ähnlich wie das beste Kabelgerät.

6 000 Meter – ohne Ausfall

Rasentrimmer bestehen aus einem langen Griff, an dessen Ende ein Elektromotor sitzt. Der lässt Kunststofffäden so schnell rotieren, dass sie Grasstängel kappen. Im Haltbarkeitstest erwiesen sich alle Geräte als unverwüstlich: Sie überlebten Strapazen, wie sie beim Schneiden von 6 000 Meter langen Grasstreifen auftreten. Das entspricht Belastungen, die Hobbygärtner erst im Laufe vieler Jahre zuwege bringen.

Blumentod und krummer Rücken

Hohes Ärgerpotenzial offenbarte der Trimmer von Greenworks: Er verfügt über keine Möglichkeit, ihn individuell einzustellen. Kritik eines großgewachsenen Prüfers: „Da kam ich mir etwas primatenhaft vor." Auf Dauer tut das dem Rücken nicht gut.

Kummer bereiten auch versehentlich abgesäbelte Blumen. Viele Trimmer haben einen klappbaren Pflanzenschutzbügel als Abstandhalter. Fehlt er, wie bei Greenworks oder Ryobi, müssen Blumenfreunde bangen. Beim Bosch ART 27 schützt der Bügel unzuverlässig: Er sitzt zu locker und kann verrutschen, sodass die Mähfäden darüber hinausragen und versehentlich wertvolle Blumen kappen. ▶

Rasentrimmer mit Akku **5/2020**

Produkt	Mittlerer Preis inkl. Akku und Ladegerät ca. (Euro)	Trimmen 40 %	Handhabung 25 %	Akku 10 %	Umwelt und Gesundheit 10 %	Haltbarkeit 10 %	Sicherheit 5 %	test-QUALITÄTSURTEIL 100 %
Gardena Power Cut Li-40/30 Set	295	+	○	+	○	++	+	GUT (2,2)
Husqvarna 115iL[1)]	279	+	○	○	+	++	+	GUT (2,2)
Makita DUR181RF	138	+	+	+	○	++	+	GUT (2,2)
Stihl FSA 56[2)]	249	+	○	○	+	++	+	GUT (2,3)
Alko GT 2000	105	+	+	○	○	++	+	GUT (2,5)
Ryobi RLT183225F	138	○	+	○	○	++	+	BEFRIEDIGEND (2,8)
Bosch Universal Grass Cut 18[3)]	170	○	+	⊖*)	○	++	+	BEFRIEDIGEND (3,5)
Greenworks 2101207[4)]	157[5)]	○	⊖*)	+	+	++	○	BEFRIEDIGEND (3,5)
Black+Decker STC1820PC[6)]	127	○	+	⊖*)	○	++	+	AUSREICHEND (4,0)

Bewertungsschlüssel der Prüfergebnisse: ++ = Sehr gut (0,5–1,5). + = Gut (1,6–2,5). ○ = Befriedigend (2,6–3,5). ⊖ = Ausreichend (3,6–4,5). — = Mangelhaft (4,6–5,5). **Bei gleichem Qualitätsurteil Reihenfolge nach Alphabet.**
***) Führt zur Abwertung.**
1) Im Set eingekauft und geprüft mit Akku BLi10 und Ladegerät QC 80. **2)** Im Set eingekauft und geprüft mit Akku AK 10 und Ladegerät AL 101. Laut Anbieter Auslaufmodell. Restbestände sind im Handel erhältlich. **3)** Laut Anbieter inzwischen mit anderem Ladegerät und verändertem Abstandsrad. **4)** Eingekauft haben wir das Gerät im Set mit einer Heckenschere. Geprüft mit separat gekauftem Akku 29807 und Ladegerät 29817. **5)** Von uns bezahlte Einkaufspreise inkl. beigefügter Heckenschere. **6)** Im Set eingekauft und geprüft mit Akku BL2018 und Ladegerät 90590287-06 SSC-250040EU.
Einkauf der Prüfmuster: Juli bis September 2019.

Mit der Zeit spleißen Mähfäden oder brechen ab. Nutzer sollten möglichst selten an Steinkanten mähen, um die Fäden nicht zu sehr zu strapazieren. Nachschub liefert eine Spule. Die meisten Trimmer führen den Faden nur bei Bedarf nach: automatisch, auf Knopfdruck oder indem das Gerät auf den Untergrund getippt wird. Einige Modelle liefern Faden bei jedem Start nach, auch nach kürzesten Pausen und wenn der alte Faden noch intakt ist. Der so unnötig verstreute Plastikmüll ist zwar kein großes Umweltproblem, aber unschön.

Die Mähfäden schleudern oft auch Sand durch die Gegend. Die Tester raten daher zur Vorsichtsmaßnahmen: keine Zuschauer in der Nähe, lange Hose und eine Schutzbrille, die Augen auch seitlich schützt. ■

Reparieren soll einfacher werden
Ab März 2021 müssen Ersatzteile für Waschmaschinen, Trockner, Geschirrspüler, Kühlschränke und Fernseher in der EU noch mindestens sieben bis zehn Jahre lang verfügbar bleiben, nachdem das letzte Exemplar eines Modells in Verkehr gebracht wurde. Sie müssen innerhalb von 15 Arbeitstagen nach Bestellungseingang beim Kunden oder in der Werkstatt eintreffen und sich mit allgemein verfügbaren Werkzeugen wechseln lassen.

Kaputt heißt oft: Das wars

4/2020 Mehr als die Hälfte der Teilnehmer an unserer Umfrage scheiterte beim Versuch, ein defektes Haushalts- oder Elektrogerät zu reparieren.

Im Herbst 2019 baten wir unsere Leserinnen und Leser, uns ihre Erfahrungen mit Haushalts- und Multimediageräten zu schildern: Was ging wie schnell kaputt? Haben Sie eine Reparatur versucht? Wenn nein, warum nicht? Wenn ja, hat es geklappt – oder woran ist die Reparatur gescheitert?

Viele Geräte funktionieren problemlos

Über 10 000 Menschen nahmen teil und machten Angaben zu mehr als 90 000 Geräten. Erfreulich: Fast 80 Prozent der Modelle, die in der Umfrage genannt wurden, funktionierten einwandfrei – darunter Neuanschaffungen ebenso wie alte Schätzchen.

Nicht mal jede zweite Reparatur glückt

Aber: Etwa jedes fünfte der in der Umfrage genannten Geräte war schon mindestens einmal kaputtgegangen. Und dann kam oft Ärger auf. Bei fast drei Vierteln der Defekte versuchten die Befragten, das Gerät reparieren zu lassen oder selbst zu reparieren. Doch weniger als die Hälfte der Reparaturversuche glückte.

ILLUSTRATION: SHUTTERSTOCK

Mal liefen die defekten Geräte auch nach der Reparatur nicht wieder einwandfrei oder blieben ein Fall für den Schrott, mal scheuten ihre Besitzer die Kosten.

Schneller kaputt als erwartet

Die uns als defekt mitgeteilten Handys gingen im Mittel schon nach einem Jahr Nutzung kaputt. Kühl- und Gefrierschränke, Waschmaschinen und Geschirrspüler ereilte dieses Schicksal erst nach fünf Jahren.

Auch Defekte machen Fortschritte

Mit der Bauweise vieler Geräte ändern sich auch die Schäden. Bei Waschmaschinen und Trocknern nannten die Befragten am häufigsten nicht etwa kaputte Trommeln oder Pumpen, sondern Defekte an der elektronischen Steuerung. Und bei Fernsehern sind Probleme nach einem Update mittlerweile der dritthäufigste Fehler. Besonders ärgerlich: Bei etlichen Geräten schwächelte der Akku – ein Bauteil, das sich früher oft einfach selbst wechseln ließ, heute dagegen kaum noch. ■

3 Reparierbarkeit von Geräten

Reparieren mit Erfolg – oder Misserfolg

Umfrageteilnehmer berichteten häufig von erfolgreich reparierten Trocknern. Ihre defekten Drucker dagegen ließen sich nur selten wieder flottmachen.

„Hatte die Reparatur Erfolg?“

Gerät	Ja	Nein	Antworten gesamt
Trockner	64 %	36 %	146
Waschmaschinen	58 %	42 %	403
Kaffeemaschinen	55 %	45 %	344
Geschirrspüler	54 %	46 %	352
Notebooks	46 %	54 %	294
Mobiltelefone	44 %	56 %	413
Staubsauger	44 %	56 %	149
Kühl-/Gefrierschränke	41 %	59 %	176
Fotokameras	40 %	60 %	136
Fernseher	31 %	69 %	250
Navis	31 %	69 %	109
Tablets	31 %	69 %	115
Drucker	21 %	79 %	463

Quelle: Onlineumfrage der Stiftung Warentest, 24. Oktober bis 18. November 2019.

ILLUSTRATIONEN: SHUTTERSTOCK; STIFTUNG WARENTEST / RENÉ REICHELT

Schwachstelle Akku

Ein defekter Akku war das am häufigsten genannte Problem bei Handys, Notebooks und Tablets. Damit schwächelte ausgerechnet jenes Bauteil, das Hersteller immer öfter fest verbauen – womit sie eine Reparatur erschweren.

Anteil der Akkuschäden bei den defekten Geräten*

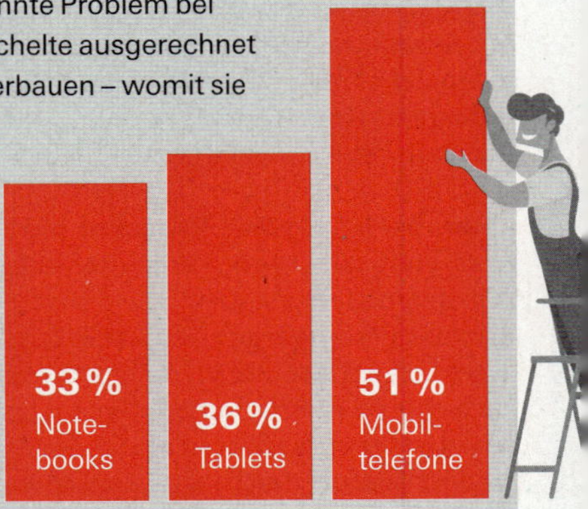

* In unserer Umfrage. Gesamtzahl der Antworten für Handys 641, für Tablets 160, für Notebooks 374. Die Nennung mehrerer Defekte an demselben Gerät war möglich.

Quelle: Onlineumfrage der Stiftung Warentest, 24. Oktober bis 18. November 2019.

Unser Rat

Wer einen wirklich guten Putzroboter sucht, sollte auf optimierte Nachfolgemodelle hoffen. Von den reinen Wischrobotern in diesem Vergleichstest können wir keinen uneingeschränkt empfehlen. Von den Kombiprodukten, die sowohl saugen als auch wischen können, überzeugt am ehesten der befriedigende **Ecovacs Deebot Ozmo** 930 für 380 Euro.

Manchmal etwas schlampig

1/2020 Moderne Heinzelmännchen wirbeln als Wischmop durch die Wohnung. Doch die meisten Roboter putzen nur mäßig.

Wasser Marsch: Alle Putzroboter in unserem Test haben einen Tank, damit sie mit feuchten Wischtüchern über den Boden wuseln können. Zwei arbeiten als reine Wischroboter. Fünf sind Kombigeräte, die auch saugen. Kein Modell erzielt das test-Qualitätsurteil Gut. Vor allem die Kombigeräte reinigen recht bescheiden. Zu oft bleibt nach dem Saugen Staub liegen oder sind nach dem Wischen Flecken sichtbar.

Mit Ansaugmund und Wischtuch

Wie die Putzhelfer funktionieren, zeigt sich, wenn sie auf dem Rücken liegen. Mit Rädern zum Manövrieren, Seitenbürsten und Ansaugmund ähneln die Kombigeräte herkömmlichen Saugrobotern – bis auf das an ihrem Hinterteil montierte halbrunde Wischtuch. Die beiden reinen Wischroboter sind simpler aufgebaut. Beim Moneual rotieren zwei runde Wischmopps, die nicht nur putzen, sondern mit deren Hilfe er auch hin- und hersteuert. Der iRobot rollt auf zwei Rädern und bewegt ein rechteckiges Wischtuch über den Boden.

Im Labor sollten die Testkandidaten verschiedenartige Flecken entfernen: Kaffee, Fettiges und Senf. Nach ein- und mehrmaligem Drüberwischen zeigten sich große Unterschiede. Kaffeeflecken entfernten die meisten Roboter gut, Fettschmutz mitunter etwas schlechter. Angetrockneter Senf erwies sich als ihre größte Herausforderung.

Zum Vergleich haben wir auf der Teststrecke mit einem Bodenwischer mit Stiel ge- ▶

Tipps zum Wischen

Sand und Fussel lassen sich nur mühsam wegwischen. Daher vorher besser erst mal saugen. Um hartnäckige Flecken zu entfernen, hilft es oft, zunächst für einige Minuten ein feuchtes Tuch darüber zu legen, um sie einzuweichen. Sollen Lücken, Ränder und Scheuerleisten optimal sauber werden, greifen Sie im Zweifel besser selbst zum Tuch: Roboter stoßen hier an ihre Grenzen.

FOTO: STIFTUNG WARENTEST / THOMAS VOSSBECK

Saug- und Wischroboter 1/2020

Produkt	Mittlerer Preis ca. (Euro)	Saugen	Wischen	Navigation	Handhabung	Umwelteigenschaften	Sicherheit	Datensendeverhalten der Apps[1]	test-QUALITÄTSURTEIL
		20 %	20 %	30 %	15 %	15 %	0 %	0 %	100 %
Kombigeräte (Saug- und Wischroboter)									
Ecovacs Deebot Ozmo 930	380	○	○*)	+	○	+	++	**Kritisch**	**BEFRIED. (3,1)**
Xiaomi Roborock S6[2]	515	○	○	+	+	+	⊖*)[3]	**Kritisch**	**BEFRIED. (3,5)**
Zaco A9s	440	○	⊖*)	○	○	○	++	**Kritisch**	**AUSREICH. (3,9)**
Medion MD 18501	179	⊖	⊖*)	+	○	○	++	Entfällt	**AUSREICH. (4,1)**
Proscenic 790T	279[4]	⊖*)	⊖	○	○	○	++	**Kritisch**	**AUSREICH. (4,2)**
Wischroboter									
		0 %	40 %	30 %	15 %	15 %	0 %	0 %	
iRobot Braava jet m6	665	Entfällt	+	+	+	++	⊖*)[3]	**Kritisch**	**BEFRIED. (3,5)**
Moneual Everybot RS700	197	Entfällt	+	○	⊖*)	○	○	Entfällt	**BEFRIED. (3,5)**

Bewertungsschlüssel der Prüfergebnisse: ++ = Sehr gut (0,5–1,5). + = Gut (1,6–2,5). ○ = Befriedigend (2,6–3,5). ⊖ = Ausreichend (3,6–4,5). — = Mangelhaft (4,6–5,5).
Bei gleichem Qualitätsurteil Reihenfolge nach Alphabet. *) Führt zur Abwertung.
Datensendeverhalten: unkritisch, kritisch, sehr kritisch.
1) Bezieht sich auf die im Datenstrom identifizierten Daten.
2) Laut Anbieter Ladestation verändert.
3) Ein Kabel mit 230-Volt-Netzspannung innerhalb der Ladestation ist nicht doppelt oder verstärkt isoliert und erfüllt damit nicht die Anforderungen der Din EN 60335-1. Es besteht eine – wenn auch geringe – Gefahr eines Stromschlags.
4) Von uns bezahlter Einkaufspreis. **Einkauf der Prüfmuster:** Juni bis August 2019.

arbeitet. Mit einem Gewicht von rund 4 Kilogramm, gleichmäßig auf den Boden gepresst, reinigte der klassische Wischer ähnlich gut wie die Wischroboter und deutlich besser als die Kombigeräte.

Kleiner Tank statt großer Eimer

Im Vergleich zum klassischen Mopp mit Eimer müssen die Roboter mit wenig Wasser auskommen. In ihre Tanks passt nicht mal ein halber Liter. Weil sie nicht wirklich nass, sondern eher leicht feucht wischen, reicht das mitunter für mehr als 30 Quadratmeter. Am wenigsten schaffte der Moneual. Seine Mini-Tanks waren nach 10 Minuten fast leer. Weil es ärgerlich ist, diesen Roboter relativ oft per Hand nachtanken zu müssen, lautet die Handhabungsnote nur ausreichend.

Die Roboter punkten damit, dass sie rund um die Uhr einsatzbereit sind. Zudem fahren sie unter niedrige Möbel. Ein Problem sind schmale Lücken: Um durchfahren zu können, braucht der iRobot mindestens 28 Zentimeter, der Moneual sogar 40. Für enge Bereiche, etwa zwischen Möbeln, ist also doch wieder Handarbeit erforderlich. ■

Unser Rat

Sechs Roboter saugen akzeptabel auf Hart- und Teppichboden. Nur der testsieger von **Bosch** (800 Euro) säubert Hartboden gut und Teppich gar sehr gut. Insgesamt auch gut: **iRobot** (500 Euro) und **Neato** (420 Euro). Sie reinigen Hartboden solide. Gut im Reinigen von Teppich sind neben dem Bosch die Befriedigenden von **Dyson** (1000 Euro) und **AEG** (700 Euro).

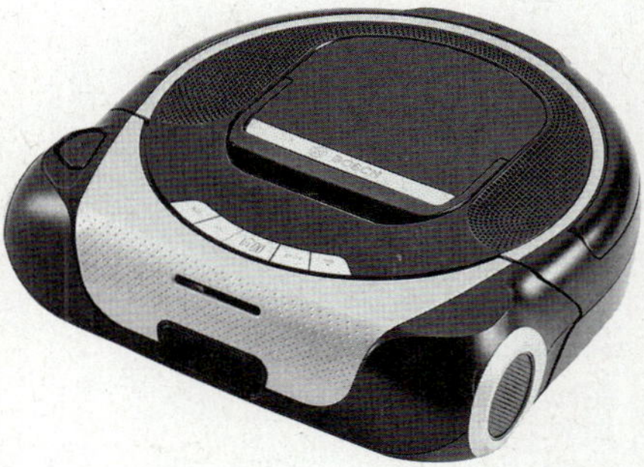

Das große Krabbeln

12/2020 Mit zwölf Modellen wuselten im Test so viele Saugroboter wie nie zuvor. Gründlich saugen nur teure.

Im Test traten zwölf Saugroboter für 157 bis 1000 Euro an. Sie mussten unter anderem auf Teppich- und Hartboden verschiedensten Schmutz schlucken, zeigen, ob sie gründlich in Ecken und an Kanten kehren und wie gekonnt sie Hindernisse umkurven. Wir prüften auch, wie sehr sie den Menschen einspannen, etwa zum Bedienen oder Reinigen der Roboter.

Das Ergebnis: Allzu gründlich, unauffällig und selbstständig arbeiten viele Roboter nicht. Vor allem die preiswerten Modelle schwächelten entweder auf Hart- oder Teppichboden. Noch der beste Günstige ist Eufy, der Staub aber nur dürftig saugte. Schlusslicht und ausreichend ist der Blaupunkt-Roboter. Aus dessen Apps konnten wir Passwörter und Nutzernamen abgreifen.

Gründlichkeit ist eine Preisfrage

Mehr Verlass war auf die teuren Modelle: Als einziger Saugroboter in unserem Test erzielte Boschs Roxxter Serie 6 für 800 Euro insgesamt sowohl ein gutes Urteil auf Hartboden als auch ein sehr gutes auf Teppich. Er holte den Testsieg. Auf Hartboden lieferte der gute iRobot Roomba i7158 das beste Ergebnis. Auf diesem Terrain überzeugte auch der gute Neato. Die befriedigenden AEG und Dyson punkteten immerhin auf Teppich.

Ein Manko haben fast alle Roboter, die im Test gut saugten: Mit Ausnahme des geprüften iRobot sind sie auf Hartboden laut. Immerhin erledigen diese Modelle ihren Job recht systematisch und flott. Einige ▶

Langes Leben, teuer bezahlt
Wir haben die Anbieter zu Kosten von Verbrauchsteilen wie Bürsten und Filtern befragt. Befolgt man ihre Wechselempfehlungen, kommen beim Testsieger Bosch 78 bis 115 Euro im Jahr zusammen, beim iRobot 130 Euro. Nur der Dyson kommt nach Angaben des Unternehmens ohne neue Teile aus – Filter und Co müssen aber gereinigt werden. Eufy, Moneual, Proscenic, Zaco antworteten uns nicht.

FOTO: INES ESCHERICH

Saugroboter

12/2020

Produkt	Mittlerer Preis ca. (Euro)	Hartboden saugen	Teppichboden saugen	Härtetest mit Haaren	Navigation	Handhabung	Umwelteigenschaften	Datensendeverhalten der Apps[1]	test-QUALITÄTSURTEIL
		30 %	10 %	5 %	25 %	15 %	15 %	0 %	100 %
Bosch Roxxter Serie 6	800[2]	+	++	○	+	○	○	**Kritisch**	**GUT (2,3)**
iRobot Roomba i7158	500	+	○	○	+	+	+	**Kritisch**	**GUT (2,4)**
Neato Botvac Connected D7	420	+	○	+	+	○	○	**Kritisch**	**GUT (2,5)**
Dyson 360 Heurist	1000[2]	○	+	+	+	○	⊖	**Kritisch**	**BEFRIED. (2,6)**
Eufy RoboVac 30C	270	○	○	○	+	○	+	**Kritisch**	**BEFRIED. (2,8)**
AEG RX9.2	700	○	+	○	+	○	○	**Kritisch**	**BEFRIED. (2,9)**
Vileda VR 201 PetPro	249	○	⊖[*]	⊖	+	○	+	Entfällt	**BEFRIED. (3,3)**
Medion MD 18861	315	⊖[*]	○	○	○	○	+	**Kritisch**	**BEFRIED. (3,5)**
Proscenic 820P	157[2]	○	⊖[*]	⊖	○	○	+	**Kritisch**	**BEFRIED. (3,5)**
Zaco A6	208[2]	○	⊖[*]	⊖	+	○	○	Entfällt	**BEFRIED. (3,5)**
Moneual Mbot 900	300[2]	⊖[*]	○	○	+	○	○	**Kritisch**	**AUSREICH. (3,6)**
Blaupunkt Bluebot XEasy Robotic	200	○	⊖	○	○	○	○	**Sehr kritisch[*]**	**AUSREICH. (3,9)**

Bewertungsschlüssel der Prüfergebnisse: ++ = Sehr gut (0,5–1,5). + = Gut (1,6–2,5). ○ = Befriedigend (2,6–3,5). ⊖ = Ausreichend (3,6–4,5). — = Mangelhaft (4,6–5,5). **Bei gleichem Qualitätsurteil Reihenfolge nach Alphabet.**
***) Führt zur Abwertung. Datensendeverhalten:** unkritisch, kritisch, sehr kritisch. **1)** Das Urteil bezieht sich auf die im Datenstrom identifizierten Daten. **2)** Von uns bezahlter Einkaufspreis. **Einkauf der Prüfmuster:** Juni und Juli 2020.

preiswertere Roboter waren zwar leiser, kurvten bei der Reinigung des Testraums aber viel länger umher.

Roboter brauchen ihre Menschen

Damit sie ihren Job gründlich machen können, sind die Roboter auf menschliche Hilfe angewiesen. Spielzeug und Klamotten müssen aus dem Weg geräumt, Verhedder-Fallen wie Handyladekabel beseitigt werden. Aber auch während der Reinigungstour rief mancher Roboter um Hilfe: Im Härtetest mit Haaren etwa verlangten etliche Modelle, von Haaren befreit zu werden, oder monierten die volle Staubbox. Da alle Modelle Schmutz in einem Behälter sammeln, aus dem beim Ausleeren Staub wirbelt, ist das Entleeren bei keinem wirklich hygienisch. Das nervt, denn die kleinen Behälter sind oft schon nach wenigen Einsätzen voll. ■

Unser Rat

Fissler Vitavit Premium für 240 Euro und **WMF Perfect Premium** für 225 Euro punkten mit fest einstellbaren Garstufen und einer Druckanzeige mit Ringen. Wer auf fixierte Garstufen verzichtet und den Druck im Topf nur per Herdplatte regelt, erhält gute Töpfe zum geringeren Preis: den **Fissler Vitaquick** für 190 Euro und den **WMF Perfect** für 165 Euro.

Ein Topf-an-Topf-Rennen

1/2020 Mit Dampf und Druck zu kochen ist gesund, geht zügig und spart Energie. Die meisten Schnellkochtöpfe machen das gut.

Ein tolles Ding ist so ein Schnellkochtopf: Er spart Kochzeit und damit Energie, lebenswichtige Nährstoffe erhält er besser als ein herkömmlicher Topf. Viele Menschen haben aber Respekt vor der Technik. Tatsächlich ist es wichtig, dass Druckventile und Sicherungen verhindern, dass der heiße Dampf aus dem Topf vorzeitig austritt und jemanden gefährden kann.

Neun von zehn waren sicher

Zehn Modelle von sieben Anbietern mussten sich im Test bewähren. Fast alle waren sicher, selbst bei falscher Bedienung. Mit einer Ausnahme: Der GSW System Classic ließ sich unter Druck öffnen. Das bewerten wir mit Mangelhaft und raten vom Kauf ab.

Unter den anderen Prüflingen fand ein Topf-an-Topf-Rennen statt. Gut garen können viele, die Spitzenmodelle heben sich vor allem in der Handhabung ab. Besonders ein Merkmal macht den Unterschied: eine Druckanzeige mit Ringen. Die bringen nur die sechs guten Töpfe mit, die deutlich teurer sind als fast alle ihre Konkurrenten.

Ganz vorn liegen die mit 240 und 225 Euro teuersten Töpfe Fissler Vitavit Premium und WMF Perfect Premium. Günstigster Guter ist der Silit Sicomatic für 148 Euro, der einzige emaillierte Topf im Test. Sie alle verfügen über einen Regler, um Garstufen fest einzustellen – eine für empfindliche Speisen, eine für alles andere. Der Tefal Nutricook hat vier Stufen. Fissler Vitaquick, WMF Perfect und Kuhn Rikon haben keine fes- ▶

Vitamine und Mineralstoffe
Wasserlösliche Vitamine lösen sich beim Kochen in Wasser und verschwinden so aus dem Essen. Dazu gehören etwa Vitamin C und B1 bis B12. Kalium, Phosphor und andere Mineralien sind ebenfalls wasserlöslich. Je kürzer die Kochzeit und je weniger Luft und flüssiges Wasser im Topf, desto geringer die Verluste – klarer Vorteil für den Schnellkochtopf gegenüber üblichen Töpfen.

FOTO: MANUEL KRUG

Schnellkochtöpfe 1/2020

Produkt	Mittlerer Preis inklusive gelochtem Einsatz ca. (Euro)	Preis für Ersatz-Dichtungsring ca. (Euro)	Garen 20 %	Handhabung 45 %	Sicherheit 15 %	Stabilität und Haltbarkeit 10 %	Energieverbrauch 10 %	test-QUALITÄTSURTEIL 100 %
Fissler Vitavit Premium	240	25,00	+	+	+	+	+	GUT (1,9)
WMF Perfect Premium1)	225	18,00	+	+	+	++	+	GUT (2,0)
Fissler Vitaquick2)	190	25,00	+	+	+	+	+	GUT (2,1)
WMF Perfect1)	165	18,00	+	+	+	++	+	GUT (2,1)
Kuhn Rikon Duromatic Inox Seitengriff3)4)	207	16,50	+	○	+	++	+	GUT (2,3)
Silit Sicomatic t-plus5)6)	148	18,00	○*)	+	++	+	○	GUT (2,3)
Tefal Nutricook7)	180	12,80	○	○	+	+	○	BEFRIED. (2,6)
Tefal Secure 5 Neo	80	12,80	+	○	+	+	○	BEFRIED. (2,6)
Elo Praktika Plus XL	50	8,00	○	○	○	+	○	BEFRIED. (2,9)
GSW System Classic	60	7,00	○	○	—*)8)	+	○	MANGELH. (5,0)

Bewertungsschlüssel der Prüfergebnisse: ++ = Sehr gut (0,5–1,5). + = Gut (1,6–2,5). ○ = Befriedigend (2,6–3,5). ⊖ = Ausreichend (3,6–4,5). — = Mangelhaft (4,6–5,5). **Bei gleichem Qualitätsurteil Reihenfolge nach Alphabet.**

***) Führt zur Abwertung.**

1) Gelochter Einsatz nicht im Lieferumfang. Geprüft mit Einsatz-Set 2-teilig, 22 cm, Art.-Nr. 07.8942.6030 (ca. 25 Euro).
2) Gelochter Einsatz nicht im Lieferumfang. Geprüft mit Einsatz, 22 cm, Art.-Nr. 610-300-00-800/0 (ca. 30 Euro). **3)** Laut Anbieter seit Dezember 2019 veränderter Topfboden (Kapselboden). **4)** Kein mit den anderen Modellen vergleichbarer gelochter Einsatz im Lieferumfang. Geprüft mit Duromatic Dämpfeinsatz, 22 cm, Art.-Nr. 2034 (ca. 27,90 Euro). Laut Anbieter nicht mehr im Angebot. **5)** Topf aus emailliertem Stahl. In verschiedenen Farben erhältlich. **6)** Gelochter Einsatz nicht im Lieferumfang. Geprüft mit Einsatz, 22 cm, Art.-Nr. 21.2120.8167 (ca. 18 Euro). **7)** Timer zum Einstellen der Garzeit im Lieferumfang. **8)** Hält die für Schnellkochtöpfe geltende Norm nicht ein: Ließ sich bei zu hohem Innendruck öffnen.

Einkauf der Prüfmuster: Mai bis Juli 2019.

ten Stufen; Koch oder Köchin regeln ihren Druck allein mit dem Herd über die Druckanzeige. Bei den Töpfen ohne solche Anzeige fällt zu hoher Druck erst auf, wenn es zischt, weil übers Ventil Dampf austritt. Das verschwendet Energie und senkt die Wassermenge im Topf. Ohne Wasser kann etwas anbrennen oder gar der Topf Schaden nehmen.

Unterschiede beim Reinigen

Der Vorteil des Druckdeckels beim Kochen ist ein Nachteil beim Saubermachen. Neben dem Deckel müssen auch der Dichtungsring und das Ventil zum Druckregeln gespült werden. Der Deckel darf nur bei WMF Perfect und Fissler in die Spülmaschine. Deren Griffe lassen sich zum Reinigen entfernen.

Ab und zu ein neuer Dichtungsring

Alle Töpfe im Test erwiesen sich als stabil und haltbar. Die Anbieter garantieren Ersatzteile meist für 10 Jahre, Kuhn Rikon sogar 15 Jahre, Elo 5 Jahre. Vor allem ein neuer Dichtungsring wird je nach Gebrauchsanleitung fällig, spätestens wenn er Verschleiß zeigt. Er kostet zwischen 7 und 25 Euro. ■

Unser Rat

Drei Gute stehen zur Wahl: Der **Dyson V11 Absolute** für 515 Euro saugt insgesamt am besten, ist aber auf Hartboden sehr laut. Der **Vorwerk Kobold VB100** für 825 Euro saugt insgesamt gut, hinkt aber auf Teppich und Hartboden etwas hinterher. Der **Bosch BBH7SIL Athlet** für 500 Euro überzeugt vor allem bei der Faseraufnahme.

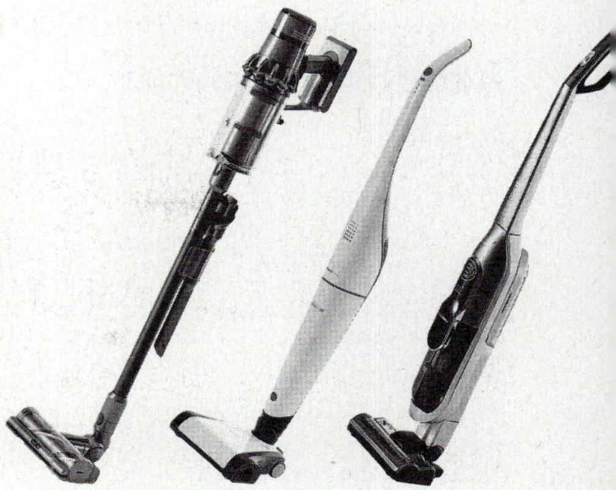

Abstauber mit Akku

8/2020 Erstmals schneiden kabellose Sauger im Test gut ab – und dann gleich drei auf einmal. Manche altbekannte Schwäche ist geblieben.

Wer einmal auf einen Akkusauger umgestiegen ist, will die kleine Extra-Freiheit beim Hausputz oft nicht mehr missen: einfach den Sauger von der Wand nehmen und wegsaugen, was gerade stört.

Diesmal konnten unsere Prüfer gleich drei „Stielsaugern", wie sie im Elektrofachhandel auch heißen, die Gesamtnote Gut geben: Modelle von Dyson, Vorwerk und Bosch. In voherigen Tests war kein Gerät besser als befriedigend. Wir sahen aber auch in diesem Test wieder viel Mittelmaß. Und viele altbekannte Schwächen sind immer noch nicht verschwunden.

Saugen mit Stärken und Schwächen

Dyson lieferte insgesamt die beste Saugleistung ab, überzeugte vor allem in der Paradedisziplin Teppichboden. Nur in Ecken und Kanten ließ er Schmutz liegen. Der Bosch nimmt es besonders gut mit Fasern auf, Hartboden ist dagegen nicht sein Element. Der Vorwerk glänzt bei grobem Schmutz und holt alles aus Ritzen heraus, schlägt sich auf der Fläche aber nur mittelmäßig.

Einer will immer gedrückt werden

Fast alle Sauger lassen sich per Knopfdruck oder Regler ein- und wieder ausschalten. Nur beim Dyson muss der Einschaltknopf unten am Griff ständig gedrückt bleiben.

Die Sauger von AEG, Bosch und Vorwerk können frei im Raum stehen, da sich Staubbox und Motor – und damit ihr Schwerpunkt – am Fußende befinden. Beim Miele lässt sich der Motor je nach Bedarf am ▶

Staubboxen: Ärgernis für Allergiker
Bis auf den Vorwerk sammeln alle Modelle den Schmutz in einer Staubbox. Beim Ausleeren öffnet sich vorn oder unten eine Klappe, und der Dreck plumpst heraus. Dabei wirbelt Staub auf. Vor allem Allergiker dürften hier leiden. Um die Staubbelastung zu reduzieren, sollten Sie die Staubbox, wenn möglich, gleich draußen in die Mülltonne entleeren – und dabei auf die Windrichtung achten.

FOTOS: INES ESCHERICH

Akku-Staubsauger 8/2020

Produkt	Mittlerer Preis ca. (Euro)	Saugen 40 %	Akku 5 %	Handhabung 30 %	Umwelteigenschaften 15 %	Haltbarkeit 10 %	Sicherheit 0 %	Schadstoffe 0 %	test-QUALITÄTSURTEIL 100 %
Dyson V11 Absolute	515	+	○	○	○	+	+	++	GUT (2,4)
Vorwerk Kobold VB100	825	+	○	+	○	++	+	++	GUT (2,4)
Bosch BBH7SIL Athlet	500	+	○	○	○	++	+	++	GUT (2,5)
Rowenta RH9574 Air Force Flex 760	500	○*)	○	○	○	++	+	+	BEFRIED. (2,8)
Miele Triflex HX1 Comfort SMLLO	620	○*)	+	○	○	++	+	++	BEFRIED. (2,9)
Dirt Devil DD788-1 Blade 2 Max	249 1)	○	⊖	○	⊖*)	++	+	++	BEFRIED. (3,3)
Thomas Quickstick Turbo Plus	200	⊖*)	⊖	+	⊖	++	+	++	AUSREICH. (3,9)
Grundig VCP 4830	200	⊖*)	○	+	○	++	+	++	AUSREICH. (4,0)
Philips XC8045/01 SpeedPro Max	390	⊖	+	+	–*)	++	+	○	AUSREICH. (4,4)
AEG QX8-1-45CR	230	⊖*)	○	○	⊖	++	+	++	AUSREICH. (4,5)

Bewertungsschlüssel der Prüfergebnisse: ++ = Sehr gut (0,5–1,5). + = Gut (1,6–2,5). ○ = Befriedigend (2,6–3,5). ⊖ = Ausreichend (3,6–4,5). – = Mangelhaft (4,6–5,5). **Bei gleichem Qualitätsurteil Reihenfolge nach Alphabet.**
***) Führt zur Abwertung.**
1) Von uns bezahlter Einkaufspreis. **Einkauf der Prüfmuster:** Dezember 2019 und Januar 2020.

Griff oder am Fuß platzieren. Alle anderen müssen in Saugpausen hingelegt oder angelehnt werden, sonst kippen sie um.

Halbe Stunde in Hochform

Der Philips hielt bei voller Pulle auf Teppich ungefähr eine halbe Stunde durch, der Thomas nur rund sieben Minuten. In den meisten Geräten sind die Akkus nach etwa einer Viertelstunde leer – auch die der drei guten. Mit reduzierter Saugstärke laufen sie aber deutlich länger. Zum Aufladen benötigt die Mehrheit der Sauger etwa zweieinhalb bis drei Stunden, der Vorwerk nur zwei. Nur der Bosch gönnt sich fast sechs Stunden.

Nicht schwer, aber auch nicht leise

Die Sauger wiegen zwischen zweieinhalb und gut vier Kilogramm, Rowenta ist der schwerste. Bei den meisten Modellen lässt sich für den Einsatz auf Möbeln oder an der Zimmerdecke zudem ein Kleinsauger ausklinken, außer bei Bosch und Vorwerk.

Alle Akkusauger im Test – auch die guten – arbeiten unangenehm laut. Dirt Devil, Philips und Thomas lärmten auf Teppichboden sogar mit einem Schallleistungspegel von mehr als 80 Dezibel. Nur wenige andere von uns getestete Haushalts- und Gartengeräte arbeiten noch lauter – etwa manche Standmixer oder Rasentrimmer. ■

Unser Rat

Ob Tierhaare, heimeliger Teppich oder coole Kacheln: Testsieger **Vorwerk Kobold VT300** mit Beutel meistert mit Elektrobürste alle Herausforderungen, ist aber mit 920 Euro sehr teuer – und laut. Leiser, günstiger und auch ohne Elektrobürste gut gegen Tierhaare: der beutellose **Bosch** für 330 Euro. Preis-Leistungs-Sieger: der ebenfalls leise **AEG** mit Beutel für 141 Euro.

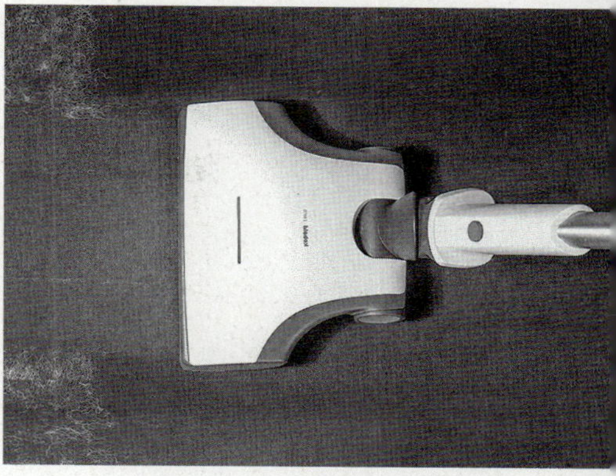

FOTO: MARTIN JEHNICHEN

Düse im Sauseschritt

2/2020 Acht Modelle saugen gut: sechs mit Beutel, zwei mit Staubbox. Von drei Geräten mit Elektrobürste überzeugt nur eins.

Viele Hunde haben Angst vorm Staubsauger. Umgekehrt machen es die Vierbeiner den Saugern auch nicht leicht. Büschelgroße Fellknäuel, widerborstige Haare oder arglistiger Flaum im Teppichboden sind für die Geräte eine Herausforderung. Bei diesem Test schafften es jedoch einige Kandidaten, festsitzendes Testtierhaar wirkungsvoll aus dem Flor herauszuholen.

Gut gesaugt ab 139 Euro

Wir haben 13 Bodenstaubsauger geprüft. Acht davon sammeln den Staub im klassischen Beutel, die anderen fünf in einer dauerhaft nutzbaren Staubbox. Acht Modelle saugen insgesamt gut, darunter sechs Beutelsauger und zwei mit Box. Gute Geräte gibt es schon ab 139 Euro. Vorwerk holt mit Beutel den Gesamtsieg, der Kobold ist allerdings mit 920 Euro auch der teuerste im Test. Der im Saugen beste Beutellose kommt von Bosch und kostet 330 Euro. Beide kommen mit Tierhaaren gut zurecht.

Tierhaare sind besonders tückisch, weil sie sich so im Teppichflor verhaken, dass der Luftstrom des Staubsaugers sie oft nicht erfasst. Am schlimmsten sind Trampelpfade in Haus und Wohnung, auf denen die Füße der Familienmitglieder die feinen Härchen in die Auslegeware einwalken.

Box ist unhygienischer als Beutel

Grundsätzlich steht beim Kauf die Frage an: Box oder Beutel? Das Entleeren der Staubbox ist unhygienischer als das Entneh- ▶

Elektrobürsten: Mit Motor im Kopf
Elektrobürsten, auch aktive Bürsten genannt, sollen vor allem Teppiche gründlicher saugen als Standarddüsen. Eine längliche, oft gewundene Bürste dreht sich beim Saugen mit. Den Antrieb liefert ein Motor, der den Saugkopf groß und schwer macht. Durch die rotierende Bürste fällt das Saugen mit Elektrobürste oft trotzdem leichter als mit dem Standardkopf traditioneller Bodensauger.

Bodenstaubsauger 2/2020

Produkte	Mittlerer Preis ca. (Euro)	Saugen	Handhabung	Umwelteigenschaften	Haltbarkeit	Schadstoffe	Sicherheit	test-QUALITÄTSURTEIL
		45 %	30 %	15 %	10 %	0 %	0 %	100 %
Bodenstaubsauger mit Beutel								
Vorwerk Kobold VT300 mit Elektrobürste EB 400	920[1)]	+	+	○	++	++	○	GUT (2,0)
AEG VX7-2-IW-S	141	+	○	+	++	++	+	GUT (2,1)
Siemens VSC7AC342 iQ700	250	+	+	+	++	+	++	GUT (2,1)
Philips FC8782/09 Performer Silent	216[1)]	+	+	+	++	++	++	GUT (2,2)
Severin BC 7049 S 'Power zebs	150	+	○	+	++	+	+	GUT (2,2)
Rowenta RO6821EA X-Trem Power	139[1)]	+	○	○	++	++	+	GUT (2,5)
Sebo Airbelt D4 Premium 890 RD[2)]	455	○[*)]	+	○	++	++	+	BEFRIED. (2,9)
Hoover TX62ALG 011	179[1)]	⊖[*)]	+	++	+	++	+	AUSREICH. (3,7)
Sebo Airbelt D4 Premium 890 RD mit Elektrobürste ET1[2)]	455	⊖[*)]	○	○	++	++	+	AUSREICH. (4,0)
Bodenstaubsauger ohne Beutel								
Bosch BGS5FMLY2 Relaxx'x	330[1)]	+	○	+	++	++	++	GUT (2,2)
Miele SKCG3 Blizzard CX1 Efficiency EcoLine	292	+	○	+	++	++	++	GUT (2,2)
Miele SKCP3 Blizzard CX1 Electro EcoLine[3)]	610	○[*)]	○	+	++	+	++	BEFRIED. (2,6)
Dirt Devil DD2425-3 Rebel35 PET	78	○	○	○	++	+	++	BEFRIED. (2,8)
Grundig VCC 6670 A Cyclonic	92	○[*)]	○	+	++	○	+	BEFRIED. (2,9)
Miele SKCP3 Blizzard CX1 Electro EcoLine mit Elektrobürste EB03[3)]	610	⊖[*)]	○	○	++	+	++	AUSREICH. (4,1)

Bewertungsschlüssel der Prüfergebnisse: ++ = Sehr gut (0,5–1,5). + = Gut (1,6–2,5). ○ = Befriedigend (2,6–3,5). ⊖ = Ausreichend (3,6–4,5). — = Mangelhaft (4,6–5,5). **Bei gleichem Qualitätsurteil Reihenfolge nach Alphabet.**
***) Führt zur Abwertung. 1)** Von uns bezahlter Einkaufspreis. **2)** Wurde im Paket mit einer Elektrobürste gekauft.
3) Wurde nur im Paket mit einer Elektrobürste angeboten. Laut Anbieter wird das Gerät nicht mehr vertrieben.
Einkauf der Prüfmuster: Juli 2019.

men eines Beutels, da eher Staub entweichen kann. Menschen, die an Atemwegserkrankungen leiden, sollten daher lieber zu Saugern mit klassischen Staubbeuteln greifen. Moderne Beutel sind verschließbar. Einige sind so konstruiert, dass sie das per flexibler Klappe selbst machen, andere lassen sich durch einen Verschluss zuziehen.

Erstmals ermittelten wir, wie oft Beutel getauscht oder Boxen geleert werden müssen. Wir gehen von 1,9 Kilogramm Schmutz aus, die pro Jahr in einem Durchschnittshaushalt anfallen. Beutelsauger im Test sind etwas im Vorteil: Sie brauchen bei dieser Menge pro Jahr zwei bis drei Beutel. Staubboxen müssen häufiger geleert werden. ■

Unser Rat

Drei halten sehr gut warm: **Braun Thermal Mug** für 20 Euro, **WMF Isolierbecher** für 25 Euro und **Thermos Stainless King** für 25,90 Euro. Eines der Lieblingsprodukte unserer Tester ist der **Rossmann Thermobecher** für 10 Euro. Probieren Sie vor dem Kauf aus, ob der Becher angenehm in Ihrer Hand liegt und ob er bei Bedarf in den Becherhalter des Autos passt.

Treue Begleiter

4/2020 Auf die meisten Isolierbecher ist Verlass. Doch einige laufen aus, gehen leicht kaputt oder enthalten Schadstoffe.

Thermobecher halten sowohl warm als auch kalt. Das ist praktisch für Pendler und Reisende, die unterwegs zum Beispiel Cappuccino oder Eistee trinken möchten. Die Stiftung Warentest hat 15 Thermobecher aus Edelstahl getestet. Zehn von ihnen sind empfehlenswert, zwei mäßig – und drei mangelhaft, aus unterschiedlichen Gründen.

Thermos hält am längsten warm

Keine Empfehlung für Freunde heißer Getränke ist der Becher von McDonald's: In der ersten Stunde nach dem Einfüllen kühlte das anfangs 80 Grad heiße Wasser um 19 Grad Celsius ab. Nach zweieinhalb Stunden war es nur noch 40 Grad lau.

Ganz anders der Thermos Stainless King von Alfi. Der Becher kühlte das Getränk in der ersten Stunde nur um 4 Grad ab. 40 Grad erreichte es erst nach fast 16 Stunden. Kein anderer Becher im Test isolierte so gut.
Tipp: Wärmen Sie das Gefäß mit heißem Wasser vor. Im Test kühlten die nicht vorgewärmten Becher das Getränk in den ersten fünf Minuten um rund 4 Grad Celsius ab.

Keine Schadstoffe im Tee

Wenn heiße Getränke lange im Becher weilen, könnten Schadstoffe ins Lebensmittel übergehen. In vielen Bambusbechern, die wir 2019 geprüft hatten, war das der Fall. Aus dem Edelstahl der Thermobecher wandert jedoch nichts ins Getränk.

Dennoch haben zwei ein Schadstoffproblem. An der Außenwand des Stelton sowie in der Antirutschsohle des Primus fanden ▸

Reinigung per Hand oder im Spüler
Von den 15 Bechern dürfen nur 7 nebst Deckel in den Spüler. Für die übrigen ist Handwäsche empfohlen. Die Deckel sind teils aufwendig zu säubern, erst recht, wenn Milchgetränke im Becher waren. Kaffee und Tee hinterlassen Beläge. Wer beides trinkt, sollte für jedes Getränk ein Gefäß kaufen. Tipp: Reinigungstabletten oder Zitronensäure bringen Edelstahlbecher wieder auf Hochglanz.

Thermobecher 4/2020

Produkt	Mittlerer Preis ca. (Euro)	Warmhalte-vermögen 30 %	Dichtig-keit 20 %	Bruch-festigkeit 15 %	Hand-habung 30 %	Schad-stoffe 5 %	test-QUALITÄTSURTEIL 100 %
Braun Thermal Mug BRSC001 Art.-Nr.: AX13210001	20,00	++	++	+	+	++	GUT (1,7)
WMF Isolierbecher Impulse Art.-Nr.: 06 9072 6040	25,00	++	++	○	+	++	GUT (1,8)
Alfi Thermos Stainless King Art.-Nr.: 4002 205 047	25,90	++	++	○	○	++	GUT (1,9)
Emsa Travel Mug Isolierbecher[1)] Art.-Nr.: 513361	20,00	+	++	+	+	++	GUT (1,9)
Contigo Westloop Travel Mug Art.-Nr.: SKU# 2095842	35,00	+	++	+	+	++	GUT (2,0)
Rossmann Thermobecher mit Wrapper EAN: 4 305615 596440	10,00	+	++	+	+	++	GUT (2,0)
Aldi Nord Home Creation Art.-Nr.: 183516 - 9398	7,00[2)]	+	++	○	+	+	GUT (2,1)
Alfi Isomug Plus Soft Art.-Nr.: 5.635.233.035	22,40	+	++	+	+	+	GUT (2,1)
Starbucks Edelstahlbecher Art.-Nr.: SKU# 011082067	20,00	+	++	+	+	+	GUT (2,2)
Tchibo Cafissimo Coffee to go Becher[3)] Art.-Nr.: 309703	20,00[4)]	○	++	+	+	++	GUT (2,2)
Bodum Travel Mug Art.-Nr.: 11068-01	24,90	○	–*)	+	+	+	AUSREICH. (4,0)
Milu Vacuum Travel Mug[5)] EAN: 4 280001 586017	18,00	+	+	–*)	+	++	AUSREICH. (4,0)
Stelton To Go Click Art.-Nr.: 680 1	33,00	+	++	○	+	–*)	MANGELH. (4,8)
McDonald´s McCafé Coffee to go go go![3)]	6,00[4)]	⊖	–*)	⊖	○	○	MANGELH. (5,0)
Primus Commuter Mug Art.-Nr.: 741020	25,00	+	++	○	+	–*)	MANGELH. (5,2)

Bewertungsschlüssel der Prüfergebnisse: ++ = Sehr gut (0,5–1,5). + = Gut (1,6–2,5). ○ = Befriedigend (2,6–3,5). ⊖ = Ausreichend (3,6–4,5). – = Mangelhaft (4,6–5,5). **Bei gleichem Qualitätsurteil Reihenfolge nach Alphabet.**
***) Führt zur Abwertung. 1)** Laut Anbieter Gebrauchsanleitung verändert. **2)** Aktionsangebot im Juli 2019. **3)** Laut Anbieter wurde das Produkt inzwischen aus dem Sortiment genommen. **4)** Von uns bezahlter Einkaufspreis. **5)** Laut Anbieter Deckel verändert. **Einkauf der Prüfmuster:** Juli bis Oktober 2019.

wir sehr hohe Mengen Naphthalin. Der Schadstoff kann vermutlich Krebs erzeugen. Beide Becher sind mangelhaft.

Bodum und McDonald's laufen aus

Das Qualitätsurteil Mangelhaft bekommt auch der bereits erwähnte Becher von McDonald's: Er ist nicht nur schlecht isoliert, sondern auch undicht. Kippt er in der Tasche um, bildet sich ein kleiner See. Das gilt auch für den Travel Mug von Bodum. Auf der Verpackung empfiehlt Bodum, ihn in aufrechter Position zu tragen. Für unterwegs ist der Becher trotzdem ein Fehlkauf. ■

Unser Rat

Der günstige Testsieger **eQ-3 Eqiva** für 78 Euro lässt sich per App bedienen oder mit dem Fingerabdrucksensor Ekey Uno kombinieren (im Set für 375 Euro). Vielseitiger sind die Schlösser **Yale Entr** für 310 Euro und **Nuki Smartlock 2.0** ab 229 Euro. Wer Nukis smartes Schloss über das Internet steuern will, sollte ein starkes Passwort verwenden.

Sesam öffne Dich

10/2020 Wer die Haus- oder Wohnungstür mit einem smarten Schloss aufpimpt, gewinnt Komfort. Nutzer brauchen aber starke Passwörter.

Einmal aufs Handy tippen und zack öffnet sich die Haustür wie von Geisterhand. Smarte Türschlösser machen es möglich. Bedienen lassen sie sich zum Beispiel per App und Smartphone, Fingerabdruckscanner, Sprachassistent, Funkfernbedienung oder Pin-Code-Tastatur.

Die Montage ist simpel

Fünf der sieben smarten Türschlösser im Test lassen sich einfach an der Türinnenseite auf ein bestehendes Schloss montieren, ihr Motor dreht den Schlüssel. Zwei Modelle brauchen einen eigenen Schließzylinder. Wer sie nutzen will, muss seinen alten Zylinder ausbauen. Für alle gilt: Die Tür sieht nach dem Einbau von außen wie vorher aus und lässt sich bei Bedarf auch ganz normal mit einem Schlüssel öffnen.

Im Alltag herrlich bequem

Fast alle Schlösser schneiden gut ab, im täglichen Gebrauch sind sie unkompliziert. Ihr großes Plus: Sie machen das Leben leichter. Kein lästiges Schlüsselkramen mehr, einige Schlösser öffnen sogar automatisch, wenn sich Besitzer mit ihrem Smartphone nähern. Das Kind schließt per Fingerabdruck auf und kann den Schlüssel nicht verlieren. Zum Joggen kommt nur die Smartwatch mit, der Läufer öffnet die Tür über die App des Schlossanbieters auf der Uhr.

Die Sicherheit der Tür beeinflussen die smarten Schlösser kaum – bis auf wenige Ausnahmen (siehe Kasten unten). ■

Schwachstelle Internet

Die smarten Schlösser von Danalock und Nuki akzeptieren fürs Bedienen übers Internet schwache Passwörter. Hacker könnten das ausnutzen und unter Umständen das Schloss kontrollieren. Nutzer sollten sich ein langes, starkes Passwort ausdenken. Bei Danalock ließ sich das Schloss zusätzlich in kurzer Zeit konventionell durch Aufbohren vor Ort knacken, wir bewerten es als mangelhaft.

FOTO: HENDRIK RAUCH

Smarte Türschlösser **10/2020**

Produkt	Mittlerer Preis ca. (Euro)	Bedienen über das Internet	Tür öffnen und schließen mit: App/Funkfernbedienung	Tür öffnen und schließen mit: Funktastatur/Fingerabdruck	Tür öffnen und schließen mit: smartem Assistenten/Geofencing/Zeitsteuerung	Montage und Inbetriebnahme 20 %	Ver- und Entriegeln 30 %	Handhabung 40 %	Sicherheit und Datenschutz 10 %	test-QUALITÄTSURTEIL 100 %
Türschlossantriebe ohne Schließzylinder										
eQ-3 Eqiva Bluetooth Smart Türschlossantrieb[1]	78	□	■/□	□/□	□/□/■	+	+	+	+	**GUT (2,1)**
Hörmann Smartkey[2]	197[3]	□	□/■	■[4]/□	□/□/□	+	+	+	++	**GUT (2,2)**
Nuki Smartlock 2.0[5]	229	□	■/■	■/□	■/■/■	++	+	+	+	**GUT (2,2)**
Hörmann Smartkey mit BiSecur Gateway Lan/WLan[6]	360[3]	■	■/■	■[4]/□	□/□/□	+	+	+	○	**GUT (2,3)**
Abus Hometec Pro CFA 3000 inkl. Funkfernbedienung[7]	159	□	□/■	■/□	□/□/■	+	+	○	++	**GUT (2,4)**
Ekey Uno Fingerprint inkl. Eqiva Bluetooth Smart Türschlossantrieb[8]	375	□	■/□	□/■	□/□/■	+	+	○	+	**GUT (2,4)**
Nuki Smartlock 2.0 mit Nuki Bridge[9]	299	■	■/■	■/□	■/■/■	++	+	+	⊖*)	**BEFRIED. (3,2)**
Türschlossantriebe mit Schließzylinder										
Yale Entr (YA95)[10]	310[11]	□	■/■	■/■	■/□/□	+	+	○	+	**GUT (2,2)**
Danalock V3 Bluetooth[12]	179[13]	□	■/□	■/□	■/■/■	+	+	○	–*)	**MANGELH. (5,0)**
Danalock V3 Bluetooth mit Danabridge Bluetooth-Wifi DBV3-EU[14]	248[13]	■	■/□	■/□	■/■/■	+	+	○	–*)	**MANGELH. (5,0)**

Bewertungsschlüssel der Prüfergebnisse: ++ = Sehr gut (0,5–1,5). + = Gut (1,6–2,5). ○ = Befriedigend (2,6–3,5). ⊖ = Ausreichend (3,6–4,5). – = Mangelhaft (4,6–5,5). **Bei gleichem Qualitätsurteil Reihenfolge nach Alphabet.** ■ = Ja. □ = Nein. ***) Führt zur Abwertung.** Alle smarten Türschlösser lassen sich auch per Schlüssel und auf der Türinnenseite per Hand öffnen. Alle können auch die Schlossfalle zurückziehen. **1)** Geprüft mit App Eqiva Lock. **2)** Geprüft mit Funkfernbedienungen HSE4-SK-868-BS und HSS4 sowie Funk-Innentaster FIT 5BS. **3)** Von uns bezahlter Einkaufspreis. **4)** Laut Anbieter kompatible Funktastatur erhältlich. **5)** Geprüft mit App Nuki Smart Lock, Funkfernbedienung Nuki FOB, Funktastatur Nuki Keypad. **6)** Geprüft mit App BiSecur, Funkfernbedienungen HSE4-SK-868-BS und HSS4, Funk-Innentaster FIT 5BS sowie BiSecur Gateway Lan/WLan. **7)** Geprüft mit Funkfernbedienung/-Tastatur Hometec Pro CFF3000/CFT3000. **8)** Geprüft mit App Ekey Uno/Eqiva Lock, Türschlossantrieb Eqiva Bluetooth Smart. **9)** Geprüft mit App Nuki Smart Lock, Funkfernbedienung Nuki FOB, Funktastatur Nuki Keypad, Nuki Bridge. **10)** Geprüft mit App Entr, Funkfernbedienung Entr, Tastatur/Fingerabdrucksensor Entr, Schließzylinder Entr. **11)** Preis inklusive Schließzylinder laut Anbieter-Website. **12)** Geprüft mit App Danalock, Funktastatur Danapad PADV3-BT, Schließzylinder Danalock Sicherheitszylinder. **13)** Preis inklusive Schließzylinder. **14)** Geprüft mit App Danalock, Funktastatur Danapad PADV3-BT, Danabridge Bluetooth-Wifi DBV3-EU, Schließzylinder Danalock Sicherheitszylinder.

Einkauf der Prüfmuster: Mai 2020.

Unser Rat

Testsieger ist das Tischgerät **Meaco Fan 1056** (109 Euro) mit dem angenehmsten Luftstrom. Gut sind auch die Türme **Koenic KTF 100** (62,50 Euro) und **Trisa of Switzerland Fresh Breeze** (136 Euro) sowie der Standventilator **Honeywell HSF600WE** (90 Euro). Gut, aber teuer sind die **Dysons**: der Turm **AM07** (400 Euro) und das Tischgerät **AM06** (299 Euro).

Frischen Wind, bitte!

6/2020 In Preis und Qualität unterscheiden sich die 18 geprüften Tisch-, Stand- und Turmventilatoren deutlich. Nur sechs Geräte sind gut.

Erstmals hat die Stiftung Warentest Ventilatoren getestet: sechs Tisch-, sieben Stand- und fünf Turmgeräte, die alle automatisch horizontal schwenken können. Sie kosten zwischen 20 und 400 Euro. Nicht nur beim Preis fanden wir große Unterschiede: Einen angenehmen Luftstrom erzeugen nur Testsieger Meaco, die Standmodelle von Honeywell und Rowenta sowie der Trisa of Switzerland. Mehrere sind ausgesprochen laut, einer hat ein Sicherheitsproblem. Am Ende finden sich aber in jeder Produktgruppe gute, leise Geräte.

Von sanfter Brise bis starkem Wind

Alle Guten erreichen mit ihren drei und mehr einstellbaren Stufen eine große Bandbreite an Luftgeschwindigkeiten – zum Teil vom lauen Lüftchen bis zum ordentlichen Wind. Andere sind weniger vielseitig.

Für Büro oder Schlafzimmer eignen sich am besten leise Ventilatoren, die ohne störende Geräusche arbeiten. In niedrigster Stufe schaffen das fast alle, nur der Fakir ist da schon so laut wie etwa ein Fernseher in Zimmerlautstärke. Am leisesten sind Honeywell, Koenic und Trisa of Switzerland.

Ventilatoren mit Propeller sorgen mit einem Schutzgitter dafür, dass nichts hineingerät. Die meisten sind sicher. Nur das Gitter des Rowenta VU5640 ist zu weitmaschig: Kinderfinger können hindurchgreifen und an den Kunststoffpropeller gelangen. Da seine Kanten gut abgerundet sind, besteht aber kein Risiko, sich ernsthaft zu verletzen. ■

Ventilatoren und ihre Bauformen
Tischgeräte lassen sich einfach transportieren und vielseitig einsetzen. Standmodelle sind oft höhenverstellbar. Beide Arten erzeugen Wind meist klassisch mit Propeller. Türme gibt es als Säulen, die über eine schaufelradartige Walze Luft hinten ansaugen und vorn auspusten. Der Dyson saugt Luft per Gebläserad im Sockel an, bläst sie oben über eine Ringspalte aus, was Luft von hinten mitreißt.

FOTO: GETTY IMAGES, STIFTUNG WARENTEST [M]

Ventilatoren 6/2020

Produkt	Mittlerer Ladenpreis ca. (Euro)	Funktion 40 %	Geräusch 30 %	Handhabung 25 %	Konstruktion und Sicherheit 5 %	test-QUALITÄTSURTEIL 100 %
Tischventilatoren						
Meaco Fan 1056[1]	109,00	+	+	+	++	GUT (1,8)
Dyson AM06[2]	299,00	+	+	+	++	GUT (2,2)
Rowenta VU2630	65,00	○	○	○	++	BEFRIEDIGEND (2,7)
ok OTF 3331 W	20,00	○	+	○	+	BEFRIEDIGEND (2,8)
AEG VL 5526 M N	47,50[3]	○	⊖	○	○	BEFRIEDIGEND (3,4)
Suntec CoolBreeze 3000 TVM	62,00	○	⊖	⊖*)	○	AUSREICHEND (3,9)
Standventilatoren						
Honeywell HSF600WE[4]	90,00	+	+	○	○	GUT (2,3)
Brandson Remote WDP 30148I	54,00[3]	○	+	○	+	BEFRIEDIGEND (2,8)
Steba VT 5	90,00	○	○	○	+	BEFRIEDIGEND (3,0)
Bomann VL 1139 SCB[5]	25,50[3]	○	+	○	⊖*)	BEFRIEDIGEND (3,3)
Clatronic VL 3603 S	28,00[6]	○	+	○	⊖*)	BEFRIEDIGEND (3,3)
Rowenta VU5640	85,00	+	+	○	⊖*)	BEFRIEDIGEND (3,5)
Fakir VC 360	90,00	⊖	⊖	⊖	⊖*)	AUSREICHEND (4,0)
Turmventilatoren						
Koenic KTF 100	62,50	+	+	+	+	GUT (2,1)
Trisa of Switzerland Fresh Breeze	136,00[3]	+	+	+	○	GUT (2,2)
Dyson AM07	400,00	+	+	+	+	GUT (2,3)
Stadler Form Peter	176,00	○	○	○	○	BEFRIEDIGEND (2,7)
ProBreeze 40" Tower Fan PB-F04	70,00	⊖*)	○	+	+	BEFRIEDIGEND (3,1)

Bewertungsschlüssel der Prüfergebnisse: ++ = Sehr gut (0,5–1,5). + = Gut (1,6–2,5). ○ = Befriedigend (2,6–3,5). ⊖ = Ausreichend (3,6–4,5). — = Mangelhaft (4,6–5,5).
Bei gleichem Qualitätsurteil Reihenfolge nach Alphabet.
***) Führt zur Abwertung.**
1) Beim Anbieter unter meaco.de und im Onlinehandel bestellbar.
2) Laut Anbieter Auslaufmodell. Restbestände im Handel.
3) Von uns bezahlter Einkaufspreis.
4) Auch in anderen Farben erhältlich.
5) Laut Anbieter gleich mit dem geprüften Produkt Clatronic VL 3603 S.
6) Mittlerer Onlinepreis ohne Versandkosten (Stand: 11.05.2020).

Einkauf der Prüfmuster: Januar und Februar 2020.

Unser Rat

Sieger ist der **Miele TEB155WP** für 820 Euro, als Bester beim Trocknen und in der Handhabung. Beim Stromverbrauch siegt der **Beko DE744RX1** (515 Euro). Über zehn Jahre gerechnet ist er das günstigste Modell im Test: Kaufpreis und Stromkosten summieren sich auf gut 1 000 Euro. Bei den billigeren Maschinen treibt der Verbrauch die Gesamtkosten.

Ohne Zeitgefühl

9/2020 Trocknen können sie alle, aber viele Geräte zeigen die Laufzeit falsch an. Und die Unterschiede im Stromverbrauch sind groß.

Einen Trockner aussuchen – kein Problem nach diesem Test: Wer nicht aufs Geld achten muss, nimmt einfach den Miele. Egal ob beim Trocknen, in der Handhabung oder den Umwelteigenschaften: Der Miele liegt vorn. Allerdings kostet er mehr als 800 Euro. Für knappere Kassen empfiehlt sich das zirka 300 Euro billigere Modell von Beko. Sein Flusensieb ist etwas umständlicher zu reinigen und die Baumwollwäsche nicht ganz so auf den Punkt bügelfeucht. Beide sind top im Stromverbrauch. Der Beko trocknet sieben Kilo Wäsche sogar mit nur einer Kilowattstunde.

Alle acht Trockner im Test fassen jeweils sieben Kilogramm Wäsche – 10,5 Kilo im feuchten Zustand. Sie kosten 415 bis 820 Euro in der Anschaffung. Über zehn Jahre gerechnet, kommen zwischen 490 und 700 Euro für den Strom hinzu.

Stromkosten sind Umweltkosten

Damit verbrauchen auch die schlechtesten Geräte im Test weniger Strom und haben weniger laufende Kosten als viele Trockner früherer Jahre. Noch 2016 drehte sich der Stromzähler beim Wäschetrocknen bis zu viermal schneller als 2020.

Auch heute lohnt sich ein Blick auf den Stromverbrauch. Das Schlusslicht Sharp zum Beispiel braucht für Baumwolle die Hälfte mehr Strom als das Energievorbild Beko. Und über mehrere Programme gemittelt, schluckt der Energie-Vorletzte, AEG, etwa ein Drittel mehr als der Zweite, der Miele. ▶

Kältemittel mit Klimaeffekt

Die Wärmepumpe in den Trocknern braucht ein Kältemittel. Bisher fand sich in Trocknern meist R 134a, leider mit enormem Treibhauspotenzial. Daher wird R 134a ausgemustert. Viele aktuelle Modelle arbeiten mit dem weniger klimaschädlichen Propangas, „R 290" genannt. Auf dem Typenschild oder in der Gebrauchsanleitung steht meist, mit welchem Kältemittel das Gerät arbeitet.

Wäschetrockner 9/2020

Produkt	Mittlerer Preis ca. (Euro)	Stromkosten in 10 Jahren ca. (Euro)[1)]	Trocknen 45 %	Handhabung 30 %	Umwelteigenschaften 20 %	Sicherheit und Verarbeitung 5 %	test-QUALITÄTSURTEIL 100 %
Miele TEB155WP[2)]	820	500	+	+	+	+	**GUT (1,8)**
Beko DE744RX1	515[3)]	490	+	+	+	+	**GUT (2,2)**
AEG T7DBZ41570[4)]	580[3)]	665	○	○	○	++	**BEFRIEDIGEND (2,6)**
Bosch WTR85V80[5)]	555	595	○	○	+	++	**BEFRIEDIGEND (2,6)**
Siemens WT45RV80[6)]	540	595	○	○	+	++	**BEFRIEDIGEND (2,6)**
Constructa CWK3R200	575	570	○	○	+	++	**BEFRIEDIGEND (2,7)**
Samsung DV71M5020KW/EG[7)]	455	650	○	○	○	++	**BEFRIEDIGEND (2,7)**
Sharp KD-GHB7S7GW2-DE	415[3)]	700	○	○	○	+	**BEFRIEDIGEND (3,0)**

Bewertungsschlüssel der Prüfergebnisse: ++ = Sehr gut (0,5–1,5). + = Gut (1,6–2,5). ○ = Befriedigend (2,6–3,5). ⊖ = Ausreichend (3,6–4,5). — = Mangelhaft (4,6–5,5). **Bei gleichem Qualitätsurteil Reihenfolge nach Alphabet.**
1) Berechnet für 4 Personen mit einer jährlichen Wäschemenge von 700 kg Baumwolle schranktrocken, 200 kg Baumwolle bügelfeucht, 100 kg Pflegeleicht schranktrocken; Strompreis 0,31 Euro/kWh. **2)** Laut Anbieter auch unter den Bezeichnungen Miele TWB 140WP, TSB 143WP und TCB 150WP erhältlich. **3)** Von uns bezahlter Einkaufspreis. **4)** Laut Anbieter auch unter der Bezeichnung AEG T7DBZ41578 erhältlich. **5)** Laut Anbieter baugleich mit dem geprüften Modell Siemens WT45RV80. **6)** Laut Anbieter baugleich mit dem Modell Bosch WTR85V80. **7)** Laut Anbieter auch unter den Bezeichnungen Samsung DV7XM50431W/EG und DV70M5020KW/EG erhältlich. **Einkauf der Prüfmuster:** Januar und Februar 2020.

Restlaufzeit oft völlig daneben

So erfreulich die Entwicklung beim Energieverbrauch sein mag – bei der Anzeige der Restlaufzeit besteht noch viel Verbesserungsbedarf. Siemens, Bosch und Constructa sind mit dem Programm Baumwolle schranktrocken fast 40 Minuten früher fertig, als sie anzeigen; bei halber Beladung gar über 80 Minuten. Auch der Miele ist schneller als er vorgibt, er liegt aber nicht ganz so daneben wie die drei anderen.

Bummler gibts auch. Wenn die volle AEG etwa „10 Minuten" anzeigt, braucht sie noch 23, Sharp gar noch 47 Minuten. Solche Anzeigen braucht niemand.

Auch beim Entleeren mancher Kondensatbehälter klemmte es im Test. In dem Behälter sammelt sich das Wasser, das die Trocknerluft aus der Wäsche mitnimmt. Bei Constructa hakte es am schlimmsten: beim Einsetzen des Behälters in die Maschine. Allgemein gilt es, beim Transport des sperrigen vollen Fünf-Liter-Tanks zum Waschbecken vorsichtig zu sein, um nicht anzuecken und Wasser zu verschütten.

Tipp: Alle Geräte im Test bieten die Möglichkeit, über einen Schlauch samt Syphon die kondensierte Feuchte direkt in den Abfluss zu pumpen. Prüfen Sie, ob diese praktische Lösung bei Ihnen möglich ist.

Unser Rat

Bosch WAG28492 (890 Euro), **Miele WWD320** (1 010 Euro) und **Siemens WM 14G492** (715 Euro) waschen top. **Beko WTV8744S** ist mit 400 Euro die günstigste Gute, lärmt aber beim Schleudern. Achten Sie ab März 2021 auf das Etikett mit den neuen Energieeffizienzklassen. Sparsame Geräte entsprechen dann überwiegend der Klasse B statt bisher A+++.

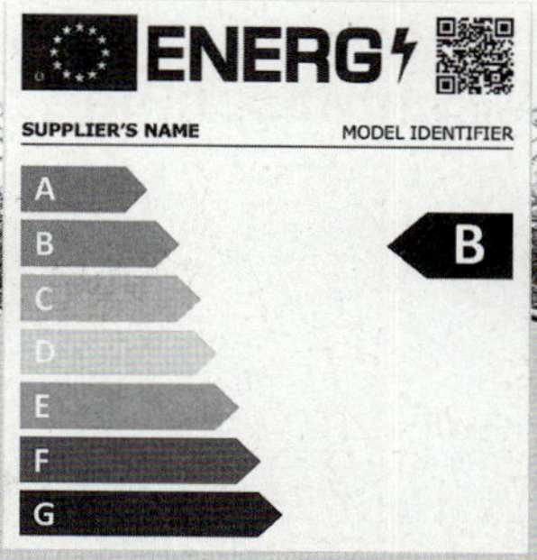

Schluss mit A+++

11/2020 Bei Waschmaschinen ändert sich ab März 2021 die Einstufung der Energieeffizienzklassen auf dem Label. Käufer müssen umdenken.

Der Aufkleber mit den bunten Balken ist beim Kauf einer Waschmaschine fast so wichtig wie der Preis. Das Etikett zeigt die Energieeffizienzklasse und gibt den Strom- und Wasserverbrauch an. Die Klasse A+++ steht für einen geringen Verbrauch. Noch. Ab März 2021 gelten neue Effizienzklassen, bestehende Geräte werden niedriger eingestuft, damit für Innovationen Luft nach oben bleibt. Aus A+++ wird künftig in den meisten Fällen B. Die Skala besteht weiter aus den Buchstaben A bis G.

Klasse B ist bald okay

Im Laden werden sich Käufer bald wundern: Waschmaschinen mit der Effizienzklasse A dürften rar sein. Kein Problem – wer Strom sparen will, kann ab März guten Gewissens eine Maschine der neuen Klasse B wählen. Aber aufgepasst, es gibt eine Übergangsfrist: Händler dürfen bestimmte Modelle mit dem alten Label noch bis November 2021 verkaufen. Am neuen Etikett findet sich oben rechts auch ein QR-Code, über den es per Smartphone Zusatzinformationen gibt. Der QR-Code führt auf eine europäische Datenbank, in der weitere Angaben zu den Maschinen stehen.

Alle Testkandidaten waschen gut

Im Einkaufszeitraum fanden sich wegen der Umstellung auf das neue Label wenig neue und langfristig erhältliche Modelle. Deshalb sind im Test nur sieben Geräte der Energieklasse A+++ vertreten. Alle fassen acht Kilo- ▶

Betriebskosten neu berechnet
Ab diesem Test kalkulieren wir die Betriebskosten nach strengeren Kriterien. Den Strompreis setzen wir mit 31 statt bisher 28 Cent pro Kilowattstunde an. Für einen Vier-Personen-Haushalt rechnen wir in Anlehnung an Zahlen des Industrieverbands Körperpflege- und Waschmittel mit 1 000 Kilogramm Wäsche im Jahr, verteilt über verschiedene Programme von Baumwolle bis Pflegeleicht.

FOTOS: GETTY IMAGES; EUROPÄISCHE KOMMISSION

Waschmaschinen — 11/2020

Produkt	Mittlerer Preis ca. (Euro)	Betriebskosten für 10 Jahre ca. (Euro)[1]	Waschen	Dauerprüfung	Handhabung	Umwelt-eigenschaften	Schutz vor Wasserschäden	test-QUALITÄTSURTEIL
			40 %	20 %	15 %	15 %	10 %	100 %
Bosch WAG28492[2]	890	1065	+	++	+	+	++	**GUT (1,6)**
Miele WWD320 WPS	1010	885	+	++	+	+	++	**GUT (1,6)**
Siemens WM14G492	715	1065	+	++	+	+	++	**GUT (1,6)**
AEG L7FE77485	730	1020	+	++	+	+	++	**GUT (1,8)**
Beko WTV8744S	400	895	+	++	+	+	++	**GUT (2,0)**
Samsung WW8GM642O2W	815	1040	+	+	+	+	++	**GUT (2,1)**
Gorenje WEI843PS	320	1025	+	+	+	○	⊖*)	**BEFRIEDIGEND (2,6)**

Bewertungsschlüssel der Prüfergebnisse: ++ = Sehr gut (0,5–1,5). + = Gut (1,6–2,5). ○ = Befriedigend (2,6–3,5). ⊖ = Ausreichend (3,6–4,5). — = Mangelhaft (4,6–5,5).
Bei gleichem Qualitätsurteil Reihenfolge nach Alphabet.
***) Führt zur Abwertung.**
1) Grundlage der Berechnung pro Jahr: 60 °C Bunt halbe Beladung 200 kg, 60 °C Eco-Labelprogramm Bunt halbe Beladung 150 kg, 40 °C Bunt volle Beladung 250 kg, 40 °C Bunt halbe Beladung 200 kg, 40 °C Bunt halbe Beladung Kurzprogramm 100 kg, 30 °C Pflegeleicht 100 kg; Strompreis 0,31 Euro/kWh; Wasserpreis 3,85 Euro/m³.
2) Laut Anbieter baugleich mit dem geprüften Modell Siemens WM14G492.
Einkauf der Prüfmuster: Oktober bis Dezember 2019.

gramm Wäsche. Sechs schneiden im Gesamturteil gut ab, vorn liegen teure Geräte von Bosch, Miele und Siemens. Sämtliche Maschinen waschen gut – auch die mit 320 Euro günstigste im Test, die Gorenje WEI843PS. Sie besitzt aber keinen zuverlässigen Auslaufschutz und ist deshalb insgesamt nur befriedigend.

Betriebskosten höher als der Kaufpreis

Interessant ist ein Blick auf die Betriebskosten, in der Tabelle berechnet für einen Nutzungszeitraum von zehn Jahren. Beim günstigsten Gerät von Gorenje fallen 1025 Euro an, das ist fast das Dreifache des Kaufpreises. Miele als Sparkönigin im Test verzehrt nur für 885 Euro Strom und Wasser. Dafür kostet sie in der Anschaffung aber mehr als 1000 Euro. Allerdings sind das Annahmen für einen Vier-Personen-Haushalt. Wer als Single nur ab und an eine Waschmaschine zum Laufen bringt, für den spielt der Anschaffungspreis eine größere Rolle als die Betriebskosten. ■

Unser Rat

Bester für Babys ist der einzige sehr gute Kindersitz im gesamten Testfeld: **Silver Cross Dream + Dream i-Size Base** (500 Euro). Für Kleinkinder bis zum Alter von etwa 4 Jahren liegt der **Joie i-Spin Safe** vorne. Er kostet 400 Euro und ist auch als Babysitz geeignet. Kinder bis etwa zum zwölften Lebensjahr sitzen am besten im **Cybex Solution Z i-Fix** für 210 Euro.

Sitze für jede Größe

7 + 11/2020 Verschiedene Normen und große Preisunterschiede sollten Eltern nicht verwirren. Unsere Tabellen zeigen gute Autokindersitze.

Autokindersitze sind eine tolle Erfindung. Seit sie 1993 Pflicht wurden, ist die Zahl der bei Crashs gestorbenen Kinder um etwa 90 Prozent gesunken, so das Statistische Bundesamt. Das Angebot an Sitzen ist riesig – die Preisunterschiede ebenso. Die 2020 geprüften Modelle kosten zwischen 75 und 700 Euro, qualitativ liegen sie etwas näher beinander als im Vorjahr. In der Natur von Kindern liegt es zu wachsen. Deshalb brauchen sie mindestens zwei Sitze, um sicher mitzufahren: eine Babyschale von der Geburt bis etwa 15 Monate, im Anschluss einen Sitz für Kinder bis etwa 1,50 Meter Größe oder 36 Kilogramm Gewicht.

Orientierung im Normwirrwarr

Eltern begegnet im Handel ein Normenwirrwarr: Angeboten werden Sitze, die nach Gewicht des Kindes zugelassen sind (alte Norm R 44), sowie Sitze, die nach Körpergröße sortiert sind (neue Norm R 129 „i-Size"). Der Unterschied: i-Size-Sitze werden von Behörden wie dem Kraftfahrtbundesamt nur zugelassen, wenn eine offizielle Prüfstelle belegt, dass sie alle erforderlichen Prüfungen bestanden haben, zum Beispiel zusätzlich zum Frontal- auch einen Seitenaufpralltest.

Um Eltern die Auswahl zu erleichtern, sortieren wir unsere Testergebnisse übersichtlich in Kategorien vom Neugeborenen bis zum Kind von etwa 1,50 Metern Größe oder 36 Kilogramm Gewicht. In der Tabelle geben wir zudem die passende Körpergröße oder das passende Gewicht des Kindes an. ■

Sitz und Kind richtig anschnallen
Vermeiden Sie gefährliche Fehler beim Anschnallen des Nachwuchses: Nutzen Sie Sitze mit Isofix, sie sind einfacher bedienbar als solche mit Gurt. Zu lose Gurte sind riskant. Faustformel: Passt mehr als eine Hand zwischen Gurt und Kind, sitzt er zu locker. Vertauschen Sie bei Babyschalen nicht Becken- und Schultergurt und denken Sie daran, den Gurt in die Führungshilfe einzulegen.

FOTO: STIFTUNG WARENTEST / RALPH KAISER

Autokindersitze I 7 + 11/2020

Produkt	Mittlerer Preis ca. (Euro)	Für Kinder von	Befestigung des Sitzes im Auto: Isofix/Autogurt/Sitz drehbar	Anschnallen des Kindes: Fangkörper/Hosenträger-/Autogurt	Unfallsicherheit 50 %	Handhabung 40 %	Ergonomie 10 %	Schadstoffe 0 %	test-QUALITÄTSURTEIL 100 %
Baby									
Silver Cross Dream + Dream i-Size Base	500	40 bis 85 cm	■/❑/❑	❑/■/❑	++	+	+	++	**SEHR GUT (1,5)**
Maxi-Cosi Coral + FamilyFix3 Base	520	40 bis 75 cm	■/❑/❑	❑/■/❑	++	+	+	+	**GUT (1,6)**
Nuna Pipa Next + Pipa Next Base	370	40 bis 83 cm	■/❑/❑	❑/■/❑	++	+	+	++	**GUT (1,6)**
Cybex Aton B i-Size + Base M	340	45 bis 87 cm	■/❑/❑	❑/■/❑	+	+	+	++	**GUT (1,7)**
Joie i-Snug + i-Base Advance	220	40 bis 75 cm	■/❑/❑	❑/■/❑	++	+	+	++	**GUT (1,7)**
Cybex Aton B i-Size	170	45 bis 87 cm	❑/■/❑	❑/■/❑	++	+	+	++	**GUT (1,8)**
Maxi-Cosi Coral	299	40 bis 75 cm	❑/■/❑	❑/■/❑	++	+	+	+	**GUT (1,9)**
Joie i-Snug	110	40 bis 75 cm	❑/■/❑	❑/■/❑	++	+	+	++	**GUT (2,0)**
Nuna Pipa Next	220	40 bis 83 cm	❑/■/❑	❑/■/❑	+	+	+	++	**GUT (2,0)**
Silver Cross Dream	249	40 bis 85 cm	❑/■/❑	❑/■/❑	++	○*)	+	++	**GUT (2,0)**
ABC Design Tulip	170	45 bis 85 cm	❑/■/❑	❑/■/❑	+	+	+	++	**GUT (2,2)**
ABC Design Tulip + Isofix Basis Tulip	330	45 bis 85 cm	■/❑/❑	❑/■/❑	+	○*)	+	++	**BEFRIEDIGEND (2,9)**

Bewertungsschlüssel der Prüfergebnisse: ++ = Sehr gut (0,5–1,5). + = Gut (1,6–2,5). ○ = Befriedigend (2,6–3,5). ⊖ = Ausreichend (3,6–4,5). — = Mangelhaft (4,6–5,5). **Bei gleichem Qualitätsurteil Reihenfolge nach Alphabet.**
***) Führt zur Abwertung.** ■ = Ja. ❑ = Nein.
Einkauf der Prüfmuster: Dezember 2019 bis Februar 2020 und Juni 2020.

Autokindersitze II

7 + 11/2020

Produkt	Mittlerer Preis ca. (Euro)	Für Kinder von	Befestigung des Sitzes im Auto: Isofix/Autogurt/Sitz drehbar	Anschnallen des Kindes: Fangkörper/Hosenträger-/Autogurt	Unfallsicherheit 50 %	Handhabung 40 %	Ergonomie 10 %	Schadstoffe 0 %	test-QUALITÄTSURTEIL 100 %
Baby und Kleinkind									
Joie i-Spin Safe	400	40 bis 105 cm	■/□/■	□/■/□	++	+	+	++	GUT (1,6)
Nuna Prym	450	40 bis 105 cm	■/□/■	□/■/□	+	○ *)	+	++	GUT (2,1)
Recaro Salia[1]	480	40 bis 105 cm	■/□/■	□/■/□	+	+	+	+	GUT (2,3)
BeSafe iZi Twist B	700	40 bis 105 cm	■/□/■	□/■/□	++	○ *)	+	++	GUT (2,4)
Britax Römer Dualfix 2 R	320	Geburt bis 18 kg	■/□/■	□/■/□	+	○ *)	+	++	GUT (2,4)
Joie i-Venture + i-Base Advance	280	40 bis 105 cm	■/□/□	□/■/□	+	○ *)	+	++	GUT (2,4)
Maxi-Cosi Mica	450	40 bis 105 cm	■/□/■	□/■/□	○ *)	+	+	++	BEFRIEDIGEND (2,7)
Recaro Salia Elite	600	40 bis 105 cm	■/□/■	□/■/□	+	○ *)	+	+	BEFRIEDIGEND (2,7)
Baby, Kleinkind und Kind									
Maxi-Cosi Beryl	400	Geburt bis 25 kg	■/■/□	□/■/□	○	⊖ *)	○	+	BEFRIEDIGEND (3,4)
Kleinkind									
BeSafe iZi Modular X1 i-Size + iZi Modular i-Size Basisstation	600	61 bis 105 cm	■/□/□	□/■/□	+	○ *)	+	++	GUT (2,0)
BeSafe iZi Twist[2]	600	61 bis 105 cm	■/□/■	□/■/□	++	○ *)	+	++	GUT (2,3)
Inglesina Darwin Toddler + Base Darwin i-Size	460	61 bis 105 cm	■/□/□	□/■/□	○	○ *)	+	++	BEFRIEDIGEND (2,7)

Bewertungsschlüssel der Prüfergebnisse: ++ = Sehr gut (0,5–1,5). + = Gut (1,6–2,5). ○ = Befriedigend (2,6–3,5). ⊖ = Ausreichend (3,6–4,5). — = Mangelhaft (4,6–5,5). **Bei gleichem Qualitätsurteil Reihenfolge nach Alphabet.**
***) Führt zur Abwertung.** ■ = Ja. □ = Nein. **1)** Laut Anbieter bis auf die fehlende Babyschale baugleich mit dem geprüften Recaro Salia Elite. **2)** Laut Anbieter bis auf den fehlenden Neugeboreneneinsatz baugleich mit dem geprüften BeSafe iZi Twist B. **Einkauf der Prüfmuster:** Dezember 2019 bis Februar 2020 und Juni 2020.

Autokindersitze III

7 + 11/2020

Produkt	Mittlerer Preis ca. (Euro)	Für Kinder von	Befestigung des Sitzes im Auto: Isofix/Autogurt/Sitz drehbar	Anschnallen des Kindes: Fangkörper/Hosenträger-/Autogurt	Unfallsicherheit 50 %	Handhabung 40 %	Ergonomie 10 %	Schadstoffe 0 %	test-QUALITÄTSURTEIL 100 %
Kleinkind und Kind									
CBX Xelo 1)	170	9 bis 36 kg	■/■/□	■/□/■	+	+	+	++	GUT (2,4)
Cybex Pallas B-Fix	170	9 bis 36 kg	■/■/□	■/□/■	+	+	+	+	GUT (2,4)
Britax Römer Advansafix i-Size	280	76 bis 150 cm	■/■/□	□/■/■	○*)	○	+	++	BEFRIED. (2,6)
Kinderkraft Oneto 3	169	9 bis 36 kg	■/■/□	□/■/■	○*)	+	+	++	BEFRIED. (2,8)
Osann Flux Isofix 2)	120	9 bis 36 kg	■/■/□	□/■/■	○*)	+	+	++	BEFRIED. (2,8)
Renolux Olymp i-Size	330	76 bis 150 cm	■/□/□	□/■/■	○	○*)	+	+	BEFRIED. (2,9)
Avova Sperling-Fix i-Size	350	76 bis 150 cm	■/■/□	□/■/■	○*)	○	+	++	BEFRIED. (3,2)
Osann Flux Plus 3)	75	9 bis 36 kg	□/■/□	□/■/■	⊖	⊖*)	+	++	AUSREICH. (3,7)
Kind									
Cybex Solution Z i-Fix	210	100 bis 150 cm	■/■/□	□/□/■	+	+	+	++	GUT (1,9)
Maxi-Cosi Morion	179	100 bis 150 cm	■/■/□	□/□/■	+	++	+	++	GUT (2,0)
CBX Yari 4)	140	15 bis 36 kg	■/■/□	□/□/■	+	+	+	++	GUT (2,1)
Cybex Solution B-Fix 5)	140	15 bis 36 kg	■/■/□	□/□/■	+	+	+	+	GUT (2,1)
Maxi-Cosi Kore Pro 6)	269	100 bis 150 cm	■/■/□	□/□/■	+	+	+	++	GUT (2,1)
Chicco Fold & Go i-Size	199	100 bis 150 cm	■/■/□	□/□/■	+	○*)	++	++	BEFRIED. (2,7)
Hifold Fit and Fold Booster	199	15 bis 36 kg	□/■/□	□/□/■	○*)	+	+	○	BEFRIED. (3,0)

Bewertungsschlüssel der Prüfergebnisse: ++ = Sehr gut (0,5–1,5). + = Gut (1,6–2,5). ○ = Befriedigend (2,6–3,5). ⊖ = Ausreichend (3,6–4,5). — = Mangelhaft (4,6–5,5). **Bei gleichem Qualitätsurteil Reihenfolge nach Alphabet.** ***) Führt zur Abwertung.** ■ = Ja. □ = Nein. **1)** Laut Anbieter bis auf Bezug baugleich mit dem geprüften Cybex Pallas B-Fix, daher haben wir den Bezug auf Schadstoffe separat geprüft. **2)** Das Qualitätsurteil bezieht sich auf die Befestigung mit Isofix und Top Tether. **3)** Laut Anbieter bis auf die fehlende Isofixverankerung baugleich mit dem geprüften Osann Flux Isofix. **4)** Laut Anbieter bis auf den fehlenden Fangkörper und den Bezug baugleich mit dem geprüften Cybex Pallas B-Fix. Laut Anbieter Bezug baugleich mit dem geprüften Bezug des CBX Xelo. **5)** Laut Anbieter bis auf den fehlenden Fangkörper baugleich mit dem geprüften Cybex Pallas B-Fix. **6)** Wird auch unter dem Namen Maxi-Cosi Kore vertrieben (ca. 239 Euro) – allerdings ohne integrierte Lampe, die das Gurtschloss beleuchtet.

Einkauf der Prüfmuster: Dezember 2019 bis Februar 2020 und Juni 2020.

Unser Rat

Für das Kind eignen sich Tücher besser als Tragen. Sie passen sich an die Größe an, das Kind ist immer richtig gewickelt. Eltern müssen aber eine Wickeltechnik lernen. Die besten Tücher sind **Amazonas Carry Sling** (50 Euro) und **Didymos Prima** (109 Euro). Von den Tragen funktionieren **Hoppediz Nabaca** (150 Euro) und **Manduca XT** (159 Euro) am besten.

Für eine gute Bindung

1/2020 Gute Babytragen und Tragetücher tun allen Beteiligten gut: Eltern haben die Hände frei, das Kind ist sicher und geborgen.

Eingewickelt in das Tragetuch spürt ein Baby die Nähe der Mama, riecht sie, ist überall dabei – fast wie zuvor im Bauch. Das fördert die Bindung zwischen Mutter und Kind. Einige Studien belegen, dass Tragekinder weniger schreien als andere. Obendrein unterstützt die richtige Tragehaltung die gesunde Ausbildung der Hüfte. Die Stiftung Warentest hat 15 Tragen und Tücher für Kinder von der Geburt bis drei Jahre getestet – vom Wickeltuch über Halbschnallen- bis zu Vollschnallen-Tragen.

Fehlhaltung möglich

Sieben Produkte ermöglichen für Babys eine sehr gute Beinhaltung: die Tragen von Cybex, Hoppediz und Kokadi sowie die vier geprüften Tücher. Die Tragen von Babybjörn, Fillikid und Lictin dagegen verfügen teilweise über ungünstige Sitzstege. Sie lassen sich nicht individuell anpassen. Selbst die Beinchen der Kleinsten hängen unter Umständen ungestützt herunter. In dieser Haltung drückt der Hüftkopf in die unreife Gelenkpfanne und kann sie verformen.

FOTO: ISTOCK PHOTO

Stokke und Fillikid mit Schadstoffen

Zwei Modelle enthalten hohe Mengen schädlicher Stoffe: In der Fillikid-Trage fanden die Tester im Labor Formaldehyd. Es kann die Haut reizen und Allergien auslösen. In der Stokke-Trage wiesen sie große Mengen der Flammschutzmittel TDCP und TCPP nach: TDCP kann vermutlich Krebs erzeugen, TCPP wird von Wissenschaftlern genauso bewertet. ■

Die Beinchen formen ein M

Nach der Geburt ist die Kinderhüfte noch nicht fertig. Sie ist nur knorpelig vorgebildet und formbar. Um Fehlbildungen zu vermeiden, empfehlen Orthopäden, Babys insbesondere in den ersten sechs Monaten in der Anhock-Spreizstellung zu tragen: Auf der Hüfte sitzend, zieht das Baby die Beine an und spreizt sie leicht. Von hinten sieht das aus wie ein M. Die Hüfte kann so ohne Fehlstellung reifen.

Babytragen und Tragetücher 1/2020

Produkt	Mittlerer Preis ca. (Euro)	Kind- und elterngerechte Gestaltung 45 %	Handhabung 35 %	Sicherheit und Haltbarkeit 10 %	Schadstoffe 10 %	test - QUALITÄTSURTEIL 100 %
Vollschnallen-Tragen						
Manduca XT	159	+	○	++	++	GUT (2,0)
Kokadi Flip Größe Baby[1)]	179	+	+	+	+	GUT (2,1)
Ergobaby Adapt	140	+	○	+	+	GUT (2,4)
Babybjörn One	170	⊖*)	○	++	○	BEFRIEDIGEND (3,5)
Lictin LBC2	33[2)]	⊖*)	○	⊖[3)]	++	AUSREICHEND (4,0)
Fillikid Walk	40	⊖	○	++	–*)[4)]	MANGELHAFT (4,6)[5)]
Stokke Mycarrier	159	○	○	+	–*)[6)]	MANGELHAFT (4,6)
Halbschnallen-Tragen						
Hoppediz Nabaca Regular	150	+	+	+	++	GUT (1,9)
Cybex Maira.tie[1)]	120	+	○	+	○	GUT (2,5)
Fidella Flyclick	129	+	+	–*)[7)]	++	MANGELHAFT (5,0)
Limas Babytrage[1)]	130	+	+	–*)[7)]	++	MANGELHAFT (5,0)
Tragetücher						
Amazonas Carry Sling[8)]	50[9)]	++	+	+	++	GUT (1,7)
Didymos Prima[10)]	109[11)]	++	+	+	++	GUT (1,8)
Manduca Sling[1)]	60	+	○	+	++	GUT (1,9)
Moby Wrap Classic	50[2)]	++	○	++	++	GUT (1,9)

Bewertungsschlüssel der Prüfergebnisse:
++ = Sehr gut (0,5–1,5). + = Gut (1,6–2,5). ○ = Befriedigend (2,6–3,5).
⊖ = Ausreichend (3,6–4,5). – = Mangelhaft (4,6–5,5).
Bei gleichem Qualitätsurteil Reihenfolge nach Alphabet.
***) Führt zur Abwertung.**
1) Laut Anbieter Gebrauchsanleitung geändert.
2) Von uns bezahlter Einkaufspreis.
3) Kinder könnten an der zu dünnen Kunststofffolie des Verpackungsmaterials ersticken. Zudem fehlen auf der Verpackung Warnhinweise auf Deutsch.
4) Enthält im Innenfutter Formaldehyd oberhalb der Grenze der Spielzeugnorm Din EN 71-9.
5) Laut Anbieter ist die getestete Trage in schwarz exklusiv nur über den Anbieter Babyartikel.de erhältlich.
6) Gehalt der Flammschutzmittel TCPP und TDCP im Obermaterial und Innenfutter liegt über dem EU-Grenzwert für Spielzeug für Kinder unter 3 Jahren.
7) In der Rückentrageposition können die Schultergurte herunterrutschen und das Kind kann herausfallen. Laut Anbieter liegt nun ein Brustgurt bei, der dies verhindern würde.
8) Geprüft in den Größen 450 cm Länge und 510 cm Länge.
9) Mittlerer Preis für 450 cm Länge. Der mittlere Preis für die 510 cm Länge liegt bei ca. 57 Euro inklusive Versand.
10) Geprüft in den Größen 6 (470 cm Länge) und 7 (520 cm Länge).
11) Mittlerer Preis für Größe 6 (470 cm Länge). Der mittlere Preis für die Größe 7 (520 cm Länge) liegt bei ca. 120 Euro.

Einkauf der Prüfmuster: Juli 2019.

Unser Rat

Testsieger der Buchungsportale mit Schwerpunkt Hotels ist **Expedia,** knapp gefolgt von **Booking.com** und **Hotels.com**. Auch die drei weiteren Hotelportale schneiden gut ab. Die Portale, die ihren Schwerpunkt auf Ferienwohnungen haben, schneiden überwiegend befriedigend ab. Lediglich **Airbnb** und **FeWo-direkt** überzeugen mit Gut im Test.

Bloß nicht stressen lassen

1/2020 Hotel oder Ferienwohnung buchen: Auf den meisten Portalen klappt das gut. Manche geben Rätsel auf oder machen Stress.

Mehr als jede zweite Urlaubsreise wird heute übers Internet gebucht, schätzt der Verband Internet-Reisevertrieb. Der Besuch auf dem Buchungsportal ersetzt den Gang ins Reisebüro, Kundenbewertungen die Empfehlungen des Beraters. Aus Kundensicht klappt das gut bis befriedigend. So lauten die Urteile für die 15 Portale im Test.

Geprüft haben wir, bevor es im Zuge der Corona-Pandemie zu Reisebeschränkungen kam. Die informativste Trefferliste lieferte Expedia – von der Preisauszeichnung bis zu Sehenswürdigkeiten in der Nähe. Doch Nutzer erkennen nicht immer, warum eine Unterkunft oben steht. Die vorderen Plätze heißen je nach Portal „Top-Empfehlung“ oder „Der beste Deal des Tages“. Was dahinter steckt, bleibt oft unklar. Teilweise bezahlen Hotels für eine gute Platzierung. Expedia schreibt „Gesponsert“ auf solche Einträge. Bei Booking.com weist nur ein Daumen auf Sponsoring hin – die Erklärung erscheint erst, wenn die Maus drüberfährt.

Nicht alle Kunden erhalten dieselben Suchergebnisse. Denn die Portale werten die digitalen Spuren der Nutzer aus – vom Cookie bis zum Browserverlauf.

Tipp: Buchen Sie nicht einfach, was ein Portal Ihnen vorsetzt. Sortieren Sie neu – zum Beispiel nach Preis oder Kundenbewertung.

Ist Ihr Traumhotel auf einem Portal ausgebucht, versuchen Sie es auf einem anderen oder direkt beim Hotelier – die Angabe „kein Zimmer mehr verfügbar“ darf sich nämlich nur auf das eigene Portal beziehen. ▶

Beim Hotel buchen und sparen
Wir haben für fünf Reisebeispiele die günstigsten Angebote der Portale mit den Preisen bei den Hotels selbst verglichen. Tendenziell stiegen Agoda, Booking.com und Hotels.com mit den preiswertesten Angeboten ein. Wer sparen will, sollte aber auch direkt beim Hotel anfragen: Knapp zwei Drittel der Hotels verlangten auf ihrer Website niedrigere oder gleich hohe Preise wie die Portale.

FOTO: WESTEND61 / HSIMAGES

Portale für Ferienunterkünfte 1/2020

Portal	Region/Anzahl der Unterkünfte ca.[1]	Buchung und Stornierung 50 %	Suche 20 %	Unterkunftsbewertungen 20 %	Website 10 %	Datensendeverhalten der Apps 0 %	Defizite im Kleingedruckten 0 %	test-QUALITÄTSURTEIL 100 %
Angebotsschwerpunkt Hotels								
Expedia	Welt/1 Million	++	+	○	++	kritisch	sehr gering	GUT (1,9)
Booking.com	Welt/2,6 Millionen	++	+	+	+	kritisch	deutlich*)	GUT (2,0)
Hotels.com	Welt/1 Million	+	+	○	+	kritisch	gering	GUT (2,0)
Hotel DE	Welt/850 000	+	+	○	+	kritisch[2]	gering	GUT (2,2)
HRS	Welt/850 000	+	+	○	+	kritisch	gering	GUT (2,2)
Agoda	Welt/2 Millionen	+	+	+	+	kritisch	deutlich*)	GUT (2,4)
Angebotsschwerpunkt Ferienwohnungen								
Airbnb	Welt/7 Millionen	+	○	○	+	kritisch	sehr gering	GUT (2,4)
FeWo-direkt	Welt/2 Millionen	+	+	⊖	++	kritisch	keine	GUT (2,4)
HRS Holidays	Welt/644 000	○	○	⊖	+	kritisch	sehr gering	BEFRIED. (2,8)
Tourist-online.de	Welt/370 000	+	+	⊖	+	Entfällt[3]	deutlich*)	BEFRIED. (3,1)
Traum-Ferienwohnungen	Welt/100 000	○	○	⊖	++	Entfällt[3]	sehr gering	BEFRIED. (3,1)
Atraveo	Europa/300 000	+	○	⊖	+	Entfällt[3]	deutlich*)	BEFRIED. (3,2)
E-Domizil	Welt/375 000	○	○	⊖	++	Entfällt[3]	deutlich*)	BEFRIED. (3,2)
BestFewo.de	Europa/400 000	○	○	⊖	+	Entfällt[3]	deutlich*)	BEFRIED. (3,4)
Casamundo	Europa und USA/1,5 Millionen	+	○	–*)	+	kritisch[2]	keine	BEFRIED. (3,4)

Bewertungsschlüssel der Prüfergebnisse: ++ = Sehr gut (0,5–1,5). + = Gut (1,6–2,5). ○ = Befriedigend (2,6–3,5). ⊖ = Ausreichend (3,6–4,5). – = Mangelhaft (4,6–5,5). **Bei gleichem Qualitätsurteil Reihenfolge nach Alphabet.**
***) Führt zur Abwertung. Defizite im Kleingedruckten:** keine, sehr gering, gering, deutlich, sehr deutlich.
Datensendeverhalten: unkritisch, kritisch, sehr kritisch.
1) Laut Anbieter. **2)** In der iOS-Version unkritisch. **3)** Keine Buchungsapp vorhanden.
Untersuchungszeitraum: August bis Oktober 2019.

Hotelbewertungen sind „echt"

Viele Nutzer orientieren sich bei ihrer Entscheidung daran, was frühere Besucher über eine Unterkunft geschrieben haben. Alle Hotelportale im Test versuchen, gekaufte Lobhudeleien zu verhindern: Wer eine Unterkunft bewerten will, muss selbst dort gewesen sein. Bei den Portalen für Ferienwohnungen gilt das nur für Airbnb, Atraveo, BestFewo, E-Domizil und FeWo-direkt. ■

Unser Rat

Carsharing-Kunden, die ein Auto spontan und ohne feste Station mieten möchten, fahren mit **Sixt Share** gut und recht günstig. Weniger flexibel, aber oft preiswert, sind die stationsgebundenen Anbieter. Im Test überzeugen alle drei: **Flinkster** vor **Stadtmobil** und **Cambio Carsharing**. Schnäppchen von Privatbesitzern lassen sich bei **Getaround** finden.

Flexibel mieten – und sparen

5/2020 Ob für wenige Kilometer oder den Wochenendtrip – Carsharing kann teuer werden. Unser Vergleich hilft, günstig ans Ziel zu kommen.

In 840 Orten stehen laut dem Bundesverband Carsharing Autos für die Kurzzeitmiete zur Verfügung. In kleineren und mittelgroßen Städten dominiert die klassische Carsharing-Variante: Nutzer holen das Fahrzeug an einer Station oder in einer Parkzone ab und bringen es dorthin zurück.

Auf Großstädte konzentriert sich dagegen die neuere Form des Autoteilens: Beim sogenannten Free-Floating – englisch für ungebunden – orten und öffnen Kunden das Auto per Smartphone. Am Ende der Fahrt stellen sie es irgendwo im Geschäftsgebiet ab, meist der Innenstadtbereich.

Carsharing klappt meist problemlos

Wir haben sechs weitverbreitete Anbieter untersucht: die stationsbasierten Flinkster, Stadtmobil und Cambio, die Free-Floater Miles, Share Now und Sixt Share, das beide Varianten bietet. Zusätzlich prüften wir mit Getaround und SnappCar zwei Portale, die Autos von Privatpersonen vermitteln. Alle Carsharing-Angebote funktionierten überwiegend problemlos. Nur SnappCar bewerteten wir mit Mangelhaft. Über das Portal war es kaum möglich, ein Auto zu mieten. Zweite Erkenntnis: Carsharing kann ins Geld gehen. Um zu sparen, empfehlen wir, sich bei mehreren Anbietern anzumelden und je nach Strecke den passenden zu wählen.

4,80 bis 15,60 Euro für eine Stunde

Vermieter mit Abholstationen bieten vor allem für längere Fahrten gute Konditionen. ▶

Kleine Kratzer oft kein Problem
Fast die Hälfte aller Autos im Test wies Schäden auf. Die meisten waren bereits notiert. Das zu überprüfen, ist mühsam, sollte aber jeder tun. Bei kleinen Kratzern sind Carsharing-Firmen meist kulant, ergab eine Finanztest-Umfrage. Schönheitsfehler in Visitenkartengröße verfolgen sie meist nicht. Das wäre zu aufwendig. Mieter haften zudem nur für Schäden, die der Anbieter ihnen nachweisen kann.

FOTO: CAMBIO, MILES, FLINKSTER, SHARE NOW [M]

Carsharing

5/2020

Anbieter	Fahrzeuge an Stationen/ ohne feste Stationen (Free Floating)[1]	Anmelden[2] 10 %	Suchen und Buchen[2] 20 %	Fahren 70 %	Datensende-verhalten der Apps[3] 0 %	Mängel in der Datenschutz-erklärung 0 %	Mängel in den AGB 0 %	test-QUALITÄTS-URTEIL 100 %
Mit eigener Flotte								
Flinkster[4]	■/◪[5]	++	++	+	unkritisch	sehr gering	sehr gering	**GUT (1,9)**
Sixt Share	■/■	+	+	+	kritisch	keine	gering	**GUT (2,0)**
Share Now (ehemals Car2go und DriveNow)	□/■	+	++	○	kritisch	sehr gering	gering	**GUT (2,2)**
Stadtmobil[6]	■/◪	○	+	+	unkritisch	sehr gering[7]	gering[7]	**GUT (2,2)**
Cambio Carsharing	■/□	○	○	+	unkritisch	sehr gering	gering	**GUT (2,3)**
Miles	□/■	+	+	○	kritisch	sehr gering	gering	**BEFRIEDIGEND (2,7)**
Vermittler für Privatautos								
Getaround (Drivy)	□/■[8]	++	+	○	kritisch	sehr deutlich*)[9]	deutlich	**BEFRIEDIGEND (3,4)**
SnappCar	□/■[8]	++	○	−	kritisch	sehr deutlich*)[10]	deutlich	**MANGELHAFT (5,0)**

Bewertungsschlüssel der Prüfergebnisse: ++ = Sehr gut (0,5–1,5). + = Gut (1,6–2,5). ○ = Befriedigend (2,6–3,5). ⊖ = Ausreichend (3,6–4,5). — = Mangelhaft (4,6–5,5). **Bei gleichem Qualitätsurteil Reihenfolge nach Alphabet.** ■ = Ja. □ = Nein. ◪ = Eingeschränkt. ***) Führt zur Abwertung. Datensendeverhalten:** unkritisch, kritisch, sehr kritisch. **Mängel in den AGB/in der Datenschutzerklärung:** keine, sehr gering, gering, deutlich, sehr deutlich.
1) Angaben laut Anbieter. **2)** Prüfungen wurden mit Android-App durchgeführt. **3)** Das Urteil bezieht sich auf die im Datenstrom identifizierten Daten. **4)** Vermittelt auch Autos anderer Anbieter. **5)** Rückgabe in ausgewiesenen Zonen möglich. **6)** Unternehmen besteht aus regionalen Verbünden. Im Test wurden drei Verbünde geprüft. **7)** Für Stadtmobil Berlin, kann in der Stadtmobil-Gruppe abweichen. **8)** Mieter müssen das Auto am vom Besitzer angegebenen Ort abholen und zurückbringen. **9)** Geforderte Informationen fehlen oder sind teils nicht nachvollziehbar. **10)** Keine rechtsverbindliche deutschsprachige Datenschutzerklärung. **Erhebungszeitraum:** Dezember 2019 bis Februar 2020.

Bei Flinkster, Cambio und Stadtmobil können Kunden Fahrzeuge Wochen im Voraus buchen. Ein Kleinwagen kostete im Untersuchungszeitraum für eine Stunde Mietzeit und 10 Kilometer Strecke bei Cambio 4,80 Euro, bei Stadtmobil 5 Euro und bei Flinkster 7,50 Euro. Free-Floating-Angebote sind flexibler, aber oft teurer – vor allem für längere Mietdauern. Sie sind aber praktisch für spontane Fahrten von A nach B. Nutzer können Fahrzeuge 15 Minuten gratis reservieren. Günstigster Free-Floater war Sixt Share mit 5,40 Euro für eine Stunde. Bei Share Now zahlen Kunden 15,60 Euro. ■

Unser Rat

Vier Dachboxen schafften im Test rundum gute Noten. Insgesamt am besten ist die **Thule Motion XT L** für 590 Euro. Sie lässt sich am leichtesten handhaben. Auf dem zweiten Platz liegt die **Kamei Oyster 450** für 630 Euro – im Crashtest war sie die beste. Dahinter folgen die **Atera Casar L** für 420 Euro und die **Hapro Trivor 440**, die 450 Euro kostet.

Urlaub auf dem Dach

3/2020 Dachboxen bringen auch Paddel und Skier sicher in den Urlaub. Manche zeigten aber Schwächen im Crashtest – eine riss vorn auf.

Zelt und Wanderstiefel, Skier oder Nordic-Walking-Stöcke, Yogamatten, Paddel, Skateboard: Dachboxen bieten Extra-Stauraum auf dem Autodach. Sie schlucken alles Sperrige, was nicht in den Kofferraum passt.

Die Stiftung Warentest hat zusammen mit dem ADAC zehn Dachboxen geprüft – unter anderem auf ihre Handhabung und ihren Einfluss auf Fahreigenschaften und Sicherheit. Sechs Modelle schnitten gut ab. Mehr als die Hälfte der Boxen schwächelte aber im Crashtest.

Vollgepackt, Dachlast überschritten

Fast alle Boxen im Test können laut Anbietern 75 Kilogramm Gepäck transportieren, die Jetbag 50 Kilo. Leider dürfen derart vollgepackte Boxen auf vielen Autodächern gar nicht mitfahren: Zahlreiche Autos erlauben insgesamt nur eine Höchstlast von 75 Kilo auf dem Dach, manche weniger. Allein der unverzichtbare Dachträger wiegt um die 5 Kilo, die leeren Boxen zwischen rund 15 und 22 Kilo. Bei der Angabe des nutzbaren Volumens übertreiben viele Anbieter.

Krebsscheren und Stahlseile

Auf dem Dachträger werden die Boxen mit unterschiedlichen Systemen befestigt. Bei Thule und Atera mit Drehknöpfen in der Box, bei Kamei mit Hebeln. Darunter greifen dann meist Krallen wie Krebsscheren um den Dachträger. Bei der G3 muss man vorperforierte Löcher aus dem Boxboden stanzen, ein Stahlseil nach außen um den Träger führen und wieder in die Box fummeln. ▶

So beladen Sie die Dachbox

Verstauen Sie erst Sperriges wie Skier oder Paddel, stellen Sie schwere Taschen in die Mitte der Box. Polstern Sie Lücken mit Decken oder Jacken aus, damit nichts verrutscht. Zurren Sie das Gepäck mit den mitgelieferten Gurten fest. Bevor es losgeht: Messen Sie nach, wie hoch Ihr Auto jetzt ist. Fahren Sie nicht schneller als 130 km/h, und prüfen Sie bei jeder Rast, ob noch alles festsitzt.

FOTO: ADAC

Dachboxen 3/2020

Produkt	Mittlerer Preis ca. (Euro)	Volumen laut Anbieter/gemessen ca. (Liter)	Fahreigenschaften	Handhabung	Gestaltung	Crashsicherheit	test-QUALITÄTSURTEIL
			20 %	40 %	20 %	20 %	100 %
Thule Motion XT L	590	450/455	+	+	+	+	GUT (1,9)
Kamei Oyster 450	630	450/430	+	+	+	+	GUT (2,1)
Atera Casar L	420	420/390	+	+	+	+	GUT (2,2)
Hapro Trivor 440	450	440/405	+	+	+	+	GUT (2,2)
Mont Blanc Altitude 450	470	450/450	++	○	+	○	GUT (2,4)
Norauto1) Bermude 400	300	421/405	++	○	+	○	GUT (2,4)
Jetbag 80 Family	350	420/420	++	○	○	○	BEFRIED. (2,6)
Northline Tirol 420	535	420/410	+	○	+	○	BEFRIED. (2,6)
G3 Reef 580	250	460/440	++	○	+	⊖*)	BEFRIED. (3,5)
Farad Zeus 480L	320 2)	480/400	+	○	+	⊖*)	AUSREICH. (4,0)

Bewertungsschlüssel der Prüfergebnisse: ++ = Sehr gut (0,5–1,5). + = Gut (1,6–2,5). ○ = Befriedigend (2,6–3,5). ⊖ = Ausreichend (3,6–4,5). — = Mangelhaft (4,6–5,5). **Bei gleichem Qualitätsurteil Reihenfolge nach Alphabet.**
***) Führt zur Abwertung.**
1) Vertrieb über A.T.U. **2)** Von uns bezahlter Einkaufspreis. **Einkauf der Prüfmuster:** September 2019.

Beladen nicht immer mühelos

Generell müssen auch große Menschen in den Rahmen der geöffneten Autotür steigen, um alle Nischen und Verschlüsse der Dachbox zu erreichen. Manche Boxen ließen sich nicht immer mühelos öffnen oder schließen, bei vielen ist zudem der Stauraum nicht optimal nutzbar – die Verschlüsse sind im Weg. Praktisch hingegen: Fast alle Dachboxen lassen sich von rechts wie von links aufklappen, mit Ausnahme der Jetbag.

Anbieter und Sicherheitsexperten empfehlen, mit der Box auf dem Dach maximal Tempo 130 zu fahren – egal ob leer oder voll. Das Zusatzgewicht verlängert den Bremsweg, erschwert das Ausweichen, und das Auto ist anfälliger für Windböen.

Crashtest: Viele hielten, eine zerbrach

Für den Crashtest packten wir Skier und schwere Skistiefel in die Boxen und simulierten einen Aufprall mit 30 Kilometer pro Stunde. Die besten – Kamei, Thule, Atera und Hapro – öffneten nur kurz das Maul. Die Skier kamen zum Vorschein, doch die Gurte zogen sie wieder zurück. Farad und G3 dagegen spien einen Teil ihrer Ladung auf den Prüfstand. Im Inneren rissen Gurte und Ösen. Bei der Farad zerbarst sogar das Gehäuse, zudem löste sich eine Halterung außen am Dachträger.

Vollbremsungen überstanden die meisten Boxen hingegen klaglos. Nur die Farad öffnete vorn einen Spalt, als der Testfahrer bei Tempo 100 das Bremspedal durchdrückte. Harmlose Herausforderungen meisterten die Dachboxen überwiegend gut. So blieb die Ladung bei simuliertem Starkregen nahezu überall trocken. Auch klirrende Minusgrade steckten fast alle gut weg. Nur bei der Jetbag hinterließ der simulierte Steinschlag tiefe Risse – keine Empfehlung für den Winterurlaub. ■

Unser Rat

Vier Pedelecs, umgangssprachlich oft E-Bikes genannt, sind gut. Favorit der Testfahrer und insgesamt das beste Elektrorad ist das **KTM Macina Tour 510** für 2900 Euro. Vorn mit dabei ist das **Stevens E-Courier PT5**. Das **Pegasus Premio Evo 10 Lite** fährt gut, braucht aber lange zum Aufladen. Das **Raleigh Kent 9** überzeugt, fährt mit viel Gepäck aber etwas instabil.

Vier rollen vorneweg

6/2020 Fast alle zwölf Elektroräder im Test bringen Fahrspaß. Gut sind aber nur vier. Bei den anderen deckten wir teils massive Probleme auf.

Jahr für Jahr schwingen sich in Deutschland mehr Menschen aufs Pedelec. Wir teilen diese Begeisterung fürs Radeln mit Unterstützung aus dem Elektromotor – aber längst nicht für jedes Pedelec. Denn im Praxistest von zwölf Rädern mit tiefem Einstieg überzeugten zwar fast alle mit ihren Fahreigenschaften, doch nur vier erwiesen sich auch in den weiteren Tests als robust und sicher. Insgesamt gut sind Stevens, Pegasus, Raleigh und das KTM Macina Tour 510 – der Favorit der Testenden.

Trotz ihrer Ausrichtung auf komfortables Fahren können sich die getesteten Pedelecs durch ihre Ausstattung auch auf anspruchsvoller Strecke behaupten. Sie bieten Scheibenbremsen, sieben bis zehn Gänge, Qwic und Stevens haben eine Nabenschaltung, alle anderen eine Kettenschaltung. Die Motoren von Bafang, Brose, Bosch und Shimano unterstützen kraftvoll und bis zu Tempo 25.

FOTO: ANDREAS LABES

Probleme sind keine Preisfrage

Obwohl sie mit 2 150 bis 3 500 Euro keineswegs preiswert sind, stellten wir bei vielen Testkandidaten teils massive Probleme fest: Die beiden Schlusslichter von Kalkhoff und Kettler scheitern in einem Standardtest zur Brandsicherheit und sind mangelhaft. Ihre Steckergehäuse am Ladegerät beziehungsweise Akku sind aus einem Kunststoff gefertigt, der – etwa bei einem Kurzschluss – in Flammen aufgehen und abbrennen kann.

Bei einigen Pedelecs hinterließ der Dauertest, in dem wir die Belastung von ▶

Sicher mit dem Pedelec unterwegs
Das Risiko für schwere Verletzungen ist bei Unfällen mit dem Pedelec höher als bei einem Fahrrad. Ein Helm kann Kopfverletzungen vorbeugen – denn das Risiko für schwere Hirnverletzungen erhöht sich mit dem Alter. Außerdem empfehlen wir: Ein Pedelec wählen, das unsichere Radelnde mit seiner Power nicht überfordert. Und: Üben! Etwa Vollbremsungen oder enge Achten fahren.

Pedelecs mit tiefem Einstieg 6/2020

Produkt	Mittlerer Preis ca. (Euro)	Preis für Ersatzakku ca. (Euro)	Fahren	Antrieb	Handhabung	Sicherheit und Haltbarkeit	Schadstoffe	test-QUALITÄTSURTEIL
			40 %	20 %	20 %	20 %	0 %	100 %
KTM Macina Tour 510	2900	750	++	+	○	++	+	GUT (1,7)
Stevens E-Courier PT5	3000	K. A.[1]	+	+	⊖	+	+	GUT (2,3)
Pegasus Premio Evo 10 Lite	3100	760	+	○	○	+	+	GUT (2,4)
Raleigh Kent 9	2800	650	○	+	○	+	+	GUT (2,4)
Falter E 9.8 KS Wave	3000	K. A.	+	○	○	++	⊖*)2)	BEFRIEDIGEND (2,8)
Winora Sinus i9	2800[3]	K. A.	+	+	○	+	⊖*)2)	BEFRIEDIGEND (2,8)
Kreidler Vitality Eco 7	2800	500	+	○	○	++	⊖*)2)	BEFRIEDIGEND (2,9)
Fischer Cita 6.0i	2150	520	+	+	○	⊖*)	++	AUSREICHEND (4,0)
Flyer Gotour 6	3500	K. A.[1]	+	○	○	⊖*)	+	AUSREICHEND (4,0)
Qwic Premium i MN7+	2950	650	⊖*)	○	⊖	○	++	AUSREICHEND (4,2)
Kalkhoff Endeavour 5.S Move	3100	500	+	+	⊖	–*)	○	MANGELHAFT (5,0)
Kettler Paramount 10G[4]	2790[3]	K. A.	+	+	⊖	–*)	○	MANGELHAFT (5,0)

Bewertungsschlüssel der Prüfergebnisse: ++ = Sehr gut (0,5–1,5). + = Gut (1,6–2,5). ○ = Befriedigend (2,6–3,5). ⊖ = Ausreichend (3,6–4,5). – = Mangelhaft (4,6–5,5). **Bei gleichem Qualitätsurteil Reihenfolge nach Alphabet.**
***) Führt zur Abwertung.** K. A. = Keine Angabe.
1) Wird über Bosch vertrieben.
2) Der Sattel enthält hohe Mengen des schädlichen Weichmachers DPHP.
3) Von uns bezahlter Einkaufspreis. **4)** Laut Anbieter Auslaufmodell. Restbestände im Handel erhältlich.
Einkauf der Prüfmuster: November 2019 bis Januar 2020.

20 000 Kilometern simulieren, Spuren: Beim Flyer riss eine Rahmen-Schweißnaht an, beim Fischer das Sattelrohr, beim Kalkhoff die Sattelstütze. Weiten sich solche Anrisse mit der Zeit zu einem Bruch aus, kann es für Radelnde gefährlich werden.

Heikel war für unsere Tester auch die Fahrt mit dem Modell von Qwic: Voll beladen flatterte es schon bei niedrigem Tempo so gravierend, dass wir ein Sicherheitsrisiko sahen und in diesem Punkt ein Mangelhaft vergaben. Auch ohne Gepäck fährt es schlechter als alle anderen Modelle, die diese Fahrprüfung meist problemlos schafften.

Schadstoffe und Schwergewichte

Zwei Entwicklungen seit unserem Test von Trekking-Pedelecs im Jahr 2018 sehen wir kritisch: Während damals alle Modelle im Schadstofftest unauffällig waren, fanden wir nun in den Sätteln von Falter, Kreidler und Winora hohe Mengen des Phthalat-Weichmachers DPHP. Im Tierversuch schädigte er Schilddrüse und Hypophyse.

Außerdem sind die aktuell geprüften Elektroräder rund drei Kilo schwerer als die Trekking-Pedelecs 2018. Sie wiegen rund 26 bis 28 Kilogramm. Für viele Radbesitzer ist das im Wortsinn untragbar. ■

Unser Rat

Nur zwei der sieben E-Scooter können wir empfehlen. **The-Urban #BRLN** von **Walberg** schneidet als einziger gut ab. Der 950 Euro teure Elektro-Tretroller erwies sich im Test als sehr haltbar und überzeugte in den Fahrprüfungen. Deutlich günstiger und immerhin befriedigend ist der **IO Hawk Sparrow** für 500 Euro. Er fährt sich aber etwas instabil.

Einer macht das Rennen

4/2020 Sieben klappbare E-Scooter stellen sich den Praxis-, Sicherheits- und Haltbarkeitsprüfungen. Bis auf zwei Modelle fallen alle durch.

Straßentaugliche Elektro-Tretroller, die sich für den Transport zusammenklappen lassen, sind perfekt für Pendler. Eigentlich. Denn im Test offenbaren fünf der sieben E-Scooter schwerwiegende Mängel.

Die kleinen Flitzer kosten zwischen 400 und 1170 Euro, fahren bis zu 20 Kilometer pro Stunde und wiegen 11 bis 17 Kilogramm. Ausgestattet sind sie mit Licht, Display, Klingel und mindestens zwei Bremsen.

Im Test mussten sich die E-Scooter in Fahr- und Sicherheitsprüfungen beweisen, Härtetests überstehen und zeigen, wie weit sie mit einer Akkuladung kommen. Nur zwei schaffen es ins Ziel: The-Urban #BRLN, der einzig Gute im Test, sowie der IO Hawk Sparrow, der befriedigend abschneidet. Die restlichen fünf sind mangelhaft. Einige haben gleich mehrere Schwachstellen. Der SO2 und der Trekstor e.Gear gingen im Belastungstest zu Bruch. Dem e.Gear mangelt es zudem an Bremskraft, genauso wie dem Tracer Street und dem Moovi. Beim Moovi und beim Buddy V2 wiesen wir in den Griffen zudem krebsverdächtige Stoffe nach.

FOTO: STIFTUNG WARENTEST

Auf die Radgröße achten

Im Praxistest absolvierten sechs Fahrer und Fahrerinnen mit jedem Modell einen Parcours, der unter anderem Asphalt, Schotter, Bordsteinkanten sowie Kurven und Steigungen umfasste. Zudem prüften sie die Roller auf regennasser Fahrbahn.

Auf ebenem Grund lässt sich mit den Rollern meist problemlos cruisen, auch bei hohem Tempo. Nur mit dem Moovi hört der ▶

Reichweite und Akku

Die Akkus der Modelle haben eine Kapazität von 187 bis 461 Wattstunden. Wie weit Fahrer damit kommen, hängt von mehreren Faktoren ab. Wir testeten auf einem Prüfstand mit konstanten Bedingungen: eine ebene Strecke, eine Zuladung von 100 Kilogramm und maximale Geschwindigkeit. Der SO2 mit dem größten Akku schaffte 32 Kilometer, der Moovi mit dem kleinsten nur 12 Kilometer.

E-Scooter 4/2020

Produkt	Mittlerer Preis ca. (Euro)	Fahren 45 %	Handhabung 30 %	Haltbarkeit 15 %	Sicherheit 5 %	Schadstoffe 5 %	test-QUALITÄTSURTEIL 100 %
Walberg The-Urban #BRLN V2[1)]	950	+	O	++	+	O	GUT (2,4)
IO Hawk Sparrow-Legal	500	O	O	+	O	++	BEFRIED. (2,8)
SXT Buddy V2 eKFV[2)]	1 170	+	O	+	+	–[*) 3)]	MANGELH. (4,6)
iconBIT Tracer Street IK-1972K	400	O	O	O	–[*) 4)]	+	MANGELH. (4,9)
Moovi StVO[5)]	700	O	O	O	–[*) 4)]	–[6)]	MANGELH. (5,0)
SoFlow SO2[5)]	815	+	O	–[*)]	+	O	MANGELH. (5,0)
Trekstor e.Gear EG3178[5)]	550	+	O	–[*)]	–[4)]	++	MANGELH. (5,0)

Bewertungsschlüssel der Prüfergebnisse: ++ = Sehr gut (0,5–1,5). + = Gut (1,6–2,5). O = Befriedigend (2,6–3,5). ⊖ = Ausreichend (3,6–4,5). — = Mangelhaft (4,6–5,5). **Bei gleichem Qualitätsurteil Reihenfolge nach Alphabet.**
***) Führt zur Abwertung. 1)** Laut Anbieter auch unter dem Namen The-Urban #RVLTN für rund 800 Euro erhältlich. **2)** Laut Anbieter Gebrauchsanleitung geändert. **3)** Enthält im Griff Benzo(ghi)perylen oberhalb des Grenzwertes des GS-Zeichens. **4)** Erreicht nicht die in der Norm geforderte Bremswirkung. **5)** Laut Anbieter Produkt geändert. **6)** Enthält im Griff Naphthalin oberhalb des Grenzwertes des GS-Zeichens sowie hohe Mengen des Phthalat-Weichmachers DINP.
Einkauf der Prüfmuster: August bis November 2019.

Fahrspaß spätestens am ersten Schlagloch auf. Das liegt vor allem an seinen kleinen Rädern. Auch das Anhalten kann auf dem Moovi für Adrenalinstöße sorgen: Die Vorderradbremse greift recht spät und abrupt.

Ein Risiko besteht für E-Scooter-Fahrer beim Abbiegen und Spurwechseln. Die Scooter sind für Handzeichen und einhändiges Fahren zu wackelig. Deshalb: langsam fahren und Schulterblick!

Drei mit mangelhaften Bremsen

Die Bremsen beurteilten die Tester zum einen subjektiv beim Fahren. Zudem ermittelten sie, wie lange jede verbaute Bremse braucht, um den E-Scooter bei Höchstgeschwindigkeit zum Stehen zu bringen. Für unsere Bewertung zogen wir eine Norm heran, die eine etwas höhere Bremskraft verlangt als der Gesetzgeber. Die elektronischen Bremsen von Tracer Street, Moovi und e.Gear schafften allerdings noch nicht einmal den gesetzlich geforderten Wert – in diesem Zustand hätte keiner der drei eine Straßenzulassung bekommen dürfen.

Teurer Schrott nach Belastungstest

Um zu ermitteln, wie robust die E-Scooter sind, mussten sie Biege- und Schlagprüfungen überstehen. Auf einem Prüfstand rollten sie zudem über eine rotierende, mit Holperleisten versehene Trommel. Das simuliert eine Fahrt etwa über Kopfsteinpflaster und Schlaglöcher. Gewichte ersetzten dabei den Fahrer. Nahezu unbeschadet überstanden das The-Urban #BRLN, IO Hawk, der Buddy V2 und Tracer Street. Zu Bruch gingen hingegen der 815 Euro teure SO2 und das 550-Euro-Modell e.Gear von Trekstor. In beiden Fällen sind die Schäden irreparabel – und die Flitzer Schrott.

Der SO2-Roller ist der einzige, bei dem sich der Akku entnehmen lässt. Für alle anderen gilt: Zum Laden muss der gesamte Scooter an die Steckdose. Und ist der Akku kaputt, muss der Roller in die Werkstatt. ■

Unser Rat

Bester Scheinwerfer im Test ist der sehr gute **Trelock** LS 760 I-Go Vision (99 Euro), gefolgt vom guten **Busch+Müller** Ixon Space für 143 Euro. Günstiger und in puncto Licht und Sicht ebenbürtig ist der gute **Cateye** GVolt50 (37 Euro). Bei den Rücklichtern knapp vorn ist der **Sigma** Blaze (20 Euro), am günstigsten ist **Axa** Compactline Rear USB (12 Euro).

Viel Licht, kaum Schatten

9/2020 Ein Premium-Scheinwerfer liegt im Test vorn. Aber auch Günstige machen die Nacht zum Tag. Von sechs Rücklichtern sind fünf gut.

Fahrradleuchten sind in den vergangenen Jahren immer besser geworden. Vor allem die LED-Technologie spielt Nachtradlern in die Karten. Das belegt unser Test von 13 Frontscheinwerfer und 6 Rücklichtern mit erfreulich vielen guten Ergebnissen. Alle geprüften Leuchten sind abnehmbar und werden mit einem Akku betrieben.

Fahrradfahrende wissen: Für ein sicheres Fahrgefühl im Dunklen ist Helligkeit allein nicht alles. Es geht darum, wie sie sich auf der Straße verteilt: Reicht der Lichtkegel weit genug, um vorausschauend fahren zu können? Und ist das Licht so gleichmäßig, dass Unebenheiten sichtbar sind? Ein besonders überzeugendes Lichtbild bietet der sehr gute Testsieger Trelock LS 760 I-Go Vision für 99 Euro. Sieben Scheinwerfer bekamen das Qualitätsurteil Gut, darunter weit preiswertere. Für den städtischen Straßenverkehr sind alle hell genug.

Die Modelle von Prophete und XLC sind nur ausreichend. Ihr Lampenglas brach im Falltest aus. Prophete lief im Spritzwassertest zudem voll Wasser – und ging dann aus.

FOTO: ANDREAS LABES

Hinten ist fast alles gut

Ein Rücklicht soll Radfahrende sichtbar machen. Im Test schafften das alle sechs. Als Einziges befriedigend ist Cateye. Es ist sehr hell, leuchtet aber nur wenige Stunden. Mit leichtem Vorsprung gewinnt das gute Sigma Blaze für 20 Euro. Wer mehr Wert auf längere Leucht- oder kurze Ladedauer legt oder eine feste Halterung sucht, kann aber auch bedenkenlos andere Testkandidaten kaufen. ■

Leuchten, statt zu blenden

Um weit zu leuchten, richten Radfahrer die hellen Scheinwerfer oft zu hoch aus. Der Gegenverkehr wird geblendet. Richtig: Scheinwerfer so ausrichten, dass sich der hellste Punkt im Lichtkegel etwa zehn Meter vor dem Rad auf dem Boden befindet. Bleibt die Halterung einer Leuchte nicht am Rad, muss immer wieder justiert werden. Wer da nachlässig wird, blendet mitunter andere.

Frontscheinwerfer fürs Rad 9/2020

Produkt	Mittlerer Online-preis ca. (Euro)	Licht und Sicht 50 %	Handhabung 30 %	Haltbarkeit 20 %	Leuchtdauer auf höchster/niedrigster Stufe ca. (h:min)	Ladedauer ca. (h:min)	Halterung fest am Rad	test-QUALITÄTSURTEIL 100 %
Trelock LS 760 I-Go Vision	99	++	++	++	6:20/18:00	4:30	■	SEHR GUT (1,3)
Busch+Müller Ixon Space	143	+	+	++	4:00/30:30	6:50	■	GUT (1,6)
Cateye GVolt50	37	+	○	++	3:30/18:20	6:10	■	GUT (2,0)
Sigma Aura 80 USB	44	+	+	++	5:00/16:10	8:40	□	GUT (2,0)
Busch+Müller Ixon Core[1]	49	+	+	++	5:10/15:20	4:50	■	GUT (2,1)
Axa Compactline 35 USB	31	○	+	++	4:40/14:40	7:00	■	GUT (2,2)
Sigma Aura 35 USB	25	+	+	++	5:00/11:00	8:50	□	GUT (2,2)
Büchel BLC 820[2]	48[3]	○	+	++	3:30/13:10	5:50	■	GUT (2,4)
Lunivo Vegas F40 - RSL	40[4]	○	+	++	3:50/Entfällt	6:10	■	BEFRIED. (2,6)
Decathlon FL 900	26[4]	⊖	○	++	2:50/Entfällt	4:10	□	BEFRIED. (3,1)
Lezyne Power Pro 80	48[4]	○	⊖	++	3:20/10:10	15:10	□	BEFRIED. (3,1)
Prophete LED-Batterie-scheinwerfer	29	○	+	–*)	3:20/12:50	8:30	■	AUSREICH. (4,5)
XLC Sirius B40	31	+	○	–*)	6:50/13:50	11:30	■	AUSREICH. (4,5)

Bewertungsschlüssel der Prüfergebnisse: siehe Tabelle unten. **Bei gleichem Qualitätsurteil Reihenfolge nach Alphabet.**
***) Führt zur Abwertung.** ■ = Ja. □ = Nein.
1) Laut Anbieter Produkt geändert. **2)** Laut Anbieter Gebrauchsanleitung geändert.
3) Preis laut Anbieterbefragung. **4)** Von uns bezahlter Einkaufspreis. **Einkauf der Prüfmuster:** Februar und März 2020.

Rücklichter fürs Rad 9/2020

Produkt	Mittlerer Online-preis ca. (Euro)	Licht und Sicht 50 %	Handhabung 30 %	Haltbarkeit 20 %	Leuchtdauer/Ladedauer ca. (h:min)8 mm	Bremslichtfunktion	Halterung fest am Rad	test-QUALITÄTSURTEIL 100 %
Sigma Blaze	20	+	+	++	10:50/2:50	■	□	GUT (1,7)
Büchel Duo LED Stoptech	27[1]	+	+	++	8:50/2:50	■	■	GUT (2,0)
Trelock LS 720 Reego	18	+	+	++	12:10/1:50	□	■	GUT (2,1)
Busch+Müller Ixxi	16	+	○	++	22:00/6:10	□	□	GUT (2,2)
Axa Compactline Rear USB	12	○	○	++	9:00/1:10	□	□	GUT (2,3)
Cateye Rapid Micro G	19	⊖	+	++	5:00/1:40	□	■	BEFRIED. (2,6)

Bewertungsschlüssel der Prüfergebnisse: ++ = Sehr gut (0,5–1,5). + = Gut (1,6–2,5). ○ = Befriedigend (2,6–3,5).
⊖ = Ausreichend (3,6–4,5). — = Mangelhaft (4,6–5,5). ***) Führt zur Abwertung.** ■ = Ja. □ = Nein.
1) Preis laut Anbieterbefragung. **Einkauf der Prüfmuster:** Februar und März 2020.

Unser Rat

Zu Hause lässt sich am besten mit **Gymondo** trainieren, gefolgt von **Fitnessraum**. Ein Abo für drei Monate kostet bei Gymondo 39 Euro, bei Fitnessraum 45 Euro. Alle Studios bieten ein kostenloses Probe-Abo an. Gratis sind Fitnesskanäle auf **Youtube**, sie bieten aber kaum Trainingsbetreuung. Zum Ausprobieren lohnen sich **Happy and Fit** und **Gabi Fastner**.

In die Stube, fertig, los!

9/2020 Mehrere Studios bieten gute Fitnesskurse für zu Hause an. Oft bleiben Nutzer beim Training aber auf sich allein gestellt.

Mit Online-Fitnessstudios lässt sich jederzeit und überall trainieren. Wir wollten wissen, ob sie mit Vor-Ort-Studios mithalten können. Unsere Sportwissenschaftler untersuchten unter anderem, ob Kurse sinnvoll aufgebaut sind, individuelle Trainingspläne erstellt und Mitglieder betreut werden. Wir checkten das Kleingedruckte, beurteilten, wie leicht und sicher Website und Apps zu bedienen sind, und bewerteten Infos zur richtigen Ernährung. Zusätzlich sahen wir uns drei Fitnesskanäle auf der Videoplattform Youtube genauer an. Bei ihnen prüften wir nur die Kursinhalte, da sie kaum weitere Funktionen bieten.

Von gut bis ausreichend

Der Test zeigt große Qualitätsunterschiede zwischen den Online-Studios. Testsieger Gymondo bietet gute Kurse und geht am besten individuell auf Kundinnen und Kunden ein. Legt man wenig Wert auf Hilfestellungen und Betreuung, sind auch die kostenlosen Youtube-Kanäle in Ordnung. Sie finanzieren sich über Werbung.

Die Fitness-Portale laufen über ihre Websites. Vier bieten zudem eine App, Gymondo und Fitnessraum auch für Smart-TVs. Wie in klassischen Studios schließen Nutzer ein Abo ab. Einen günstigen Ein-Monats-Vertrag offerierten My Fitness Video für 15 Euro sowie Fitnessraum für rund 17 Euro. Bodyshape verlangt für den sechsmonatigen Vollzugang 179 Euro. Fallstricke im Kleingedruckten, etwa unfaire Ausstiegsklauseln, entdeckten wir nirgends. ▶

So trainieren Sie richtig

Am sinnvollsten ist ein Training mit Kraft- und Ausdauerelementen. Anfänger sollten etwa zwei bis drei Mal pro Woche für jeweils 30 bis 45 Minuten trainieren. Und das am besten mäßig intensiv mit wechselnden Belastungsintensitäten. Zwischen den Trainings sollten zwei bis drei Tage Pause liegen. Ungeübte, vor allem jene ab 40 Jahren, sollten sich vor Trainingsbeginn ärztlich checken lassen.

Online-Fitnessstudios 9/2020

Anbieter	Website	Kosten für 3 Monate ca. (Euro)[1)2)]	Kursqualität 70 %	Trainings- und Ernährungsbegleitung 20 %	Website und Apps 10 %	Mängel im Kleingedruckten 0 %	test-QUALITÄTSURTEIL 100 %
Gymondo	gymondo com	39	+	○	+	**sehr gering**	**GUT (2,0)**
Fitnessraum	fitnessraum.de	45	+	○	+	**gering**	**GUT (2,3)**
Bodyshape	join.teambodyshape.com	90[3)]	+	○	○	**gering**	**BEFRIED. (2,7)**
Pur-life	pur-life.de	69	○	○	+	**deutlich**[*)]	**AUSREICH. (3,6)**
My Fitness Video	myfitnessvideo.com	39	+	–[*)]	+	**sehr gering**	**AUSREICH. (3,8)**

Bewertungsschlüssel der Prüfergebnisse: ++ = Sehr gut (0,5–1,5). + = Gut (1,6–2,5). ○ = Befriedigend (2,6–3,5). ⊖ = Ausreichend (3,6–4,5). — = Mangelhaft (4,6–5,5). ***) Führt zur Abwertung.**
Mängel im Kleingedruckten: keine, sehr gering, gering, deutlich, sehr deutlich.
1) Angaben laut Anbieter im Juli 2020. **2)** Ohne Sonderaktionen. **3)** Anteilig berechnet. Die Mindestlaufzeit beträgt 6 Monate und kostet 179 Euro im Komplett-Tarif. **Erhebungszeitraum:** April bis Juli 2020.

Youtube-Fitnesskanäle 9/2020

Wir wollten wissen, ob sich auch mit beliebten Fitnesskanälen auf Youtube gut trainieren lässt. Wir wählten drei deutschsprachige Kanäle aus, die ein ähnliches Kursangebot wie die Online-Studios bieten. Sie haben rund 146 000 bis 184 000 Follower. Individuelle Trainingsbegleitung liefern die Kanäle kaum. Mit Happy and Fit und den Videos von Gabi Fastner kann man trotzdem einiges für die Fitness tun.

Name	Link zum Kanal	Kursqualität
Happy and Fit Fitness	youtube.com/happyandfitfitness	○
Gabi Fastner	youtube.com/gabifastner	○
Paulina Wallner	youtube.com/paulinawallner	⊖

Bewertungsschlüssel der Prüfergebnisse: ++ = Sehr gut (0,5–1,5). + = Gut (1,6–2,5). ○ = Befriedigend (2,6–3,5). ⊖ = Ausreichend (3,6–4,5). — = Mangelhaft (4,6–5,5). **Erhebungszeitraum:** April bis Juli 2020.

Kaum individuell passende Trainings
Sportwissenschaftlich überzeugen viele Kurse. Gymondo und Fitnessraum, aber auch My Fitness Video und Bodyshape präsentieren sinnvolle, verständliche Trainings.

Ein gutes Fitnessstudio berät Kunden auch zu persönlichen Voraussetzungen und Trainingszielen. Außer Gymondo zeigen hier alle deutliche Schwächen. Unsere Tester bekamen nur wenige zu ihren Vorgaben passende Kurse empfohlen. Zudem weisen alle fünf Portale Menschen mit Vorerkrankungen kaum auf gesundheitliche Risiken hin und fragen Beschwerden nicht ab. ■

Unser Rat

Die besseren der geprüften fluorfreien Funktionsjacken reichen für leichte Wandertouren und Städtetrips. Die **Schöffel** (200 Euro) und die **Salewa** (120 Euro) zum Beispiel schützen zumindest neu vor Regen, nach fünf Wäschen lässt das bei beiden stark nach. Nachimprägnieren kann helfen – möglichst mit einem fluorfreien Mittel oder über einen Imprägnierservice.

FOTO: GETTY IMAGES

Ausflug ins Grüne

10/2020 In wetterfester Kleidung steckt oft schädliche Chemie. Geht es auch ohne? Im Test blieb keine Prüfpuppe trocken.

An diesen Luxus haben wir uns gewöhnt: Gute Funktionsjacken halten Regen von außen ab und lassen Wasserdampf von innen heraus.

Es gibt umweltfreundliche Alternativen
Dass das funktionieren kann, wissen wir aus früheren Tests. Allerdings enthielten die meisten Jacken aus dem Test 2016 fluorhaltige Chemikalien: per- und polyfluorierte Alkylsubstanzen (PFAS), oft auch per- und polyfluorierte Chemikalien (PFC) genannt. Sie weisen Wasser, Schmutz und Öl besonders gut ab, stehen aber als Schadstoffe in der Kritik. Einige Outdoor-Ausstatter bieten inzwischen umweltfreundliche Alternativen an. Wir haben acht laut Anbieter fluorfreie Jacken geprüft. Sie sind ungefüttert – für Herbstwanderungen muss noch was Wärmendes druntergezogen werden.

Regenschutz mäßig
Das Ergebnis enttäuscht: Keine fluorfreie Jacke bietet guten Regenschutz. Im Neuzustand hielten einige im Regenturm sehr gut dicht, die übrigen trotzten dem Regen akzeptabel. Nach fünf Wäschen hatten alle stark nachgelassen: Wasser perlte nicht mehr so wirkungsvoll ab, der Oberstoff saugte sich voll, die Jacken weichten durch.

PFAS gefährden auch Menschen
Wer auf Problemchemie verzichten will, findet also zumindest unter den geprüften Jacken keine überzeugende Alternativen. ▶

Fatal stabile Substanzen
Was bei der Beschichtung erwünscht ist, erweist sich in der Umwelt als fatal. Bestimmte PFAS bauen sich auch über lange Zeiträume kaum von allein ab und können von Kläranlagen nicht zuverlässig herausgefiltert werden. Über Luft und Regen verbreiten sich die Substanzen um den Globus. Studien zufolge wurden sie schon in Feuerland, der Antarktis und in kanadischen Seen nachgewiesen.

Funktionsjacken 10/2020

Produkt	Mittlerer Preis ca. (Euro)	Funktion[1] 45 %	Tragekomfort[2] 25 %	Haltbarkeit[1] 25 %	Umwelt und Gesundheit[1] 5 %	Größen: Herren-/Damenmodell laut Anbieter	Anzahl der Innentaschen: Herren-/Damenjacke	test-QUALITÄTSURTEIL 100 %
Schöffel ZipIn Jacket Vancouver3[3]	200	○*)	+	++	++	44 bis 66/ 34 bis 52	1/1	**BEFRIEDIGEND (2,6)**
Salewa Puez Powertex 2 Lagen	120	○	+	○	+	S bis XXL/ 36 bis 46	1/1	**BEFRIEDIGEND (2,8)**
Haglöfs Esker Jacket Men[4]	220	○	+	++	⊖*)5)	S bis XXXL/ XS bis XXXL	1/1	**BEFRIEDIGEND (3,0)**
Mammut Trovat	200	⊖*)	+	+	++	S bis XXXL/ XS bis XXL	0/0	**BEFRIEDIGEND (3,2)**
Maier Sports Metor M[4]	150	⊖*)	++	+	++	46 bis 68[6]/ 34 bis 52[6]	2/2	**BEFRIEDIGEND (3,4)**
Vaude Men´s Rosemoor Jacket[4]	140	⊖*)	++	+	+	S bis XXXL/ 34 bis 48	0/0	**AUSREICHEND (3,7)**
Jack Wolfskin JWP Shell M[4]	150	⊖*)	+	+	+	S bis XXXL[7]/ XS bis XXL[7]	0/0	**AUSREICHEND (3,9)**
Intersport McKinley Laga[8]	100	⊖*)	+	+	+	XS bis 4XL/ 34 bis 46	1/1	**AUSREICHEND (4,0)**

Bewertungsschlüssel der Prüfergebnisse: ++ = Sehr gut (0,5–1,5). + = Gut (1,6–2,5). ○ = Befriedigend (2,6–3,5). ⊖ = Ausreichend (3,6–4,5). — = Mangelhaft (4,6–5,5).

***) Führt zur Abwertung. 1)** Geprüft an den Herrenmodellen. **2)** Geprüft an den Herren- und Damenmodellen. **3)** Name des getesteten Damenmodells „Jacket Skopje3". **4)** Das zugehörige Damenmodell trägt denselben Namen, ist aber mit „W" anstelle von „M" oder mit „Women" anstelle von „Men" gekennzeichnet. **5)** Der Oberstoff enthält geringe Mengen an PFAS. **6)** Normalgröße. Weitere Kurz- und Langgrößen erhältlich. Preise für sehr große Jacken etwas höher. **7)** Preise für sehr große Jacken etwas höher. **8)** Laut Anbieter nicht mehr im Sortiment, Restbestände im Handel.

Einkauf der Prüfmuster: März 2020.

Dabei wäre der Verzicht auf PFAS wichtig. Die Substanzen seien ein „erhebliches Risiko für Mensch und Umwelt", sagt Stefan Stolte, Wasserchemiker an der TU Dresden. Und auch Menschen können sie gefährlich werden. Sie nehmen Fluorverbindungen über Lebensmittel und Trinkwasser auf. Die Folgen: Erhöhte Konzentrationen können die Wirkung von Impfungen vermindern, die Neigung zu Infekten verstärken oder Cholesterinwerte erhöhen.

Imprägnierung lässt sich auffrischen

Was tun mit PFAS-freien Jacken, die nicht mehr dicht sind? Einige Anbieter empfehlen Kunden, ihre Jacke selbst nachzuimprägnieren. Dann empfehlen sich Mittel, die als PFAS-frei gekennzeichnet sind. Mammut, Schöffel und Vaude bieten einen PFAS-freien Imprägnierservice über die Firma MeyerundKuhl an (meyerundkuhl.de), Jack-Wolfskin über jack-wolfskin.de/impraegnieren. Der Service kostet etwa 25 Euro. ■

Unser Rat

Katzenhalter haben die Wahl: Jedes zweite Feuchtfutter liefert den optimalen Nährstoffmix. Günstigste sehr gute: die von **Lidl** und **Rewe** für 22 und 23 Cent je Tagesration. Sie liegen knapp hinter Testsieger Kaufland, der inzwischen verändert verkauft wird. Bestes Markenprodukt: das sehr gute **Kitekat** (55 Cent). Mit **dm Dein Bestes** (1,05 Euro) ist ein Bio-Futter gut.

Nur die Guten ins Näpfchen

5/2020 Die meisten Feuchtfutter im Test tun Mieze gut, darunter günstige. Bei knapp jedem dritten aber stimmt der Nährstoffmix nicht.

Viele Deutsche lassen sich ihr geliebtes Haustier etwas kosten. Über 1 Milliarde Euro gaben sie 2018 für Katzen-Feuchtfutter aus. Alleinfuttermittel für die Rundumversorgung ausgewachsener Stubentiger sollten hochwertiges, gut verdauliches Eiweiß, Vitamine, Mineralstoffe und Fettsäuren mitbringen. Leisten das Fertigprodukte?

Sechzehn sind empfehlenswert

30 Nassfutter haben wir geprüft. Erfreulich: Mehr als jedes zweite bietet eine sehr gute oder gute Mahlzeit. Was Schadstoffe betrifft, haben alle eine weiße Weste. Hinweise auf minderwertige Zutaten fanden wir nicht. Zucker wiesen wir nur in geringen Mengen nach, die für Katzen nicht schädlich sind. Es überzeugten auffällig viele Futter von Handelsketten: Sehr gut sind die von Kaufland, Edeka, Lidl und Rewe sowie das Futter von Rossmann. Für eine typische 4-Kilo-Katze kosten sie 22 bis 53 Cent am Tag.

Etwa jedem dritten Menü aber liegt ein falscher Mix an lebensnotwendigen Nährstoffen zugrunde. Sechs sind mangelhaft. Neben Fressnapf sind das fünf Markenfutter: Bozita, Miamor, Vitakraft sowie die zwei Nestlé-Futter Purina Felix und Purina Gourmet Gold. Fast alle mangelhaften Menüs, aber auch die ausreichenden von Futterhaus, Penny und Schesir, liefern zu viel Phosphor, Natrium oder Kalzium – oder ein ungünstiges Verhältnis dieser Stoffe. Vor allem zu viel Phosphor ist riskant. Es kann die Nieren der Katze schädigen. ■

Sind Katzen Klimasünder?

Berechnungen des Schweizer Umweltinstituts ESU-Services zeigen: Die **Treibhausgasmenge**, die durch Katzen entsteht, ist gering. ESU kalkulierte die Umweltbelastungen beliebter Haustiere und verglich sie mit den Emissionen, die der durchschnittliche Konsum eines Schweizers verursacht. Fazit: Hält er eine Katze, steigen seine Emissionen um 3 Prozent, mit einem Hund um 7 Prozent.

FOTOS: STIFTUNG WARENTEST / RALPH KAISER, ILLUSTRATION: STIFTUNG WARENTEST / NINA MASCHER

Feuchtfutter für Katzen I

5/2020

Produkt	Inhalt (g)/Mittlerer Preis ca. (Euro)	Tagesration[1] in g ca./ in Packungen ca. für eine Modellkatze[6]	Mittlerer Preis pro Tagesration ca. (Euro)	Ernährungsphysiologische Qualität 60 %	Fütterungshinweise 15 %	Schadstoffe 10 %	Nutzerfreundlichkeit der Verpackung 5 %	Deklaration und Werbeaussagen 10 %	test-QUALITÄTSURTEIL 100 %
Kaufland K-Classic Zarte Häppchen in Gelee mit Geflügel & Herz[2] (MHD 29.07.2021)	100/ 0,20	252/ 2,5	0,50	++	++	++	+	○	SEHR GUT (1,3)
Edeka Gut & Günstig Hello my cat Schlemmerhappen mit Huhn[3] (MHD 14.08.2021)	100/ 0,20	264/ 2,6	0,53	++	+	+	+	+	SEHR GUT (1,4)
Rossmann Winston Schlemmer-Menü mit Wild (MHD 13.08.2021)	100/ 0,19	247/ 2,5	0,47	++	+	+	+	+	SEHR GUT (1,4)
Kitekat mit Huhn in Gelee (MHD 07.06.2021)	400/ 0,79	280/ 0,7	0,55	++	+	++	○	○	SEHR GUT (1,5)
Lidl Coshida mit Huhn in Sauce (MHD 22.07.2021)	415/ 0,35	261/ 0,6	0,22	++	++	++	+	+	SEHR GUT (1,5)
Rewe Ja Zarte Stückchen mit Rind und Leber[4] (MHD 04.06.2021)	415/ 0,35	269/ 0,6	0,23	++	++	+	+	+	SEHR GUT (1,5)
Animonda Vom Feinsten mit Geflügel + Kalb[5] (MHD 22.08.2021)	100/ 0,65	240/ 2,4	1,56	++	○	+	+	○	GUT (1,6)
Netto Marken-Discount Attica Pastete mit Seelachs (MHD 20.07.2021)	100/ 0,20	232/ 2,3	0,46	++	○	+	+	+	GUT (1,6)
Whiskas 1+ Jahre mit Lachs in Sauce (MHD 09.07.2021)	100/ 0,49	267/ 2,7	1,31	++	+	+	+	○	GUT (1,6)
Sheba Sauce Spéciale mit Putenhäppchen in heller Sauce (MHD 27.07.2021)	85/ 0,59	247/ 2,9	1,71	++	+	++	+	+	GUT (1,7)

Bewertungsschlüssel der Prüfergebnisse: ++ = Sehr gut (0,5–1,5). + = Gut (1,6–2,5). ○ = Befriedigend (2,6–3,5). ⊖ = Ausreichend (3,6–4,5). — = Mangelhaft (4,6–5,5).
Bei gleichem Qualitätsurteil Reihenfolge nach Alphabet.
MHD = Mindesthaltbarkeitsdatum.
1) Bezieht sich auf den täglichen Energiebedarf in Kilokalorien, aber nicht auf die Versorgung mit den einzelnen Nährstoffen. Bei Futtern mit mangelhafter ernährungsphysiologischer Qualität deckt die Tagesration den Nährstoffbedarf nicht ausgewogen ab. **2)** Produkt laut Anbieter inzwischen geändert. **3)** Deklaration und Fütterungshinweise laut Anbieter inzwischen geändert. **4)** Hergestellt von Saturn Petcare.
5) Laut Anbieter Deklaration inzwischen geändert.
6) 4 kg Körpergewicht, leicht übergewichtig. **Einkauf der Prüfmuster:** September bis Oktober 2019.

Feuchtfutter für Katzen II 5/2020

Produkt	Inhalt (g)/Mittlerer Preis ca. (Euro)	Tagesration[1] in g ca./in Packungen ca. für eine Modellkatze[5]	Mittlerer Preis pro Tagesration ca. (Euro)	Ernährungsphysiologische Qualitä	Fütterungshinweise	Schadstoffe	Nutzerfreundlichkeit der Verpackung	Deklaration und Werbeaussagen	test-QUALITÄTSURTEIL
				60 %	15 %	10 %	5 %	10 %	100 %
Aldi Süd Cachet Select in Gelee mit Rind, Pute & Huhn[2] (MHD 19.07.2021)	205/ 0,35	223/ 1,1	0,38	++	○	++	○	+	GUT (1,9)
dm Dein Bestes mit Geflügel & Leber in Sauce (MHD 17.09.2021)	400/ 0,30	236/ 0,6	0,18	++	○	++	+	○	GUT (1,9)
Iams Naturally mit Lamm aus Neuseeland in Sauce (MHD 27.05.2021)	85/ 0,65[3]	280/ 3,3	2,14	++	○	++	+	○	GUT (1,9)
Aldi Nord Topic High Premium Delikates Ragout mit Pute[2] (MHD 13.08.2021)	100/ 0,20	262/ 2,6	0,52	+	+	++	+	○	GUT (2,0)
dm Dein Bestes Bio reich an Huhn mit Pute, Karotte & Rapsöl (MHD 24.06.2021) Bio	100/ 0,45	232/ 2,3	1,05	++	○	+	+	○	GUT (2,0)
Zooroyal Lachspastete mit Forellenstücken auf Joghurt-Gelee[2] (MHD 13.06.2021)	100/ 0,35	196/ 2,0	0,69	+	++	+	+	○	GUT (2,0)
Green Petfood Faircat Happy mit Hühnchen aus artgerechterer Haltung (MHD 24.06.2021)	85/ 1,25	243/ 2,9	3,57	+	++	+	+	⊖*)	BEFRIEDIGEND (2,9)
Norma Cat Bonbon Bio Paté mit Leber[4] (MHD 18.03.2021) Bio	100/ 0,39	217/ 2,2	0,84	++	−*)	++	+	○	BEFRIEDIGEND (2,9)
Purina One Adult Zarte Stückchen in Sauce mit Huhn und grünen Bohnen (MHD 07/2021)	85/ 0,53	238/ 2,8	1,48	○*)	○	+	+	○	BEFRIEDIGEND (3,0)
Nutro Feed Clean Wild Frontier Lachs & Huhn Pastete (MHD 22.05.2020)	85/ 1,39	183/ 2,2	3,00	++	−*)	+	+	⊖	BEFRIEDIGEND (3,1)

Bewertungsschlüssel der Prüfergebnisse: ++ = Sehr gut (0,5–1,5). + = Gut (1,6–2,5). ○ = Befriedigend (2,6–3,5). ⊖ = Ausreichend (3,6–4,5). — = Mangelhaft (4,6–5,5).
Bei gleichem Qualitätsurteil Reihenfolge nach Alphabet.
***) Führt zur Abwertung.** MHD = Mindesthaltbarkeitsdatum. **1)** Bezieht sich auf den täglichen Energiebedarf in Kilokalorien, aber nicht auf die Versorgung mit den einzelnen Nährstoffen. Bei Futtern mit mangelhafter ernährungsphysiologischer Qualität deckt die Tagesration den Nährstoffbedarf nicht ausgewogen ab. **2)** Hergestellt von Saturn Petcare. **3)** Von uns bezahlter Einkaufspreis. **4)** Hergestellt von Teeling Petfood. Laut Anbieter inzwischen aus dem Sortiment genommen. **5)** 4 kg Körpergewicht, leicht übergewichtig.

Einkauf der Prüfmuster: September bis Oktober 2019.

Feuchtfutter für Katzen III 5/2020

Produkt	Inhalt (g)/Mittlerer Preis ca. (Euro)	Tagesration[1] in g ca./ in Packungen ca. für eine Modellkatze[6]	Mittlerer Preis pro Tagesration ca. (Euro)	Ernährungsphysiologische Qualität 60 %	Fütterungshinweise 15 %	Schadstoffe 10 %	Nutzerfreundlichkeit der Verpackung 5 %	Deklaration und Werbeaussagen 10 %	test-QUALITÄTSURTEIL 100 %
Amazon Cat lifelong complete chicken in gravy[2] (MHD 09.07.2021)	100/ 0,25[3]	262/ 2,6	0,66	○	+	+	+	⊖*)	**BEFRIED. (3,4)**
Futterhaus activa Friends Huhn in Tomatensauce (MHD 11.03.2021)	100/ 0,45	242/ 2,4	1,09	⊖*)	○	++	+	+	**AUSREICH. (4,0)**
Penny Lucky Cat Pastete mit Geflügel[4] (MHD 11.06.2021)	100/ 0,20	260/ 2,6	0,52	⊖*)	++	+	+	+	**AUSREICH. (4,0)**
Schesir Nature for Cat Bio Rind mit Huhn Organic with Apple (MHD 20.05.2022) Bio	85/ 1,00[5]	230/ 2,7	2,71	⊖*)	○	+	+	⊖	**AUSREICH. (4,0)**
Purina Felix mit Ente & Geflügel in Gelee (MHD 03/2021)	400/ 0,68	285/ 0,7	0,48	⊖	–*)	+	○	⊖	**MANGELH. (4,9)**
Bozita Feline Häppchen in Gelee mit viel Huhn (MHD 30.09.2021)	370/ 1,29	310/ 0,8	1,08	–*)	⊖	+	○	⊖	**MANGELH. (5,0)**
Fressnapf Fit+Fun Ragout mit Kalb & Geflügel (MHD 24.07.202[illegible])	415/ 0,35	280/ 0,7	0,24	–*)	+	++	+	○	**MANGELH. (5,0)**
Miamor Milde Mahlzeit Geflügel Pur & Lachs helle Filetstücke (MHD 07.05.2021)	100/ 0,75	188/ 1,9	1,41	–*)	–*)	+	+	⊖	**MANGELH. (5,0)**
Purina Gourmet Gold Feine Pastete mit Thunfisch (MHD 05/2021)	85/ 0,41	210/ 2,5	1,01	–*)	–*)	+	○	○	**MANGELH. (5,0)**
Vitakraft Poésie Sauce mit Pute in Käsesauce (MHD 03.04.2021)	85/ 0,49	256/ 3,0	1,48	–*)	⊖	+	+	○	**MANGELH. (5,0)**

Bewertungsschlüssel der Prüfergebnisse: ++ = Sehr gut (0,5–1,5). + = Gut (1,6–2,5). ○ = Befriedigend (2,6–3,5). ⊖ = Ausreichend (3,6–4,5). – = Mangelhaft (4,6–5,5).

Bei gleichem Qualitätsurteil Reihenfolge nach Alphabet.

***) Führt zur Abwertung.**

MHD = Mindesthaltbarkeitsdatum.

1) Bezieht sich auf den täglichen Energiebedarf in Kilokalorien, aber nicht auf die Versorgung mit den einzelnen Nährstoffen. Bei Futtern mit mangelhafter ernährungsphysiologischer Qualität deckt die Tagesration den Nährstoffbedarf nicht ausgewogen ab. **2)** Das Produkt ist als Teil eines Mischkartons mit 4 Sorten bestellbar. **3)** Von uns berechneter Preis für den einzelnen Beutel. Der Mischkarton mit 24 Beuteln kostet ca. 6 Euro. **4)** Hergestellt von Saturn Petcare.

5) Von uns bezahlter Einkaufspreis.

6) 4 kg Körpergewicht, leicht übergewichtig.

Einkauf der Prüfmuster: September bis Oktober 2019.

Unser Rat

Den ersten Platz teilen sich **Edeka Premium Ultra Klump Streu** (51 Cent pro Liter), **Kaufland Ultra-Klumpstreu** (49 Cent) und **Coshida Ultra weiß** von **Lidl** (49 Cent). Alle drei wurden aus Ton hergestellt. Auch zwei Streuen auf pflanzlicher Basis schnitten gut ab: **Dein Bestes Öko-Klumpstreu** von **dm** (40 Cent) sowie **Catsan Natural** für 1,25 Euro pro Liter.

Saubere Sache

2/2020 Mehrere günstige Streuen saugen Miezes Hinterlassenschaften zuverlässig auf, verhindern Gerüche und sind ergiebig.

Für diesen Test arbeiteten Mensch und Tier eng zusammen: Im Labor bestimmten unsere Experten, wie gut die Katzenstreuen Urin binden und Gerüche neutralisieren. Sie prüften, wie stark sie stauben und wie ergiebig sie sind. Unterstützung erhielten sie von 18 Katzen und ihren Besitzern, die jede Streu zu Hause im Alltag testeten. Zwei der Besten – von Kaufland und Lidl – zählen zu den günstigsten. Mit ihnen fallen monatlich pro Katze etwa 9 bis 10 Euro an.

Unter den zehn Guten haben sich zwei aus Pflanzenfasern platziert: Catsan Natural überzeugt durch stabile Klumpen, ist mit 33 Euro im Monat aber teuer. Die Öko-Klumpstreu von dm ist besonders ergiebig und preiswert. Katzenbesitzer zahlen für sie monatlich nur 7 Euro. Kleines Manko: Die dm-Öko-Streu bleibt recht stark an Fell und Pfoten haften und verteilt sich so im Haus.

Viele müffeln kaum

Um zu prüfen, wie gut die Produkte unangenehme Gerüche binden, füllten unsere Tester die Streu in Behälter und gaben künstlichen Katzenurin dazu. Nach 24 und 72 Stunden öffneten sie die Gefäße und schnüffelten. Bei den meisten Streuen gab es wenig zu beanstanden. Die Streu von Kaufland müffelte selbst nach drei Tagen kaum. Beim Fressnapf-Produkt nahmen sie einen deutlichen Ammoniakgeruch wahr.

Tipp: Reinigen Sie das Katzenklo alle zwei bis vier Wochen mit heißem Wasser und geruchsneutralem Reiniger. ■

Streu aus Pflanzenfasern sinnvoll
Die meisten Katzenstreuen bestehen aus Tonmineralien wie Bentonit. Pflanzlichen Ursprungs sind 3 der 17 Streuen im Test. Ökologisch sind sie von Vorteil: Im Vergleich zu Ton wird bei der Herstellung weniger Energie benötigt. Zudem verbrennen Pflanzenfasern bei der Entsorgung in Müllverbrennungsanlagen komplett und liefern Energie. Bei Ton bleibt Schlacke übrig, die deponiert werden muss.

FOTOS: STIFTUNG WARENTEST / RALPH KAISER

Katzenstreu

2/2020

Produkt	Material überwiegend aus	Mittlerer Preis ca. (Euro)	Preis pro Liter ca. (Euro)/Füllmenge ca. (Liter)	Monatliche Kosten für Streu ca. (Euro)[1]	Bindevermögen und Ergiebigkeit 50 %	Handhabung 40 %	Deklaration 10 %	test-QUALITÄTSURTEIL 100 %
Edeka Premium Ultra Klump Streu	Ton	2,96	0,51/5,8[2]	15	+	+	+	GUT (2,3)
Kaufland K-Classic Ultra-Klumpstreu[3]	Ton	2,95	0,49/6	10	+	+	○	GUT (2,3)
Lidl Coshida Ultra weiß	Ton	2,95	0,49/6	9	+	+	○	GUT (2,3)
dm Dein Bestes Öko-Klumpstreu	Pflanzen	3,95	0,40/10	7	+	+	+	GUT (2,4)
Aldi Nord Topic Premium Quality Ultra Weiss[4][5]	Ton	2,95	0,49/6	9	+	○	+	GUT (2,5)
Aldi Süd Cachet Select Katzenstreu Ultra[5]	Ton	2,95	0,49/6	9	+	○	+	GUT (2,5)
Catsan Natural	Pflanzen	10,00	1,25/8	33	+	+	○	GUT (2,5)
Catsan Ultra plus	Ton	9,50	0,95/10	33	○	+	○	GUT (2,5)
Tigerino Canada Sensitive	Ton	6,00[6]	1,03/5,8[2]	19	+	○	○	GUT (2,5)
ZooRoyal Ultra Klumpstreu[7]	Ton	2,99	0,50/6	17	+	○	+	GUT (2,5)
Fressnapf Premiere Excellent Pure	Ton	12,00	1,11/10,8[2]	20	+	○	○	BEFRIED. (2,6)
Rossmann Winston Ultra-Klumpstreu	Ton	2,72	0,51/5,3[2]	9	○	○	+	BEFRIED. (2,6)
Cat's Best Original	Pflanzen	6,75	0,68/10,4[2]	11	○	+	○	BEFRIED. (2,7)
dm Dein Bestes Ultra-Klumpstreu	Ton	2,75	0,46/6	9	○	+	+	BEFRIED. (2,7)
Thomas Klumpstreu	Ton	5,50	0,55/10	12	○	+	○	BEFRIED. (2,7)
Biokat's Classic 3in1	Ton	6,00	0,60/10	13	○	○	○	BEFRIED. (2,9)
Golden Grey Master	Ton	7,50	1,15/6,5[2]	24	+	○	⊖*)	BEFRIED. (3,1)

Bewertungsschlüssel der Prüfergebnisse: ++ = Sehr gut (0,5–1,5). + = Gut (1,6–2,5). ○ = Befriedigend (2,6–3,5). ⊖ = Ausreichend (3,6–4,5). — = Mangelhaft (4,6–5,5). **Bei gleichem Qualitätsurteil Reihenfolge nach Alphabet.**

***) Führt zur Abwertung.**

1) Berechnet für eine Katze auf Basis der von uns geprüften Verpackungsgröße, einer Katzentoilette (45 cm x 30 cm) sowie einer Füllhöhe von 10 cm Streu. Täglicher Austausch einer Streumenge, die 75 ml Urin bindet. Komplettwechsel der Streu gemäß Anbieterangabe bzw. ein Mal pro Monat, falls keine Angabe vorhanden. **2)** Berechnet mit der von uns gemessenen Schüttdichte. **3)** Hergestellt von Sedlecký Kaolin. **4)** Laut Anbieter gleiche Rezeptur wie das geprüfte Produkt von Aldi Süd, aber es ist anders gestaltet. Daher haben wir die Deklaration separat bewertet. **5)** Hergestellt von Bob Martin. Laut Anbieter Hersteller gewechselt. **6)** Von uns bezahlter Einkaufspreis. **7)** Nur Online erhältlich.

Einkauf der Prüfmuster: Juli bis September 2019.

Unser Rat

Eltern können ihre Kinder unbesorgt mit den elf empfehlenswerten Kuscheltieren spielen lassen. Sie kosten 4,70 Euro bis 39,50 Euro und haben all unsere mechanischen, physikalischen und chemischen Tests bestanden. Sie enthalten keine kritischen Mengen gesundheitsgefährdender Stoffe. Ihre Urteile für Sicherheit reichen von sehr gut bis befriedigend.

Plüsch okay, Details oh je

12/2020 Mit jedem zweiten der geprüften Plüschtiere und Figuren können Eltern Kinder unbesorgt spielen lassen. Vom Rest raten wir ab.

Etwa 300 mechanische und physikalische Tests haben wir durchgeführt, um die 22 Plüschtiere und Figuren zu prüfen, dazu Hunderte Materialproben auf rund 235 verschiedene Substanzen analysiert. Erfreulicherweise waren die großen Stoff- oder Plüschflächen meist in Ordnung. Trotzdem können wir nur die Hälfte der geprüften Spielsachen empfehlen: Zehn sind sehr gut oder gut, eins ist befriedigend. Elf Produkte schneiden ausreichend oder mangelhaft ab. Die Tücke steckt oft im Detail, etwa in Accessoires oder Zusatzmaterialien.

Zu dünne Verpackungstüten als Gefahr

Um zu ermitteln, ob die knuffigen Gefährten für unter Dreijährige sicher sind, haben wir die Produkte im Labor begutachtet, vermessen und Belastungstests ausgesetzt. Bei den Schlenkertieren von Käthe Kruse und Senger Naturwelt waren Verpackungstüten zu dünn. Das ist eine Gefahr und wird von der Spielzeugnorm so eingeordnet: Legt sich ein Kind die Tüte aufs Gesicht, kann sie im schlimmsten Fall so an Mund und Nase haften, dass es nicht mehr atmen und ersticken kann. Verpackungen müssen eine bestimmte Foliendicke einhalten, sonst fallen sie durch und das umhüllte Spielzeug mit.

Die Siamkatze von Teddy Hermann ist mangelhaft, weil ihr Plüsch zu schnell brannte. Kaum entzündete der Brenner im Labor das Fell, stieg die Flamme zügig den Katzenrücken hinauf. Die Geschwindigkeit lag bei mehreren Prüfmustern über dem ▸

Was Eltern tun können
Wer bereits eine der Spielsachen gekauft hat, die wir nicht empfehlen können, muss nicht alles entsorgen. Unsichere Etiketten wie bei Spieltier Mabel oder Peppa Pig lassen sich abschneiden, zu dünne Verpackungstüten von Kindern fernhalten, beim Kösen-Terrier das Formaldehyd im Textil der Ohrinnenseite durch Waschen minimieren und seine zu lange, elastische Leine abnehmen.

FOTO: STIFTUNG WARENTEST / RALPH KAISER

Spielzeug I 12/2020

Produkt	Mittlerer Preis ca. (Euro)	Sicherheit vor unmittelbaren Gefahren 1)	Schadstoffe	Sicherheit
dm Pusblu Dino blau Art.-Nr. 8573063	5,95	++	++	**sehr gut (1,0)**
Rossmann Babydream Hund Art.-Nr. 317091	4,70	++	++	**sehr gut (1,0)**
Schmidt Spiele Sorgenfresser Ping Art.-Nr. 42370	16,80	++	++*)	**sehr gut (1,5)**
Ikea Djungelskog Orang-Utan Art.-Nr. 004.028.08	13,00	++	+*)	**gut (1,7)**
Kik Bär Art.-Nr. 1107388	8,00	++	+*)	**gut (1,9)**
Steiff Hoppel Hase rosa 20 cm Art.-Nr. 237577	39,50	+*)	+	**gut (2,0)**
WWF Kaiserpinguin 20 cm Art.-Nr. 15.189.004	17,90	+*)	+	**gut (2,0)**
Die Spiegelburg Grolltroll by Aprilkind Art.-Nr. 15243	25,00	++	+*)	**gut (2,2)**
Nici Pferd Black Cassis 25 cm Art.-Nr. 44902	16,00	++	+*)	**gut (2,2)**
Sigikid Sweety Löwe Silvio Savanne Art.-Nr. 38831	25,00	++	+*)	**gut (2,2)**
Spiele Max Smiki Lama 38 cm Art.-Nr. 31183/6403508	12,30	○*)	+	**befriedigend (3,0)**

Bewertungsschlüssel der Prüfergebnisse: ++ = Sehr gut (0,5–1,5). + = Gut (1,6–2,5). ○ = Befriedigend (2,6–3,5). ⊖ = Ausreichend (3,6–4,5). — = Mangelhaft (4,6–5,5). **Bei gleichem Urteil Reihenfolge nach Alphabet.**
***) Führt zur Abwertung.**
1) Sicherheit vor unmittelbaren Gefahren umfasst Risiken wie verschluckbare Kleinteile, Strangulationsgefahr, Erstickungsgefahr und Entflammbarkeit. **Einkauf der Prüfmuster:** April und Mai 2020.

von der Spielzeugnorm vorgegebenen Limit von drei Zentimeter pro Sekunde. Bei den anderen breiteten sich die Flammen viel langsamer aus oder verloschen von selbst.

Ty mit verschluckbaren Kleinteilen

Ob sich Kleinteile zu leicht vom Spielzeug lösen, klärt die Zugprüfung. Bei Beanie Babies Peppa Pig von Ty ließ sich ein auf dem Etikett befestigter Aufkleber zu einfach abziehen. Ein Risiko, wenn Kinder das abgelöste Kleinteil in den Mund nehmen. Das Ty Flippables Einhorn Diamond ist mit Pailletten bedeckt. Der Anbieter warnt auf einem Anhänger am Einhorn, dass die Figur nicht für Kinder unter drei Jahren geeignet sei. Die Prüfung für verschluckbare Kleinteile würde dann entfallen. Wir meinen aber: Das Einhorn ist ein Spielzeug, dessen knuffiges Aussehen und einfach gestaltete Form für unter Dreijährige attraktiv sein kann. Sie können mit ihm spielen und auch mal an den Pailletten ziehen. Die dünnen Scheibchen hielten der Zugprüfung nicht stand.

Spielzeug II

12/2020

Produkt	Mittlerer Preis ca. (Euro)	Sicherheit vor unmittelbaren Gefahren[1)]	Schadstoffe	Sicherheit
Depesche Snukis Einhorn Stella[2)] Art.-Nr. 5697 A2	15,00	++	⊖*)	**ausreichend (3,6)**
Simba Die Eiskönigin 2 Olaf 50 cm Art.-Nr. 6315877638	30,00	++	⊖*)	**ausreichend (3,7)**
Heunec Henry Art.-Nr. 583771	22,00	++	⊖*)	**ausreichend (4,2)**
Disney Die Eiskönigin 2 Elsa Art.-Nr. 412330614633	25,90	++	–*)	**mangelhaft (4,6)**
Sterntaler Spieltier Mabel Art.-Nr. 3002001	15,00	++	–*)	**mangelhaft (4,7)**
Käthe Kruse Hase Pino Schlenkertier Art.-Nr. 178251	33,50	–*)	++	**mangelhaft (5,0)**
Kösen Jack-Russel-Terrier Rusty, stehend Art.-Nr. 5290	61,50	–*)	–	**mangelhaft (5,0)**
Senger Naturwelt Schlenkertier Bär braun Art.-Nr. Y21815	50,00	–*)	+	**mangelhaft (5,0)**
Teddy Hermann Siamkatze liegend, 36 cm Art.-Nr. 918264	32,00	–*)	○	**mangelhaft (5,0)**
Ty Beanie Babies Peppa Pig 15 cm Art.-Nr. 46128	10,00[3)]	–*)	++	**mangelhaft (5,0)**
Ty Flippables Einhorn Diamond 24 cm Art.-Nr. 36435	17,50	–*)	+	**mangelhaft (5,0)**

Bewertungsschlüssel der Prüfergebnisse: ++ = Sehr gut (0,5–1,5). + = Gut (1,6–2,5). ○ = Befriedigend (2,6–3,5). ⊖ = Ausreichend (3,6–4,5). – = Mangelhaft (4,6–5,5). **Bei gleichem Urteil Reihenfolge nach Alphabet.**
***) Führt zur Abwertung. 1)** Sicherheit vor unmittelbaren Gefahren umfasst Risiken wie verschluckbare Kleinteile, Strangulationsgefahr, Erstickungsgefahr und Entflammbarkeit. **2)** Laut Anbieter Auslaufmodell. Restbestände im Handel.
3) Mittlerer Onlinepreis ohne Versandkosten (Stand: 19.10.2020). **Einkauf der Prüfmuster:** April und Mai 2020.

Solche Paillettenfiguren sollten aber für die Kleinen sicher sein. Das fordern auch mehrheitlich die Mitglieder der europäischen Expertengruppe für Spielzeugsicherheit.

Auch andere Figuren nicht sicher

Der Kösen-Terrier kann Kindern mit seiner elastischen Leine gefährlich werden: Sie misst mehr als 30 Zentimeter. Die Spielzeugnorm setzt diese Länge als Grenze, um sicherzustellen, dass sich eine Leine nicht um den Hals eines Kindes schlingen, es strangulieren kann. In der Ohrinnenseite enthielt der Terrier krebserzeugendes Formaldehyd. Die Mengen sind nicht akut giftig, können aber langfristig im Organismus wirken. Aufgefallen mit kritischem Flammschutzmittel im Schaumstoff der Schuhsohle ist Stoffpuppe Elsa von Disney. Spieltier Mabel enthielt Naphthalin im Sterntaler-Etikett. Der polyzyklische aromatische Kohlenwasserstoff steht im Verdacht, Krebs zu erzeugen. 73 Prozent der Produkte im Test hatten aber kein Schadstoffproblem. ■

FOTO: STIFTUNG WARENTEST

Unser Rat

Kindgerecht gestaltet und einfach zu handhaben ist nur **Maxi-Cosi Lila XP**. Er hat eine geräumige Babywanne, ist sehr groß und kostet 950 Euro. Ebenfalls gut und noch teuerer ist **Hartan Yes GTS** für 1 100 Euro. Er bietet jedoch nur Platz für bis zu Zweieinhalbjährige. Ähnlich knapp bemessen ist der günstigste insgesamt befriedigende **Moon ReSea S** für 500 Euro.

Knappe Karren für Knirpse

8/2020 Nur Maxi-Cosi und Hartan bieten reichlich Platz fürs Baby. Viele andere engen den Nachwuchs ein. Zwei enthalten zu viele Schadstoffe.

Angehende Eltern müssen sich viele Fragen stellen, bevor sie ihrem Kind die erste eigene Karre kaufen. Ist das Modell kindgerecht gestaltet? Passt es in den Kofferraum des Kleinwagens oder ist die Tragetasche leicht genug, um sie samt Kind in die Dachgeschosswohnung zu schleppen? Zwölf Kinderwagen hat die Stiftung Warentest geprüft. Sie sollen sich für den Transport vom Säugling bis zum Kleinkind eignen – erst in der Babywanne, später im Sitz.

Acht der zwölf Wagen empfehlen die Anbieter sogar für Vierjährige. Doch viele beherbergen Kinder nicht ihrem Alter angemessen. Entweder sitzen sie zu früh oder krumm oder unbequem. In den Modellen von Hauck und Kinderkraft fanden wir zudem sehr hohe Mengen Schadstoffe und bewerteten sie mit Mangelhaft.

Babywanne – je größer, desto besser

14 Stunden und länger schlummern Babys pro Tag. Im Schlaf regenerieren sie und verarbeiten Erlebtes. Aufgabe der Eltern ist es, ihnen eine angenehme Schlafumgebung zu schaffen – zu Hause und unterwegs im Kinderwagen. 35 mal 78 Zentimeter nutzbare Liegefläche sind optimal. Doch viele Babywannen sind deutlich kleiner. Besonders kurz sind die Aufsätze von Britax Römer, Kinderkraft, Mutsy und Stokke: Großgeratene Kinder stoßen schon nach vier Monaten mit Kopf oder Füßen an. Die Folge zu kleiner Wannen: Babys finden in ihnen wenig Erholung, reagieren überreizt und weinen rasch.

Bedenkliche Mengen Schadstoffe

Im Matratzenbezug des Kinderkraft fanden wir deutliche Mengen des Flammschutzmittels Tris (2-chlorisopropyl)phosphat, kurz TCPP. Die EU hat Bedenken hinsichtlich des möglicherweise krebserzeugenden Potenzials. Im Sicherheitsgurt des Hauck fand unser Labor Benzo(ghi)perylen. Es gibt Beweise für eine erbgutverändernde Wirkung dieses Schadstoffs im Tierversuch.

Kinderwagen 8/2020

Produkt	Mittlerer Preis Kinderwagen/Regenverdeck ca. (Euro)	Kindgerechte Gestaltung 45 %	Handhabung 35 %	Haltbarkeit 5 %	Sicherheit 5 %	Schadstoffe 10 %	test-QUALITÄTSURTEIL 100 %
Maxi-Cosi Lila XP[1)]	950/Inklusive	+	+	++	○	+	GUT (2,2)
Hartan Yes GTS[2)]	1 100/Inklusive	○	+	++	+	++	GUT (2,3)
Joolz Hub	900/45[3)]	○	+	++	+	++	BEFRIEDIGEND (2,6)
Teutonia Trio	700[4)]/49[5)]	○	+	++	+	○	BEFRIEDIGEND (2,6)
Moon ReSea S	500/Inklusive	○	+	++	+	++	BEFRIEDIGEND (2,7)
ABC Design Viper 4[6)]	750/15[7)]	+	+	++	⊖*)	○	BEFRIEDIGEND (3,5)
Emmaljunga NXT60F	1 050[4)]/59[8)]	⊖	○	++	+	++	AUSREICHEND (3,7)
Mutsy Nio	690/30[9)]	⊖	+	+	+	++	AUSREICHEND (4,0)
Stokke Beat	815/39[10)]	⊖	+	+	+	○	AUSREICHEND (4,0)
Britax Römer Smile III	650/30[11)]	–	+	+	○	++	AUSREICHEND (4,3)
Hauck Mars Duoset	450/Entfällt	○	+	–	+	–*)[12)]	MANGELHAFT (4,6)
Kinderkraft Prime	430/Inklusive	⊖	+	+	+	–*)[13)]	MANGELHAFT (5,5)

Bewertungsschlüssel der Prüfergebnisse: ++ = Sehr gut (0,5–1,5). + = Gut (1,6–2,5). ○ = Befriedigend (2,6–3,5). ⊖ = Ausreichend (3,6–4,5). – = Mangelhaft (4,6–5,5). **Bei gleichem Qualitätsurteil Reihenfolge nach Alphabet.**
***) Führt zur Abwertung.**
1) Geprüft mit Babywanne Oria XXL. **2)** Geprüft mit Babywanne Falttasche Premium. Laut Anbieter Gebrauchsanleitung geändert. **3)** Geprüft mit Joolz Hub Regenverdeck (Art.-Nr. 902002). **4)** Von uns bezahlter Einkaufspreis. **5)** Geprüft mit Regenschutz Trio (Art.-Nr. T50950). **6)** Laut Anbieter Gebrauchsanleitung geändert. **7)** Geprüft mit Universal-Regenschutz (Art.-Nr. 12001811002). **8)** Geprüft mit Regenverdecken Exclusive Small und Large (Art.-Nr. 81050 und Art.-Nr. 81052). **9)** Geprüft mit den Regenverdecken (Art.-Nr. DIV022 und Art.-Nr. DIV023). **10)** Geprüft mit Regenschutz für Beat (Art.-Nr. 503200). **11)** Geprüft mit Regenverdecken (Art.-Nr. 2000033157 und Art.-Nr. 2000032688). **12)** Im Sicherheitsgurt fanden wir Benzo(ghi)perylen in einer höheren Konzentration als das GS-Zeichen erlaubt. **13)** Der Gehalt an TCPP im Bezug der Babywannen-Matratze lag oberhalb des EU-Grenzwertes für Spielzeug. **Einkauf der Prüfmuster:** Februar und März 2020.

Sitz soll sich flachlegen lassen

Wenn die Babywanne zu klein ist, müssen Babys in die Sitzeinheit des Kinderwagens umziehen. Doch die meisten Sitze eignen sich erst für Kinder ab neun Monaten. Erst um den achten Monat lernen die Knirpse aufrecht zu sitzen. Vorher fehlt ihnen die Muskulatur, um sich selbst aufrecht zu halten und im Sitz zu fahren. Bis dahin sollten die Kleinen flach liegen. Deswegen sollte sich die Rückenlehne des Sitzes möglichst flach einstellen lassen. Nur so schlafen Babys bequem und rückenschonend. Dieses Liegebedürfnis ignoriert Teutonia. In ihm sitzen Kinder im festen sehr aufrechten Winkel von 98 Grad. Auch die Sitze von Joolz und Stokke lassen sich nur auf 150 Grad öffnen.

In keinem der Wagen kann der Sitz komplett flachgelegt werden. In der Übergangszeit ist das unbefriedigend: Entweder zwängen Eltern das Kind in die enge Babyschale oder sie setzen es zu früh in den Sitz. ■

Manipulierte Sterne

7/2020 Auf Bestellung liefern Agenturen positive Bewertungen für Amazon, Google und Co. Wir haben bei einigen inkognito angeheuert.

Das Internet ist voller Sterne. Sie lassen das Profil des Lieblingsitalieners bei Google erstrahlen, den Toaster bei Amazon oder das Urlaubshotel auf dem Reiseportal. Längst mischen sich unter Rezensionen echter Verbraucher auch Fake-Bewertungen – geschönte Kritiken. Damit polieren einige Händler oder Dienstleister ihre Sterne-Bilanz auf. Top-Bewertungen können sie bei Agenturen im Internet kaufen, zum Beispiel zehn Stück für 99 Euro.

Wir haben hinter die Kulissen der Sterne-Industrie gesehen. Die Agenturen fanden wir

Top-Bewertungen sind käuflich
Nachdem wir Bewertungen geschrieben hatten, drehten wir den Spieß um und kauften mithilfe eines Internethändlers gefälschte Rezensionen. Für das Google-Profil seines Webshops bestellte er bei vier Agenturen 120 gute Bewertungen. Eine kostete um die 10 Euro. Schon nach wenigen Tagen trudelten die ersten Spitzenbewertungen für unseren Shop auf Google ein – alles ging ganz einfach.

Methode 1 Sterne erzwingen

In 26 Prozent der Fälle forderten uns Agenturen auf, mindestens vier oder gar fünf Sterne zu vergeben, etwa für die abgebildeten B12-Vitamin-Kautabletten für Kinder. Andernfalls wäre die Rezension gestoppt worden. Wir haben die Sterne geschönt, wie es in solchen Fällen alle tun müssen, die für diese Agenturen arbeiten wollen.

Das sagt die Agentur: Eine schlechte Bewertung würde „das Produkt des Kunden extrem schädigen. Daher würden wir dich bitten, deine Bewertung … auf 5 Sterne zu ändern …“ Testerjob

Methode 2 Bewertung erfinden

Diese Methode ist besonders dreist. Jedes fünfte Produkt sollten wir gar nicht ausprobieren, sondern teils anhand von Fotos bewerten – darunter Schuhe oder Kopfhörer. Die Produkte hatten wir nie in der Hand. Die Agentur Slicethepie arbeitete durchweg auf diese Weise. Bei der Agentur Fivestar sollten wir uns eine Dating-App lediglich vorstellen, ihren Namen erfuhren wir nicht.

Das sagt die Agentur: „Sag uns, was Du denkst“, forderte uns Slicethepie auf. Wir erhielten nur ein Bild dieses Schuhs und Hinweise wie „flexible Laufsohle“. Danach sollten wir bewerten. Slicethepie

per Internetrecherche. Jeder kann sich dort als Rezensent registrieren, die Texte werden oft von Privatleuten für ein kleines Zubrot geschrieben. Unsere Tester meldeten sich inkognito bei sieben Agenturen an und verfassten Dutzende Bewertungen. Mal bekamen wir 0,01 Dollar pro Auftrag, häufig durften wir die Ware behalten oder günstiger kaufen.

Fünf Sterne auf Ansage

Von Dezember 2019 bis Mai 2020 schrieben wir Bewertungen für diese Agentur-Webseiten: slicethepie.com, fivestar-oms.net, lutendo.com, rezendo.com, empfohlen.de, testerjob.net und shopdoc.de/produkttester.

Wir wollten wissen, ob die Agenturen auch negative Aussagen akzeptieren, verfassten bewusst kritische Texte und vergaben etwa nur mittelmäßige drei Sterne. Tatsächlich mischten sich die Agenturen in 63 Prozent aller Rezensionen ein. Bei jeder vierten Kritik wiesen sie uns an, vier oder fünf Sterne zu vergeben. In 21 Prozent der Fälle durften wir die Waren nicht einmal ausprobieren (Details zu den vier von uns ermittelten Manipulationsmethoden siehe unten).

Zwei manipulierten nicht

Nur die Agenturen Empfohlen und Shopdoc versuchten nicht, uns zu beeinflussen. Hier lief alles etwas anders. Bei Empfohlen sollten wir etwa nur Fragen zu Amazons Videostreamingdienst Prime beantworten, bei Shopdoc vor allem rabattierte Produkte bewerten.

Finanziell attraktiv ist der Nebenjob des Produktbewerters übrigens nicht. Die Agenturen und deren Kunden dagegen profitieren ordentlich von dem Geschäft. ■

Methode 3 Druck aufbauen

14 Prozent unserer Drei-Sterne-Wertungen wurden penetrant hinterfragt. Wir ignorierten das Nachhaken und durften drei Sterne vergeben. Rezensenten, die – im Unterschied zu uns – ihren „Lohn" für die gekaufte Bewertung nicht riskieren wollen, könnten versucht sein nachzubessern.

Das sagt die Agentur: „Bist du dir mit deiner Bewertung sicher?" Diese Frage blendete die Bewertungsplattform in roter Schrift bei jedem Produkt ein, für das wir nur drei Sterne vergeben wollten. Rezendo

Methode 4 Hochjubeln

Zwei Prozent der Fälle erhielten einen Zusatzauftrag: Wir sollten bei Amazon zusätzlich zu unserer eigenen Bewertung – etwa für Toilettenbürsten – eine gute Bewertung anderer Rezensenten für das Produkt als „nützlich" markieren. Die Nützlichkeit von Bewertungen lässt Amazon in seine Sterneberechnung einfließen – es lohnt sich also, da zu manipulieren.

Das sagt die Agentur: „Bitte markiere noch eine gute Bewertung mit ‚Nützlich', dafür erhältst du auch mehr Bonuspunkte." Das sollten wir zusätzlich zu einer Amazon-Bewertung erledigen. Fivestar

Unser Rat

Selbermacher: Sie sollten Vergleichsrechner im Internet nutzen, etwa Check24, Stromauskunft oder Toptarif.
Bequemer Kunde: Wer dazu neigt, Kündigungsfristen zu verpassen, oder einfach keine Lust hat, sich regelmäßig um seinen Stromtarif zu kümmern, sollte einen Wechselservice nutzen. Unser Test zeigt, welche Anbieter empfehlenswert sind (siehe Kasten unten).

Raus aus teuren Tarifen

8/2020 Kunden, die jedes Jahr den Stromanbieter wechseln, können leicht mehrere Hundert Euro sparen.

Genervt von zu hohen Kosten im Alltag? Das ist ein guter Anlass, zu prüfen, ob ein Stromanbieterwechsel die Haushaltskasse entlastet. Wie viel sich sparen lässt, hängt vom Wohnort und dem alten Tarif ab. Besonders viel ist es für jene, die noch nie etwas an ihrem Vertrag verändert haben. Sie sind in der Grundversorgung. Dann kann ein typischer Vier-Personen-Haushalt mit einem Jahresverbrauch von 3500 Kilowattstunden in Berlin über 400 Euro sparen.

Nur wer jährlich wechselt, spart

Dauerhaft sparen können Kunden allerdings nur, wenn sie den Versorger Jahr für Jahr wechseln. Denn viele Tarife bieten einen hohen Neukundenbonus und sind dadurch nur im ersten Jahr günstig. Viele Versorger spekulieren auf die Trägheit von Kunden: Nur wenn jemand länger als ein Jahr dabeibleibt, rechnet er sich für sie.

Fabian Fehrenbach von der Verbraucherzentrale Rheinland-Pfalz kritisiert: „Die meisten Versorger veröffentlichen nur Neukundenpreise. Welche Tarife dauerhaft günstig sind, können Kunden nicht herausfinden." Solange sich dies nicht ändert, empfiehlt er, jährlich die Preise zu vergleichen und zu prüfen, ob sich ein Wechsel lohnt. Vielen ist das zu umständlich, wie die neuesten Zahlen der Bundesnetzagentur zeigen: Im Jahr 2018 wechselten nur 10 Prozent der Haushalte den Anbieter.

Tipp: Wenn Sie dazu neigen, Kündigungsfristen zu verpassen oder einfach keine Lust haben, sich regelmäßig um Ihren Stromtarif zu kümmern, sollten Sie einen Wechselservice nutzen – auch Wechseldienst genannt. Diese Dienste wählen für Sie gute und günstige Tarife aus und organisieren jedes Jahr den Anbieterwechsel (siehe Kasten unten).

Selbst um den Wechsel kümmern

Kunden, die sich Auswahl und Wechsel des Anbieters zutrauen, empfehlen wir, alles selbst in die Hand zu nehmen. Der Wechselprozess ist problemlos und ohne Risiko: Einfach im aktuellen Vertrag nachlesen, wann und mit welcher Frist er kündbar ist. Anschließend einen Vertrag beim neuen Versor-

FOTO: GETTY IMAGES

ger abschließen. Dieser kündigt den alten Vertrag beim bisherigen Lieferanten. Doch selbst wenn dabei mal nicht alles reibungslos klappt, sitzt niemand im Dunkeln. Dafür sorgt die Grundversorgung des örtlichen Stadtwerks. In diesen Tarif rutschen Haushalte in solchen Fällen automatisch.

Zur Tarifsuche bieten sich Vergleichsrechner im Internet an, etwa Check24, Stromauskunft oder Toptarif. Kunden geben in die Suchmaske der Portale Postleitzahl und Jahresverbrauch ein und klicken auf „vergleichen". Schon sehen sie eine Liste mit den günstigsten Tarifen. Die Preise sind regional verschieden und ändern sich häufig.

Vor der Tarifwahl auf Boni achten ...

Sparen lässt sich vor allem aufgrund der teils üppigen Boni. Viele Tarife bieten einen Sofortbonus und einen Neukundenbonus von bis zu 25 Prozent der Kosten im ersten Jahr. Sofortboni werden wenige Monate nach Lieferbeginn ausgezahlt, Neukundenboni erst nach der Jahresabrechnung. Tarife mit hohen Boni senken also den monatlichen Abschlag nicht unbedingt.

Tipp: Das Vergleichsportal Verivox können wir nicht empfehlen. Der Rechner begann vor einigen Monaten, seine Ergebnisliste kundenunfreundlich zu sortieren: Die Suche auf der Startseite zeigte eine Trefferliste, die Tarife mit 12 und 24 Monaten Laufzeit mischt. Sortiert war die Liste bei unseren Stichproben jedoch nur nach dem Preis des ersten Vertragsjahres. Die Folge: 24-Monats-Verträge standen oben im Ranking. Über die gesamte Laufzeit betrachtet, sind sie jedoch teurer, weil im zweiten Vertragsjahr die hohen Boni wegfallen.

... und Kundenbewertungen lesen

Vor Vertragsabschluss ist es lehrreich zu lesen, welche Erfahrungen andere mit einem Versorger gemacht haben. Check24 zeigt, wie Kunden den Wechselprozess bewerten, und auch, wie zufrieden sie nach einem Jahr waren, wenn die Rechnung kam und die Boni fließen sollten. Bei Immergrün etwa sinkt die Zufriedenheit deutlich. Kurz nach dem Wechsel bewerteten mehr als 97 Prozent Immergrün mit vier oder fünf Sternen, nach einem Jahr waren es nur 56 Prozent. ■

Ein Service für Bequeme

Kunden können den Anbieterwechsel und die Verwaltung ihres Stromtarifs einem Wechseldienst überlassen. Er schlägt ihnen gute und günstige Tarife vor und kümmert sich jährlich rechtzeitig vor Ablauf der Kündigungsfrist um den Wechsel des Stromanbieters.

Vorteil. Kunden profitieren so ohne viel Aufwand von Boni und günstigen Neukundenpreisen. Die Dienste kümmern sich nicht nur einmalig, sondern solange Kunden dies wünschen.

Test. Unsere Schwesterzeitschrift Finanztest hat im April 2019 Wechseldienste (siehe test.de/stromwechsel) getestet. Vier waren „sehr empfehlenswert": Esave.de, Switchup.de, Wechselpilot.com und Wechselstrom-ac.de. Keiner hatte im Untersuchungszeitraum von mehr als einem Jahr die damals schon auffällige Energiefirma Bayerische Energiewerke BEV empfohlen. In Tarifvergleichsportalen stand BEV dagegen für die Wohnorte unserer Tester fast immer auf Platz eins der Ergebnisliste. Ende Januar 2019 meldete BEV Insolvenz an

Kosten. Wechselpilot.com oder Esave.de berechnen zum Beispiel zwischen 20 und 30 Prozent der erzielten Ersparnis. Andere wie Switchup.de erhalten vom neuen Energieanbieter eine Provision und sind für Kunden kostenlos.

Abgesichert durch alle Abenteuer

8/2020 Auch Kinder müssen für Schäden haften, die sie verursachen. Der richtige Tarif schützt Familien vor Schulden.

Es war nur eine kleine Unachtsamkeit, wegen der ein Kind vor dem Oberlandesgericht Celle landete. Das Mädchen hatte beim Radfahren nicht nach vorn geschaut und einen Unfall mit einer Fußgängerin gebaut. Zwar haften Kinder unter zehn Jahren eigentlich nicht für Schäden, die sie im Straßenverkehr anrichten. Doch weil das Mädchen hätte wissen müssen, dass es beim Fahren nach vorn schauen muss, machte sie das Gericht für den Unfall haftbar und verurteilte es, mehrere Tausend Euro Schmerzensgeld und Schadenersatz zu zahlen (Az. 14 U 69/19). Das Urteil zeigt, wie wichtig eine Privathaftpflichtversicherung ist: Sie zahlt den Schaden und bewahrt das Kind davor, mit einem Schuldenberg aufzuwachsen.

Ist die Haftpflicht Pflichtversicherung?
Nein, das Wort Pflicht bezieht sich auf die Haftung, nicht auf die Versicherung. Versichert ist die Pflicht einer Privatperson, für Schäden zu haften, die sie anderen versehentlich zufügt. Eine Haftpflichtversicherung braucht jeder. Sie schützt vor finanziellem Ruin. Sehr gute Familientarife kosten keine 100 Euro im Jahr (siehe Tabelle).

Wer ist im Familientarif mitversichert?
Ein Vertrag pro Haushalt reicht, denn im Familientarif sind Eltern und Kinder mitversichert. Das gilt sowohl für leibliche Kinder, als auch für Stief-, Adoptiv- und Pflegekinder sowie für Kinder des Partners. Es lohnt ein Blick ins Kleingedruckte: Im selben Haushalt sind manchmal auch Au-pairs, Austauschschüler oder Verwandte mitversichert. Für volljährige Kinder gelten die Regeln im Kasten rechts.

Erwachsene Kinder
Die Waschmaschine der studierenden Tochter ist ausgelaufen? Keine Sorge: Auch volljährige Kinder bleiben oft noch einige Jahre im Elterntarif mitversichert. Wie lange genau, hängt von folgenden Punkten ab:
Ausbildung oder Beruf? Mitversichert sind Kinder mindestens bis zum Ende von Ausbildung oder Studium, auch bei Wehrdienst, freiwilligem sozialem Jahr und Ähnlichem. Werden sie berufstätig, endet der Schutz.
Wo wohnt das Kind? Solange Kinder noch in der Ausbildung sind, kommt es nicht auf den Wohnort an. Studieren sie beispielsweise in einer anderen Stadt, sind sie auch dort versichert. In manchen Tarifen gilt der Schutz auch nach der Ausbildung – sofern die Kinder im Elternhaus leben.
Verliebt, verlobt, verheiratet? Der Schutz durch die Familienversicherung besteht, solange Kinder ledig sind. Heiraten sie oder bekommen sie selbst Kinder, sollten sie sofort eine eigene Versicherung abschließen.

Sehr guter Schutz für wenig Geld

Die Tabelle zeigt die günstigsten der sehr guten Angebote aus unserem Test der privaten Haftpflichtversicherungen (Finanztest 10/2019). Der Preis gilt jeweils für den Familientarif.

Anbieter (Tarif)	Jahresbeitrag (Euro)	Versicherungssumme pauschal für Personen- und Sachschäden[1] in Mio. Euro	Finanztest-QUALITÄTSURTEIL	Deliktunfähige Kinder[4]		Volljährige, ledige Kinder[3]	
					Versicherungssumme pauschal für Personen- und Sachschäden[1] in Mio. Euro		Versicherungssumme pauschal für Personen- und Sachschäden[1] in Mio. Euro
WGV (Optimal)	65	75 (15)	**SEHR GUT (0,8)**	■	75 (15)	■	75 (15)
Huk24 (PH Classic) @	65	50 (15)	**SEHR GUT (1,3)**	■	50 (15)	■	50 (15)
Huk-Coburg Allgemeine (PH Classic)	69	50 (15)	**SEHR GUT (1,3)**	■	50 (15)	■	50 (15)
GVV (Premium)	70	50 (15)	**SEHR GUT (1,2)**	■	0,05	■	50 (15)
Huk24 (PH Classic PH Plus) @	73	50 (15)	**SEHR GUT (1,0)**	■	50 (15)	■	50 (15)
Huk-Coburg Allgemeine (PH Classic PH Plus)	77	50 (15)	**SEHR GUT (1,0)**	■	50 (15)	■	50 (15)
Neodigital (Neo M) @	77	30 (15)	**SEHR GUT (1,4)**	■	0,05	■	30 (15)
VRK[2] (PH Classic)	81	50 (15)	**SEHR GUT (1,3)**	■	50 (15)	■	50 (15)

Reihenfolge nach Jahresbeitrag und Qualitätsurteil. Beiträge sind kaufmännisch gerundet. Schäden durch kleine und volljährige Kinder sind mitversichert. @ = Angebot nur über Internet. ■ = Ja.

1) Sofern pro geschädigter Person eine geringere maximale Versicherungssumme gilt, steht diese in Klammern (in Millionen Euro). **2)** Der Versicherer Bruderhilfe heißt inzwischen VRK. **3)** Volljährige, ledige Kinder, die ihre Ausbildung (auch Zweitausbildung) komplett beendet haben und mit dem Versicherungsnehmer weiterhin in häuslicher Gemeinschaft leben. **4)** Kinder bis 7 Jahre (im Straßenverkehr bis 10 Jahre) haften nicht für Schäden, die sie verursachen. **Stand:** 15. Juli 2020.

Was ist mit sehr kleinen Kindern?

Kleine Kinder gelten bis zu ihrem siebten Geburtstag als deliktunfähig, im Straßenverkehr sogar bis zum zehnten Geburtstag. Sie haften nicht für Schäden, die sie verursachen. Auch ihre Eltern haften nicht, wenn sie ihre Aufsichtspflicht nicht verletzen. Schüttet die fünfjährige Tochter Kakao über den Laptop eines Freundes, bleibt der eventuell auf dem Schaden sitzen. Wir empfehlen daher, einen Tarif zu wählen, der Schäden durch deliktunfähige Kinder einschließt.

Was gilt bei Schäden in der Familie?

Schäden innerhalb der versicherten Familie zahlt die Versicherung in der Regel nicht. Tarife, die trotzdem damit werben, haben meist sehr strenge Bedingungen. Wir beurteilen das Extra zwar als sinnvoll, finden andere Kriterien aber wichtiger.

Lohnt ein Tarifwechsel?

Bei Verträgen, die älter als fünf Jahre sind, kann sich ein Neuabschluss lohnen. Heute gibt es oft mehr Schutz für weniger Geld. ■

Gefährliche Schnäppchen

6/2020 Händler aus Asien verkaufen über Amazon, Ebay, Wish oder AliExpress günstige Ware. Manche ist gefährlich oder mangelhaft.

Am Onlineshopping in Asien scheiden sich die Geister. Für die einen gibts dort nur billigen Schrott und Plagiate bekannter Marken. Für die anderen sind Verkaufsplattformen wie Wish.com oder AliExpress.com, auf denen viele China-Händler ihre Ware anbieten, der Zutritt ins Shopping-Paradies, wo es alles viel billiger gibt als in Europa.

Sechs europäische Verbraucherorganisationen wollten es genauer wissen. Sie kauften 250 Produkte bei vorwiegend asiatischen Händlern über die Onlineportale AliExpress, Amazon, Ebay und Wish. Viele der oft markenlosen Produkte entpuppten sich im Test als gefährlich oder mangelhaft. Vier Beispiele zeigen wir auf den folgenden Seiten. Was bedeutet das für Verbraucher?

Fehlende EU-Sicherheitsstandards

Spielzeug und Elektrogeräte dürfen in Europa nur mit einem CE-Kennzeichen in Verkehr gebracht werden. Damit bestätigt der Hersteller, dass sie die Regeln zur Produktsicherheit einhalten. Es kann sein, dass der Zoll Produkte ohne das Zeichen abfängt und vernichtet oder nach China zurückschickt. Käufern bleibt dann, vom Händler die Erstattung des Preises zu fordern. Zahlt er nicht, sollte er sich mit den Unterlagen des Zolls bei der Verkaufsplattform melden.

Schäden durch mangelhafte Ware

Verursacht fehlerhafte Ware Schäden, haftet dafür grundsätzlich der Hersteller. Bei markenloser Ware dürfte der Hersteller aber schwer auffindbar sein. Möglicherweise haftet auch der chinesische Händler. Aber die Rechtsdurchsetzung in China wird schwer. Immerhin: Für Käufer mit Hausratversicherung übernimmt diese einen Brandschaden.

Rechte bei Produktmangel

Bei grenzüberschreitenden Geschäften lässt sich nicht immer leicht bestimmen, welches Recht gilt. Es ist gut möglich, dass auch beim Online-Einkauf in China-Shops deutsches Recht gilt.

Ist deutsches Kaufrecht anwendbar, können Käufer die „Nacherfüllung“ verlangen: einwandfreie Ware als Ersatz oder eine Reparatur. Kümmert sich der Händler nicht, kann der Kunde vom Kauf zurücktreten und hat Anspruch darauf, sein Geld zurückzuerhalten. Kommt es aber zum Streit mit dem Händler, sind die Rechte graue Theorie. Selbst wenn es Kunden gelingt, den Händler in Deutschland zu verklagen, dürfte es sehr schwer werden, dieses Urteil in China zu vollstrecken.

Für einige Fälle bieten die Verkaufsportale Käuferschutz, etwa wenn Ware nicht oder beschädigt geliefert wird. ■

Zoll und Steuern nicht vergessen

Für Ware aus Asien müssen Käufer mitunter Zoll und Steuern zahlen – je nach Warenwert. Das ist meist die Summe aus Kaufpreis und Versand. Für viele Artikel mit einem Warenwert bis 22 Euro ist keine **Einfuhrumsatzsteuer** zu zahlen. Ist der Wert höher, beträgt die Steuer meist 19 Prozent (selten 7 Prozent). Steuerbeträge unter 5 Euro werden nicht eingefordert. **Ab 150 Euro Warenwert** fällt **Zoll** an. Wie viel, hängt etwa von der Warenart ab. Für Lederschuhe etwa beträgt der Zollsatz 8 Prozent, für Schuhe aus anderem Material 17 Prozent.

Amazon: A-bis-z-Garantie

90 Tage Garantie. Wer etwa von chinesischen Händlern über den Amazon Marketplace Ware bestellt und Ärger mit dem Zustand des Produkts oder der rechtzeitigen Lieferung hat, kann über die „A-bis-Z-Garantie" eine Erstattung des Kaufpreises beantragen. Der Antrag kann bis zu 90 Tage nach dem voraussichtlichen Lieferdatum gestellt werden.

Geld zurück. Kommt die Ware defekt an, muss der Kunde erst den Verkäufer kontaktieren. Veranlasst dieser keine Gutschrift oder Ersatzlieferung, kann der Kunde von Amazon Erstattung verlangen. Fordert der China-Händler, die Ware zurückzusenden, muss er eine Rücksendeadresse in Deutschland nennen oder eine Paketmarke zur Gratis-Retour anbieten.

Druck auf Händler. Die Amazon-Garantie setzt Händler unter Druck, kundenfreundlich zu sein. Hat ein Verkäufer zu viele Garantiefälle, wird er eventuell gesperrt.

Wish: Rückgabe oder Erstattung

Rücktrittsrecht. Innerhalb von 14 Tagen nach Lieferung kann der Kunde in der Regel vom Kauf wegen Nichtgefallen zurücktreten – muss die Ware aber auf eigene Kosten – gegebenenfalls nach Asien – zurückschicken.

30 Tage Reklamation. Wurde beschädigte oder falsche Ware geliefert, können Kunden über die Wish-App 30 Tage lang Erstattung des Kaufpreises beantragen. Bei günstiger Ware erstattet Wish mitunter das Geld, ohne dass der Kunde das Produkt zurücksenden muss. Eine Nichtlieferung müssen Käufer innerhalb von 30 Tagen nach dem letzten geschätzten Lieferdatum bei Wish beanstanden.

Mangel fotografieren. Im Reklamationsfall kann Wish die Erstattung des Kaufpreises zum Beispiel von der Vorlage von Beweisen abhängig machen. Kunden sollten Ware mit Mängeln deshalb fotografieren, bevor sie eine Erstattung beantragen.

FOTOS: STIFTUNG WARENTEST

Helm ohne EU-Norm
Dieser über Amazon-Marketplace erworbene Motorradhelm erfüllt die EU-Sicherheitsstandards nicht. Ein Risiko für Fahrer. Preis: 36 Euro mit Versand.

Verschluckbare Teile
Das Batteriefach dieser über Wish gekauften Spieluhr ist nicht verschlossen: Verschluckgefahr für Kleinkinder! Es ist ein Plagiat. Preis: 9 Euro mit Versand.

Ebay: Käuferschutz

30 Tage Frist. Ebay bietet bei Problemen mit der Bestellung einen „Käuferschutz“, sofern der Kunde per Paypal, Kreditkarte oder Lastschrift bezahlt hat. Zuerst muss der Kunde sich beim Händler melden. Dann hat er 30 Tage Zeit, um Käuferschutz bei Ebay zu beantragen, sollte der Händler keine Lösung anbieten. Hat der Kunde die Ware zum Beispiel wegen eines Produktmangels zurückgeschickt, der Händler den Kaufpreis aber nicht erstattet, erhält er sein Geld von Ebay.

Ware retour schicken. Ebay kann die Erstattung des Kaufpreises, etwa bei Falschlieferung, von einer nachweisbaren Rücksendung des Artikels abhängig machen. Eine Retoure nach Asien kann sehr teuer werden. Die Rücksendekosten trägt oft der Kunde.

Reaktion gefragt. Ebay stellt mitunter Fragen oder verlangt das Hochladen von Fotos, etwa vom defekten Produkt. Reagiert der Kunde nicht innerhalb der von Ebay gesetzten Frist, kann er den Käuferschutz verlieren.

AliExpress: Käuferschutz

Einigung suchen. Kommt bestellte Ware nicht an oder wird sie beschädigt geliefert, können Kunden den Käuferschutz des Verkaufsportals in Anspruch nehmen. Dasselbe gilt, wenn die gelieferte Ware nicht funktioniert oder von der Produktdarstellung auf AliExpress erheblich abweicht. Zuerst müssen Kunden aber immer eine gütliche Einigung mit dem Händler suchen.

15 Tage Disput. Hat der Käufer mangelhafte Ware erhalten und ist die Einigung mit dem Händler gescheitert, kann er einen Streifall („Dispute“) einleiten – innerhalb von 15 Tagen nach Lieferung der Bestellung. Die Kommunikation führt der Kunde über die Internetseite AliExpress.com in Englisch.

Achtung Rückporto. Erstattet AliExpress den Kaufpreis (etwa wegen eines Produktmangels), erhalten Kunden nie die gezahlten Steuern und Zoll zurück. Wer Ware wegen Nichtgefallen zurückschickt, hat unter Umständen den Rückversand nach Asien zu tragen.

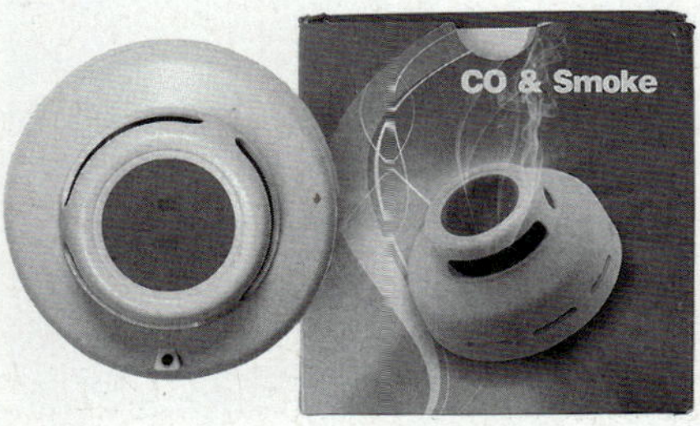

Ein Rauchmelder, der nix meldet
Auf diesen über Ebay gekauften Rauch- und Kohlenmonoxid-Melder ist kein Verlass. Auf Rauch etwa reagierte er im Test gar nicht. Preis: 6 Euro mit Versand.

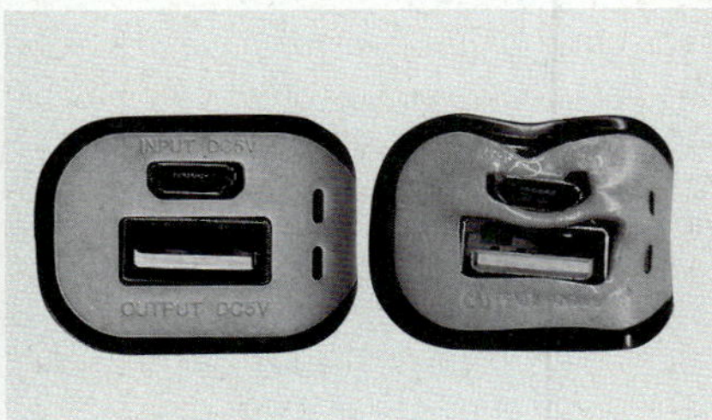

Durchgeschmorte Powerbank
Diese markenlose Powerbank, etwa zum Aufladen eines Handys, schmorte im Test durch. Wer sie nutzt, kann einen Schlag bekommen. Preis: 2 Euro mit Versand.

FOTOS: STIFTUNG WARENTEST

Unser Rat

Eine digitale Vermögensverwaltung per Robo-Advisor kommt für Sie infrage, wenn Sie sich mit Fonds ein wenig auskennen, aber keine Lust oder Zeit haben, sich um Ihre Geldanlage selbst zu kümmern. Eine günstige Alternative kann das Pantoffel-Portfolio sein – eine von Finanztest entwickelte Anlagestrategie. Details unter test.de/pantoffelmethode.

Mithilfe der Maschine

3/2020 Ihr Fondsvermögen können Anleger auch digital verwalten lassen. Wie Robo-Advisors funktionieren und für wen sie sich eignen.

Onlinebanking ist für viele Bankkunden ein alter Hut. Überweisungen, Daueraufträge, Kontoumsätze – lässt sich alles per Internet erledigen. Und jetzt auch die Geldanlage: Digitale Vermögensverwalter, bekannt unter dem Begriff Robo-Advisor, schicken sich an, lebende Bankberater zu ersetzen.

Auch der Robo fragt nach

Robo steht kurz für Roboter, das englische Wort Advisor heißt auf deutsch Berater. Streng genommen sind es allerdings keine Berater, sondern Vermögensverwalter oder Finanzvermittler. Das ist rechtlich etwas anderes. Ein Robo-Advisor ist ein Computerprogramm, das Anleger von zu Hause aus via Internet bedienen können. Bekannte Anbieter sind vor allem Marktführer Scalable Capital, der unter anderem mit der Direktbank ING zusammenarbeitet, außerdem Quirion als das Angebot der Quirinbank sowie Cominvest von der Comdirect Bank.

Im Grunde läuft die Geldanlage via Computerprogramm ähnlich ab wie beim Berater in der Bank: Der Robo-Advisor, kurz Robo, fragt nach der gewünschten Anlagesumme, der Anlagedauer, der Risikobereitschaft und den Einkommensverhältnissen. Zudem will er wissen, welche anderen Geldanlagen oder Schulden der Anleger hat. Auch wenn es nervt: Viele Fragen sind rechtlich vorgeschrieben. Anleger sollten sie sorgfältig und ehrlich beantworten, wenn sie wollen, dass der Anlagevorschlag passt. ▶

Full-Service-Robos
Diese Variante bietet Finanzportfolioverwaltung und wird von der Finanzaufsicht Bafin überwacht. Wir nennen sie Full-Service-Robos, weil Anleger sich nicht mehr kümmern müssen, wenn die Anlage auf den Weg gebracht ist. Anbieter sind etwa Quirion, Whitebox, Robin, Moneyfarm, Fintego, Ginmon, Scalable Capital, Visualvest, Comdirect. Kosten: 0,5 bis 1 Prozent des Anlagevermögens im Jahr.

FOTO: GETTY IMAGES

Half-Service-Robos
Bei diesen Diensten handelt es sich um Anlagevermittler. Sie nehmen ihren Kunden die Arbeit nicht völlig aus der Hand. Anleger müssen den Aktionen zustimmen – etwa wenn das Depot umgeschichtet werden soll. Zu den Half-Service-Robos zählen wir Weltinvest, Easyfolio oder Growney. Auch Com-direct bietet den Robo Cominvest in einer Half-Service-Variante an. Kosten: etwa 0,5 bis 1 Prozent des Anlagevermögens im Jahr.

Self-Service-Robos
Manche Robos unterbreiten nur Anlagevorschläge. Die Geldanlage bleibt den Anlegern selbst überlassen: Depoteröffnung, Kauf der Fonds, Anpassungen im Depot. Beispiele für Self-Service-Robos sind Diversifikator, Moneyfilter oder just-ETF, der eigenständige Vorschläge macht, aber auch mit dem Anlageportal Weltinvest kooperiert. Kosten: Meist keine Gebühren für den Robo-Advisor, aber für Fonds und Fondskauf.

Die Mindestanlagesummen für eine Einmalanlage liegen meist bei 5000 oder 10000 Euro. Sparpläne sind möglich, oft aber nur zusätzlich zu einer Einmalanlage. Es geht auch anders: Bei Fintego und Visualvest zum Beispiel können Anleger bereits mit Beträgen von 25 oder 50 Euro monatlich in die digitale Anlagewelt einsteigen.

Im Fondsdepot liegen meist ETF

Ist der Fragenkatalog abgearbeitet, schlägt der Robo ein passendes Portfolio vor – meist aus ETF, börsengehandelten Fonds. Je nachdem, wie viel Risiko der Anleger eingehen will, fällt der Anteil an Aktien-ETF größer oder kleiner aus. Als Sicherheitsbaustein setzen die meisten Robos Renten-ETF ein: Fonds, die in Anleihen investieren.

Drei verschiedene Varianten von Robos gibt es: Full-Service-Robos verwalten das Depot fortan eigenständig und passen es laufend an. Bei Half-Service-Robos müssen Anleger jedem Kauf und Verkauf von Fondsanteilen zustimmen. Self-Service-Robos geben lediglich Tipps, ihr Depot müssen Anleger selbst einrichten und verwalten.

Unbedingt auf die Kosten achten

Ein wichtiger Faktor bei der Auswahl des Robos sind die Kosten. Je höher sie sind, desto geringer die Renditechancen. Bei der Geldanlage mit einem Robo zahlt der Anleger zum einen für die Dienste des Robos selbst – also etwa für die Vermögensverwaltung – und zum anderen für die Fonds.

Ein günstiger Robo ist zum Beispiel Quirion von der Quirinbank. Er verlangt 0,48 Prozent des Anlagevermögens im Jahr. Scalable kostet 0,75 Prozent. Cominvest berechnet 0,95 Prozent sowohl für den Full-Service-Robo „Wir für Sie" als auch für die Half-Service-Variante „Wir gemeinsam".

Hinzu kommen bei allen Robos laufende Kosten für die Fonds. ETF sind am günstigsten: Sie kosten zwischen 0,1 und 0,5 Prozent pro Jahr. Cominvest setzt auch aktiv gemanagte Fonds ein, deren jährliche Gebühren je nach Fonds deutlich höher liegen als bei ETF – zusammen mit den hohen Robo-Kosten ist das Angebot deshalb zu teuer.

Es menschelt auch bei Robos

Robos eignen sich für Anleger, die Fonds und ETF kennen und mit den Fachbegriffen rund um die Geldanlage vertraut sind. Von Vorteil ist, einschätzen zu können, ob das vorgeschlagene Portfolio auch wirklich passt. Ansonsten ist der menschliche Berater wohl die bessere Adresse. Einige Robos bieten für den Fall der Fälle ebenfalls den persönlichen Kontakt – manche kostenlos, manche gegen Gebühr. ■

Unser Rat

Das beste Oberarmgerät heißt **Boso Medicus X** und kostet 50 Euro. Günstiger, aber auch gut sind Geräte von **Medisana**, **Veroval** und **Sanitas**. Das einzige gute Handgelenkgerät **Omron RS7 Intelli IT** für 70 Euro lässt sich mit dem Smartphone koppeln, um ein digitales Blutdrucktagebuch zu führen. Auf Platz zwei liegt das befriedigende **Boso Medistar+** für 25 Euro.

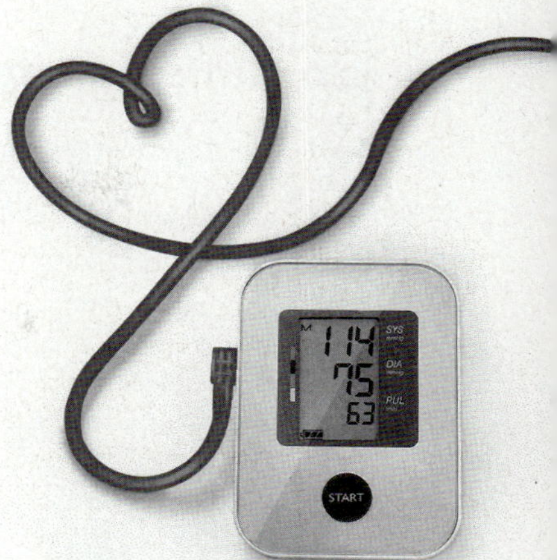

Hochdruckgebiet

9/2020 Wer den Blutdruck selbst kontrolliert, braucht ein zuverlässiges Gerät. Sieben Gute stehen zur Wahl, sechs davon für den Oberarm.

Bei Millionen von Menschen piept es. Oder brummt. Oder surrt. Oder alles zusammen. Es handelt sich um typische Lebenszeichen von Blutdruckmessgeräten; und diese ertönen weltweit in Haushalten.

Wer die Diagnose Bluthochdruck hat, tut gut daran, seine Werte regelmäßig selbst zu kontrollieren. Das sagt mehr aus als gelegentliches Messen beim Arzt. Es zeigt etwa, ob Arzneien den Druck im gewünschten Rahmen halten. Teils hilft es auch, die Diagnose überhaupt zu stellen. Bluthochdruck beginnt laut Definition ab 140/90 mmHg. Die Einheit steht für Millimeter Quecksilbersäule – Hydrargyrum, kurz Hg, ist das lateinische Wort für Quecksilber.

Unter Druck: Von gut bis ausreichend

Nicht alle Produkte für die Selbstmessung sind zu empfehlen, wie unser Test deutlich macht. Von 17 geprüften Geräten sind 7 gut: sechs für den Oberarm, eins fürs Handgelenk: das Omron RS7 Intelli IT. Vier Geräte sind insgesamt nur ausreichend. Das liegt vor allem daran, dass sie bei einem wichtigen Prüfpunkt, der Blutdruckmessung, nur ausreichend abschneiden.

Problemlos: Handhabung

Positiv fiel im Test die Handhabung auf. Eine Fachkraft und fünf Laien kamen mit allen Geräten problemlos zurecht. Diese messen mit einer aufpumpbaren Manschette am Oberarm oder Handgelenk die Schwingungen des pulsierenden Blutes. Daraus errech- ▶

Ab in die App

Zwei Handgelenkgeräte im Test lassen sich optional via Bluetooth mit dem Smartphone koppeln: das gute Omron RS7 Intelli IT und das ausreichende Braun iCheck 7. Die Apps sind laut unserer Prüfung der Datenschutzaspekte unkritisch und führen ein Blutdrucktagebuch mit Kurvenverläufen. Das ist mehr als bei herkömmlichen Geräten. Deren Display zeigt die Werte in der Regel nur einzeln oder als Mittelwert.

FOTO: STIFTUNG WARENTEST / RALPH KAISER, GETTY IMAGES [M]

Blutdruckmessgeräte 9/2020

Produkt	Mittlerer Preis ca. (Euro)	Blutdruckmessung 60 %	Störanfälligkeit 10 %	Handhabung 30 %	test-QUALITÄTSURTEIL 100 %
Messung am Oberarm					
Boso Medicus X[1)]	50,00	○	○	++	GUT (2,3)
Medisana BU 535	31,50[2)]	+	⊖	++	GUT (2,4)
Omron X3 Comfort	59,00	○*)	+	++	GUT (2,4)
Veroval Compact Oberarm	31,00	○	○	++	GUT (2,4)
Braun ExactFit 3	50,00	○	○	+	GUT (2,5)
Sanitas SBM 22	24,00	○	⊖	+	GUT (2,5)
Aponorm Basis Control Plus	50,00	○	⊖	++	BEFRIEDIGEND (2,6)
Braun ExactFit 5[3)]	54,00	○	⊖	+	BEFRIEDIGEND (2,6)
Visomat comfort 20/40	58,00	○	⊖	++	BEFRIEDIGEND (2,6)
Beurer BM 51 easyClip	70,00	⊖*)	⊖	++	AUSREICHEND (3,7)
Messung am Handgelenk					
Omron RS7 Intelli IT[4)]	70,00	○	○	+	GUT (2,4)
Boso Medistar+[5)]	25,00	○*)	+	++	BEFRIEDIGEND (2,8)
Beurer BC 21	36,00	○*)	○	+	BEFRIEDIGEND (3,0)
Veroval Compact Handgelenk	21,00	○*)	○	++	BEFRIEDIGEND (3,0)
Sanitas SBC 22	15,50	⊖*)	○	+	AUSREICHEND (3,9)
Braun iCheck 7[4)]	67,00	⊖*)	○	+	AUSREICHEND (4,2)
Medisana BW 320	20,00[2)]	⊖*)	○	++	AUSREICHEND (4,2)

Bewertungsschlüssel der Prüfergebnisse: ++ = Sehr gut (0,5–1,5). + = Gut (1,6–2,5). ○ = Befriedigend (2,6–3,5). ⊖ = Ausreichend (3,6–4,5). — = Mangelhaft (4,6–5,5). **Bei gleichem Qualitätsurteil Reihenfolge nach Alphabet.**
***) Führt zur Abwertung. 1)** Hat im Test 2016 mit geringfügig anderem Prüfprogramm gleich gut abgeschnitten. **2)** Von uns bezahlter Einkaufspreis. **3)** Hat im Test 2018 mit geringfügig anderem Prüfprogramm eine Zehntelnote besser abgeschnitten. **4)** Produkt ist mit einem Smartphone koppelbar, um ein Blutdrucktagebuch zu führen. Das Datensendeverhalten der zugehörigen App ist unkritisch. **5)** Hat im Test 2016 mit geringfügig anderem Prüfprogramm eine halbe Note besser abgeschnitten. **Einkauf der Prüfmuster:** Januar und Februar 2020.

nen sie den Blutdruck bei pumpendem und erschlafftem Herzen (systolisch und diastolisch). Außerdem zeigt das Display den Puls.

Im Vorteil: Oberarmgeräte

Oberarmgeräte schneiden im Test insgesamt besser ab als die Konkurrenz fürs Handgelenk. Und sitzt die Manschette richtig, sind sie auch bei der Anwendung im Vorteil: Sie messen dann von selbst auf Herzhöhe. Handgelenkgeräte müssen Nutzer aktiv in diese Position bringen, also den Arm korrekt anwinkeln; sonst drohen Fehler. Hilfen und Tipps stehen in der Gebrauchsanleitung.

Wichtig: Anleitung beachten

Ganz grundsätzlich lohnt es sich, die Anleitung genau zu lesen, um Messfehler zu vermeiden. Denn diese können Ergebnisse ähnlich verfälschen wie ein schlechtes Gerät. ■

Unser Rat

Nur eine EMS-Kette schneidet gut ab – und das knapp: **Terra Sports**. Gleich dahinter folgt **EMS-Lounge.** Beide Anbieter führen Trainings gut durch – EMS-Lounge einen Tick besser als Terra Sports. Der Testsieger bietet jedoch mit Abstand das beste Probetraining und checkte als einzige Kette in allen Beratungen den Fitnesszustand mit einer Körperanalyse.

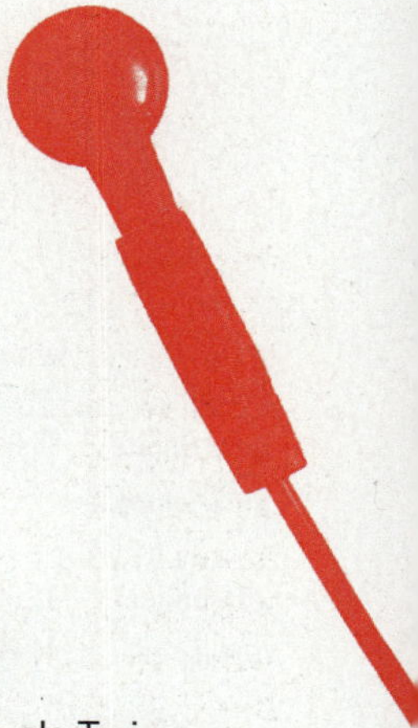

Das andere Krafttraining

10/2020 EMS-Studios bieten die elektrische Muskelstimulation als Training an. Von den sechs größten Ketten ist allerdings keine rundum fit.

Es bewegt sich was! Für vier Sekunden spannt der Sportler bestimmte Muskeln an, die durch einen Stromimpuls von außen stimuliert werden. Für vier Sekunden lässt er sie dann wieder locker. So ist das bei jeder Übung, 20 Minuten lang. So funktioniert Krafttraining mit elektrischer Muskelstimulation (EMS). Rund 200 000 Menschen ließen sich 2018 in Deutschland für das Ganzkörpertraining unter Strom setzen.

Hierzulande gibt es etwa 1 000 spezielle EMS-Studios – wir testeten die sechs größten Ketten. Fazit: Kein Anbieter ist in Topform. Terra Sports ist insgesamt knapp gut, alle anderen sind befriedigend. Keine Kette setzt das EMS-Konzept konsequent um, die Kompetenz der Trainer ist teils mäßig. Erfreulich: Die Studios halten wichtige Sicherheitsregeln so gut ein, dass wir von keinem abraten müssen.

Die Bedeutung des Probetrainings

Optimales Training funktioniert nur, wenn der Trainer die Voraussetzungen der Sportler kennt. Vor dem Probetraining sollten Studios gewissenhaft Gesundheit und Sporterfahrungen erfassen. Das machen sie nicht immer umfassend: Die sportliche Aktivität etwa fragten die Anbieter nur in 14 von 30 Fällen ab.

Das Probetraining ist die kritischste Einheit. EMS-Neulinge müssen lernen, ihre Belastungsgrenzen wahrzunehmen: Kribbelt es nur, ist die Spannung angemessen oder zu stark? Zugleich müssen Trainer aufmerksam verfolgen, wie Kunden auf die Reizsteigerung reagieren. Im Test klappte das meist. ▶

Wie funktioniert EMS?
An einer angefeuchteten Weste sind Elektroden angebracht. Spannt der Trainierende die Muskeln an, geben die Elektroden in der Regel vier Sekunden lang Impulsströme mit Frequenzen von 50 bis 150 Hertz über die Haut an die Muskulatur weiter. Dieser Reiz, den Trainer individuell anpassen, löst eine Muskelkontraktion aus. Dann folgt eine Pause von vier Sekunden – bis der nächste Impuls kommt.

FOTOS: PABLO CASTAGNOLA; ADOBE STOCK

EMS-Studios 10/2020

Anbieter	Wochenbeitrag laut Anbieter (Euro)[1]	Zusätzliche Wochengebühr für Funktionskleidung laut Anbieter (Euro)	Anzahl der Filialen in Deutschland	Beratung und Probetraining	Trainingsdurchführung	Trainingsbedingungen	Mängel in den Verträgen und AGB	test-QUALITÄTSURTEIL
				30 %	50 %	20 %	0 %	100 %
Terra Sports	36,90	4,90	53	+	+	○	gering	**GUT (2,5)**
EMS-Lounge	28,50	Auf Anfrage	61	○	+	○	gering[2]	**BEFRIEDIGEND (2,6)**
25Minutes	32,90	2,50	17	○	○	○	keine	**BEFRIEDIGEND (2,7)**
Bodystreet	34,90 bis 39,90	4,90 bis 5,90	257	+	○	○	gering	**BEFRIEDIGEND (2,7)**
Körperformen	21,99 bis 32,99	4,90[3]	225	○	○[4]	○	sehr gering	**BEFRIEDIGEND (3,0)**
Fitbox	24,90 bis 29,90	4,90	74	○	○	○	deutlich*)[2]	**BEFRIEDIGEND (3,3)**

Bewertungsschlüssel der Prüfergebnisse: ++ = Sehr gut (0,5–1,5). + = Gut (1,6–2,5). ○ = Befriedigend (2,6–3,5). ⊖ = Ausreichend (3,6–4,5). — = Mangelhaft (4,6–5,5). **Bei gleichem Qualitätsurteil Reihenfolge nach Alphabet.**

***) Führt zur Abwertung.**

1) Der angegebene Preis bezieht sich auf die Mindestvertragslaufzeit mit Abschluss einer Mitgliedschaft im Studio. Bei längerer Vertragslaufzeit kann der Preis niedriger ausfallen. In der Regel ist mit dem Vertrag ein Training pro Woche möglich.

2) Nicht an allen geprüften Standorten einheitlich. Teilweise auch besser bewertete Vertragsbedingungen vorhanden.

3) Nicht in jedem Studio.

4) An einem der fünf geprüften Standorte gingen aufgrund der Corona-Pandemie nur sechs statt sieben Trainingseinheiten in die Prüfung ein.

Erhebungszeitraum: Dezember 2019 bis März 2020.

Schlechter sah es beim Einordnen der Körperbelastung aus: Gerade bei Einsteigern sollten Trainer mittels Skala ihr Schmerzempfinden abfragen. Das geschah zu selten.

Besser nicht zu dritt

Wer den Rücken stärken oder Muskeln aufbauen will, für den kann sich EMS lohnen. Wer sich eine „Topfigur" erhofft, wie sie die Werbung verspricht, wird enttäuscht: EMS eignet sich kaum zum Schlankwerden.

Ein Training kostet etwa 20 bis 40 Euro – dafür gibt es 20 Minuten lang eine persönliche Betreuung, bei der der Trainer die Übungen anleitet. Kunden sollten anfangs nur einmal pro Woche trainieren, ab der elften Woche müssen mindestens vier Tage zwischen den Sessions liegen. Die Pausen sind wichtig, damit sich die Muskulatur regenerieren kann. Im Test achtete bei der Terminvergabe nur EMS-Lounge immer auf diese Abstände. Am nachlässigsten war Körperformen.

Zum Einmaleins des EMS-Trainings gehört, dass ein Trainer nie mehr als zwei Personen gleichzeitig betreut. Bei Fitbox und 25Minutes fanden auch Trainings zu dritt statt. ■

Unser Rat

Erwachsene in einer depressiven Phase können die von uns geprüften **apothekenpflichtigen** Arzneimittel mit Johanniskraut ausprobieren. Bei leichten depressiven Verstimmungen eignen sich rezeptfreie Mittel: **Felis, Hyperforat** und **Neuroplant Aktiv** sind pro Tagesdosis am günstigsten und nur sehr gering mit Pflanzengift belastet.

Raus aus dem Tief

11/2020 Antriebslos, erschöpft, niedergeschlagen? Johanniskraut verheißt Hilfe auf natürliche Art. Von 18 Mitteln sind 10 einen Versuch wert.

Müdigkeit, Erschöpfung, Grübeln gehen nicht vorbei, nichts macht mehr Freude – oft ist das kein Durchhänger, sondern eine Depression. Ärzte verordnen zunehmend Antidepressiva, mehr Menschen greifen zu rezeptfreien stimmungsaufhellenden Mitteln. Besonders beliebt: pflanzliche Arzneien mit Johanniskraut.

Lindert Johanniskraut das Leiden?
Wir untersuchten 18 Mittel – verschreibungspflichtige und rezeptfreie aus der Apotheke sowie frei verkäufliche. Unsere Gutachter sichteten Studien zu Wirksamkeit und Risiken. Ihr Fazit: Nicht jede der Arzneien hilft nachweislich.

Wir empfehlen nur die zehn apothekenpflichtigen Mittel. Sie sind ausreichend hoch dosiert. Studien belegen, dass sie bei leichten bis mittelschweren depressiven Phasen wirken – sogar ähnlich effektiv wie synthetische Antidepressiva. Allerdings fehlen Belege für eine vergleichbare Wirksamkeit von Johanniskraut über einen Zeitraum von zwölf Wochen hinaus.

Nicht lange auf eigene Faust nehmen
Sieben der zehn apothekenpflichtigen Mittel sind rezeptfrei erhältlich. Bis die antidepressive Wirkung von Johanniskraut spürbar wird, vergehen oft einige Wochen – Patienten brauchen Geduld. Stecken sie nach einem Monat weiter im Tief, sollten sie unbedingt mit ihrem Arzt sprechen. Bei einer schweren Depression ist Johanniskraut keine Option. ▶

Achtung Wechselwirkungen!
Die Nebenwirkungen sind seltener als bei synthetischen Antidepressiva. Übelkeit, Kopfschmerzen, Ausschlag und erhöhte Sonnenlicht-Empfindlichkeit der Haut sind aber möglich. Zudem kann Johanniskraut die Wirkung anderer Medikamente teils verstärken oder schwächen, etwa die der Anti-Baby-Pille. Über Wechselwirkungen informieren wir online unter test.de/medikamente-johanniskraut.

Tee und Saft eignen sich wenig
Drogerien, Reformhäuser, aber auch Apotheken bieten frei verkäufliche Produkte wie Tee, Saft und Mittel mit Johanniskrautpulver an. Sie sind anders zusammengesetzt und niedriger dosiert als apothekenpflichtige Produkte. Unsere Arzneimittelexperten raten von frei verkäuflichen Mitteln ab, weil nicht ausreichend belegt ist, dass sie wirken.

Worauf die Johanniskrautwirkung beruht, ist nicht eindeutig geklärt. Die Zubereitung spielt eine Rolle. Für Tee und Pulver wird das

Apothekenpflichtige Arzneimittel

Präparat	Inhalt	Preis (Euro)	Belastung mit Pyrrolizidinalkaloiden (PA)[1] laut Analyse
Rezeptpflichtige Arzneimittel			
Diese rezeptpflichtigen Tabletten sind zur Behandlung einer **leichten oder mittelschweren depressiven Phase** zugelassen und unsere Experten bewerten sie hierfür als **geeignet**. Studien belegen, dass die Mittel in diesen Fällen ähnlich effektiv wirken wie chemische Antidepressiva und ausreichend hoch dosiert sind. Die Untersuchungen liefen aber höchstens zwölf Wochen. Ob die Arzneien darüber hinaus ebenso gut wirken wie chemische Antidepressiva oder einer Rückkehr der Depression vorbeugen können, ist unklar.			
Jarsin Rx 300 mg Verfallsdatum: 9/20	Überzogene Tabletten mit je 300 mg Trockenextrakt	31,97/100 Stück	Sehr gering
Neuroplant Verfallsdatum: 3/22	Filmtabletten mit je 600 mg Trockenextrakt	57,29/100 Stück	Sehr gering
Laif 900 Verfallsdatum: 5/21	Filmtabletten mit je 900 mg Trockenextrakt	59,42/100 Stück	Gering
Rezeptfreie Arzneimittel			
Diese rezeptfreien Arzneimittel bewerten unsere Experten als **geeignet** bei **leichten, vorübergehenden depressiven Störungen** – vorausgesetzt, Betroffene möchten überhaupt Medikamente einnehmen. Teilweise lassen sich milde depressive Verstimmungen auch ohne sie bewältigen. Die Wirksamkeit der rezeptfreien Arzneimittel bei einer milden depressiven Verstimmung ist durch Studien belegt, die Tabletten und Kapseln sind ausreichend hoch dosiert. Auf eigene Faust sollten sie aber nicht über einen langen Zeitraum eingenommen werden. Wenn Beschwerden länger als vier Wochen andauern oder sich sogar verstärken, sollten Betroffene ärztlichen Rat einholen.			
Felis 425 mg Verfallsdatum: 5/21	Hartkapseln mit je 425 mg Trockenextrakt	28,65/100 Stück	Sehr gering
Hyperforat 250 mg Verfallsdatum: 5/20	Filmtabletten mit je 250 mg Trockenextrakt	25,59/100 Stück	Sehr gering
Jarsin 300 mg Verfallsdatum: 9/20	Überzogene Tabletten mit je 300 mg Trockenextrakt	36,80/100 Stück	Sehr gering
Jarsin 450 mg Verfallsdatum: 9/20	Filmtabletten mit je 450 mg Trockenextrakt	42,60/100 Stück	Sehr gering
Neuroplant Aktiv Verfallsdatum: 2/22	Filmtabletten mit je 600 mg Trockenextrakt	57,23/100 Stück	Sehr gering
Laif 900 Balance Verfallsdatum: 9/21	Filmtabletten mit je 900 mg Trockenextrakt	60,68/100 Stück	Gering
Neuroplant 300 mg Novo Verfallsdatum: 12/20	Filmtabletten mit je 300 mg Trockenextrakt	35,38/100 Stück	Gering

Reihenfolge nach Alphabet bei gleicher Bewertung und gleicher Belastung mit Pyrrolizidinalkaloiden.
1) Bezogen auf die tägliche Menge an PA, die das Bundesinstitut für Risikobewertung für einen 60 Kilogramm schweren Erwachsenen bei dauerhafter Aufnahme noch als wenig bedenklich einstuft. **Preise:** Die Preise für rezeptfreie Medikamente sind in Deutschland nicht gesetzlich reguliert, können also von unseren Angaben abweichen. Für rezeptpflichtige Mittel hingegen gilt eine Preisbindung. **Einkauf der Produkte:** Januar 2020.

Kraut getrocknet und zerkleinert. Die mit „geeignet" bewerteten Mittel enthalten dagegen Trockenextrakte: Ein Lösemittel hat die Wirkstoffe aus der Pflanze gezogen und wurde danach entfernt. Sie sind so deutlich höher konzentriert als in Pulver und Saft.

Wir haben die Mittel auch auf Pflanzengifte untersucht. Durch mitgeerntete Beikräuter können giftige Pyrrolizidinalkaloide (PA) hineingelangen. Erfreulich: Alle als „geeignet" bewerteten Mittel waren nur gering oder sehr gering mit PA belastet. ■

Frei verkäufliche Mittel

Präparat	Inhalt	Preis (Euro)	Belastung mit Pyrrolizidinalkaloiden (PA)1) laut Analyse
Arzneitees			
Die Tees sind zur **„unterstützenden Behandlung von nervöser Unruhe und Schlafstörungen"** zugelassen. Doch die therapeutische Wirksamkeit ist nicht ausreichend durch Studien belegt, unsere Experten bewerten sie als **wenig geeignet**. Pflanzliche Beruhigungsmittel mit Baldrian in ausreichend hoher Dosierung sind besser bewertet und deshalb vorzuziehen (siehe test.de/medikamente-baldrian).			
H&S Johanniskraut Filterbeutel2) Verfallsdatum: 6/22	Teebeutel mit je 2 g Johanniskraut	3,30/20 Stück	Keine
Sidroga Johanniskraut Tee2) Verfallsdatum: 6/22	Teebeutel mit je 1,75 g Johanniskraut	3,89/20 Stück	Keine
Bombastus Johanniskraut Tee Verfallsdatum: 12/21	Loser Tee aus Johanniskraut	5,20/125 Gramm	Sehr gering
Traditionelle Arzneimittel			
Diese Mittel sind zur Linderung von **„vorübergehender geistiger Erschöpfung"** gedacht. Die therapeutische Wirksamkeit dafür ist aber nicht ausreichend nachgewiesen, unsere Experten bewerten sie als **wenig geeignet**. Rechtlich handelt es sich um „traditionelle pflanzliche Arzneimittel". Sie dürfen verkauft werden, weil sie schon lange medizinisch verwendet werden.			
Schoenenberger Naturreiner Heilpflanzensaft Johanniskraut Verfallsdatum: 5/22	Presssaft aus frischem Johanniskraut	8,25/200 ml	Keine
dm Mivolis Johanniskraut Dragees SN3) Verfallsdatum: 6/22	Dragees mit je 180 mg Trockenextrakt aus Johanniskraut	2,95/120 Stück	Sehr gering
Tetesept Johanniskraut Kapseln Verfallsdatum: 3/22	Kapseln mit je 500 mg Johanniskraut-Pulver	4,954)/100 Stück	Sehr gering
Kneipp Johanniskraut Dragees H Verfallsdatum: 6/22	Dragees mit je 300 mg Johanniskraut-Pulver	4,70/90 Stück	Gering
Zirkulin Johanniskraut Dragees H Verfallsdatum: 1/22	Dragees mit je 300 mg Johanniskraut-Pulver	3,954)/120 Stück	Gering

Reihenfolge nach Alphabet bei gleicher Bewertung und gleicher Belastung mit Pyrrolizidinalkaloiden.
1) Bezogen auf die tägliche Menge an PA, die das Bundesinstitut für Risikobewertung für einen 60 Kilogramm schweren Erwachsenen bei dauerhafter Aufnahme noch als wenig bedenklich einstuft. **2)** Der Tee wird in Deutschland ausschließlich in Apotheken verkauft. **3)** Bei dem Produkt fehlte im Test die vorgeschriebene Registriernummer. Wie uns der Anbieter auf Nachfrage mitteilte, ist es nicht mehr erhältlich. **4)** Von uns bezahlter Einkaufspreis.

Einkauf der Produkte: Januar 2020.

Unser Rat

Alle Nahrungsergänzungsmittel im Test sind überflüssig (siehe Tabelle). Auch die Bilanz zu drei **Medikamenten** ist bescheiden (siehe Kasten unten). Der Omega-3-Bedarf lässt sich mit der Ernährung decken: etwa durch regelmäßig fetten Seefisch wie Lachs oder Hering, ja selbst aus rein pflanzlichen Quellen. Dazu zählen Leinöl, Rapsöl, Walnüsse.

Kein Grund für Kapseln

6/2020 Sie werden stark beworben, sollen etwa gut fürs Herz sein. Doch der Test zeigt: Kapseln mit Omega-3-Fettsäuren sind überflüssig.

Die Hoffnung ist groß, alt, weit verbreitet: Fischölkapseln sollen regelrechte Wundermittel sein. Fischöl enthält lebenswichtige Omega-3-Fettsäuren. Bereits vor Jahrzehnten lieferten Studien Hinweise, dass diese Stoffe dem Herz-Kreislauf-System nützen sollen. In der Folge entstand die Idee, Fischöl in Kapseln zu füllen – für alle, die wenig oder keinen Fisch essen. Auch pflanzliche Omega-3-Präparate werden vermarktet, etwa mit Algenöl oder Leinöl.

23 Mittel, schwache Bilanz

Was bringen Fischölkapseln und Co wirklich? Wir haben 20 Nahrungsergänzungsmittel sowie drei rezeptfreie Medikamente mit Omega-3-Fettsäuren getestet. Die Angaben auf den Packungen sind in Ordnung. Auch Schadstoffe wie Schwermetalle stellen laut unseren Laboranalysen kein Problem dar. Bloß: Die Präparate sind überflüssig.

Zu diesem Fazit kommen unsere Gutachter, die die Studienlage zu Omega-3-Kapseln aktuell ausgewertet haben. Demnach ist der Nutzen der Nahrungsergänzungsmittel zum Schutz von Herz und Kreislauf nicht ausreichend nachgewiesen. Das gilt für Gesunde wie für Risikopatienten, die beispielsweise bereits einen Herzinfarkt hatten. Für weitere Einsatzgebiete wie der Vorbeugung von Demenz fanden unsere Gutachter ebenfalls keine ausreichenden Belege.

Und auch die Bilanz aus den Studien für die drei getesteten Medikamente fällt ernüchternd aus (siehe Kasten unten).

Rezeptfreie Medikamente im Test

Im Test prüften wir auch drei rezeptfreie Medikamente: Eicosan 750, Eicosapen, Omacor. Zugelassen sind sie zur Behandlung erhöhter Blutfettwerte. Die Werte sinken zwar durch die Mittel. Doch es ist nicht ausreichend belegt, dass sie auch mögliche Folgen erhöhter Blutfettwerte wie Herzinfarkt verhindern, also therapeutisch etwas nützen. Daher bewerten wir sie als wenig geeignet.

FOTOS: STIFTUNG WARENTEST / RALPH KAISER; GETTY IMAGES

Mittel mit Omega-3-Fettsäuren 6/2020

Produkt	Inhalt (Kapseln)	Mittlerer Preis ca. (Euro)	Deklaration	Analytische Prüfung
Mit Fischöl				
Alsiroyal Seefischöl 1000 Omega-3	90	11,00	Keine Beanstandungen	Keine Auffälligkeiten
Bakanasan Omega 3 mit Lachsöl	90	9,45		
dm Mivolis Omega-3 1000[1)]	60	2,45		
Doc Morris Omega-3 Kapseln	60	3,50		
Doppelherz Aktiv Omega-3 Seefischöl 1000	80	5,45		
Doppelherz System Omega-3 Konzentrat	30	9,65		
Dr. Loges Omega 3-Loges plus Astaxanthin	60	27,20		
Feel Natural Omega 3 Fischöl 1000 mg	365	18,00[2)]		
Müller Fit+Vital Omega-3 Fischöl 1000	40	1,95		
Norsan Omega-3 Kapseln mit natürlichem Fischöl	120	21,60		
Rossmann Altapharma Omega-3 Seefischöl 1000+	90	5,30		
Salus Omega-3 mit Lachsöl[1)]	60	10,80		
Schaebens Omega-3 Premium	90	4,95		
Tetesept Omega-3 1000	80	8,00		
Mit Algenöl				
Alsiroyal Algenöl pflanzlich Omega-3	30	22,50		
Doppelherz System Omega-3 Pflanzlich	60	20,00		
Dr. Loges Omega 3-Loges pflanzlich	60	22,70		
Testa Omega-3 Algenöl DHA +EPA	60	25,00		
Mit Leinöl				
dm Mivolis Omega-3 Leinöl 1000	30	2,95		
Schaebens Omega-3 Pflanzlich Leinöl 1000 mg	20	4,85		

test-FAZIT

Die Nahrungsergänzungsmittel sind überflüssig. Mit der Ernährung lassen sich ausreichend Omega-3-Fettsäuren aufnehmen. Die Studienauswertung zeigt: Weder bei Gesunden noch bei Risikopatienten ist eine Schutzwirkung vor Herz-Kreislauf-Ereignissen wie Herzinfarkt und Schlaganfall durch die Kapseln zu erwarten. Auch weitere erhoffte Effekte, etwa für eine verbesserte Gehirnfunktion oder gegen altersbedingte Augenerkrankungen, sind nicht ausreichend nachgewiesen. Immerhin: Die Angaben in der Deklaration stimmen und auch hinsichtlich der Laboranalysen ist an den getesteten Mitteln nichts zu beanstanden.

Innerhalb der Produktgruppen Reihenfolge laut Alphabet. 1) Laut Anbieter Produkt geändert. **2)** Von uns bezahlter Einkaufspreis.
Einkauf der Prüfmuster: Oktober und November 2019.

Ernährung als Quelle nutzen

Dennoch: Omega-3-Fettsäuren aus Nahrung sind wertvoll. Fetter Seefisch bringt reichlich davon mit. Selbst mit pflanzlichen Ölen wie Leinöl, Rapsöl oder Walnüssen lässt sich der Bedarf gut decken. Laut der Deutschen Gesellschaft für Ernährung sind die Menschen hierzulande hinlänglich mit pflanzlichen Omega-3-Fettsäuren versorgt. Dabei geht es nicht darum, akribisch abzumessen. Die Mischung machts. Und: Wenig ungesunde Fette etwa aus Knabberzeug und Süßigkeiten essen – und dafür gesunde. Diese Kost, plus Obst und Gemüse, schützt Herz und Kreislauf. Und sie liefert gesunde Vitamine, Mineral- und Ballaststoffe. ■

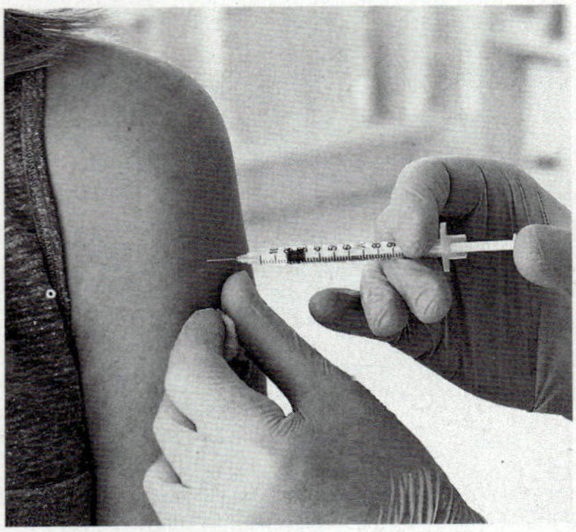

Unser Rat

In Corona-Zeiten können Impfstoffe knapp sein. Unsere Experten raten vor allem **Senioren mit Krankheiten, Menschen mit Immunschwäche** und **kleinen Kindern** zur Pneumokokken-Impfung. Die Experten stufen sie für die Kleinen als sinnvoll ein, da der Nutzen für sie am besten belegt ist. Andere Gruppen zu impfen, ist voraussichtlich sinnvoll (siehe Tabelle).

Impfschutz nach Bedarf

5/2020 Pneumokokken-Bakterien können gefährlich werden, aber Impfstoffe rar sein. Für wen die Impfung infrage kommt.

Pneumokokken? Anfang 2020 kannte wohl kaum einer diese Erreger. Das hat sich durch die Corona-Krise geändert. Im Zuge steigender Infektionsraten mit dem Corona-Virus hatten Behörden, darunter das Bundesgesundheitsministerium, Senioren aufgerufen, sich gegen Pneumokokken impfen zu lassen. Das biete zusätzlichen Schutz. Viele folgten dem Rat; schnell überstieg die Nachfrage das Angebot. Immer wieder waren die Pneumokokken-Impfstoffe Prevenar und Pneumovax laut Behördenangaben oft nur „eingeschränkt verfügbar".

Hinweise im Falle von Lieferengpässen

Um die Ressourcen bestmöglich zu nutzen, hat die Ständige Impfkommission (Stiko) Hinweise veröffentlicht, wer bei Lieferengpässen entsprechender Pneumokokken-Impfstoffe vorrangig geimpft werden sollte:

- Personen mit Immunschwäche,
- Menschen mit chronischen Erkrankungen des Herzens oder der Atmungsorgane,
- Senioren ab 70 Jahre,
- Babys und Kleinkinder bis zwei Jahre.

Zu ähnlichen Einschätzungen kommen die Impf-Experten der Stiftung Warentest. Zu Zeiten knapper Impfstoffe empfehlen sie die Pneumokokken-Impfung vor allem Senioren mit Krankheiten, Menschen mit Immunschwäche und kleinen Kindern. Grundsätzlich ist der Nutzen bei kleinen Kindern am besten belegt. Details für normale Zeiten sowie für Zeiten coronabedingt knapper Impfstoffe: siehe Tabelle.

Wann die Keime riskant sind

Pneumokokken sind Bakterien und werden per Tröpfcheninfektion übertragen, etwa beim Husten oder Niesen. Sie siedeln sich bei vielen Menschen im Nasen-Rachen-Raum an, meist ohne sie krank zu machen. Ist das Immunsystem aber geschwächt, können sie beispielsweise Blutvergiftungen oder Hirnhautentzündungen verursachen – und vergleichsweise häufig Lungenentzündungen.

FOTO: ADOBE STOCK

Für wen die Pneumokokken-Impfung sinnvoll ist

Die Tabelle zeigt die Einschätzung der Stiftung Warentest zur Impfung von Personengruppen, die durch eine Infektion mit Pneumokokken gefährdet sind.

	Für Kinder unter 2 Jahren	Für Ältere ab 60 Jahre[2)]	Für Risikogruppen, etwa mit Immunschwäche
Empfohlener Impfstoff	Prevenar 13[1)]	Pneumovax 23[3)]	Pneumovax 23[4)]
Empfohlener Impfplan	Drei Impfstoffdosen: je eine im Alter von 2, 4 und 11 bis 14 Monaten	Eine einzige Impfstoffdosis	Eine einzige Impfstoffdosis[4)]
Immunität	Eine Auffrischungsimpfung ist wahrscheinlich unnötig.	Eine Wiederholungsimpfung nach sechs Jahren ist wahrscheinlich sinnvoll.	Eine Wiederholungsimpfung nach sechs Jahren ist wahrscheinlich sinnvoll.
Unsere generelle Einschätzung	**Die Impfung junger Kinder ist sinnvoll.** Sie kann in dieser Altersgruppe nachweislich schwerwiegende Erkrankungen durch Pneumokokken-Infektionen verhindern.	**Die Impfung Älterer ist voraussichtlich sinnvoll.** Es ist nicht ausreichend belegt, dass die Zahl der Lungenentzündungen durch die Impfung sinkt. Sie kann aber seltene, sehr schwere Erkrankungen wie Blutvergiftung durch die Erreger nachweislich verhindern.	**Die Impfung dieser Gruppen ist voraussichtlich sinnvoll.** Der Nutzen für Risikopatienten, etwa Immungeschwächte, sollte noch besser belegt werden. Doch diese Gruppe hat ein erhöhtes Gesundheitsrisiko – das spricht für die Impfung.
Unsere Empfehlung für Zeiten knapper Impfstoffe	Unsere Empfehlung, kleine Kinder bis zu einem Alter von 2 Jahren zu impfen, gilt unverändert (siehe oben).	Wir raten vorrangig Senioren mit Erkrankungen der Atmungsorgane, des Herzkreislaufsystems oder mit Diabetes zur Impfung. Sie können von ihr besonders profitieren.	Wir raten vorrangig Patienten, die eine Immunschwäche haben oder immundämpfende Medikamente nehmen, zur Impfung. Sie können von ihr besonders profitieren.

1) Für Kinder gibt es alternativ den Impfstoff Synflorix. Er sollte höchstens zum Einsatz kommen, wenn Prevenar nicht verfügbar ist, da er weniger Erregertypen abdeckt. **2)** Die Studiendaten lassen nicht zu, die Altersgrenze eindeutig festzulegen. **3)** Menschen ab 60 Jahren sollten ausschließlich den Impfstoff Pneumovax bekommen. Er deckt die Erregertypen, an denen Ältere häufig erkranken, besonders gut ab. **4)** Bestimmte Risikogruppen wie Immungeschwächte bekommen normalerweise eine Impfung sowohl mit Prevenar als auch mit Pneumovax in einem gewissen zeitlichen Abstand. Zu Zeiten knapper Impfstoffe wird diese Empfehlung möglicherweise ausgesetzt.

Wem die Kasse die Impfung zahlt

Für alle, denen die Ständige Impfkommission die Pneumokokken-Impfung offiziell empfiehlt, tragen Krankenkassen die Kosten: Nämlich für Kinder bis zwei Jahre, Patienten mit bestimmten chronischen Krankheiten und ältere Menschen ab 60. Das gilt auch, falls Lieferengpässe bestehen und die Stiko deshalb enger gefasste Hinweise zum Impfen gibt als üblicherweise.

Der richtige Zeitpunkt für den Pikser

Pneumokokken-Erkrankungen haben vor allem in den kalten Monaten Saison. Daher werden Erwachsene oft im Herbst geimpft, etwa parallel mit der Grippeimpfung. Impfstoffe für kleine Kinder werden dreimalig in bestimmten Lebensmonaten gespritzt, zum ersten Mal möglichst mit zwei Monaten. Auch das kann zeitgleich mit einem anderen Piks wie der Sechsfachimpfung erfolgen. ■

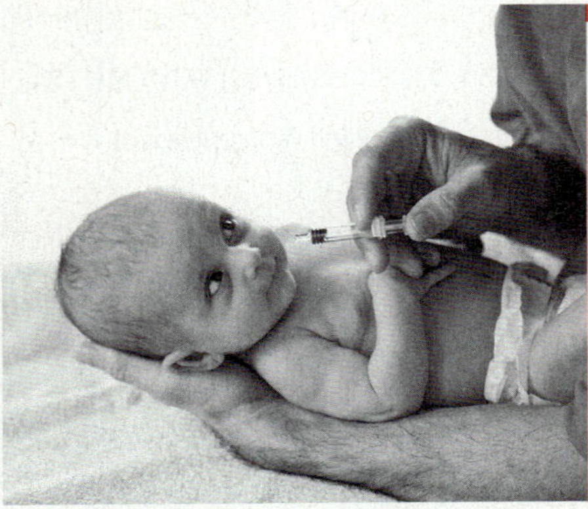

Unser Rat

Die Impfexperten der Stiftung Warentest stufen die Impfung gegen Rotaviren **für Babys als sinnvoll** ein. Die Experten haben für ihre Bewertung aktuelle Studien ausgewertet. Dabei zeigte sich auch, dass die zwei zur Verfügung stehenden Impfstoffe vergleichbar gut wirken. Beide enthalten Lebendviren und werden den Kleinen als Schluckimpfung verabreicht.

Schutz für die Kleinsten

12/2020 Rotaviren können bei Babys schlimmen Durchfall verursachen. Unsere Impfexperten halten die Impfung gegen diese Viren für sinnvoll.

Rotaviren können Babys und Kleinkindern stark zusetzen und schweren Durchfall verursachen, teils mit Erbrechen, Fieber und Bauchweh. Die Beschwerden können so schlimm werden, dass Kinder zu viel Flüssigkeit verlieren und wegen Austrocknung ins Krankenhaus müssen. Äußerst selten stirbt ein Baby in Deutschland daran.

Die Schluckimpfung schützt mindestens zwei bis drei Jahre vor einer Infektion. Die Impfexperten der Stiftung Warentest halten die Impfung für sinnvoll, vor allem für Risikokinder (siehe Tabelle). Auch die Ständige Impfkommission empfiehlt sie, daher tragen alle Krankenkassen die Kosten.

Impfen nach der sechsten Woche

Die Impfung sollte möglichst bald nach Vollendung der sechsten Lebenswoche gegeben werden. Aus zwei Gründen: Zum einen können Säuglinge umso schwerer erkranken, je jünger sie sind. Zum anderen scheint eine frühe Impfung das Risiko für eine gefährliche Nebenwirkung, die Darmeinstülpung, zu verringern – auch Stillen beugt vor. Bei einer Darmeinstülpung schieben sich zwei Darmabschnitte ineinander; das unterbricht den Kot-Transport und die Blutzufuhr und kann zum lebensbedrohlichen Darmverschluss führen.

Laut Robert-Koch-Institut (RKI) treten Darmeinstülpungen als Nebenwirkung der Impfung nur sehr selten auf. Während in Deutschland von 100 000 nicht geimpften Kindern unter einem Jahr im Schnitt schät-

Sinkende Infektionszahlen
Im Erhebungsjahr 2018 registrierte das Robert-Koch-Institut 23 603 Fälle von Rotaviren-Infektionen, die meisten betrafen unter Zweijährige. Als die Impfung 2006 bei uns zugelassen wurde, lag die Zahl bei 67 016 Infektionen. Die Impfung von Babys kann indirekt Risikogruppen vor schwerer Erkrankung schützen – wie Babys mit Immundefekt, die selbst nicht geimpft werden dürfen, oder Ältere.

FOTO: ALAMY / PHANIE

Die Schluckimpfung gegen schlimmen Durchfall

Die Tabelle informiert über Fakten zur Impfung gegen Rotaviren und erläutert, warum die Impfexperten der Stiftung Warentest beide Impfstoffe im Einsatz gegen Rotaviren als sinnvoll bewerten.

	Rotaviren-Impfung für Säuglinge	
Impfstoff	**Rotarix (abgeschwächte Lebendviren)**	**RotaTeq (abgeschwächte Lebendviren)**
Impfplan	Zwei Schluckimpfungen: die erste Dosis ab dem Alter von sechs Wochen, die zweite vier Wochen später – also ab dem Alter von 10 Wochen.	Drei Schluckimpfungen: die erste Dosis ab dem Alter von sechs Wochen, die zweite und dritte im Abstand von jeweils vier Wochen – also ab dem Alter von 10 beziehungsweise 14 Wochen.
Dauer des Impfschutzes	Zwei bis drei Jahre, möglicherweise besteht die Schutzwirkung auch vier Jahre.	
Unsere Einschätzung	**Die Impfung ist sinnvoll.** Das gilt für beide Impfstoffe. Die Impfung kann bei Säuglingen schwere Erkrankungen mit Durchfall und Erbrechen durch Rotaviren verhindern und hilft, Krankenhausaufenthalte zu vermeiden. Frühgeborene und Kinder mit geringem Geburtsgewicht oder mit erhöhtem Risiko für schwere Krankheitsverläufe, etwa wegen angeborener Erkrankungen wie Mukoviszidose oder Herzfehlern, können besonders von der Impfung profitieren. **Wichtig:** Eltern sollten den Impfplan einhalten und möglichst früh – nach der sechsten Lebenswoche – mit der Impfung beginnen.	

zungsweise 62 erkranken, könnte es mit der Impfung bis zu zwei zusätzliche Fälle geben.

Eltern sollten an eine Darmeinstülpung denken: Wenn ihr Kind vor allem in der Woche nach der Impfung an Bauchweh leidet, Blut im Stuhl hat, sich wiederholt erbricht, schrill schreit und dabei gleichzeitig die Beine anzieht, muss es sofort zum Arzt.

Aus Quetschtube und Drückzylinder

Die Impfstoffe unterscheiden sich nur leicht in Virenkonzentrationen und -typen sowie in der Anwendung: Für Rotarix müssen Babys zweimal zum Arzt, für RotaTeq dreimal. Die Impfung mit Rotarix muss bis zum Alter von 24 Wochen abgeschlossen sein, die mit RotaTeq bis zum Alter von 32 Wochen. Das Baby bekommt zwar beide Impfstoffe per Schluckimpfung in den Mund, aber RotaTeq aus einer Quetschtube und Rotarix aus einem Drückzylinder.

Auch Erwachsene stecken sich an

Auch Erwachsene und ältere Kinder stecken sich an, aber seltener. Sie haben oft nur milde oder gar keine Symptome. Der Grund: Fast jeder ist bis zum Alter von fünf Jahren mindestens einmal an Rotaviren erkrankt und hat Antikörper im Blut. Ab Ende 60 erkranken Menschen wieder öfter, einige schwer. Meist geben akut Erkrankte die Viren an andere weiter – über Verunreinigungen mit Kot oder über Speichel. Das Virus bleibt lange infektiös. Zehn Viruspartikel reichen, um ein Kind zu infizieren. Zwischen Ansteckung und Krankheitsbeginn liegen ein bis drei Tage. Von Februar bis April ist die Zahl der Infektionen am höchsten.

Für die Behandlung reicht es oft, verlorene Flüssigkeit durch Muttermilch, Tee oder Elektrolyte zu ersetzen. Bei Kontakt zu Infizierten gilt: Hände waschen sowie Türklinken, Toiletten, Oberflächen desinfizieren. ■

Adressen

Tarife für Anrufe aus dem deutschen Festnetz: **0800** Kostenfrei; **0180 1** 3,9 Cent/Min.; **0180 2** 6,0 Cent/Anruf; **0180 3** 9,0 Cent/Min.; **0180 5** und **0180 7** 14 Cent/Min.; **0180 6** 20 Cent/Anruf.; Kosten aus dem Mobilfunknetz dürfen 42 Cent/Min. oder 60 Cent/Anruf nicht überschreiten.; **0900 1** Kosten laut Ansage, bis maximal 3 Euro/Min.

Verbraucherinstitutionen

Stiftung Warentest

10785 Berlin, Lützowplatz 11–13, test.de

test-Leserservice:
Tel. 0900 1/58 37 81,
test@stiftung-warentest.de

Finanztest-Leserservice:
Tel. 0900 1/58 37 82,
finanztest@stiftung-warentest.de

Aktion Bildungsinformation (ABI) Verbraucherschutz in Bildungsfragen

70174 Stuttgart, Lange Str. 51,
Tel. 07 11/22 02 16 30,
info@abi-ev.de, abi-ev.de

DHB – Netzwerk Haushalt Berufsverband der Haushaltsführenden

53111 Bonn, Oxfordstr. 10,
Tel. 02 28/23 77 18,
dhb-netzwerk-haushalt@t-online.de
dhb-netzwerk-haushalt.de

Zentrum für Europäischen Verbraucherschutz

77694 Kehl, Bahnhofplatz 3,
Tel. 078 51/99 14 80,
info@cec-zev.eu, evz.de, cec-zev.eu

VerbraucherService Bayern im Katholischen Deutschen Frauenbund

Landesgeschäftsstelle
80335 München, Dachauer Str. 5,
Tel. 0 89/51 51 87 43,
info@verbraucherservice-bayern.de,
verbraucherservice-bayern.de

Beratungsstellen:

91522 Ansbach, Kannenstr. 16 (Klimaladen Ansbach), Tel. 09 81/97 78 97 93

63739 Aschaffenburg, Dalbergstr. 15 (Rathaus, Sitzungsgebäude), Tel. 060 21/3 30 12 18

86152 Augsburg, Ottmarsgäßchen 8, Tel. 08 21/15 70 31

96047 Bamberg, Grüner Markt 14, Tel. 09 51/20 25 06, Finanz-/Versicherungsberatung, Tel. 09 51/2 08 31 48

93413 Cham, Obere Regenstr. 15, Tel. 099 71/67 53

86609 Donauwörth, Münsterplatz 4, Tel. 09 06/82 14

91301 Forchheim, Nürnberger Str. 15, Tel. 091 91/6 46 89

85049 Ingolstadt, Kupferstr. 24, Tel. 08 41/95 15 99 90

80335 München, Dachauer Str. 5, Tel. 0 89/59 62 78

85375 Neufahrn, Bahnhofstr. 32 (Rathaus), Tel. 0 81 65/9 75 11 90

94032 Passau, Ludwigsplatz 4/I, Tel. 08 51/3 62 48, Umweltberatung, Tel. 08 51/3 34 92

93047 Regensburg, Frauenbergl 4, Tel. 09 41/5 16 04, Umwelt- und Ernährungsberatung, Tel. 09 41/56 34 58

92421 Schwandorf, Spitalgarten 1 (neues Rathaus), Tel. 0 94 31/4 52 90

83278 Traunstein, Bahnhofstr. 1, Tel. 08 61/6 09 08

97070 Würzburg, Theaterstr. 23, Tel. 09 31/30 50 80

VerbraucherService im Katholischen Deutschen Frauenbund

Bundesgeschäftsstelle
50677 Köln, Kaesenstr. 18,
Tel. 02 21/86 09 20,
info@verbraucherservice-kdfb.de,
verbraucherservice-kdfb.de

Verbraucherzentrale Bundesverband (vzbv)

10969 Berlin, Rudi-Dutschke-Str. 17,
Tel. 0 30/25 80 00,
info@vzbv.de, vzbv.de

Verbraucherzentralen

Baden-Württemberg

70178 Stuttgart, Paulinenstr. 47,
Tel. 07 11/66 91 10, info@vz-bw.de,
verbraucherzentrale-bawue.de

Telefonische Fach- und Rechtsberatung

Telekommunikation, Internet, Verbraucherrecht:
Mo–Fr 9–12 Uhr, Mi 15–18 Uhr,
Tel. 0900 1/77 44 41

Ernährung, Kosmetik, Hygiene:
Mo–Fr 9–12 Uhr, Mi 15–18 Uhr,
Tel. 0900 1/77 44 42

Versicherungen:
Mo–Fr 9–12 Uhr, Mi 15–18 Uhr,
Tel. 0900 1/77 44 43

Altersvorsorge, Banken, Kredite:
Mo–Fr 9–12 Uhr, Mi 15–18 Uhr,
Tel. 0900 1/7 744 44

Bauen und Wohnen:
Mo–Fr 9–12 Uhr, Mi 15–18 Uhr,
Tel. 0900 1/77 44 45

Energie:
Mo–Fr 9–12 Uhr, Mi 15–18 Uhr,
Tel. 0900 1/77 44 46

Gesundheitsdienstleistungen:
Mi 15–18 Uhr, Do 9–12 Uhr,
Tel. 0900 1/77 44 47

Info- und Termintelefon:
Vereinbarung eines individuellen Termins in einer der Beratungsstellen:
Mo–Do 10–18 Uhr, Fr 10–14 Uhr,
Tel. 07 11/66 91 10

Beratungsstellen:

79098 Freiburg, Kaiser-Joseph-Str. 271, Di 10–13 Uhr, Do 15–18 Uhr

88045 Friedrichshafen, Riedleparkstr. 1, Mo 14–17 Uhr, Mi 10–13 Uhr

69115 Heidelberg, Poststr. 15 (Stadtbücherei), Di 10–12 Uhr, Mi–Do 16–18 Uhr

89522 Heidenheim, Hintere Gasse 60, Bürgerhaus (Altes Eichamt), Mi 9–12 Uhr, Do 14–17 Uhr

76133 Karlsruhe, Kaiserstr. 167, Mo 14–18 Uhr, Mi 10–14 Uhr

68161 Mannheim, N 4, 13–14, Di 14–16 Uhr, Mi 13–17 Uhr

74172 Neckarsulm, Schindlerstr. 9, Di 10–14 Uhr, Mi 13–17 Uhr

72764 Reutlingen, Kanzleistr. 20, Di und Do 10–15 Uhr, Mi 14–18 Uhr

74523 Schwäbisch Hall, Steinerner Steg 5, Di 10–13 Uhr, Do 14–17 Uhr

70178 Stuttgart, Paulinenstr. 47, Mo und Fr 10–14 Uhr, Di und Do 10–17 Uhr, Mi 10–19 Uhr

78532 Tuttlingen, Rathausstr. 1

89073 Ulm, Frauengraben 2, Di und Do 13–17 Uhr

79761 Waldshut-Tiengen, Poststr. 2 (Parkhaus Kornhaus), Di 15–17 Uhr, Do 10–12 Uhr

Terminvereinbarung Energie-Beratung:

Mo–Do 8–18 Uhr, Fr 8–16 Uhr,
Tel. 0800/8 09 80 24 00,
Mo–Do 10–18 Uhr, Fr 10–14 Uhr,
Tel. 07 11/66 91 10

Beratungsstellen Energie-Beratung:

79098 Freiburg, Kaiser-Joseph-Str. 271

88045 Friedrichshafen, Riedleparkstr. 1

69115 Heidelberg, Poststr. 15 (Stadtbücherei)

89522 Heidenheim, Hintere Gasse 60 (Bürgerhaus, Altes Eichamt)

76144 Karlsruhe, Kaiserstr. 167

68161 Mannheim, N4, 13–14

74172 Neckarsulm, Schindlerstr. 9

74523 Schwäbisch Hall, Steinerner Steg 5

70178 Stuttgart, Paulinenstr. 47

89073 Ulm, Frauengraben 2

79761 Waldshut-Tiengen, Poststr. 2

Energie-Beratungsstützpunkte:

69412 Eberbach, Güterbahnhofstr. 4

79822 Titisee-Neustadt, Pfauenstr. 4

Stadtkreis Baden-Baden:

76530 Baden-Baden, Briegelacker Str. 8

Landkreis Biberach:

88427 Bad Schussenried, Wilhelm-Schussen-Str. 36

88400 Biberach an der Riß, Prinz-Eugen-Weg 17

88457 Kirchdorf an der Iller, Rathausstr. 11

88471 Laupheim, Marktplatz 1

88416 Ochsenhausen, Marktplatz 1

88499 Riedlingen, Marktplatz 1

Landkreis Bodensee:

88046 Friedrichshafen, Lindauer Str. 11

88085 Langenargen, Obere Seestr. 1

88677 Markdorf, Rathausplatz 1

88074 Meckenbeuren, Theodor-Heuss-Platz 1

88069 Tettnang, Montfortplatz 7

88662 Überlingen, Münsterstr. 15–17

Landkreis Böblingen:

71034 Böblingen, Parkstr. 16

Landkreis Esslingen:

70794 Filderstadt, Brühlstr. 41

73230 Kirchheim unter Teck, Alleenstr. 1

72622 Nürtingen, Plochinger Str. 14

73240 Wendlingen am Neckar, Am Marktplatz 2

72649 Wolfschlugen, Kirchstr. 19

Landkreis Freudenstadt:

72280 Dornstetten, Marktplatz 1+2

72186 Empfingen, Mühlheimer Str. 2

72184 Eutingen im Gäu, Marktstr. 17

72250 Freudenstadt, Marktplatz 64

72293 Glatten, Lombacherstr. 27

72160 Horb am Neckar, Am Garnisonsplatz 2

72285 Pfalzgrafenweiler, Hauptstr. 1

Landkreis Göppingen:

73312 Geislingen a. d. Steige, Hauptstr. 1

73033 Göppingen, Bahnhofstr. 7

Landkreis Konstanz:

78267 Aach, Hauptstr. 16

78476 Allensbach, Rathausplatz 1

78351 Bodman-Ludwigshafen, Hafenstr. 5

78253 Eigeltingen, Krummestr. 1

78234 Engen, Marktplatz 4

78343 Gaienhofen/Bodensee, Auf der Breite 1

78262 Gailingen am Hochrhein, Hauptstr. 11

78244 Gottmadingen, Johann-Georg-Fahr-Str. 10

78247 Hilzingen, Hauptstr. 36

78355 Hohenfels/Bodens., Hauptstr. 30

78462 Konstanz, Untere Laube 24

78345 Moos, Bohlingerstr. 18

78259 Mühlhausen-Ehingen, Schloßstr. 46

78337 Öhningen, Klosterplatz 1

78359 Orsingen-Nenzingen, Stockacher Str. 2

78315 Radolfzell am Bodensee, Marktplatz 3

78479 Reichenau, Münsterplatz 2

78239 Rielasingen-Worblingen, Lessingstr. 2

78224 Singen, Hohgarten 2

78256 Steißlingen, Schulstr. 19

78333 Stockach, Adenauerstr. 4

78250 Tengen, Marktstr. 1

Landkreis Ludwigsburg:

71679 Asperg, Marktplatz 1

74357 Bönnigheim, Schulstr. 8–10

74294 Erligheim, Rathausstr. 7

71691 Freiberg am Neckar, Marktplatz 2

71723 Großbottwar, Marktplatz 1

74360 Ilsfeld, Rathausstr. 8

70806 Kornwestheim, Jakob-Sigle-Pl. 1

74369 Löchgau, Hauptstr. 49

71638 Ludwigsburg, Wilhelmstr. 9/1

74395 Mundelsheim, Hindenburgstr. 1

71686 Remseck a. Neckar, Markplatz 1

71701 Schwieberdingen, Schloßhof 1

71711 Steinheim a.d. Murr, Marktstr. 29

71732 Tamm, Hauptstr. 100

Landkreis Lörrach:

79400 Kandern, Hauptstr. 18

79539 Lörrach, Marktplatz 7

79677 Schönau i. Schwarzwald, Talstr. 22

79650 Schopfheim, Hauptstr. 23

79674 Todtnau, Meinrad-Thoma-Str. 7

Main-Tauber-Kreis:

97980 Bad Mergentheim, Bahnhofsplatz 1

97922 Lauda-Königshofen, Josef-Schmitt-Str. 26 a

97941 Tauberbischofsheim, Gartenstr. 1

97877 Wertheim, Mühlstr. 26

Stadtkreis Mannheim:

68159 Mannheim, D2, 5–8

Landkreis Necker-Odenwald-Kreis:

74722 Buchen (Odenwald), Sansenhecken 1

Ortenaukreis:

77855 Achern, Karl-Hergt-Str. 11

77955 Ettenheim, Rohanstr. 16

77723 Gengenbach, Victor-Kretz-Str. 2

77694 Kehl, Herderstr. 3

77933 Lahr/Schwarzwald, Rathausplatz 7

77704 Oberkirch, Eisenbahnstr. 1

77652 Offenburg, Freiburger Str. 41

77866 Rheinau, Rheinstr. 46

77746 Schutterwald, Kirchstr. 2

Ostalbkreis:

73430 Aalen, Gmünder Str. 20

73453 Abtsgmünd, Rathausplatz 1

73560 Böbingen/Rems, Dr.-Schneider-Str. 56

73441 Bopfingen, Marktplatz 1

73479 Ellwangen/Jagst, Berliner Str. 19

73460 Hüttlingen, Schulstr. 10

73547 Lorch, Hauptstr. 19

73450 Neresheim, Hauptstr. 21

73450 Oberkochen, Heidenheimer Str. 35

73525 Schwäbisch Gmünd, Bürgerstr. 5

73463 Westhausen, Jahnstr. 2

Stadtkreis Pforzheim:

75172 Pforzheim, Am Mühlkanal 16

Adressen

Landkreis Rastatt:

77815 Bühl, Friedrichstr. 2

76571 Gaggenau, Hauptstr. 71

76437 Rastatt, Am Schlossplatz 5

Landkreis Ravensburg:

88339 Bad Waldsee, Ravensburger Str. 2

88316 Isny, Wassertorstr. 1–3

88299 Leutkirch im Allgäu, Bahnhof 1

88212 Ravensburg, Salamanderweg 22

88239 Wangen im Allgäu, Pfarrberg 2

Rems-Murr-Kreis:

71573 Allmersbach im Tal, Backnanger Str. 35

71546 Aspach, Backnanger Str. 9

71549 Auenwald, Lippoldsweiler Str. 15

713894 Kernen im Remstal, Stettener Str. 12

71404 Korb, Kirchstr. 1

71540 Murrhardt, Marktplatz 10

71570 Oppenweiler, Schlossstr. 12

73630 Remshalden, Marktplatz 1

73635 Rudersberg, Backnanger Str. 26

71409 Schwaikheim, Marktplatz 2–4

73660 Urbach, Am Rathaus 1

71332 Waiblingen, Gewerbestr. 11

71384 Weinstadt, Poststr. 17

71554 Weissach im Tal, Kirchberg 2+4

Landkreis Reutlingen:

72574 Bad Urach, Marktplatz 1

72829 Engstingen-Hohenstein, Graf-von-Moltke-Platz 1

72800 Eningen u. A., Rathausplatz 1

72805 Lichtenstein, Rathausplatz 13

72555 Metzingen, Stuttgarter Str. 2–4

72525 Münsingen, Bachwiesenstr. 7

72793 Pfullingen, Marktplatz 4

72124 Pliezhausen, Marktplatz 1

72764 Reutlingen, Lindachstr. 37

72764 Reutlingen, Marktplatz 22

72141 Walddorfhäslach, Dorfstr. 30

72827 Wannweil, Hauptstr. 11

Landkreis Rottweil:

78727 Oberndorf am Neckar, Klosterstr. 14

78628 Rottweil, Steinhauserstr. 18

78713 Schramberg, Hauptstr. 25

Landkreis Sigmaringen:

88512 Mengen, Mittlere Str. 40

72488 Sigmaringen, Hintere Landesbahn Str. 7

Landkreis Schwäbisch Hall:

74572 Blaufelden, Hindenburgplatz 4

74564 Crailsheim, Spitalstr. 2 a

74405 Gaildorf, Schloß-Str. 20

74549 Wolpertshausen, Kuno-Haberkern-Str. 7/1

Schwarzwald-Baar-Kreis:

78166 Donaueschingen, Humboldtstr. 11

78048 Villingen-Schwenningen, Am Hoptbühl 2

Landkreis Tübingen:

72108 Rottenburg am Neckar, Marktplatz 24

72070 Tübingen, Nürtinger Str. 30

Landkreis Tuttlingen:

78532 Tuttlingen, Moltkestr. 7

Stadtkreis Ulm:

89073 Ulm, Olgastr. 95

Landkreis Waldshut:

79713 Bad Säckingen, Rathausplatz 1

79777 Ühlingen-Birkendorf, Kirchplatz 1

79664 Wehr, Hauptstr. 16

Zollernalbkreis:

72458 Albstadt, Bleuelwiesen 12/1

72336 Balingen, Hirschbergstr. 29

72475 Bitz, Hindenburgplatz 7

72359 Dotternhausen, Hauptstr. 21

72351 Geislingen, Vorstadtstr. 9

72379 Hechingen, Marktplatz 1

72469 Meßstetten, Hauptstr. 9

72365 Ratshausen, Schloßhof 4

72479 Straßberg, Lindenstr. 4

Bayern

80336 München, Mozartstr. 9,
Tel. 0 89/5 52 79 40, info@vzbayern.de,
verbraucherzentrale-bayern.de

Beratung:

Landesweites Beratungstelefon:

Verbraucherrecht
Tel. 0 900 1/8 09 00 10
Mo, Mi und Do 9–11 und 15–17 Uhr

Versicherungen
Tel. 0 900 1/8 09 00 20,
Mo, Mi und Do 9–11 und 15–17 Uhr

Krankenversicherung
Tel. 0 900 1/8 09 00 21, Mo 9–11 Uhr

Lebensmittel und Ernährung
Tel. 0 900 1/8 09 00 30,
Mo, Mi und Do 9–11 und 15–17 Uhr

Beratung zu Verbraucherrecht, Versicherungen, Altersvorsorge, Geldanlage/Kredit und Energie in allen 16 Beratungsstellen. Energieberatungsstützpunkte in 92 weiteren Städten und Gemeinden.

Terminvereinbarungen können unter verbraucherzentrale-bayern.de oder telefonisch unter der zentralen Rufnummer Tel. 0 89/5 52 79 40 erfolgen.

Beratungsstellen:

Alle Beratungsstellen sind per E-Mail zu erreichen: stadt@vzbayern.de (z. B. amberg@vzbayern.de)

92224 Amberg, Herrnstr. 16,
Tel. 0 96 21/1 41 30

86150 Augsburg, Zeugplatz 3,
Tel. 08 21/3 78 66

96050 Bamberg, Kunigundendamm 1a,
Tel. 09 51/2 82 00

94469 Deggendorf, Rosengasse 10,
Tel. 09 91/54 11

82110 Germering, Planegger Str. 9,
Tel. 0 89/84 67 75

82194 Gröbenzell, Danziger Str. 23

95028 Hof, Hans-Böckler-Str. 1a,
Tel. 0 92 81/8 46 80

87435 Kempten, Vogtstr. 17,
Tel. 08 31/2 10 71

84028 Landshut, Neustadt 516,
Tel. 08 71/2 13 38

87700 Memmingen, Lindauer Str. 7,
Tel. 0 83 31/8 99 44

80336 München, Mozartstr. 9,
Tel. 0 89/5 52 79 40

90403 Nürnberg, Albrecht-Dürer-Platz 6,
Tel. 09 11/2 42 65 01

83022 Rosenheim, Münchener Str. 36,
Tel. 0 80 31/3 77 00

97421 Schweinfurt, Judengasse 10,
Tel. 0 97 21/2 17 17

92637 Weiden, Frauenrichter Str. 55,
Tel. 09 61/3 61 00

97070 Würzburg, Domstr. 10,
Tel. 09 31/5 91 86

Energieberatung:

Für kurze Fragen und telefonische Terminvereinbarung: Tel. 0 800/8 09 80 24 00, Mo–Do 8–18 Uhr und Fr 8–16 Uhr

Persönliche Beratung in der Beratungsstelle (nach Terminvereinbarung): kostenlos (bis zu 45 Minuten)

Energie-Checks vor Ort: Basis-, Gebäude-, Heiz-, Solarwärme-Check sowie Eignungs-Check Solar und Detail-Check (nach Terminvereinbarung bis 30 Euro). Ausführliche Informationen: verbraucherzentrale-energieberatung.de

Die stationäre Energieberatung findet in allen Beratungsstellen der Verbraucherzentrale Bayern, außer in Rosenheim, statt sowie zusätzlich an folgenden Energiestützpunkten:

96482 Ahorn, Hauptstr. 32 (Bürgerhaus Linde, Besprechungsraum EG)

86551 Aichach, Münchner Str. 9 (LRA Aichach-Friedberg)

87452 Altusried, Rathausplatz 1

86150 Augsburg, Hallstr. 11 (Mieterverein Augsburg und Umgebung)

86150 Augsburg (Hollbüro), Elias-Holl-Platz 3 (Kundencenter am Elias-Holl-Platz)

86161 Augsburg (Schwabencenter), Wilhelm-Hauff-Str. 28 (Wohnzimmer Schwabencenter)

86179 Augsburg Haunstetten, Johann-Strauß-Str. 11 (Stadtteilzentrum Bayerisches Rotes Kreuz)

87727 Babenhausen, Marktplatz 1 (im Rathaus)

87730 Bad Grönenbach, Marktplatz 1 (im Rathaus)

97688 Bad Kissingen, Rathausplatz 1 (im Rathaus)

96476 Bad Rodach, Schlossplatz 5 (Jagdschloss – Haus des Gastes, Vortragsraum)

83646 Bad Tölz, Prof.-Max-Lange-Platz 1 (im Landratsamt)

86825 Bad Wörishofen, Bürgermeister-Ledermann-Str. 1 (im Rathaus)

87488 Betzigau, Rotkreuzstr. 2

87640 Biessenhofen, Füssener Str. 12 (im Rathaus)

86399 Bobingen, Rathausplatz 1 (im Rathaus)

88131 Bodolz, Rathausstr. 20 (im Rathaus)

86807 Buchloe, Rathausplatz 1 (im Rathaus)

84489 Burghausen, Marktlerstr. 15 a (im Bürgerhaus)

87740 Buxheim, Kirchplatz 2 (im Rathaus)

96450 Coburg, Hintere Kreuzgasse 7 (Ev.-Luth. Kirchengemeinde)

96450 Coburg, Lauterer Str. 60 (Landratsamt, Anbau)

85221 Dachau, Weiherweg 16

89407 Dillingen a. d. Donau, Königsstr. 37/38 (Rathaus)

84130 Dingolfing, Obere Stadt 1 (im Landratsamt)

96487 Dörfles-Esbach, Rosenauer Str. 12 (im Rathaus)

85560 Ebersberg, Eichthalstr. 10 (im alten Postgebäude)

91054 Erlangen, Hauptstr. 55 (beim DHB)

84051 Essenbach, Rathausplatz 3 (im Rathaus)

87538 Fischen im Allgäu, Weiler 16 (im Verwaltungsgebäude)

87629 Füssen, Augsburger Str. 15

84095 Furth, Am Rathaus 6 (im Rathaus)

82467 Garmisch-Partenkirchen, Bahnhofstr. 16 (beim Kreisjugendring)

82538 Geretsried, Karl-Lederer-Platz 1 (im Rathaus)

87656 Germaringen, Westendorfer Str. 4a (im Gemeindeamt)

82166 Gräfelfing, Ruffinialllee 2 (im Rathaus)

82194 Gröbenzell, Danziger Str. 23 (Übergangs-Rathaus)

96269 Großheirath, Schulstr. 34 (im Rathaus)

96271 Grub am Forst, Coburger Str. 23 (im Rathaus)

89312 Günzburg, Schlossplatz 1 (im Rathaus)

85662 Hohenbrunn, Pfarrer-Wenk-Platz 1 (im Rathaus)

87509 Immenstadt im Allgäu, Kirchplatz 7 (im Verwaltungsgebäude der Stadtverwaltung)

96274 Itzgrund, Rathausstr. 14 (Rathaus, Ausweichbüro OG.)

87600 Kaufbeuren, Spitaltor 5 (im VHS-Gebäude)

86916 Kaufering, Bayernstr. 9a (Kommunalwerke Kaufering)

87435 Kempten, Burgstr. 26 (eza!-Haus)

83059 Kolbermoor, Von-Bippen-Str. 21 (im Bürgerhaus)

86899 Landsberg am Lech, Von-Kühlmann-Str. 15 (Landratsamt)

87493 Lauben, Dorfstr. 2 (im Rathaus in Heising)

96486 Lautertal, Frankenstr. 3 (im Rathaus)

86983 Lechbruck, Flößerstr. 1 (im Rathaus)

87764 Legau, Hauptstr. 24

96215 Lichtenfels, Kronacher Str. 28–30 (im Landratsamt)

88131 Lindau (Bodensee), Bregenzer Str. 8 (im Bauamt Lindau)

88161 Lindenberg, Stadtplatz 1 (Bürgerbüro im Rathaus)

87616 Marktoberdorf, Richard-Wengenmeier-Platz 1 (im Rathaus)

95615 Marktredwitz, Egerstr. 2 (Bürgerinformationsstelle MAKmit)

96484 Meeder, Bahnhofstr. 1 (im Rathaus)

87766 Memmingerberg, Benningerstr. 3 (im Rathaus)

83714 Miesbach, Rosenheimer Str. 12 (im Landratsamt)

80331 München, Sonnenstr. 10 (Mieterverein München)

87719 Mindelheim, Maximilianstr. 27

82418 Murnau, Viehmarktplatz 1 (Gemeindewerke)

87484 Nesselwang, Hauptstr. 18 (im Rathaus)

91284 Neuhaus a. d. Pegnitz, Unterer Markt 9 (im Rathaus)

89231 Neu-Ulm, Kantstr. 8 (im Landratsamt)

87634 Obergünzburg, Marktplatz 1

87534 Oberstaufen, Schloßstr. 8 (im Rathaus)

87724 Ottobeuren, Marktplatz 6 (im Rathaus)

86971 Peiting, Hauptplatz 4 (im Bauamt)

82377 Penzberg, Friedrich-Ebert-Str. 9a

87772 Pfaffenhausen, Hauptstr. 34

87666 Pforzen, Bahnhofstr. 16

87459 Pfronten, Allgäuerstr. 6 (im Rathaus)

95111 Rehau, Martin-Luther-Str. 1 (im Rathaus)

87669 Rieden am Forggensee, Lindenweg 4 (im Rathaus)

96472 Rödental, Bürgerplatz 1 (im Rathaus)

87672 Roßhaupten, Hauptstr. 10 (im Gemeindehaus)

82054 Sauerlach, Bahnhofstr. 1 (im Rathaus)

88175 Scheidegg, Rathausplatz 6 (im Rathaus)

87637 Seeg, Hauptstr. 39 (im Rathaus)

96145 Seßlach, Marktplatz 98 (im Rathaus)

96242 Sonnefeld, Martin-Luther-Str. 8 (im Rathaus Seßlach)

87527 Sonthofen, Hindelangerstr. 35

82319 Starnberg, Strandbadstr. 2 (im Landratsamt)

88167 Stiefenhofen, Hauptstr. 16 (im Dorfzentrum Sonne)

87677 Stöttwang, Kirchplatz 2 (im Gemeindeamt)

94315 Straubing, Schulgasse 18 (im C.A.R.M.E.N.)

83301 Traunreut, Rathausplatz 3 (im Rathaus)

83278 Traunstein, Stadtplatz 39 (im Rathaus)

85774 Unterföhring, Münchner Str. 70 (im Rathaus)

82008 Unterhaching, Bahnhofsweg 8

96253 Untersiemau, Rathausplatz 3 (im Rathaus)

88142 Wasserburg (Bodensee), Lindenplatz 1 (im Rathaus)

92637 Weiden, Bernhard-Suttner-Str. 4

82362 Weilheim, Stainhartstr. 9 (im Landratsamt)

96479 Weitramsdorf, Ummerstadter Str. 11 (im Rathaus)

87497 Wertach, Rathausstr. 3 (im Rathaus)

87487 Wiggensbach, Kempter Str. 3

Berlin

12099 Berlin, Ordensmeisterstr. 15–16, Tel. 030/21 48 50, mail@verbraucherzentrale-berlin.de verbraucherzentrale-berlin.de

Online-Terminbuchung:
verbraucherzentrale-berlin.de/beratung-be/terminbuchung

Beratungstelefone:

Beratung zu Rundfunkbeiträgen: Do 14–16 Uhr, Tel. 030/21 48 51 60

Bundesweite Auskunft zur Energieeinsparung und Vermittlung von Terminen zur Energieberatung: Mo–Do 8–18 Uhr, Fr 8–16 Uhr, Tel. 0800/809 80 24 00

Brandenburg

14473 Potsdam, Babelsberger Str. 12, Landesgeschäftsstelle (Hier keine Beratung), info@vzb.de, verbraucherzentrale-brandenburg.de

Beratungstelefone:

Beratung zu Rundfunkbeiträgen: Mi und Fr 10–12 Uhr, Tel. 0331/98 22 92 99

Bundesweite Auskunft zur Energieeinsparung und Vermittlung von Terminen zur Energieberatung: Mo–Do 8–18 Uhr, Fr 8–16 Uhr, Tel. 0800/809 80 24 00

Beratungsstellen und Beratungsstützpunkte:

Landesweites Servicetelefon, Mo–Fr 9–18 Uhr, Tel. 0331/98 22 99 95

Online-Terminbuchung: verbraucherzentrale-brandenburg.de/terminbuchung

Beratungsstellen:

14776 Brandenburg, Kurstr. 7

03046 Cottbus, aktuelle Adresse: verbraucherzentrale-brandenburg.de/cottbus

16225 Eberswalde, Puschkinstr. 13 (Bürgerbildungszentrum „Amadeu Antonio")

15230 Frankfurt/Oder, Karl-Marx-Str. 179–180

15711 Königs Wusterhausen, Fontaneplatz 2 (Bürgertreff Fontaneplatz)

14943 Luckenwalde, Am Nuthefließ 2 (Kreishaus, Raum 3.1.05)

16515 Oranienburg, Albert-Buchmann-Str. 17 (Bürgerzentrum Mittelstadt)

14473 Potsdam, Babelsberger Str. 18 (Hauptbahnhof Ausgang Nord, Parterre)

14712 Rathenow, Berliner Str. 15 (Räume E 23 und E 24 der Stadtverwaltung)

01968 Senftenberg, Markt 1 (Raum 3.04 der Stadtverwaltung)

Beratungsstützpunkte:

15848 Beeskow, Mauerstr. 28 (Bibliothek)

16321 Bernau, Hussitenstr. 1 (Stadthalle 1. OG)

15890 Eisenhüttenstadt, Am Trockendock 1 A

04910 Elsterwerda, Rathaus in der Hauptstr. 12

15537 Erkner, Neu Zittauer Str. 15

14612 Falkensee, Poststr. 31 (Bürgeramt)

03238 Finsterwalde, Markt 1 (Raum 3, Rathaus)

15517 Fürstenwalde/Spree, Mühlenstr. 25 (Stadtteilbüro auf dem Hof)

16866 Kyritz, Am Markt 17 (Bibliothek)

15907 Lübben, Reutergasse 12 (Kreisverwaltung)

17291 Prenzlau, Marktberg 2 (Stadtteilbüro Prenzlau)

15344 Strausberg, Hegermühlenstr. 58, (Raum E 23, Erdgeschoss der Stadtverwaltung)

14513 Teltow, Neue Str. 3 (Agendabüro neben dem Rathaus)

17268 Templin, Prenzlauer Allee 7 (Neues Rathaus, Raum 406)

19322 Wittenberge, Bürgermeister-Jahn-Str. 21 (Bürgerzentrum)

Digimobil:
Nähere Informationen zum Projekt und der Vor-Ort-Beratung per Video-Chat unter www.vzb.de/digimobil

Deutsch-Polnisches Verbraucherinformationszentrum (VIZ) 15230 Frankfurt/O., Karl-Marx-Str. 179–180

Bremen

28195 Bremen, Altenweg 4, Tel. 0421/16 07 77, Fax 0421/16 07 780, info@verbraucherzentrale-bremen.de, verbraucherzentrale-bremen.de

Beratungsstelle:

27568 Bremerhaven, Barkhausenstr. 16, Tel. 0471/2 61 94, Fax 0471/20 70 00, infobhv@vz-hb.de

Hamburg

20099 Hamburg, Kirchenallee 22, Tel. 040/24 83 20, info@vzhh.de, vzhh.de

Hessen

60313 Frankfurt/M., Große Friedberger Str. 13–17, Mo–Do 10–16 Uhr, Fr 10–15 Uhr, Tel. 069/97 20 10 900, vzh@verbraucherzentrale-hessen.de, verbraucherzentrale-hessen.de https://twitter.com/vzhessen

Telefonische Beratung (kostenfrei):

Energieberatung: Mo–Do 8–18 Uhr, Fr 8–16 Uhr, Tel. 0800/809 80 24 00

Ernährung: Di + Do 10–14 Uhr, Tel. 069/97 20 10 46

Schulden, Insolvenz: Mi 10 –14 Uhr, Tel. 069/97 20 10 87

Erstberatung Verbraucherrecht: Mo 11–17 Uhr, Di 10–14 Uhr, Mi + Do 14–17 Uhr,Tel. 069/971 94 02 40

Beratungsstellen:

64283 Darmstadt, Luisenplatz 6 (Carreegalerie), Tel. 06151/27 99 90, darmstadt@verbraucherzentrale-hessen.de

60313 Frankfurt/M., Große Friedberger Str. 13–17, Tel. 069/97 20 10 900, frankfurt@verbraucherzentrale-hessen.de

36037 Fulda, Karlstr. 2,
Tel. 0661/77453,
fulda@verbraucherzentrale-hessen.de

35390 Gießen, Südanlage 4,
Tel. 0641/76234,
giessen@verbraucherzentrale-hessen.de

34117 Kassel, Rainer-Dierichs-Platz 1,
Tel. 0561/772934,
kassel@verbraucherzentrale-hessen.de

65428 Rüsselsheim, Marktstr. 29,
Tel. 06142/63268,
ruesselsheim@verbraucherzentrale-hessen.de

65185 Wiesbaden, Bahnhofstr. 36,
Tel. 0611/378081,
wiesbaden@verbraucherzentrale-hessen.de

Mecklenburg-Vorpommern

18055 Rostock, Strandstr. 98,
Tel. 0381/2087050,
info@verbraucherzentrale-mv.eu,
verbraucherzentrale-mv.eu

Beratungsstellen:

18273 Güstrow, Mühlenstr. 17 (Eingang Baustr.), Tel. 03843/465397

17034 Neubrandenburg, Kranichstr. 4a, Tel. 0395/5683410

18055 Rostock, Strandstr. 98, Tel. 0381/2087050

19053 Schwerin, Dr.-Külz-Str. 18, Tel. 0385/5918110

18439 Stralsund, Frankenstr. 1–2, Tel. 03831/2892610

23966 Wismar, Scheuerstr. 2, Tel. 0385/5918110

Niedersachsen

30159 Hannover, Herrenstr. 14,
Tel. 0511/911960,
info@vzniedersachsen.de,
verbraucherzentrale-niedersachsen.de,
www.facebook.com/vzniedersachsen,
www.twitter.com/vzniedersachsen

Zentrales Servicetelefon zur Terminvereinbarung:
Tel. 0511/911960

Telefonische Kurzberatung:
Tel. 0511/9119696

Video-Beratung:
www.verbraucherzentrale-niedersachsen.de/videoberatung

Büchershop:
Tel. 0511/911960,
verbraucherzentrale-niedersachsen.de/ratgeber

Beratungsstellen:

26603 Aurich, Wallstr. 26

38100 Braunschweig, Langer Hof 6

29221 Celle, Schuhstr. 40

37073 Göttingen, Jüdenstr. 3

30159 Hannover, Herrenstr. 14

21335 Lüneburg, Schröderstr. 16

26122 Oldenburg, Julius-Mosen-Platz 5

49074 Osnabrück, Große Str. 84/85

21682 Stade, Pferdemarkt 3

26382 Wilhelmshaven, Bismarckstr. 148a

38440 Wolfsburg, Schillerstr. 42–44

Stützpunkte Energieberatung:

verbraucherzentrale-energieberatung.de

Nur nach vorheriger Anmeldung unter: Tel. 0800/809 824 00

26603 Aurich, Wallstr. 26

26160 Bad Zwischenahn, Auf dem hohen Ufer 20 (Bibliothek)

21354 Bleckede, Lauenburgerstr. 15 (Elbtalhaus)

31167 Bockenem, Buchholzmarkt 1 (Rathaus)

26919 Brake, Schrabberdeich 1 (Rathaus)

38100 Braunschweig, Langer Hof 6

27432 Bremervörde, Rathausmarkt 1 (Stadtbücherei)

21614 Buxtehude, Bertha-von-Suttner-Allee 9 (VHS Buxtehude)

29221 Celle, Schuhstr. 40

49661 Cloppenburg, Pingel-Anton 10 (Haus des Handwerks)

27472 Cuxhaven, Kapitän-Alexander-Str. 1 (Stadtbibliothek)

49401 Damme, Mühlenstr. 18 (Rathaus)

27749 Delmenhorst, Lange Str. 1a (Multifunktionsbüro der Stadt)

49356 Diepholz, Niedersachsenstr. 2

37115 Duderstadt, Markstr. 89

26160 Edewecht, Hauptstr. 86 (im Haus der Begegnung)

26723 Emden, Torumer Str. 4

27777 Ganderkesee, Mühlenstr. 2–4

49124 Georgsmarienhütte, Oeseder Str. 85 (Rathaus)

37073 Göttingen, Jüdenstr. 3

31785 Hameln, Osterstr. 46 (FIZ, Eugen-Reintjes-Haus)

29386 Hankensbüttel, Goethestr.2 (Rathaus)

30159 Hannover, Herrenstr. 14

30966 Hemmingen, Rathausplatz 1

31134 Hildesheim, Markt 3 (Rathaus Raum A 244)

27798 Hude (Oldenburg), Parkstr. 53 (Rathaus)

31195 Lamspringe, Hauptstr. 73

26789 Leer (Ostfriesland), Wilhelminengang 2 (Stadtbibliothek)

27809 Lemwerder, Stedinger Str. 1

49808 Lingen, Elisabethstr. 12–14 (Beratungsstützpunkt)

49393 Lohne (Oldenburg), Vogtstr. 26 (Rathaus Zimmer E 20)

29439 Lüchow (Wendland), Salzwedeler Str. 13

21335 Lüneburg, Schröderstr. 16 (1. OG mit Aufzug)

49716 Meppen, Markt 43 (Stadtverwaltung)

26954 Nordenham, An der Gate 11 (Stadtbücherei)

48529 Nordhorn, Büchereiplatz (Stadthaus II)

26122 Oldenburg, Julius-Mosen-Platz 5

49074 Osnabrück, Große Str. 84/85 (4. OG mit Fahrstuhl)

28870 Ottersberg, Grüne Str. 24 (Rathaus)

26871 Papenburg, Hauptkanal rechts 68/69 (Rathaus Zimmer 69)

49610 Quakenbrück, Friedrichstr. 37a (Mehrgenerationenhaus)

21682 Stade, Pferdemarkt 3

31655 Stadthagen, nur telefonisch

29525 Uelzen, Ripdorfer Str. 21 (Mehrgenerationenhaus)

49377 Vechta, Burgstr. 6 (Rathaus)

27283 Verden (Aller), Holzmarkt 7 (Bücherei)

49134 Wallenhorst, Rathausallee 1 (Rathaus)

26655 Westerstede, Gaststr. 4 (Apothekervilla)

26810 Westoverledingen, Bahnhofstr. 18

27793 Wildeshausen, Am Markt 1 (Rathaus)

26382 Wilhelmshaven, Bismarckstr. 148a

38440 Wolfsburg, Schillerstr. 42–44

Adressen

Nordrhein-Westfalen

40215 Düsseldorf, Mintropstr. 27, Tel. 02 11/3 80 90, kontakt@verbraucherzentrale.nrw, verbraucherzentrale.nrw

Beratungsstellen:

52064 Aachen, Münchener-Platz 6, Tel. 02 41/46 30 26 01

59227 Ahlen, Westenmauer 10 (Rathaus 1. OG), Tel. 0 23 82/9 61 31 01

52477 Alsdorf, Luisenstr. 35 (LuisenPassage), Tel. 0 24 04/9 03 27 75

59755 Arnsberg, Burgstr. 5, Tel. 0 29 32/5 10 97 01

50126 Bergheim, Hauptstr. 108, Tel. 0 22 71/4 50 25 01

51465 Bergisch Gladbach, Am Alten Pastorat 32, Tel. 0 22 02/9 26 31 01

33602 Bielefeld, August-Bebel-Str. 88, Tel. 05 21/98 78 76 01

44787 Bochum, Große Beckstr. 15, Tel. 02 34/97 47 37 01

53111 Bonn, Thomas-Mann-Str. 2–4 Tel. 02 28/88 68 38 01

46236 Bottrop, Horster Str. 6, Tel. 0 20 41/5 67 16 01

50321 Brühl, Carl-Schurz-Str. 1, Tel. 0 22 32/2 06 87 01

44575 Castrop-Rauxel, Mühlengasse 4, Tel. 0 23 05/6 98 79 01

32756 Detmold, Lemgoer Str. 5, Tel. 0 52 31/7 01 59 01

46535 Dinslaken, Duisburger Str. 21, Tel. 0 20 64/4 56 47 01

41539 Dormagen, Kölner Str. 126–128, Tel. 0 21 33/2 85 53 01

46282 Dorsten, Julius-Ambrunn-Str. 10, Tel. 0 23 62/7 87 52 01

44135 Dortmund, Reinoldistr. 7–9, Tel. 02 31/72 09 17 01

47051 Duisburg, Friedrich-Wilhelm-Str. 30, Tel. 02 03/48 80 11 01

48249 Dülmen, Overbergplatz 3, Tel. 0 25 94/8 40 68 01

52349 Düren, Wilhelmstr. 19, Tel. 0 24 21/2 57 04 01

40227 Düsseldorf, Immermannstr. 51, Tel. 02 11/7 10 64 90

45127 Essen, Hollestr. 1, Tel. 02 01/64 95 74 01

53879 Euskirchen, Wilhelmstr. 37, Tel. 0 22 51/5 06 45 01

45879 Gelsenkirchen, Robert-Koch-Str. 4, Tel. 02 09/15 76 03 01

48599 Gronau, Konrad-Adenauer-Str. 47–49, Tel. 0 25 62/60 86 96 01

33330 Gütersloh, Blessenstätte 1 (Stadtbibliothek), Tel. 0 52 41/7 42 66 01

58095 Hagen, Hohenzollernstr. 8, Tel. 0 23 31/6 97 33 01

59065 Hamm, Nassauer Str. 33, Tel. 0 23 81/9 29 19 01

44623 Herne, Freiligrathstr. 12, Tel. 0 23 23/9 60 42 50

58636 Iserlohn, Theodor-Heuss-Ring 5, Tel. 0 23 71/2 19 41 01

59174 Kamen, Kirchstr. 7, Tel. 0 23 07/4 38 01 01

50667 Köln, Frankenwerft 35, Tel. 02 21/84 61 88 01

47798 Krefeld, Petersstr. 55–57, Tel. 0 21 51/4 12 11 01

40764 Langenfeld, Konrad-Adenauer-Platz 1, Tel. 0 21 73/8 49 25 01

57368 Lennestadt, Hundemstr. 29, Tel. 0 27 23/71 95 70

51373 Leverkusen, Dönhoffstr. 27, Tel. 02 14/31 49 12 01

59555 Lippstadt, Woldemei 36/38, Tel. 0 29 41/94 88 20

58507 Lüdenscheid, Altenaer Str. 5, Tel. 0 23 51/3 79 50 01

44532 Lünen, Kirchstr. 12, Tel. 0 23 06/3 01 38 01

45768 Marl, Bergstr. 228–230, Tel. 0 23 65/8 56 25 01

32423 Minden, Portastr. 9 (im Schinkelbau), Tel. 05 71/38 63 79 01

47441 Moers, Kirchstr. 42, Tel. 0 28 41/6 07 76 01

41236 Mönchengladbach, Bahnhofstr. 21, Tel. 0 21 66/3 98 41 01

45468 Mülheim, Leineweberstr. 54, Tel. 02 08/69 60 53 01

48143 Münster, Aegidiistr. 46, Tel. 02 51/20 86 53 01

41460 Neuss, Meerhof 1a, Tel. 0 21 31/2 02 56 01

46045 Oberhausen, Paul-Reusch-Str. 34, Tel. 02 08/91 10 86 01

33102 Paderborn, Grunigerstr. 2, Tel. 0 52 51/6 83 49 01

45657 Recklinghausen, Breite Str. 11–11a, Tel. 0 23 61/4 05 59 01

42853 Remscheid, Alleestr. 32, Tel. 0 21 91/8 42 47 91

48431 Rheine, Auf dem Thie 34, Tel. 0 59 71/8 69 70 01

58239 Schwerte, Westwall 4, Tel. 0 23 04/94 22 60

53721 Siegburg, Nogenter Platz 10, Tel. 0 22 41/1 49 68 01

57072 Siegen, Friedrichstr. 1, Tel. 02 71/80 93 93 01

59494 Soest, Nottebohmweg 2–8, Tel. 0 29 21/91 08 70

42651 Solingen, Werwolf 2, Tel. 02 12/22 65 76 01

53840 Troisdorf, Kölner Platz 2, Tel. 0 22 41/1 49 53 01

42551 Velbert, Friedrichstr. 107, Tel. 0 20 51/8 09 01 81

46483 Wesel, Wilhelmstr. 5–7, Tel. 02 81/47 36 84 01

58452 Witten, Bergerstr. 35 (im Bahnhof Witten), Tel. 0 23 02/2 82 81 01

42103 Wuppertal, Schloßbleiche 20, Tel. 02 02/69 37 58 01

Abfall- und Umweltberatungsstelle:

59423 Unna, Rathausplatz 21, Tel. 0 23 03/59 25 05

Energieberatung:

33397 Rietberg, Rathausstr. 17, Tel. 0 52 44/90 59 19

33415 Verl, Paderborner Str. 2 (Standesamt), Tel. 0 52 46/8 15 56

Rheinland-Pfalz

55116 Mainz, Seppel-Glückert-Passage 10, Tel. 0 61 31/2 84 80, info@vz-rlp.de, verbraucherzentrale-rlp.de

Landeseinheitliche Beratungstelefone:

Bauen + Wohnen + Energiesparen: Mo 9–13 Uhr und 14–18 Uhr, Di + Do 10–13 Uhr und 14–17 Uhr, Tel. 0 800/6 07 56 00

Lebensmittel und Ernährung: Mo 9–13 Uhr, Do 13–17 Uhr, Tel. 0 180 5/60 75 60 30

Energieversorgung und Energierecht: Mo, Di, Do 10–13 Uhr, Tel. 0 800/6 07 55 00

Gesundheit (Patienten und Versicherte): Di 10–13 Uhr, Tel. 0 180 5/60 75 60 40

Pflege und Wohnen in Einrichtungen (Informations- und Beschwerdetelefon): Mo–Fr 10–13 Uhr, Do 14–17 Uhr, Tel. 0 61 31/28 48 41

Technische Fragen zu Fernsehen, Telefon und Internet: Mo 10–16 Uhr, Tel. 0 61 31/2 84 88 88

Beratungsstellen:

Die angegebenen Telefonnummern sind für Terminvereinbarungen und zur direkten Kontaktaufnahme mit den Beratungsstellen:

67655 Kaiserslautern, Fackelstr. 22, Tel. 0631/92881, kaiserslautern@vz-rlp.de

56068 Koblenz, Entenpfuhl 37, Tel. 0261/12727, koblenz@vz-rlp.de

67059 Ludwigshafen, Wredestr. 33, Tel. 0621/512145, ludwigshafen@vz-rlp.de

55116 Mainz, Seppel-Glückert-Passage 10, Tel. 06131/284820, mainz@vz-rlp.de

66953 Pirmasens, Exerzierplatzstr. 1 Tel. 06331/12160, pirmasens@vz-rlp.de

54290 Trier, Fleischstr. 77, Tel. 0651/48802, trier@vz-rlp.de

Beratungsstützpunkte:

55543 Bad Kreuznach, Salinenstr. 47 (Kreisverwaltung)

57581 Betzdorf, Hellerstr. 2 (Rathaus)

56812 Cochem, Brückenstr. 2 (Kreisverwaltung)

76726 Germersheim, Luitpoldplatz 1 (Kreisverwaltung)

57627 Hachenburg, Gartenstr. 11 (Rathaus)

76829 Landau, An der Kreuzmühle 2 (Kreisverwaltung)

54595 Prüm, Kalvarienbergstr. 1 (Konvikt – Haus der Kultur)

55469 Simmern, Ludwigstr. 3–5 (Kreisverwaltung Rhein Hunsrück)

Saarland

Landesgeschäfts- und Beratungsstelle:
66111 Saarbrücken, Trierer Str. 22 (Haus der Beratung), vz-saar@vz-saar.de, verbraucherzentrale-saarland.de

Termintelefon:
Abweichungen der Sprechzeiten sind wegen der Corona-Pandemie kurzfristig möglich. Aktuelle Sprechzeiten finden Sie auf der Internetseite.
Mo, Mi und Fr 9–11 Uhr
Tel. 0681/5008955

Verbraucherrechtstelefon:
Mo, Mi und Do 10–12 Uhr,
Di 13–15 Uhr
Tel. 0681/5008950

Beratungsstelle:
66763 Dillingen, Merziger Str. 46

Sachsen

04109 Leipzig, Katharinenstr. 17, vzs@vzs.de, verbraucherzentrale-sachsen.de

Sachsenweites Zentrales Termintelefon:
Tel. 0341/6962929, Mo–Fr 9–16 Uhr

Beratungstelefon:

Für Anrufer aus dem Festnetz:
Tel. 09001/797777

Für Anrufer aus dem Mobilfunk:

Verbraucherrecht:
Tel. 09001/0155551

Versicherungen/Geld/Baufinanzierung:
Tel. 09001/0155552

Haushalt/Freizeit/Produkte:
Tel. 09001/0155553

Beratungszentren:

09126 Chemnitz, Zschopauer Str. 107, Tel. 0371/431500

01307 Dresden, Fetscherplatz 3, Tel. 0351/4593484

04109 Leipzig, Katharinenstr. 17, Tel. 0341/2610450

Beratungsstellen:

08280 Aue, Bockauer Talstr. 4, Tel. 03771/251000

08209 Auerbach, Plauensche Str. 7, Tel. 03744/219641

02625 Bautzen, Martin-Hoop-Str. 1, Tel. 03591/491036

02826 Görlitz, Demianiplatz 16/17, Tel. 03581/402262

02977 Hoyerswerda, Albert-Einstein-Str. 47, Haus D, Tel. 03571/406492

08523 Plauen, Rädelstr. 2, Tel. 03741/224743

01662 Meissen, Gerbergasse 5, Tel. 03521/4766770

04860 Torgau, Bäckerstr. 10, Tel. 03421/710238

02943 Weißwasser, Str. der Kraftwerker 11, Tel. 03576/242100

08056 Zwickau, Hauptstr. 23, Tel. 0375/294279

Sachsen-Anhalt

06108 Halle/Saale, Steinbockgasse 1, Tel. 0345/2980329, vzsa@vzsa.de, verbraucherzentrale-sachsen-anhalt.de

Bestellservice:

Bestellungen von Ratgebern, Broschüren, Büchern:
Tel. 0211/3809555,
Mo–Fr 9–16 Uhr

Servicetelefon:

(Auskünfte, Verweise, Terminvereinbarungen)
Tel. 0345/2927800

Beratungsstellen:

06449 Aschersleben, Herrenbreite 9

06749 Bitterfeld-Wolfen, Markt 7 (Rathaus)

06844 Dessau-Roßlau, Johannisstr. 17

38820 Halberstadt, Holzmarkt 7

06108 Halle (Saale), Oleariusstr. 6 b

39104 Magdeburg, Breiter Weg 32

06217 Merseburg, Markt 1

06618 Naumburg, Neustr. 47 (Familienbildungsstätte)

29410 Salzwedel, An der Mönchskirche 7

06526 Sangerhausen, Kylische Str. 54c

39576 Stendal, Jacobikirchhof 2

06886 Lutherstadt Wittenberg, Lutherstr. 56

06712 Zeitz, Altmark 9

Schuldner- und Insolvenzberatung:

06108 Halle (Saale), Steinbockgasse 1, Tel. 0345/2980373

Schleswig-Holstein

24103 Kiel, Hopfenstr. 29, Tel. 0431/590990, info@vzsh.de, verbraucherzentrale.sh

Beratungstellen:

24939 Flensburg, Schiffbrücke 65, Tel. 0461/28604

25746 Heide, Postelweg 4, Tel. 0481/61774

24103 Kiel, Andreas-Gayk-Str. 15, Tel. 0431/5909940

23552 Lübeck, Fleischhauer Str. 45, Tel. 0451/72248

22846 Norderstedt, Rathausallee 38, Tel. 040/5238455

Schuldnerberatung:

23795 Bad Segeberg, Kirchplatz 1, Tel. 04551/908440

24568 Kaltenkirchen, Flottkamp 13 b, Tel. 04191/722740

Adressen

Telefonische Beratung Energie:

Mo – Do 8 – 18 Uhr, Fr 8 – 16 Uhr,
Tel. 0 800/8 09 80 24 00,
verbraucherzentrale-energieberatung.de

Thüringen

99085 Erfurt, Eugen-Richter-Str. 45,
Tel. 03 61/55 51 40, info@vzth.de, vzth.de

Beratungsstellen:

04600 Altenburg, Dostojewskistr. 6,
Tel. 0 34 47/50 79 16

36433 Bad Salzungen,
Langenfelder Str. 8,
Tel. 03 61/55 51 40

99817 Eisenach, Markt 22
(Bürgerbüro), Tel. 03 61/3 46 11 11

99084 Erfurt, Willy-Brandt-Platz 1,
Tel. 03 61/3 46 11 11

07545 Gera, Humboldtstr. 14,
Tel. 03 65/8 31 01 10

37308 Heilbad Heiligenstadt,
Göttinger Str. 5,
Tel. 0 36 06/60 28 67

07743 Jena, Unterlauengasse 5,
Tel. 0 36 41/82 09 55

37327 Leinefelde-Worbis, Jahnstr. 12,
Tel. 0 36 05/50 14 83

99974 Mühlhausen, Brückenstr. 23,
Tel. 0 36 01/44 00 40

99734 Nordhausen,
August-Bebel-Pl. 6,
Tel. 0 36 31/98 22 19

07407 Rudolstadt, Stiftsgasse 21,
Tel. 0 36 72/41 30 69

98574 Schmalkalden, Altmarkt 6,
Tel. 03 61/55 51 40

98529 Suhl, Würzburger Str. 3,
Tel. 0 36 81/30 49 60

Hilfsdienste

Arbeiter-Samariter-Bund Deutschland

Bundesgeschäftsstelle
50937 Köln, Sülzburgstr. 140,
Tel. 02 21/47 60 50,
asb.de

Deutsches Rotes Kreuz

DRK-Generalsekretariat
12205 Berlin, Carstennstr. 58,
Tel. 0 30/85 40 40,
drk.de

Johanniter-Unfall-Hilfe

Bundesgeschäftsstelle
10785 Berlin, Lützowstr. 94,
Tel. 0 30/26 99 70,
johanniter.de

Malteser Hilfsdienst

51103 Köln, Erna-Scheffler-Str. 2,
Tel. 02 21/9 82 20,
malteser.de

Alkohol und andere Suchtgefahren

Anonyme Alkoholiker Interessengemeinschaft

84177 Gottfrieding-Unterweilnbach,
Waldweg 6,
Tel. 0 87 31/32 57 30,
anonyme-alkoholiker.de

Blaues Kreuz in Deutschland Bundeszentrale

42289 Wuppertal, Schubertstr. 41,
Tel. 02 02/62 00 30,
blaues-kreuz.de

Freundeskreise für Suchtkrankenhilfe – Bundesverband Selbsthilfeorganisation

34117 Kassel, Untere Königsstr. 86,
Tel. 05 61/78 04 13,
freundeskreise-sucht.de

Deutsche Hauptstelle für Suchtfragen

59065 Hamm, Westenwall 4,
Tel. 0 23 81/9 01 50,
dhs.de

Caritas Suchthilfe – Bundesverband der Suchthilfeeinrichtungen im Deutschen Caritasverband

79104 Freiburg, Karlstr. 40,
Tel. 07 61/20 03 63,
caritas-suchthilfe.de

Guttempler

20097 Hamburg, Adenauerallee 45,
Tel. 0 40/2 84 07 69 90,
guttempler.de

Kreuzbund

Bundesgeschäftsstelle
59065 Hamm, Münsterstr. 25,
Tel. 0 23 81/67 27 20,
kreuzbund.de

Familienberatung

pro familia – Deutsche Gesellschaft für Familienplanung, Sexualpädagogik und Sexualberatung, Bundesverband

60326 Frankfurt/M.,
Mainzer Landstr. 250 – 254,
Tel. 0 69/26 95 77 90,
profamilia.de

Deutscher Caritasverband

79104 Freiburg, Karlstr. 40,
Tel. 07 61/20 00,
caritas.de

Verband alleinerziehender Mütter und Väter (VAMV), Bundesverband

Bundesvorstand
10967 Berlin, Hasenheide 70,
Tel. 0 30/6 95 97 86,
vamv.de

Ernährungs- und Lebensmittelberatung

Bundesinstitut für Risikobewertung

10589 Berlin, Max-Dohrn-Str. 8 – 10,
Tel. 0 30/18 41 20
bfr.bund.de

Bundeszentrum für Ernährung

Bundesanstalt für Landwirtschaft
und Ernährung
53179 Bonn, Deichmanns Aue 29,
Tel. 02 28/6 84 50,
bzfe.de, ble.de
ble-medienservice.de

Deutsche Gesellschaft für Ernährung (DGE)

53175 Bonn, Godesberger Allee 18,
Tel. 02 28/3 77 66 00,
dge.de

Foodwatch Deutschland

10119 Berlin, Brunnenstr. 181
Tel. 0 30/28 09 39 95
foodwatch.de

Lebensmittelklarheit.de

Bundesverband der Verbraucherzentralen
und Verbraucherverbände (vzbv)
10969 Berlin, Rudi-Dutschke-Str. 17,
Tel. 0 30/25 80 00,
lebensmittelklarheit.de

Lebensmittelwarnung.de

Bundesamt für Verbraucherschutz und
Lebensmittelsicherheit (BVL)
38116 Braunschweig, Bundesallee 35,
Tel. 05 31/21 49 70,
lebensmittelwarnung.de

Gesundheit

Bundesärztekammer

10623 Berlin, Herbert-Lewin-Platz 1
(Wegelystr.),
Tel. 0 30/4 00 45 60,
bundesaerztekammer.de

Bundeszahnärztekammer (BZÄK)

10115 Berlin, Chausseestr. 13,
Tel. 0 30/40 00 50,
bzaek.de

Bundesvereinigung Deutscher Apothekerverbände (ABDA)
10557 Berlin, Heidestr. 7,
Tel. 0 30/40 00 40,
abda.de

Bundesinstitut für Arzneimittel und Medizinprodukte (BfArM)
53175 Bonn,
Kurt-Georg-Kiesinger-Allee 3,
Tel. 02 28/99 30 70,
bfarm.de

Bundeszentrale für gesundheitliche Aufklärung (BZgA)
50825 Köln, Maarweg 149–161,
Tel. 02 21/8 99 20,
bzga.de

Deutscher Allergie- und Asthmabund (DAAB)
41238 Mönchengladbach,
An der Eickesmühle 15,
Tel. 0 21 66/6 47 88 20,
daab.de

Robert Koch-Institut
13353 Berlin, Nordufer 20,
Tel. 0 30/18 75 40,
rki.de

Stiftung für Qualität und Wirtschaftlichkeit im Gesundheitswesen (IQWiG)
50670 Köln, Im Mediapark 8,
Tel. 02 21/35 68 50,
iqwig.de

Aktionsbündnis Patientensicherheit
10179 Berlin, Alte Jakobstr. 81,
Tel. 0 30/36 42 81 60,
aps-ev.de

Arbeitsgemeinschaft Rechtsanwälte im Medizinrecht
71065 Sindelfingen, Posener Str. 1,
Tel. 0 70 31/95 05 50,
medrecht.de

Arbeitskreis Frauengesundheit in Medizin, Psychotherapie und Gesellschaft (AKF)
10713 Berlin, Sigmaringer Str. 1,
Telefonzeiten: Mo–Fr 10–12 Uhr,
Tel. 0 30/86 39 33 16,
arbeitskreis-frauengesundheit.de

Bundesinteressengemeinschaft Geburtshilfegeschädigter (BIG)
31655 Stadthagen, Enzer Str. 50,
Tel. 0 57 21/8 90 25 36 91,
geburtshilfe-und-medizinschaden.de

Nationale Kontakt- und Informationsstelle zur Anregung und Unterstützung von Selbsthilfegruppen (NAKOS)
10585 Berlin, Otto-Suhr-Allee 115,
Tel. 0 30/31 01 89 60,
nakos.de

Unabhängige Patientenberatung (UPD)
12347 Berlin, Tempelhofer Weg 62,
Tel. 0 30/8 68 72 11 55
patientenberatung.de

Ärztliche Schlichtungsstellen/ Gutachterkommissionen

Baden-Württemberg
Gutachterkommission
für Fragen ärztlicher Haftpflicht
bei der Landesärztekammer
Baden-Württemberg
70597 Stuttgart, Jahnstr. 40,
Tel. 07 11/76 98 90,
aerztekammer-bw.de

Bayern
Gutachterstelle für Arzthaftungsfragen bei der Bayerischen Landesärztekammer
81677 München, Mühlbaurstr. 16,
Tel. 0 89/30 90 48 30,
gutachterstelle@blaek.de
gutachterstelle-bayern.de

Hessen
Gutachter- und Schlichtungsstelle
für ärztliche Behandlungen
bei der Landesärztekammer Hessen
60314 Frankfurt/M.,
Hanauer Landstr. 152,
Tel. 0 69/97 67 2-3 16, -1 61, -1 62
gutachterstelle@laekh.de
laekh.de/fuer-buerger-innen/ihr-gutes-recht/patientenbeschwerden

Norddeutschland
Schlichtungsstelle für Arzthaftpflichtfragen der Norddeutschen Ärztekammern, zuständig für Berlin, Brandenburg, Bremen, Hamburg, Mecklenburg-Vorpommern, Niedersachsen, Saarland, Sachsen-Anhalt, Schleswig-Holstein und Thüringen
30173 Hannover, Hans-Böckler-Allee 3,
Tel. 05 11/35 39 39-10 oder -12,
info@schlichtungsstelle.de
norddeutsche-schlichtungsstelle.de

Nordrhein
Gutachterkommission für
ärztliche Behandlungsfehler
bei der Ärztekammer Nordrhein
40474 Düsseldorf, Tersteegenstr. 9,
Tel. 02 11/4 30 20,
aerztekammer@aekno.de
aekno.de

Rheinland-Pfalz
Schlichtungsausschuss zur Begutachtung ärztlicher Behandlungen
Landesärztekammer Rheinland-Pfalz
55116 Mainz, Deutschhausplatz 3,
Tel. 0 61 31/2 88 22-72, -73,
laek-rlp.de/ausschuesse-kommissionen/schlichtungsausschuss/

Sachsen
Sächsische Landesärztekammer
Gutachterstelle für Arzthaftungsfragen
01099 Dresden, Schützenhöhe 16,
Tel. 03 51/8 26 71 33,
slaek.de/de/05/06kommiss/gutachterstelle.php#k

Westfalen-Lippe
Gutachterkommission für Arzthaftpflichtfragen bei der Ärztekammer Westfalen-Lippe,
48147 Münster, Gartenstr. 210–214,
Tel. 02 51/9 29 91 00,
gutachterkommission@aekwl.de,
aekwl.de

Giftnotruf-Zentralen
Achtung bundesweit: Es gibt zur Vereinfachung eine 24-Stunden-Notfall-Zentralnummer, allerdings mit der Vorwahl der nächstgelegenen Großstadt mit einem Giftinformationszentrum (s. u.); zum Beispiel Berlin:
Tel. 0 30/1 92 40

Giftnotruf der Charité – Universitätsmedizin Berlin
Campus Benjamin Franklin,
12203 Berlin, Hindenburgdamm 30,
Tel. 0 30/1 92 40 oder
giftnotruf.charite.de

Informationszentrale gegen Vergiftungen, Zentrum für Kinderheilkunde, Universitätsklinikum Bonn
53127 Bonn, Venusberg-Campus 1,
Gebäude 30 „ELKI"
Tel. 02 28/1 92 40,
gizbn@ukbonn.de
gizbonn.de

Giftnotruf Erfurt, Gemeinsames Giftinformationszentrum der Länder Mecklenburg-Vorpommern, Sachsen, Sachsen-Anhalt und Thüringen
c/o Helios Klinikum Erfurt,
99089 Erfurt, Nordhäuser Str. 74,
Tel. 03 61/73 07 30, ggiz-erfurt.de

Adressen

Universitätsklinikum Freiburg Vergiftungs-Informations-Zentrale

79106 Freiburg, Mathildenstr. 1,
Tel. 07 61/1 92 40,
giftinfo@uniklinik-freiburg.de
uniklinik-freiburg.de/giftberatung.html

Giftinformationszentrum-Nord der Länder Bremen, Hamburg, Niedersachsen und Schleswig-Holstein (GIZ-Nord)

Zentrum Pharmakologie und Toxikologie der Universitätsmedizin Göttingen – Georg-August-Universität,
37075 Göttingen, Robert-Koch-Str. 40,
Tel. 05 51/1 92 40, giz-nord.de

Informations- und Behandlungszentrum für Vergiftungen des Saarlandes Universitätsklinikum des Saarlandes

66421 Homburg, Kirrberger Str. 100,
Tel. 0 68 41/1 92 40,
www.uniklinikum-saarland.de

Giftinformationszentrum der Länder Rheinland-Pfalz und Hessen Universitätsmedizin Mainz

55131 Mainz, Langenbeckstr. 1,
Gebäude 601,
Tel. 0 61 31/1 92 40,
Tel. 0 61 31/23 24 66 (Infoline),
www.giftinfo.uni-mainz.de

Abteilung für Klinische Toxikologie und Giftnotruf München – Klinikum rechts der Isar der TU München

81675 München, Ismaninger Str. 22,
Tel. 0 89/1 92 40,
www.toxinfo.med.tum.de

Schiedsstelle für Bergungs- und Abschleppdienste

Verband der Bergungs- und Abschleppunternehmen (VBA)

42279 Wuppertal,
Linderhauser Str. 141,
Tel. 02 02/26 65 60,
info@vba-service.de, vba-service.de

Schiedsstellen für Textil- und Reinigungsreklamationen

Baden-Württemberg
Schiedsstelle für Textilpflege Baden-Württemberg,
79098 Freiburg, Bismarckallee 6,
Tel. 07 61/21 70 50 70,
sv-schiedsstelle.de

Bayern
Textilreiniger-Innung Oberbayern-Schwaben,
81377 München, Oberauer Str. 6,
Tel. 0 89/56 33 27,
baytex.de

Hessen, Rheinland-Pfalz und Saarland
Deutscher Textilreinigungs-Verband,
53113 Bonn, Adenauerallee 48,
Tel. 02 28/71 00 22 71,
reinigen-lassen.com/schiedsstellen.html

Neue Bundesländer
Institut für Textil- und Bekleidungstechnik der TU Dresden,
01069 Dresden, Hohe Str. 6,
Tel. 03 51/46 33 93 20

Nordrhein-Westfalen
Schlichtungsstelle der Innung des Maßschneider-Handwerks Köln-Aachen/Textilreiniger Köln-Bonn,
50667 Köln, Frankenwerft 35,
Tel. 02 21/2 07 04 19

Schleswig-Holstein, Hamburg, Berlin
Textilreiniger-Innung Hamburg,
20355 Hamburg, Holstenwall 12,
t-b-innung@web.de
Tel. 0 40/35 27 94,
textilreinigerinnung-hamburg.de

Schlichtungsstellen

Bundesnetzagentur
für Elektrizität, Gas, Telekommunikation, Post und Eisenbahnen,
53113 Bonn, Tulpenfeld 4,
Tel. 02 28/1 40,
bundesnetzagentur.de

söp – Schlichtungsstelle für den öffentlichen Personenverkehr
10623 Berlin, Fasanenstr. 81,
Tel. 0 30/64 49 93 30,
soep-online.de

Schlichtungsstelle Energie
10117 Berlin, Friedrichstr. 133,
Tel. 0 30/27 57 24 00,
schlichtungsstelle-energie.de

Universalschlichtungsstelle des Bundes Zentrum für Schlichtung
77694 Kehl am Rhein,
Straßburger Str. 8,
Tel. 0 78 51/7 95 79 40,
verbraucher-schlichter.de

Ombudsmann-Verfahren

Banken

Bundesverband deutscher Banken,
10178 Berlin, Burgstr. 28,
Tel. 0 30/1 66 30,
bankenverband.de

Genossenschaftliche Bankengruppe

Bundesverband der Deutschen Volksbanken und Raiffeisenbanken,
10785 Berlin, Schellingstr. 4,
Tel. 0 30/2 02 10,
finanzgruppe.de

Sparkassen

Deutscher Sparkassen- und Giroverband,
10117 Berlin, Charlottenstr. 47,
Tel. 0 30/20 22 50,
dsgv.de

53113 Bonn, Simrockstr. 4,
Tel. 02 28/20 40,
dsgv.de

Versicherung

Versicherungsombudsmann,
10117 Berlin, Leipziger Str. 121,
Tel. 0 800/3 69 60 00,
versicherungsombudsmann.de

Datenschutz, Informationsfreiheit

Der Bundesbeauftragte für den Datenschutz und die Informationsfreiheit,
53117 Bonn, Graurheindorfer Str. 153,
Tel. 02 28/9 97 79 90,
bfdi.bund.de

Baden-Württemberg

Der Landesbeauftragte für den Datenschutz Baden-Württemberg:
Dr. Stefan Brink,
70173 Stuttgart, Königstr. 10 a,
Tel. 07 11/6 15 54 10,
baden-wuerttemberg.datenschutz.de

Bayern

Der Bayerische Landesbeauftragte für den Datenschutz:
Prof. Dr. Thomas Petri,
80538 München, Wagmüllerstr. 18,
Tel. 0 89/2 12 67 20,
datenschutz-bayern.de

Berlin

Berliner Beauftragte für Datenschutz und Informationsfreiheit:
Maja Smoltczyk,
10969 Berlin, Friedrichstr. 219,
Tel. 0 30/13 88 90,
datenschutz-berlin.de

Brandenburg

Die Landesbeauftragte für den Datenschutz und für das Recht auf Akteneinsicht Brandenburg:
Dagmar Hartge,
14532 Kleinmachnow, Stahnsdorfer Damm 77, Tel. 03 32 03/35 60,
lda.brandenburg.de

Bremen
Die Landesbeauftragte für Datenschutz und Informationsfreiheit:
Dr. Imke Sommer,
27570 Bremerhaven, Arndtstr. 1,
Tel. 04 21/3 61 20 10,
datenschutz.bremen.de

Hamburg
Der Hamburgische Beauftragte für Datenschutz und Informationsfreiheit:
Prof. Dr. Johannes Caspar,
20459 Hamburg, Ludwig-Erhard-Str. 22,
Tel. 0 40/4 28 54 40 40,
datenschutz-hamburg.de

Hessen
Der Hessische Beauftragte für Datenschutz und Informationsfreiheit:
Prof. Dr. Michael Ronellenfitsch,
65189 Wiesbaden,
Gustav-Stresemann-Ring 1,
Tel. 06 11/1 40 80,
datenschutz.hessen.de

Mecklenburg-Vorpommern
Der Landesbeauftragte für Datenschutz und Informationsfreiheit Mecklenburg-Vorpommern:
Heinz Müller,
19055 Schwerin, Werderstr. 74 a,
Tel. 03 85/59 49 40,
datenschutz-mv.de

Niedersachsen
Die Landesbeauftragte für den Datenschutz Niedersachsen:
Barbara Thiel,
30159 Hannover, Prinzenstr. 5,
Tel. 05 11/1 20 45 00,
lfd.niedersachsen.de

Nordrhein-Westfalen
Die Landesbeauftragte für Datenschutz und Informationsfreiheit Nordrhein-Westfalen:
Helga Block,
40213 Düsseldorf, Kavalleriestr. 2–4,
Tel. 02 11/38 42 40,
ldi.nrw.de

Rheinland-Pfalz
Der Landesbeauftragte für den Datenschutz und die Informationsfreiheit Rheinland-Pfalz:
Prof. Dr. Dieter Kugelmann,
55116 Mainz, Hintere Bleiche 34,
Tel. 0 61 31/2 08 24 49,
datenschutz.rlp.de

Saarland
Die Landesbeauftragte für Datenschutz und Informationsfreiheit:
Monika Grethel,
66111 Saarbrücken, Fritz-Dobisch-Str. 12,
Tel. 06 81/94 78 10,
datenschutz.saarland.de

Sachsen
Sächsischer Datenschutzbeauftragter:
Andreas Schurig,
01067 Dresden, Devrientstr. 5,
Tel. 03 51/85 47 11 01,
saechsdsb.de

Sachsen-Anhalt
Landesbeauftragter für den Datenschutz Sachsen-Anhalt:
Dr. Harald von Bose,
39104 Magdeburg, Leiterstr. 9,
Tel. 03 91/81 80 30,
datenschutz.sachsen-anhalt.de

Schleswig-Holstein
Unabhängiges Landeszentrum für Datenschutz Schleswig-Holstein:
Marit Hansen,
24103 Kiel, Holstenstr. 98,
Tel. 04 31/9 88 12 00,
datenschutzzentrum.de

Thüringen
Thüringer Landesbeauftragter für den Datenschutz und die Informationsfreiheit:
Dr. Lutz Hasse,
99096 Erfurt, Häßlerstr. 8,
Tel. 03 61/5 73 11 29 00,
tlfdi.de

Umwelt und Energie

Allgemeiner Deutscher Fahrrad-Club (ADFC)
10117 Berlin, Mohrenstr. 69,
Tel. 0 30/20 91 49 80,
adfc.de

Bund für Umwelt und Naturschutz Deutschland (BUND)
Friends of the Earth Germany,
10553 Berlin, Kaiserin-Augusta-Allee 5,
Tel. 0 30/2 75 86 40,
bund.net

Bundesverband Bürgerinitiativen Umweltschutz (BBU)
53113 Bonn, Prinz-Albert-Str. 55,
Tel. 02 28/21 40 32,
bbu-online.de

Bundesverband der Energie- und Wasserwirtschaft (BDEW)
10117 Berlin, Reinhardtstr. 32,
Tel. 0 30/3 00 19 90,
bdew.de

Bundesverband Erneuerbare Energie
10115 Berlin, Invalidenstr. 91,
Tel. 0 30/27 58 17 00,
bee-ev.de

Bund der Energieverbraucher
53572 Unkel, Frankfurter Str. 1,
Tel. 0 22 24/1 23 12 30,
energieverbraucher.de

Deutsche Gesellschaft für Sonnenenergie
10243 Berlin, Erich-Steinfurth-Str. 8,
Tel. 0 30/29 38 12 60,
dgs.de

Deutsche Umwelthilfe
78315 Radolfzell, Fritz-Reichle-Ring 4,
Tel. 0 77 32/9 99 50,
duh.de

Die Verbraucher Initiative
Bundesgeschäftsstelle
13088 Berlin, Berliner Allee 105,
Tel. 0 30/5 36 07 33,
verbraucher.org

Greenpeace
20457 Hamburg, Hongkongstr. 10,
Tel. 0 40/30 61 80,
greenpeace.de

Institut für Energie- und Umweltforschung Heidelberg (IFEU)
69120 Heidelberg, Wilckensstr. 3,
Tel. 0 62 21/4 76 70,

10117 Berlin, Reinhardtstr. 50,
Tel. 0 30/2 84 45 78 16,
ifeu.de

Naturschutzbund Deutschland (NABU)
10117 Berlin, Charitéstr. 3,
Tel. 0 30/2 84 98 40,
nabu.de

Öko-Institut
79017 Freiburg, Postfach 1771,
Tel. 07 61/45 29 50,
oeko.de

Pestizid Aktions-Netzwerk (PAN Germany)
22765 Hamburg, Nernstweg 32,
Tel. 0 40/39 91 91 00,
pan-germany.org

Robin Wood
Bundesgeschäftsstelle
21073 Hamburg, Bremer Str. 3,
Tel. 0 40/3 80 89 20,
robinwood.de

Umweltbundesamt
06844 Dessau-Roßlau,
Wörlitzer Platz 1,
Tel. 03 40/21 03 24 16,
umweltbundesamt.de

Adressen

Verkehrsclub Deutschland (VCD)

Bundesgeschäftsstelle
10179 Berlin, Wallstr. 58,
Tel. 030/2803510,
vcd.org

WWF Deutschland

10117 Berlin, Reinhardtstr. 18,
Tel. 030/3117770,
wwf.de

Darüber hinaus geben die meisten Verbraucherzentralen Auskunft über Energieeinsparungsmöglichkeiten und zu umweltgerechten Produkten. Über Energiesparmaßnahmen informieren z. B. auch viele Stadtwerke.

Mietfragen

Deutscher Mieterbund (DMB)

10179 Berlin, Littenstr. 10,
Tel. 030/223230,
mieterbund.de

Haus & Grund Deutschland, Zentralverband der Deutschen Haus-, Wohnungs- und Grundeigentümer

10117 Berlin, Mohrenstr. 33,
Tel.030/202160,
hausundgrund.de

Hilfe gegen Schwindelfirmen

Zentrale zur Bekämpfung unlauteren Wettbewerbs Frankfurt am Main

61348 Bad Homburg vor der Höhe,
Landgrafenstr. 24 B,
Tel. 06172/12150,
wettbewerbszentrale.de

Deutscher Schutzverband gegen Wirtschaftskriminalität

61348 Bad Homburg vor der Höhe,
Landgrafenstr. 24 B,
Tel. 06172/12150,
dsw-schutzverband.de

Hilfe bei Spenden

Deutsches Zentralinstitut für soziale Fragen (DZI)

14195 Berlin, Bernadottestr. 94,
Tel. 030/8390010, dzi.de

Kreditfragen

Bundesanstalt für Finanzdienstleistungsaufsicht (BaFin)

Dienstsitz Bonn:
53117 Bonn, Graurheindorfer Str. 108,
Tel. 0228/41080, bafin.de

Dienstsitz Frankfurt am Main:
60439 Frankfurt/M.,
Marie-Curie-Str. 24–28,
Tel. 0228/41080, bafin.de

Schufa

65201 Wiesbaden, Kormoranweg 5,
Tel. 0611/92780,
schufa.de

Bundesarbeitsgemeinschaft Schuldnerberatung

10245 Berlin, Markgrafendamm 24,
Tel. 030/34655660,
bag-sb.de

Sozialversicherung

Bundesamt für Soziale Sicherung

53113 Bonn, Friedrich-Ebert-Allee 38,
Tel. 0228/6190
bundesamtsozialesicherung.de

Deutsche Rentenversicherung Knappschaft-Bahn-See

44789 Bochum, Pieperstr. 14–28,
Tel. 0234/3040,
kbs.de

Deutsche Rentenversicherung

Bund
Kostenl. Servicetel. 0800/10004800,
10709 Berlin, Ruhrstr. 2,
deutsche-rentenversicherung.de

Baden-Württemberg
Kostenl. Servicetel. 0800/100048024,
76135 Karlsruhe, Gartenstr. 105,
Tel. 0721/8250,
deutsche-rentenversicherung.de/BadenWuerttemberg/DE/Home/home_node.html

Bayern Süd
Kostenl. Servicetel. 0800/100048015,
84028 Landshut, Am Alten Viehmarkt 2,
Tel. 0871/810,
deutsche-rentenversicherung.de/BayernSued/DE/Home/home_node.html

Berlin-Brandenburg
Kostenl. Servicetel. 0800/100048025,
14059 Berlin, Knobelsdorffstr. 92,
Tel. 030/30020,
15236 Frankfurt/O.,
Bertha-von-Suttner-Str. 1,
Tel. 0335/5510,
deutsche-rentenversicherung.de/BerlinBrandenburg/DE/Services/services_node.html

Braunschweig-Hannover
Kostenl. Servicetel. 0800/10004800,
30880 Laatzen, Lange Weihe 6,
Tel. 0511/8290,
deutsche-rentenversicherung.de/BraunschweigHannover/DE/Service/Footer/Impressum/impressum_node.html

Hessen
Kostenl. Servicetel. 0800/10004800,
60596 Frankfurt/M., Städelstr. 28,
Tel. 069/60520,
deutsche-rentenversicherung.de/Hessen/DE/Service/Footer/Impressum/impressum_node.html

Mitteldeutschland
Kostenl. Servicetel. 0800/100048090,
04159 Leipzig, Georg-Schumann-Str. 146,
Tel. 0341/55055,
deutsche-rentenversicherung.de/Mitteldeutschland/DE/Home/home_node.html

Nord
Kostenl. Servicetel. 0800/10004800,
23556 Lübeck (Hauptsitz),
Ziegelstr. 150,
Tel. 0451/4850,
deutsche-rentenversicherung.de/Nord/DE/Home/home_node.html?https=1

Nordbayern
Kostenl. Servicetel. 0800/100048018
95444 Bayreuth, Wittelsbacherring 11,
Tel. 0921/6070,
97072 Würzburg, Friedenstr. 12/14,
Tel. 0931/8023030
deutsche-rentenversicherung.de/Nordbayern/de/Navigation/0_Home/home_node.html

Oldenburg-Bremen
Kostenl. Servicetel. 0800/10004800,
26135 Oldenburg, Huntestr. 11,
Tel. 0441/9270,
deutsche-rentenversicherung.de/OldenburgBremen/de/Navigation/0_Home/home_node.html

Rheinland
Kostenl. Servicetel. 0800/100048013,
40215 Düsseldorf, Königsallee 71,
Tel. 0211/9370,
deutsche-rentenversicherung.de/Rheinland/de/Navigation/0_Home/home_node.html

Rheinland-Pfalz
Kostenl. Servicetel. 0800/10004800,
67346 Speyer, Eichendorffstr. 4–6,
Tel. 06232/170,
deutsche-rentenversicherung.de/RheinlandPfalz/de/Navigation/0_Home/home_node.html

Saarland
Kostenl. Servicetel. 0800/100048017,
66111 Saarbrücken,
Martin-Luther-Str. 2–4,
Tel. 0681/30930,
https://www.deutsche-rentenversicherung.de/Saarland/de/Navigation/0_Home/home_node.html

Schwaben
Kostenl. Servicetel. 0800/10004 8021,
86154 Augsburg, Dieselstr. 9,
Tel. 0821/5000,
deutsche-rentenversicherung.de/Schwaben/DE/Home/home_node.html?https=1

Westfalen
Kostenl. Servicetel. 0800/10004 8011,
48147 Münster, Gartenstr. 194,
Tel. 0251/2380,
deutsche-rentenversicherung.de/Westfalen/de/Navigation/0_Home/home_node.html

Handwerkskammern

52062 Aachen, Sandkaulbach 17–21,
Tel. 0241/4710,
hwk-aachen.de

59821 Arnsberg, Brückenplatz 1,
Tel. 02931/8770,
hwk-swf.de

86161 Augsburg,
Siebentischstr. 52–58,
Tel. 0821/32590,
www.hwk-schwaben.de

26603 Aurich, Straße des Handwerks 2,
Tel. 04941/17970,
hwk-aurich.de

95448 Bayreuth, Kerschensteinerstr. 7,
Tel. 0921/9100,
hwk-oberfranken.de

10961 Berlin, Blücherstr. 68,
Tel. 030/25903 01,
hwk-berlin.de

33613 Bielefeld, Campus Handwerk 1,
Tel. 0521/56080,
handwerk-owl.de

38100 Braunschweig, Burgplatz 2+2 a,
Tel. 0531/12010,
hwk-bls.de

28195 Bremen, Ansgaritorstr. 24,
Tel. 0421/305000,
hwk-bremen.de

03046 Cottbus, Altmarkt 17,
Tel. 0355/7835444,
hwk-cottbus.de

44139 Dortmund, Ardeystr. 93,
Tel. 0231/54930,
hwk-do.de

01099 Dresden, Am Lagerplatz 8,
Tel. 0351/464030,
hwk-dresden.de

40221 Düsseldorf,
Georg-Schulhoff-Platz 1,
Tel. 0211/87950,
hwk-duesseldorf.de

24937 Flensburg, Johanniskirchhof 1–7,
Tel. 0461/8660,
hwk-flensburg.de

60325 Frankfurt/M.,
Bockenheimer Landstr. 21
Tel. 069/971720,
hwk-rhein-main.de

79098 Freiburg, Bismarckallee 6,
Tel. 0761/218000,
hwk-freiburg.de

07545 Gera, Handwerkstr. 5,
Tel. 0365/82250, hwk-gera.de

06110 Halle (Saale), Gräfestr. 24,
Tel. 0345/29990,
hwkhalle.de

20355 Hamburg, Holstenwall 12,
Tel. 040/359050,
hwk-hamburg.de

30175 Hannover, Berliner Allee 17,
Tel. 0511/348590,
hwk-hannover.de

74072 Heilbronn, Allee 76,
Tel. 07131/7910,
hwk-heilbronn.de

31134 Hildesheim,
Braunschweiger Str. 53,
Tel. 05121/1620,
hwk-hildesheim.de

67655 Kaiserslautern, Am Altenhof 15,
Tel. 0631/36770,
hwk-pfalz.de

76133 Karlsruhe, Friedrichsplatz 4–5,
Tel. 0721/16000,
hwk-karlsruhe.de

34117 Kassel, Scheidemannplatz 2,
Tel. 0561/78880,
hwk-kassel.de

56068 Koblenz, Friedrich-Ebert-Ring 33,
Tel. 0261/3980,
hwk-koblenz.de

50667 Köln, Heumarkt 12,
Tel. 0221/20220,
hwk-koeln.de

78462 Konstanz, Webersteig 3,
Tel. 07531/2050,
hwk-konstanz.de

04103 Leipzig, Dresdner Str. 11/13,
Tel. 0341/21880,
hwk-leipzig.de

23552 Lübeck, Breite Str. 10/12,
Tel. 0451/15060,
hwk-luebeck.de

39106 Magdeburg, Gareisstr. 10,
Tel. 0391/62680,
hwk-magdeburg.de

68159 Mannheim, B1, 1–2,
Tel. 0621/180020,
hwk-mannheim.de

80333 München, Max-Joseph-Str. 4,
Tel. 089/51190,
hwk-muenchen.de

48151 Münster, Bismarckallee 1,
Tel. 0251/52030,
hwk-muenster.de

90489 Nürnberg, Sulzbacher Str. 11–15,
Tel. 0911/53090,
hwk-mittelfranken.de

17033 Neubrandenburg,
Friedrich-Engels-Ring 11,
Tel. 0395/55930,
hwk-omv.de

49088 Osnabrück,
Bramscher Str. 134–136,
Tel. 0541/69290,
hwk-osnabrueck.de

94032 Passau, Nikolastr. 10,
Tel. 0851/53010
hwkno.de

14467 Potsdam, Charlottenstr. 34–36,
Tel. 0331/37030,
hwk-potsdam.de

93055 Regensburg, Ditthornstr. 10,
Tel. 0941/79650,
hwkno.de

18055 Rostock, Schwaaner Landstr. 8,
Tel. 0381/45490,
hwk-omv.de

66117 Saarbrücken, Hohenzollernstr. 47–49, Tel. 0681/58090,
hwk-saarland.de

19053 Schwerin, Friedensstr. 4 a,
Tel. 0385/74170,
hwk-schwerin.de

70191 Stuttgart, Heilbronner Str. 43,
Tel. 0711/16570,
hwk-stuttgart.de

98527 Suhl, Rosa-Luxemburg-Str. 7–9,
Tel. 03681/3700,
hwk-suedthueringen.de

89073 Ulm, Olgastr. 72,
Tel. 0731/14250,
hwk-ulm.de

65189 Wiesbaden, Bierstadter Str. 45,
Tel. 0611/1360,
hwk-wiesbaden.de

97070 Würzburg, Rennweger Ring 3,
Tel. 0931/309080,
hwk-ufr.de

Impressum

Herausgeber und Verlag Stiftung Warentest, Lützowplatz 11–13, 10785 Berlin, Postfach 30 41 41, 10724 Berlin.
Telefon: 030/26 31 0, Telefax: 030/26 31 27 27, Internet: www.test.de, USt-IdNr.: DE 1367 25570

Vorstand Hubertus Primus
Weitere Mitglieder der Geschäftsleitung
Dr. Holger Brackemann, Julia Bönisch, Daniel Gläser

Untersuchungen Dr. Holger Brackemann (Bereichsleiter)

Verifikation Claudia Gaca, Dr. Andrea Goldenbaum, Dr. Jessica Hänisch, Susanne Neunzerling, Sibylle Schalock, Hartmut Schäfer

Digitale Transformation und Publikationen Julia Bönisch (Bereichsleiterin)

Multimedia Jörg Zymnossek (Wissenschaftlicher Leiter); Projektleiter: Benjamin Barkmeyer, Dr. Markus Bautsch, Robert Brandt, Jenny Braune, Dr. Florian Ostermann, Simone Vintz, Dr. Kirstin Wethekam; Marktanalyse und Projektassistenz: Heike Clemens, Philipp Dammschneider, Thomas Grund, Lutz Konzag, Danielle Leven; Teamassistenz: Daniela Helmerich, Alica Verwiebe
Henning Withöft (Journalistischer Leiter); Redakteure: Ronald Dammschneider, Martin Gobbin, Peter Knaak, Sandra Schwarz, Christian van de Sand, Michael Wolf

Haus, Energie, Freizeit und Verkehr Dr. Axel Joachim Neisser (Wissenschaftlicher Leiter); Projektleiter: Christiane Böttcher-Tiedemann, Renate Ehrnsperger, Ralf Gaida, Dr. Konrad Giersdorf, Nico Langenbeck, Simone Lindemann, Dr. Dirk Lorenz, Michael Morys, Dr. Dagmar Saurbier, Anke Scheiber, Dr. Peter Schick, Jörg Siebolds, Sarah Vasconi, Dr. Sara Wagner-Leifhelm; Marktanalyse und Projektassistenz: Ingo Bengelsdorf, Jonathan Graßmel, Toralf Hainsch, Petra Kabelitz, Yvonne Sanguinette, Eva-Maria Schnaus, Michael Vogt; Teamassistenz: Marlies Brandtner, Monique Schneider, Grit Schulze, Manja Woschick
Julia Witt (Journalistische Leiterin); Redakteure: Daniel Kastner, Anne Kliem, Michael Koswig, Jonas Krumbein, Reiner Metzger, Cecilia Meusel, Stephan Scherfenberg, Roman Schukies, Claudia Till, Burkhard Zimmermann

Ernährung, Kosmetik, Gesundheit Dr. Ursula Loggen (Wissenschaftliche Leiterin); Projektleiter: Katrin Andruschow, Dr. Heike Dieckmann, Charlotte Granobs, Dr. Thomas Koppmann, Dr. Birgit Luther, Janine Schlenker, Dr. Gunnar Schwan, Julia Schwietering, Dr. Jochen Wettach; Marktanalyse und Projektassistenz: Michaela Backhus, Sylvia Keske-Fouda, Andrea Kiesner, Julia Leise, Nada Quenzel; Teamassistenz: Maria Anna Bernhart, Beate Engler, Karin Falkenthal
Isabella Eigner (Journalistische Leiterin); Redakteure: Ina Bockholt-Lippe, Christiane Hefendehl, Abini Herzberg, Anke Kapels, Lea Sophie Lukas, Nicole Merbach, Dr. Bettina Sauer, Sara Waldau, Swantje Waterstraat; Teamassistenz: Christine Jannack

Geld, Versicherungen, Recht Michael Beumer und Susanne Meunier (Journalistische Leiter): Redakteure: Karin Baur, Ulrike Schulz, Michael Sittig, Marion Weitemeier

Vertrieb Dorothea Kern (Leiterin);
DPV Deutscher Pressevertrieb GmbH (dpv.de);
Kundenservice: Stiftung Warentest, 20080 Hamburg, Tel. 030/34 64 65 080, Mail: stiftung-warentest@dpv.de

Kommunikation Heike van Laak (Leiterin), Ute Bränzel

test Jahrbuch 2021

Chefredakteurin Anita Stocker (verantwortlich)
Stellvertretender Chefredakteur Werner Hinzpeter
Textchefs Marina Pauly, Thomas Müller
Redaktionsassistenz Britta Ossig-Moll

Grafik Nina Mascher (Art Direction), Karen Adams
Produktion Catrin Knaak, Gabriele Meja, Yuen Men Nguyen, Martin Schmidt
Bildredaktion Birgit Krause, Hendrik Rauch
Produktfotos Ralph Kaiser, Thomas Vossbeck
Verlagsherstellung Rita Brosius (Leiterin), Romy Alig, Susanne Beeh

Litho tiff.any, Berlin
Druck und Verarbeitung GGP Media GmbH, Pößneck
Umschlag und Inhalt gedruckt auf Recycling-Papier mit mineralölfreien Druckfarben.

Fotos Umschlag Stiftung Warentest / Ralph Kaiser; Shutterstock [M] (Titel)
Getty Images; Stiftung Warentest / Ralph Kaiser

ISBN: 978-3-7471-0327-2 (HC) 14,90 Euro
ISBN: 978-3-7471-0427-9 (SC) 12,90 Euro

Erschienen im Dezember 2020